一貫した説明を引き出す理科のコミュニケーション活動

山下 修一 著

東洋館出版社

まえがき

　私は，イギリス・韓国・シンガポール・オーストラリア・タイ・パプアニューギニアなどの理科授業を視察してきたが，授業構成・教材の工夫・観察・実験指導・板書・ノート指導といった点については，日本の伝統的な理科授業の方が遥かに優れていると思われた。以前から海外の研究者に指摘をされてきた「理科実験時の安全配慮不足」も，大分配慮されるようになってきた。

　しかし，依然として日本の理科授業は，Student-centeredの授業になっていないと指摘されることがあり，生徒同士の相互作用をうまく引き出せていないことがある。海外の理科授業と比較すると，現在最も日本の理科授業に不足していると思われるのは，グループでのコミュニケーション活動であり，日本の優れた理科授業をさらに改善するとすれば，実験室に加えて教室の理科授業でもグループでのコミュニケーション活動を取り入れることだろう。

　従来は，入学試験対策のためにコミュニケーション活動などを取り入れる時間はないと言われてきたが，2000年のPISA調査以降，公立高等学校の入学試験にも，発展的課題に対して根拠をあげて自分の意見を述べるような問題が出題されるようになってきた。そのため，通常の理科授業でも発展的課題を取り上げて話し合わせる機会が増えてきた。ところが，グループでのコミュニケーション活動の方法については，十分に確立されておらず，個々の生徒の意見提示にとどまっている場合が多い。

　そこで，グループでのコミュニケーション活動をより実りあるものにしようとして開発したのが，本書で提案する「コア知識を用いて一貫した説明を引き出すコミュニケーション活動」である。

　本書では，理科授業におけるコミュニケーション活動の現状と課題を整理し，一貫した説明を促すことの効果に着目して新たなコミュニケーション活動を開発し，改善を重ねながら実際の理科授業で展開して，その効果を実証した例を紹介する。従来の優れた日本の理科授業を継承しつつも，さらに充実したコミュニケーション活動を展開する際の参考にしていただければ幸いである。

目次

まえがき —— 001

はじめに —— 004
 Ⅰ．日本の理科授業の課題 —— 004
 Ⅱ．本書の目的と構成 —— 011

第1章　コア知識を用いて一貫した説明を引き出すコミュニケーション活動の開発　013

 Ⅰ．コミュニケーション活動に関する基礎的知見（先行研究・研究1〜3からの示唆）—— 014
 Ⅱ．新たなグループコミュニケーション活動の開発と大学生での試行（研究4）—— 018
 Ⅲ．新たなグループコミュニケーション活動の開発と中学生での試行（研究5）—— 027
 Ⅳ．一貫した説明を促す方法 —— 036
  1　理科の課題に対する大学生の一貫した説明の状況（研究6）—— 036
  2　一貫した説明を促す方法 —— 046
  3　児童・生徒の一貫した説明を促す方法 —— 048
 Ⅴ．コア知識一覧表の開発（研究7）—— 050
 Ⅵ．コア知識を用いて一貫した説明を引き出すコミュニケーション活動開発のポイントと留意点 —— 058

第2章　コア知識を用いて一貫した説明を引き出した授業とその効果　065

 Ⅰ．小学校6年溶解の授業例（研究8）—— 068
 Ⅱ．中学校1年状態変化の授業例（研究9）—— 077
 Ⅲ．中学校1年凸レンズの働きの授業例（研究10）—— 085
 Ⅳ．中学校2年酸化・還元の授業例（研究11）—— 096
 Ⅴ．中学校2年脊椎動物の分類の授業例（研究12）—— 108
 Ⅵ．中学校2年電熱線による発熱量の授業例（研究13）—— 117
 Ⅶ．中学校2年大気中の水蒸気の変化の授業例（研究14）—— 130
 Ⅷ．中学校3年電池の授業例（研究15）—— 137
 Ⅸ．コア知識を用いて一貫した説明を促すコミュニケーション活動の効果 —— 148

第3章　コア知識を用いて一貫した説明を引き出す授業のためのガイド　　151

Ⅰ．ガイド ──────────────────────────────── 153
Ⅱ．小学校 ──────────────────────────────── 156
Ⅲ．中学校 ──────────────────────────────── 207

おわりに ────────────────────────────────── 282

原論文一覧 ───────────────────────────────── 285

巻末付録　コア知識一覧表 ─────────────────────────── 286

はじめに

I 日本の理科授業の課題

1．諸外国との比較

　私は，2005年にオーストラリアに1年間滞在し，2010年から2011年にかけてイギリス・シンガポール・韓国の理科授業を複数回参観する機会を得た。いずれもTIMSS（The Trends in International Mathematics and Science Study）やPISA（Programme for International Student Assessment）の上位国だが，授業構成・教材の工夫・観察実験指導・板書・ノート指導といったことについては，一般的な日本の理科授業の方が優れていると思われた。唯一，日本の理科授業に不足していると思われたのは，グループでのコミュニケーション活動であった。そのため，海外の理科教育研究者が日本の理科授業を見ると，授業自体は素晴らしいのだが，教員主導でStudent-centeredの授業になっていないとコメントすることが多い。

　TIMSS 1999の理科授業ビデオ研究に参加した5ケ国（チェコ共和国・アメリカ合衆国・日本・オランダ・オーストラリア：アメリカ合衆国以外はTIMSSの理科得点高水準国）の第8学年（中学校2年生）で行われた各国約100時間分の理科授業を分析した結果，国別の各活動に割り当てられた時間の割合は図1のようであった（小倉・松原，2007 改）。

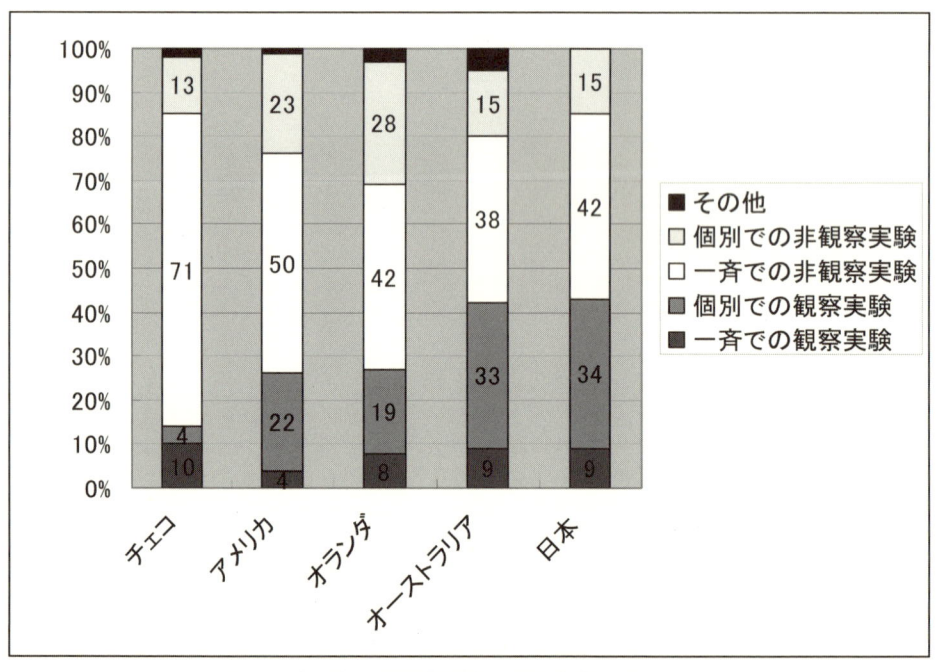

図1　第8学年の授業形態と活動内容の割合（％）

図1からは、日本とオーストラリアの授業では、一斉あるいは個別での観察・実験活動の割合が多く、観察・実験が重視されていることがわかる。一方、チェコ共和国では一斉での非観察・実験活動の割合が多く、一斉指導での討論に時間を割いていた。同じTIMSSの理科得点高水準国でも、理科授業の形態は異なり、他国と比べて日本の理科授業の特徴とされたのは、
・生徒の観察・実験活動が多いこと
・予測を立ててから観察・実験を行うこと
・観察・実験で得られたことを用いて主要な概念の裏づけをしていること
などであった。
　また、海外の理科教員たちが、比較的評価の高かった日本の典型的な4つの理科授業のビデオを見て評価したところ、観察・実験を基本とし、教材もよく準備され、生徒の学習態度も良好であるが、教員主導の授業展開が目立ち、生徒が自分で考えたり、討論したり、結論を導くような場面に乏しく、科学的な思考力を育成するタイプの授業にはほど遠いと判断していた（小倉、2004）。
　結局、TIMSSやPISAで好成績を残している日本の理科授業の特徴は、教員主導で教材がよく準備され、観察・実験活動が多いことである。もし、優れた日本の理科授業をさらに改善するとすれば、一斉指導での討論に加えて、グループでも生徒が自分で考えたり、討論したり、結論を導くような場面を設けることだろう。
　国立教育政策研究所（2008）は、PISA2006で日本の子どもたちの科学への意識が低水準であったことに対して、調査対象が高校1年生であり、中学校と高等学校のいずれに起因する問題であるのか不明であったとし、PISA2006調査を用いて、中学校3年生（89校：国立2校・公立83校・私立4校、2994人）を対象にして全国調査を実施した。その結果、中学校3年生は高校1年生よりも多くの質問項目で良好な意識を示し、必ずしもPISA調査の結果すべてが中学校までの理科教育に起因するものでないことを明らかにした。それでも質問項目によっては、OECD平均と比べて良好とは言えないものも含まれ（例えば、表1のような項目）、中学校段階の理科教育には、「対話しながらの思考や、応用に関する学習を重視する必要がある」と示唆している。
　有元（2008）は、PISA調査の結果から言語活動について、「PISAの問題は、2000年に読解力で出題された『落書き』をはじめ、数学でも理科でも、このように『課題を解決するために、根拠をあげて自分の意見を述べる』課題解決型の問題が多い。日本の生徒が最

表1　問30　対話を重視した理科授業を受けている

質問項目	中3	高1	OECD平均
（1）生徒には自分の考えを発表する機会が与えられている	48%	34%	61%
（5）授業は、課題に対する生徒の意見を取り入れて行われる	31%	17%	49%
（9）授業ではクラス全体でディベートしたり討論したりする	10%	4%	36%
（13）生徒は課題についての話し合いをする	21%	9%	42%

も不得手とするのは，このように自分の意見を言わせる課題解決型のオープンエンドの問題である。2000年調査から，このような問題の無答率はOECD平均に比べ際だって高い。PISA調査ではこのような課題を解決させる問題が主力なのである」と述べている。

　従来学校で行われていた多くの試験問題は，教科書や授業で学んだ知識を再生できれば正解するものが多く，中学生たちは長い間，教科書どおりの説明を丸暗記して，テストで再生するという方略をとってきた。しかし，2000年のPISA調査以降，状況が一変し，公立高等学校の入学試験にも，発展的課題に対して根拠をあげて自分の意見を述べさせるような問題が出されるようになった。千葉県の公立高等学校入試の例では，理科の平均得点（100点満点）は，平成19年度：59.0点，平成20年度：51.2点，平成21年度：46.5点，平成22年度：38.8点と下降しており，単なる知識の再生では正解できない問題が出題されていることがわかる。日本の理科授業も，発展的課題に対応することが求められ，有元（2008）の言う課題解決型のコミュニケーション活動を導入しようとしてきたが，コミュニケーション活動により学習内容理解が促され，発展的課題に対応できるようになったことを示すのは難しかった（Kuhn, Shaw and Felton, 1997）。

　そして，有元（2008）は，日本の子どもたちに今必要な言語活動とは，課題解決型のコミュニケーション活動であるとし，課題解決型の言語活動について「PISA調査に出題される課題解決型の言語活動の特徴を整理しよう。

　①解決すべき明確な課題がある
　②何を答えたらよいかだれにもわかる明確な問がある
　③与えられた情報を正確に理解して，適切な根拠をあげて答えさせる
　④個性的で創造的な自分の意見を述べさせる
　⑤だれが聞いても納得できる論理的な根拠をあげさせる

　わが国でも，各教科等で子供たちに意見を言わせることは，よい教師は必ず心がけていることである。しかし，この5項目を徹底させることは容易なことではない。さらに，この課題解決型のコミュニケーションとは討論が行われないとできない。課題解決型の討論ができる教師は稀であろう。なぜならわが国の教育の伝統にないからである」と述べている。

　折しも，平成20年3月に新しい学習指導要領が告示され，理科でも観察・実験の結果について話し合う場面やレポート作成時などに，言語活動の充実を図ることになっている。従来の理科授業でも，仮説実験授業などでは一斉指導形態で討論は行われている。例えば，一般的な仮説実験授業では，以下のようにして一斉指導の中で討論を行っている（たのしい授業編集委員会，2010）。

　①問題を読んで予想を立てさせる
　②予想を集計して，分布表を黒板に書き出す
　③選択肢ごとに選んだ理由を発表させる
　④討論で仮説の正当性を主張させる
　⑤討論後に予想の変更を認めて，分布表に反映する
　⑥観察・実験で仮説を検証させる

⑦「読み物」で理解を深めさせる
⑧授業の感想を書かせる

　しかし，グループでのコミュニケーション活動については，方法が十分に確立されておらず，生徒の意見交換にとどまっている場合が多かった。

　日本の理科授業は，諸外国と比較しても優れた側面を数多くもっているが，課題をあげるとすれば，グループでのコミュニケーション活動の改善であり，新学習指導要領により一層の言語活動の充実がめざされると，一斉指導に加えてグループでも課題解決型のコミュニケーション活動に取り組ませることが必要になるだろう。

2．グループでのコミュニケーション活動

　グループでのコミュニケーション活動は，協同学習の中で展開されることが多かった。グループでの協同学習は，日本では1950年代からデューイの思想やグループ・ダイナミクスの知見を生かした自発協同学習（末吉，1959）やバズ学習（塩田・阿部，1962）といったものが提案されたが，一部で熱心に取り組まれたものの，広く普及することはなかった。

　アメリカでは，1984年にCircles of Learning：Cooperation in Classroom（Johnson et al., 1984）が出版されて以来，特に小学校と大学の授業で協同学習が取り入れられるようになった。Johnsonらが開発したLearning Togetherの場合，従来のグループ学習と異なるのは，以下の5つの条件を課していることであった。

①グループのメンバー同士が協力関係にあること
②対面での活発な交流があること
③個人の責任とグループの目標が明確であること
④社会的スキルを学ぶ機会があること
⑤グループ活動改善のための機会があること

　競争では，メンバーの一人でも目標に到達すればよいとされるが，協同では，メンバー全員が同時に目標を達成できるようにした。グループは人種・性別・学業成績の点で異質のメンバーで編成し，成績下位者への支援が重視され，仲間同士でうまくやっていくための社会的スキル獲得がめざされた。その結果，社会的スキル獲得が促されたことに加えて，学業成績向上にも貢献したと報告されるようになった。

　1990年代になると，社会的環境の中での他者との相互交渉が学びをもたらすとする社会的構成主義（social constructivism），教授・学習を共同体に参加・貢献することとして捉える状況的認知（situated cognition）論が台頭し，協同学習の隆盛が支えられた。日本でも，「学びの共同体」をめざした学校づくりの中で，男女混合4人グループによる学習が取り入れられるようになってきた（佐藤，2006）。

　グループでの協同学習の効果については，協同学習がよりよい成績，肯定的態度，より高い自己効力感などを導くことが示されている（Cohen, 1994；Qin, Johnson and Johnson, 1995；Onwuegbuzie, 2001）。例えば，Johnson and Johnson（1989）は，約500件の協同学習に関する研究をレビューして，協同学習は競争や個別の場合より，学習の効果や転移の

面で優れていたと報告している。また，Johnson, Johnson and Smith（1991）は，過去90年間の675研究をレビューして，個人または競争学習と比較し，協同学習の方が学力・自己効力感・生徒同士の関係が改善したと報告している。学業成績向上の原因としては，Slavin（1996）の協同学習研究のレビューで，お互いに説明し合うことと学業成績向上の間に一貫した相関関係が見られたことから，協同学習に伴う説明活動の影響だと考えられる。

　しかしながら，協同学習の実践は，小学校と大学に偏り，中等学校にはあまり普及していない（Johnson et al., 1984）。Kuhn（1991）は，議論スキル獲得に影響を与えることができる特別なレンジ（Grade 3から青年期中期）があるとしているが，中等学校の生徒たちは，短い発話しかしないことが多い（Roth and Roychoudhury, 1992）。また，協同学習には，「一斉指導よりも時間がかかる」，「グループを扱うのが難しい」，「カリキュラムに合わせて実施しにくい」などの課題もあり，協同学習が個人学習を超えるような教育的効果を見いだせなかった研究もある（例えば，Tateyama-Sniezek, 1990）。Tingle and Good（1990）は，高校生178名を対象にして化学の問題解決学習に取り組ませたが，異質グループでの協同学習と個人学習で，理由づけ能力に有意な差は見られなかった。Qin, Johnson and Johnson（1995）は，一連の研究をレビューして，協同と競争の効果に関する過去の研究結果のばらつきは，「研究の質の違い」と「被験者の年齢の違い」によるものだと考察している。

　近年，注目を浴び日本の授業にも取り入れられはじめた協同学習であるが，中等学校への導入は難しく，教育的効果についても条件統制が困難で知見が分かれてしまっていると言えよう。

3．理科教育におけるグループコミュニケーション活動

　1990年代になると，理科教育でも社会的構成主義や状況的認知論の影響を受け，科学的質問を投げかけたり，答えたりする練習を通して，共同体の中で活発な実践家になることが重要であるとされた（Newton, Driver and Osborne, 1999）。そして，科学の言葉と科学者たちが説明に用いる方法を学ぶために，コミュニケーション活動の機会が与えられるべきで（Howe, 1996），小グループでのコミュニケーション活動に高い優先順位を与え（Driver Newton and Osborne, 2000），定期的系統的に行うことが望まれると指摘されるようになった（Zohar and Nemet, 2002）。

　一般には，以下のようなグループコミュニケーション活動により，知識構築が容易になるとされている（Johnston and Driver, 1990）。
　①グループのメンバーに説明しながら自分自身の考えを提案させる
　②経験に基づいて考え話させる
　③新しい考えを提案し試させる
　④考えが変化してきた過程を振り返らせる
　⑤グループで交渉しながら考えを明確にさせる
　⑥他者の考えを理解することによって自分の考えを前進させる
　米国のThe National Science Education Standards（National Research Council, 1996）

表2　理科教育に用いられる代表的な協同学習

	Learning Together	The Jigsaw Method	Group Investigation	Student Team Learning
開発者と開発意図	Johnson and Johnson（1975）の兄弟によって，「統合教育」の要請に応えるために開発	Aronson et al.（1978）によって協同学習と相互教授を組み合わせて開発（STADと組み合わせたJigsawⅡも開発されている）	Sharanら（1980）によってDeweyの哲学に基づいて開発	Slavin（1978）が中心となって，無気力の生徒に対応するためにSTAD（Student Teams Achievement Divisions）・TGT（Teams-Games-Tournaments）を開発
手順	1）指導目標を具体化する 2）グループの大きさを決める（2-6人） 3）生徒をグループに割り振る 4）教室内の配置を工夫する 5）生徒の相互依存関係を促す教材を工夫する 6）まとめ係や点検係などの役割を与えて相互依存を促す 7）学習課題について説明する 8）目標についての相互協力関係をつくり出す 9）個人の責任を明確にさせる 10）グループ間の協同も促す 11）到達度の基準について説明する 12）望ましい行動の具体例を示す 13）生徒の行動を観察・点検する 14）課題解決に必要な支援をする 15）社会的スキルについて指導する 16）学習を終わらせる 17）生徒の学習を質的・量的に評価する 18）グループがどれほどうまく機能したかを評価し，次回のために改善点についても検討させる 19）意見が対立した場合には議論させる	1）グループ（元のグループ）をつくる 2）教材を分割する 3）分割された教材をグループのメンバー一人ひとりに分担する 4）教材ごとのグループ（「カウンターパート・グループ」と呼ぶ）をつくって学習させる 5）カウンターパート・グループで学んだことを元のグループに戻って互いに教えさせる	1）クラスでサブトピックを決定し，研究グループを編成させる 2）グループで調査を計画させる 3）グループで調査を実行させる 4）グループで調査結果の報告・提出を計画させる 5）グループで調査結果を発表・報告して提出させる 6）教員と生徒が協議して評価する	〈STAD〉 1）教員によるクラス全体への説明 2）4～5名の異質の学習チームをつくって，教員が与えたワークシートをもとに，生徒同士で相互教授を行わせる 3）個々の生徒に質問を出させる 4）個別テストを実施して，個人の伸びた得点に基づきチームの得点を集計する（TGTの場合は個別テストの代わりにゲームまたはトーナメントを実施する） 5）高得点を得た個人とチームを発表する

でも，理科学習での言語や書記による議論の重要性が指摘され，教員はコミュニケーションを引き出すために，話させたり，書かせたり，描かせたりする支援やガイドを行うべきだとしている。

理科教育に用いられる協同学習は，表2の4つのものが代表的で（Lazarowitz and Hertz-Lazarowitz, 1998），最も多く用いられているのが，The Jigsaw Method（以下「Jigsaw法」と略記）である。

Jigsaw法は，比較的教材を分担しやすい生物分野での実践が多く，カウンターパート・グループで担当した教材のエキスパートになり，責任をもって元のグループで他の生徒に説明することから，学習態度の改善・学業成績の向上などの効果があると報告されている（例えば，筒井，1999）。

Lazarowitz and Hertz-Lazarowitz（1998）が1982年～1995年の理科に関する36件の協同学習研究をレビューしたところ，以下のような効果があったことを確認している。

①小学校レベルでは，学業成績が向上し，援助（helping）行動や相互支援（peer support）が促進された。

②中学校レベルでは，学業成績が向上するとともに，研究や調査を進めるためのスキルが向上し，学習態度と自尊感情（self-esteem）が肯定的になり，積極的に学習に取り組むようになった。また，グループで協力するようになり，生徒同士・生徒と教員の相互作用がより強くなった。

日本の理科教育では，実験器具を共有するために，実験室では従来からグループで実験に取り組んでいた。実験以外の授業場面では，「1970年代にはグループ学習，班学習，自主学習，バズ学習，グループメソッドなどの実践が行われてきたが，みんなでやれば一人でやるよりいいだろうという仮説に基づいていたため定着しなかった」と指摘されている（西川ら，1997）。最近になって，社会的構成主義や状況的認知論の台頭により，日本の理科教育でもグループでの協同学習が重視されるようになってきた（久保田・西川，2004）。

しかしながら，Newton, Driver and Osborne（1999）によるイギリスでの調査では，中等教育ではほとんどグループワークがなされず，教室でのコミュニケーションの大部分が教員に支配されていた。教育的効果についても，従来の理科教育研究においては，コミュニケーションに関する研究は，"Blind Spot" であったと指摘されている（Kelly and Crawford, 1997）。清水（2004）は，日本の理科教育での協同学習について，「我が国のこれまでの協同的な学習は，高度に実践されたものであっても一般には普及してこなかった。その原因としては導入の手続きや方法が不明確であったり，広く教師が実践できる教授学習システムとして提供されてこなかったことも一因と言える。他者との相互作用の中で知がどのように構成されるのか，子どもたちはどのように学習し，知識の再構造化を促す指導方法はどのように行ったらよいか，その理論や教授方法が十分に構築されてこなかったこともその原因としてあげられよう」と述べている。

理科教育でも，グループコミュニケーション活動の重要性が指摘されているが，特に中等学校の理科授業への導入には困難が伴い，その効果や方法についても十分に検証されてはいないと言えよう（Driver, Newton and Osborne, 2000）。

II 本書の目的と構成

　Ｉ．では，日本の理科授業にはグループコミュニケーション活動が不足していると指摘し，コミュニケーション活動の方法や効果に関する知見は一様でないと述べてきた。そのため，日本の理科授業に適したグループコミュニケーション活動を開発するには，実践の中で試行しながら知見を積み重ねるところからはじめなければならない。

　そこで本書では，コミュニケーション活動に関する基礎的知見を整理しながら，導入が難しいとされている中学校理科授業を中心に，新たなグループコミュニケーション活動を開発し，実際の理科授業でその効果を実証することをめざした。

　第１章では，コミュニケーション活動開発について，

　第２章では，実際のコミュニケーション活動の例とその効果について，

　第３章には，小学校理科と中学校理科のすべての単元で一貫した説明を引き出すコミュニケーション活動を展開するためのガイドをまとめた。

文献

有元秀文（2008）日本の高校生のPISAリーディング・リテラシーとサイエンティフィック・リテラシー，科学教育研究，Vol.32，No.4，pp.245-250.

Aronson, E., Blaney, N., Stephin, C., Sikes, J. and Snapp, M.（1978）The jigsaw classroom, California: Sage Publishing Company.

Cohen, E.（1994）Restructuring the classroom: Conditions for productive small groups, Review of Educational Research, Vol. 64, pp.1-35.

Driver, R., Newton, P. and Osborne, J.（2000）Establishing the norms of scientific argumentation in classrooms, Science Education, Vol. 84, No.3, pp.287-312.

Howe, A.C.（1996）Development of science concepts within a Vygotskian framework, Science Education, Vol. 80, No.1, pp.35-51.

国立教育政策研究所（2008）PISA調査のアンケート項目による中３調査．

Johnson, D. W. and Johnson, R. T.（1975）Learning together and alone, New Jersey: Prentice Hall.

Johnson, D. W. and Johnson, R. T.（1989）Cooperation and competition: Theory and research, Edina: Interaction Book Company.

Johnson, D.W., Johnson, R.T. and Holubec, E.J.（1984）Circles of learning: Cooperation in classroom, Alexandria: Association for Supervision and Curriculum Development.（杉江修治・石田裕久・伊藤康児・伊藤篤訳（1998）学習の輪－アメリカの協同学習入門,二瓶社.）

Johnson, D.W., Johnson, R.T. and Smith, K.A.（1991）Cooperative learning: Increasing college faculty instructional productivity, ASHE-ERIC High Education Research Reports, Vol.20, No.4.

Johnston, K. and Driver, R.G.（1990）Children's learning in science project: Interactive teaching in science-workshop for training courses, Centre for Studies in Science and Mathematics Education, University of Leeds, Leeds, UK.

Kelly, G.K. and Crawford, T.（1997）An ethnographic investigation of the discourse processes of school science, Science Education, Vol.81, No.5, pp.533-559.

久保田善彦・西川純（2004）教室全体の発話の成立に関わる子どもの相互作用：ローカル発話との関連から，理科教育学研究，Vol.45,No.2, pp.9-18.

Kuhn, D.（1991）The skills of argument, Cambridge University Press.

Lazarowitz, R. and Hertz-Lazarowitz, R. (1998) "Cooperative learning in the science curriculum", Fraser, B.J. and Tobin, K.G. : International handbook of science education, Kluwer Academic, pp.449-469.

Kuhn, D., Shaw, V. and Felton, M. (1997) Effects of dyadic interaction on argumentative reasoning, Cognition and Instruction, Vol.15, No.3, pp287-315.

National Research Council (1996) National science education standards, Washington, DC: National Academy Press.

Newton, P., Driver, R. and Osborne, J. (1999) The place of argument in the pedagogy of school science, International Journal of Science Education, Vol. 21, pp.553-576.

西川純・上田穣・三崎隆（1997）認知スタイルを利用したグループ観察による指導法の開発，日本理科教育学会研究紀要，Vol.38，No.2，pp.113-119.

小倉康（2004）わが国と諸外国における理科授業のビデオ分析とその教師教育への活用効果の研究：IEA/TIMSS-R授業ビデオ研究との協調，平成12～15年度科学研究費補助金基盤研究（A）（2）（課題番号 12308007）研究成果報告書，国立教育政策研究所.

小倉康・松原静郎（2007）TIMSS 1999 理科授業ビデオ研究の結果について，国立教育政策研究所紀要，第136集，pp.219-232.

Onwuegbuzie, A.J. (2001) Relationship between peer orientation and achievement in cooperative learning-based research methodology courses, The Journal of Educational Research, Vol.94, pp.164-171.

Qin, Z., Johnson, D.W. and Johnson, R.T. (1995) Cooperative versus competitive efforts and problem solving, Review of Educational research, Vol.65, No.2, pp.129-143.

Roth, W.M. and Roychoudhury, A. (1992) The social construction of scientific concepts or the concept map as conscription device and tool for social thinking in high school science, Science and Education, Vol.76, pp.531-557.

佐藤学（2006）学校の挑戦－学びの共同体を創る，小学館.

Sharan, S. and Hertz-Lazarowitz, R. (1980) "A group investigation method of cooperative learning in the classroom", Sharan, S., Hare, P., Webb, C. and Hertz-Lazarowitz, R. (eds.) Cooperation in Education, Brigham Young University Press, pp.14-46.

清水 誠（2004）知の創造を図る協同的な教授学習システム及び教師支援プログラムの開発，平成13年度～平成15年度科学研究費補助金（基盤研究（C）（2））研究成果報告書.

塩田芳久・阿部隆編著（1962）バズ学習方式－落伍者をつくらぬ教育，黎明書房.

Slavin, R. E. (1978) Student teams and achievement divisions, Journal of Research and Development in Education, Vol.12, pp.39-49.

Slavin, R. E. (1996) Research on cooperative learning and achievement: What we know, what we need to know, Contemporary Educational Psychology, Vol.21, pp.43-69.

末吉悌次（1959）集団学習の研究，明治図書出版.

たのしい授業編集委員会（2010）仮説実験授業をはじめよう，仮説社.

Tateyama-Sniezek, K.M. (1990) Cooperative learning: Does it improve the academic achievement of students with handicaps? , Except Child, Vol.56, No.5 , pp.426-437.

Tingle, J.B. and Good, R. (1990) Effects of cooperative grouping on stoichiometric problem solving in high school chemistry, Journal of Research in Science Training, Vol.27, No.5, pp.671-683.

筒井昌博（1999）ジグソー学習入門－驚異の効果を授業に入れる24例，明治図書出版.

Zohar, A. and Nemet, F. (2002) Fostering students' knowledge and argumentation skills through dilemmas in human genetics, Journal of Research in ScienceTeaching, Vol.39, pp.35-62.

第1章

コア知識を用いて一貫した説明を引き出す
コミュニケーション活動の開発

I　コミュニケーション活動に関する基礎的知見
（先行研究・研究1～3からの示唆）

　理科教育におけるグループコミュニケーション活動に関する基礎的知見は，山下修一（2008）『中学校理科教育における構成されたグループコミュニケーション』（風間書房）にまとめたので，詳細についてはそちらを参照していただきたい。

　なお，本研究でのコミュニケーションは，「意図をもった情報伝達過程」とし，議論などの情報伝達過程を含む活動をコミュニケーション活動とした（山下，2006）。また，グループコミュニケーションの中でも，役割分担などによりコミュニケーションの方法を構成して行う活動を「構成されたコミュニケーション活動」と呼ぶこととした。

　ここでは，先行研究のレビュー・グループコミュニケーション活動に関する実験的研究1～3から得られたコミュニケーション活動開発への示唆を以下にまとめて示す。

1．先行研究からの示唆

　まず，1991年から2005年までの日本国内外の代表的な理科教育研究誌5誌をレビューして，理科教育におけるグループコミュニケーション研究の動向を探った。さらに，関連領域の先行研究も含め，グループコミュニケーションの課題を整理して，新たなコミュニケーション活動開発への示唆を得た。

　その結果，一般に小グループでのコミュニケーション活動は，グループサイズやコミュニケーションを構成した方がコミュニケーションの質がよくなると指摘されていた。グループサイズについては，ペアではうまくいかないこと，6名以上になると参加意識が問題になることが指摘されて，グループ編成については，多くの研究で能力や性による異質グルーピングが支持されており，3名から5名の異質グループを編成することが有効であると示唆されていた。

　また，各メンバーに「質問者」などの役割を課して，メンバーが意見を提示するだけのコミュニケーションから脱却している例が報告されていた（例えば，Hogan, 1999a；Kagan, 1992；宮田2004a；宮田，2004b）。誤った意見が出ても修正されにくい点に対しては，あらかじめ"What if…?"などの質問例を提示しておくことで，お互いの意見の検討を促す事例も報告されていた（例えば，Woodruff and Meyer, 1997）。自分の考えが他のメンバーが支持する考えに左右されやすいことに対しては，まず各自でワークシートなどに自分の考えを書き出させることが有効で，書記的方法を取り入れたコミュニケーション活動には，学習内容理解を保持するという効果も報告されていた（Rivard and Straw, 2000）。

　また，コミュニケーション活動の効果については，「学習内容理解が促進されたか」「議論に関する知識・スキルが獲得されたか」「メタ認知的知識が獲得されたか」について検討することが示唆された。

2．研究1～3から得られた示唆

　現在までのところ，成績による等質グループと異質グループのコミュニケーションの差異については，等質と異質の捉え方の違いやコミュニケーションの内容・形態の違いのために，統一した見解は得られていない。そこで，大学生を対象にして，知識の差の少ない等質グループと知識の差の多い異質グループを編成し，グループ間にどのような差異が生じたのかを探った（研究1）。また，グループサイズについては，先行研究からペアではうまくいかず，6名以上になると参加意識が問題になっていたことから，3名から5名が適切であると示唆されている。しかし，検証された事例が限られ，ペアではなぜうまくいかないのかについて，十分には明らかにされていない。そこで，4人組とペアでのコミュニケーションの質の違いを探り，ペアではどんな困難があるのかを検討した（研究2）。さらに，Lazarowitz and Hertz-Lazarowitz（1998）によるレビューでは，理科教育での協同学習にはJigsaw法が最も多く採用されていたので，Jigsaw法を取り入れた中学校の理科授業での生徒のコミュニケーションの様子について調査した（研究3）。

　なお，メンバーが一人でも入れ替わったり欠席したりすると，メンバー間のコミュニケーションに影響を及ぼすので，分析にはメンバー全員がすべてのコミュニケーション活動に参加したグループのみのデータを取り上げて，信頼性を高めた。

　研究1からのコミュニケーション活動開発への示唆は，知識量の異なる異質グループを編成することである。なぜなら，メンバーがコミュニケーション活動を肯定的に捉えるようになったり，直後には下位者の理解度の向上が期待できるからである。

　ただし，上位者の中には下位者の考えに影響されて混乱してしまうケースもあり，留意が必要である。上位者が下位者の考えによって混乱させられないためには，学生Lの「L3：実際には空気抵抗もあるけど，この場合はわずかだったので無視できた」のように，多様な考えに触れても条件や状況を区別することが重要であると示唆された。

　研究2では，正解が1つには定まらない課題の観察を扱ったが，異質4人組では「正解がただ1つ」の慣性課題を扱った研究1と同様の結果が得られた。このことから，異質4人組では理科教育で扱われることが多い「正解がただ1つ」の課題であっても，決まった解決策がない真正な課題の場合と同様のコミュニケーション活動が展開される可能性があると示唆された。

　また，発話分析によりペアでは，上位者・下位者双方から「多様な条件」が出され，「促し」が多くなされて，上位者が下位者の発言に引きずられたり，発言の途中で割り込まれてしまう例も見られた。Heller and Hollabaugh（1992）は，上位者によるリーダーシップで，新たなアイデアやアプローチが生まれ，中・下位者からの根本的な指摘が，グループコミュニケーションを軌道にのせると指摘しているが，これらのことはペアではなく，異質4人組に生じていた。

　ただし，ペアの中にも相手の発言に引きずられない学生も存在し，例えば学生Mの「M4：あ，ちょっと今解説を見て気づいたんですけど」のように，メタ認知的思考で混乱するのを避けていた事例が確認された。学生Mは，自分は何がわかっていて何がわかっていないかを区別しながら，新たな事柄を理解しようとしているため，相手の発言により困惑

させられることはなかった。もし，学生Mのようにメタ認知的思考方法を獲得できれば，ペアの負の影響から逃れられる可能性もあることが示唆された。この示唆は，Hogan (1999b) の知見とも一致している。

　研究3からは，取り組ませる課題に関しては，研究2の結果と同じように，課題が変わっても同様のコミュニケーション活動が展開されていた。

　また，中学生でもJigsaw法クラスでは，自信をもって他者の意見を修正したり，理由を追求したりしていたことが示された。これは，Jigsaw法の特徴である「生徒一人ひとりがグループ内で責任をもって他者に説明し合ったり話し合ったりしたこと」が影響したと考えられ，中学生でも個々の生徒にグループ内で責任をもって説明させることで，他のメンバーに気づきをもたらしたり，説明するうちに自らの誤りに気づいたりするコミュニケーション活動となる可能性があると示唆された。

　先行研究・研究1～3からのグループコミュニケーション活動開発への示唆をまとめると，以下の5点になる。
①グループサイズについて
　　6名以上になると参加意識が希薄になり，ペアでは相手の発言に引きずられたり発言の途中で割り込まれたりするため，3～5名のグループとする。
②グループ編成について
　　等質グループでは，説明が十分になされなかったり，誤りが修正されなかったりするため，異質グループとする。
③取り組ませる課題について
　　取り組ませる課題は，一般的には決まった解決策がない真正な課題が適切であるとされているが，理科教育で扱われる「正解がただ1つ」の課題でも，同様のコミュニケーションを展開されていたので，理科教育の課題についてコミュニケーション活動をさせても差し支えない。
④コミュニケーション活動の構成について
　　通常の中学生の話し合いでは，個々のメンバーが意見を発表するだけで，質問や修正がなされず，自分の考えもグループの他のメンバーが支持する考えに左右されてしまう。そのため，役割を与えたり，まず自分の考えを書き出させたりして，個々の生徒にグループ内で責任をもって説明させるようにコミュニケーション活動を構成する。
⑤コミュニケーション活動の評価について
　　コミュニケーション活動の効果については，「学習内容理解が促進されたか」「議論に関する知識・スキルが獲得されたか」「メタ認知的知識が獲得されたか」などを中心に検討する。

文献

Heller, P. and Hollabaugh, M. (1992) Teaching problem solving through cooperative grouping. Part 2: Designing problems and structuring groups, American Journal of Physics, Vol.60, pp.637-644.

Hogan, K. (1999a) Sociocognitive roles in science group discourse, International Journal of Science Education, Vol. 21, pp.855-82.

Hogan, K. (1999b) Relating students' personal frameworks for science learning to their cognition in collaborative contexts, Science Education, Vol.83, pp.1-32.

Kagan, S. (1992) Cooperative learning: Resources for teachers, San Juan Capistrano: Resources for Teachers.

Lazarowitz, R. and Hertz-Lazarowitz, R. (1998) Cooperative learning in the science curriculum, Fraser, B. J. and Tobin, K. G.: International handbook of science education, Kluwer Academic, pp.449-469.

宮田斉（2004a）理科授業における"循環型の問答－批評学習"利用の事例的研究－小学6年「電流と電磁石」の単元の授業を通して，理科教育学研究，Vol.44, No.2, pp.47-58.

宮田斉（2004b）理科授業における"循環型の問答－批評学習"利用効果－小学6年「電流と電磁石」の単元の授業を通して，理科教育学研究，Vol.45, No.2, pp.45-52.

Rivard, L. P. and Straw, S. B. (2000) The effect of talk and writing on learning science: an exploratory study, Science Education, Vol.84, pp.566-593,.

Woodruff, E. and Meyer, K. (1997) Explanations from intra- and inter-group discourse: Students building knowledge in the science classroom, Research in Science Education, Vol.27, pp.25-39.

山下修一（2006）"コミュニケーション"，岩内亮一ら，教育学用語辞典　第4版，学文社，pp.99-100

山下修一（2008）中学校理科教育における構成されたグループコミュニケーション，風間書房．

II 新たなグループコミュニケーション活動の開発と大学生での試行（研究4）

　先行研究・研究1～3から，コミュニケーション活動開発のための示唆として，（1）役割分担の導入によって生徒一人ひとりに責任をもって説明させること，（2）ワークシートなどによる書記的活動を導入して学習内容理解の保持を促すこと，（3）コミュニケーション活動を通じてメタ認知的思考の獲得を支援することなどがあげられた。そこで，これらの知見を生かしながら，グループコミュニケーションを通じてメタ認知開発をめざしたASK to THINK-TEL WHY®©とCUPの例を参考にしながら，新たなグループコミュニケーション活動を開発し，大学生を対象にして試行した。

1. 問題と目的

　先行研究・研究1～3から，グループは異質の3～5名で編成し，各メンバーに役割を分担させ，ワークシートなどに自分の考えを書き出させてから，コミュニケーション活動に取り組ませることが，コミュニケーション活動開発への示唆としてあげられた。これらの示唆を生かすとともに，メタ認知開発をめざして開発されたASK to THINK-TEL WHY®©とCUPでの知見を参考にすることにした。ASK to THINK-TEL WHY®©は，King (1997, 1999) によって開発されたSelf-regulationを育むためのPeer tutoringである。Tutorは，5種類の質問（Review questions, Thinking questions, Probing questions, Hint questions, Metacognitive questions）の中から選択して質問し，Tuteeが答えるように役割分担された。TutorとTuteeは役割を交換しながらコミュニケーション活動を進める。Tuteeが誤った考えを表明した場合には，TutorがHint questions（例えば，"Have you thought about … ?"や"How can … help you?"）で対応し，Tutorにとってもコミュニケーションのトレーニングになるようにした。その結果，思考プロセスが改善されたり，質問することによって相手の知識が統合されたりして，互いに新たな知識を構築するのに役立ったと報告している。

　CUP (Conceptual Understanding Programme) は，Mills et al. (1999) がPEEL (Project for Enhancing Effective Learning) の知見を生かして開発し，大学生を対象にして週1コマ4週間のIntroductory Mechanicsクラス（16～20名）で試行した。人数の都合上4名のグループもあったが，女子が必ず1名は含まれる3名のグループを編成するようにした (Heller and Hollabaugh, 1992)。大学院生のFacilitator 1名が，例えば「同じ大きさのゴルフボールとシャボン玉を同じ高さから同時に落とすとどちらが先に地面に着くか」などと尋ねた。学生たちは，まず個々でA4のワークシートに自分の考えを記入し，その後3人の考えを一つにまとめたものをA3用紙に記入して，ポスター発表を行った。その結果，学生の概念変容が促され，ハイレベルの参加感と満足感も得られ，特に女子のメンバーが好意的に受けとめたと報告している。

　研究4では，先行研究・研究1～3の知見とASK to THINK-TEL WHY®©・CUPの知見を生かして新たなコミュニケーション活動を開発し，大学生を対象にして試行した。

2．新たなコミュニケーション活動の開発

　コミュニケーション活動は，図1.2.1のようなワークシートを用いて，各項目にチェックを入れながら，グループごとに進められるようにした。はじめに，「相手の意見は批判しても，人格までは否定しない」という項目にチェックさせ，コミュニケーション活動に対する不安を軽減させた。その後，まず自分の意見を書き出させてから，ASK to THINK-TEL WHY®©を参考にして，メタ認知開発につながる質問例を常に参照できるようにした。

　そして，女子が必ず１名は含まれる異質３名のグループを編成し，３名で発表者・質問者・確認者の役割を順番に担当させた。その際，研究２の知見を生かして，質問者には説明者の発表を妨げないように説明が終わってから質問させた。確認者は，発表者の説明の要点を書き込みながら，質問者の質問内容を分析してチェックし，必要があれば追加して質問をした。その後，CUP同様に３名の考えを一つにまとめ，研究１・２で大学生が用いていた「状況や条件を区別すること」「理解状態に関心をもつこと」に関連する項目にもチェックさせた。

3．コミュニケーション活動の試行

(1)調査対象および実施時期

　2003年６月中旬～７月中旬に，国立大学理学部３年生を対象にして，事前コミュニケーション活動（問題１），開発したコミュニケーション活動①（問題２）・②（問題３），事後コミュニケーション活動（問題４）の順序で行った。グループは，物理学科以外の学生で３名を１グループとし，分析には３名がすべての活動に参加して，事前・事後の質問項目すべてに回答した６グループ18名（男11名・女７名）のデータを用いた。

(2)コミュニケーション活動

　表1.2.1のように，慣性に関する課題についてのコミュニケーション活動が展開された。開発したコミュニケーション活動では，チェックリストに従って観察・実験を交えながらA：発表者，B：質問者，C：確認者　を順番に担当した。

(3)調査項目

　事後調査として，コミュニケーション活動で検討した問題１～４を再び解かせ，合わせて何に関する問題だったかを選択させた（資料1.2.1）。何に関する問題かについては，高次の思考を働かせて，表面上は異なった問題でもその本質は同じだということを見抜けるかを調べるために取り上げた。

　また，メタ認知的発話が増加しているかどうかを調べるために，発話内容をカテゴリーに分けて，事前のコミュニケーション（問題１）・開発したコミュニケーション（問題２・３）・事後のコミュニケーション（問題４）の変化を探った。その際に，発話内容が「単なる受け答え」中心から，メタ認知開発により，条件検討を含んだ「積極的な検討」や自己の理解状態把握が前提になる「気づき・改善」が増加するのかを検討した。

話し合いの約束事の確認。確認したら□にレを入れよう。
□相手の意見は批判しても，人格までは否定しない。

1）各自で「ペットボトル問題」の自分の考えを記入する。	2）自分の考えについて，次の項目をチェックしておこう。 □自分の考えは筋が通っている □自分の考えはどういう時に適用できるか検討した □他の人に自分の考えを説明できる チェックして不足があれば，自分の考えに書き加えておこう。
3）A：発表者，B：質問者，C：確認者　の役割を順番に担当する。 A：発表者になったら，自分の意見を質問者Bに向かって説明する。 B：質問者になったら，発表者Aの説明が終わった後質問する。 C：確認者になったら，発表者Aの説明の要点を以下に書き込む。 そして，質問者Bの質問をチェックリストの□にチェックする。 質問者Bが質問しなかった項目を◇にチェックして質問する。	 A：発表者 C：確認者　　B：質問者
A：発表者（　　　）の説明	B：質問者（　　　）の質問 □◇「要約すると○○ということですか？」 □◇わかりにくい言葉があれば，「○○はどういう意味ですか？」 □◇わかりにくい説明箇所があれば，「○○について詳しく説明してくれませんか？」 □◇「その考えはどういう条件で成り立ちますか？」 □◇「他の可能性はありませんか？」 質問者が質問しなかった項目をチェックして質問する
4）グループで考えを一つにまとめる。	5）次の項目をチェックしておこう。 □考えられる可能性を検討した □グループの考えは筋が通っている □グループの考えはどういう時に適用できるか検討した □グループ全員が考えに合意している チェックして不十分だと思ったら，グループの考えを再検討しよう。
6）実験を行い，解説を読む	
7）まず，各自でこの問題から学んだことを記入する	8）以下をチェックしてから，グループで話し合おう □実験と解説を読む前にはどんな考えが不足していたか検討した。 □実験と解説から新たに学んだことは何か検討した □この次に話し合う時に改善すべき点を検討した。
9）グループで「この問題から学んだこと」について話し合う。	

図1.2.1　「ペットボトル問題」のワークシートの例

表1.2.1 コミュニケーション活動の内容

日時	活動内容（3名×6グループ）
6月中旬	事前アンケートに回答（約10分）
6月下旬 （1週間後）	〈事前コミュニケーション活動（約20分）〉 1）問題1「質量1kgの台車に滑車を通して50gのおもりをつるして引いたAと，50g重（ばねばかりの目盛りは50gだが，質量50gの物体をつるす力を50g重としている）の力で引いたBとでは，どちらが早く移動するか」を各自で解く。 2）グループで話し合って考えを一つにまとめる。 3）解説を読んで，グループで「この問題から学んだこと」について話し合う。 〈開発したコミュニケーション活動①（約30分）〉 1）問題2「同じくらいの大きさのピンポン玉（2g）とゴルフボール（50g）を2mの高さから同時に落下させる。2つの球はどのような順序で地上に落下すると思うか」を各自で解く。 2）A：発表者，B：質問者，C：確認者 を順番に担当する。 3）グループで話し合って考えを一つにまとめる。 4）実験を行い解説を読んで，グループで「この問題から学んだこと」について話し合う。
7月初旬 （2週間後）	〈開発したコミュニケーション活動②（約30分）〉 1）問題3「水を満たしたペットボトルの中に発泡スチロールの球（浮かぶ）と，ビー玉（沈む）を入れる。そして，矢印の方向に急に動かす。この時，発泡スチロールの球とビー玉は，水中でどう動くように見えるか」を各自で解く。 2）A：発表者，B：質問者，C：確認者 を順番に担当する。 3）グループで話し合って考えを一つにまとめる。 4）実験を行い解説を読んで，グループで「この問題から学んだこと」について話し合う。 〈事後コミュニケーション活動（約20分）〉 1）問題4「ばねばかりによくまわる10gの滑車を取りつけて，ひもを通して片方に質量20gのおもりをつるし，もう片方に質量10gのおもりをつるしたところ動き出した。この時ばねばかりには何g重の力がかかるか」を各自で解く。 2）グループで話し合って考えを一つにまとめる。 3）解説を読んで，グループで「この問題から学んだこと」について話し合う。 4）コミュニケーション活動の感想を述べ合う。
7月上旬	事後アンケートに回答（約10分）
7月中旬	事後調査に回答（約10分）

4．結果と考察

(1)事後調査の結果

　表1.2.2には，問題1～4（1題1点として4点満点にした）のコミュニケーション活動時と事後調査時の平均得点を示し，参考のためにグループの結論を各自の得点とした場合の平均得点も示した。また，事後調査時にそれぞれの問題が「何の問題か」であったのかにも回答させ，その平均得点を表示した（課題はChi et al., [1981]を参考にして作成し，いずれも「3. 慣性の問題」を正解として4点満点とした）。表1.2.3には個人の得点の推移も示した。

表1.2.2　平均得点の推移（各4点満点　18名）

	コミュニケーション時	事後調査	t値（df=17）
4つの問題	1.44 (0.78)	3.39 (0.70)	7.43*
グループの結論	1.67		
何の問題か		3.89 (0.47)	

（　）内には標準偏差を示した。（* $p<.05$）

表1.2.3　個人の平均得点の推移（各4点満点　18名）

```
1班　A女（0→3）4　B男（1→4）4　C女（0→4）4
2班　D男（1→4）4　E女（2→4）4　F男（2→4）4
3班　G男（1→4）2　H女（2→3）4　I男（1→4）4
4班　J男（3→3）4　K女（2→4）4　L男（2→3）4
5班　M男（2→4）4　N女（2→2）4　O男（1→3）4
6班　P男（1→2）4　Q女（2→4）4　R男（1→3）4
```

（事前→事後）「何の問題かの得点」

　表1.2.2からは，平均得点が事後で有意に高くなっていることがわかるが，コミュニケーション時のグループの結論は，個人の平均をわずかに上回っている程度で，コミュニケーションによって正しい結論に導かれたとは言いがたい。表1.2.3の課題が「何の問題か」であるかについては，G男が問題1・4を「加速度運動の問題」として捉えた以外，他の学生は「慣性の問題」であると認識できており，問題の本質を見抜くことはできていた。

(2) 発話内容の分析

　問題1～4について録音された発話内容を表1.2.4のカテゴリーに分けて，表1.2.5に問題ごとに該当数を示した。なお，カテゴリー分類にあたっては，2人の評定者で独立して分類した後（一致率85.2%），不一致だったものについては協議して分類した。

　開発したコミュニケーション活動（問題2・3）を見てみると，特に問題2では，「要約」「条件」「改善」が多くなっていた。これは導入したワークシートや役割分担によって，『積極的な検討』や『気づき・改善』が促されたことを示している。また，事前の問題1と事後の問題4を比較すると，問題1では『誤り』『単なる受け答え』『わからないと主張』が

表1.2.4　発話内容のカテゴリー

```
――――――――誤り
①【誤り】明らかに誤りを含んでいるもの
――――――――単なる受け答え
②【司会】司会の役割を果たしているもの
③【回答】質問などに回答しているもの
④【説明】理由などを説明しているもの
――――――――積極的な検討
⑤【質問】疑問や質問を投げかけているもの
⑥【確認】確認しているもの
⑦【要約】他者の発言を要約しているもの
⑧【条件・可能性】条件や可能性を検討しているもの
――――――――気づき・改善
⑨【修正】意見などを修正しているもの
⑩【気づき】気づきがあったと思われるもの
⑪【改善】活動の改善にかかわるもの
――――――――わからないと主張
⑫【わからない】わからないと主張しているもの
――――――――キーワード
⑬【慣性】慣性に触れているもの
```

多かったが，問題4では「説明」「確認」「修正」が多くなっており，問題2・3の活動を通してメタ認知が開発されて，認知的に高次のコミュニケーションが展開されるようになった。

さらに，コミュニケーション活動終了後の学生の感想を検討することにする。表1.2.6は3班H，I，Gが感想を述べ合う場面であり，H「こうやって物理をやれば結構面白いなあって」，I「結構面白かったようなんですけど」，G「この2日間はうん，楽しかったです」の発話に代表されるように，活動を肯定的に受けとめていたことがわかる。また，コミュニケーション活動の意義に対しても，H「人に説明するとか，人に質問して意見を聞くことで，なんか余計にすごい考えて，なんかすごい試行錯誤をしたので，なんか，すごいそれがよかったですね」，I「間違ってても，こう自分の意見を言うことで，自分の考えのどこが足りないのかとか，どこが間違っているかとか，そういうことがよくわかって」，G「コミュニケーション活動をやんないと，自分の思っている考えとかが，あの，間違えたとかっていうのがわからないし」に代表されるように，その価値も認めていたことがうかがえた。

表1.2.5 問題ごとの各カテゴリー該当数

	問題1 (163)	問題2 (298)	問題3 (324)	問題4 (342)
① 【誤り】	12 (7.4%)	13 (4.4%)	15 (4.6%)	12 (3.5%)
② 【司会】	21 (12.9%)	27 (9.1%)	29 (9.0%)	25 (7.3%)
③ 【回答】	39 (23.9%)	51 (17.1%)	56 (17.3%)	52 (15.2%)
④ 【説明】	35 (21.5%)	72 (24.2%)	83 (25.6%)	92 (26.9%)
⑤ 【質問】	13 (8.0%)	46 (15.4%)	45 (13.9%)	34 (9.9%)
⑥ 【確認】	13 (8.0%)	20 (6.7%)	29 (9.0%)	46 (13.5%)
⑦ 【要約】	2 (1.2%)	20 (6.7%)	17 (5.2%)	7 (2.0%)
⑧ 【条件・可能性】	27 (16.6%)	96 (32.2%)	93 (28.7%)	44 (12.9%)
⑨ 【修正】	4 (2.5%)	8 (2.7%)	7 (2.2%)	22 (6.4%)
⑩ 【気づき】	25 (15.3%)	39 (13.1%)	40 (12.3%)	43 (12.6%)
⑪ 【改善】	3 (1.8%)	20 (6.7%)	14 (4.3%)	7 (2.0%)
⑫ 【わからない】	8 (4.9%)	2 (0.7%)	6 (1.9%)	7 (2.0%)
⑬ 【慣性】	15 (9.2%)	35 (11.7%)	93 (28.7%)	53 (15.5%)

数値は発話数，( )内には発話数全体に対する割合を%で示した。

表1.2.6 コミュニケーション活動の感想（3班）

H：私は普通に，純粋に，ああ，こうやって物理をやれば結構面白いなあって，思いました。で，やっぱりその慣性の大切さとかもわかったし，何かいろんな事象のつながりっていうのもわかったし，なんか，自分，人に説明するとか，人に質問して意見を聞くことで，なんか余計にすごい考えて，なんかすごい試行錯誤をしたので，なんか，すごいそれがよかったですね。はい。 I：僕は普段授業とかうけてると，こういう間違った意見を恥ずかしがらずに言う機会って，ほとんどないので，間違ってても，こう自分の意見を言うことで，自分の考えのどこが足りないのかとか，どこが間違っているかとか，そういうことがよくわかって，結構面白かったようなんですけど，G君は？ G：えっと，僕もそう思います。えっと，こういうこと，コミュニケーション活動をやんないと，自分の思っている考えとかが，あの，間違えたとかっていうのがわからないし，また，新しいこととかも学べてよかったと思います。うんと，この2日間はうん，楽しかったです。

(3)開発したコミュニケーション活動の有効性

　コミュニケーション活動の結果，グループでのコミュニケーションが正解を導くわけではなかったが，表面上は異なるように見える課題（「2台の台車の移動」「2球の同時落下」「ペットボトル中の2球の動き」「滑車を通した2つのおもりの動き」）が，一貫して「慣性」で説明できる課題だと認識できるようになった。さらに，発話内容を分析してみると，役割分担したコミュニケーション活動では，「要約」「条件」「改善」といった認知的に高次の発話が多くなっており，その後のコミュニケーションでも「説明」「確認」「修正」が多くなっていた。

　ただし，新たに導入したワークシートや役割分担によって各自の考えが明確に述べられ，その中に多くの誤りが含まれていた。この点については，課題に対する十分な知識を獲得させる（Rivard, 2004）などの更なる改善が必要である。

文献

Chi, M. T. H., Feltovich, P. J. and Glaser, R.（1981）Categorization and representation of physics problems by experts and novices, Cognitive Science, 5, pp.121-152.

Heller, P. and Hollabaugh, M.（1992）Teaching problem solving through cooperative grouping, Part 2: Designing problems and structuring groups, American Journal of Physics, Vol.60, No.7, pp.637-644.

King, A.（1997）ASK to THINK-TEL WHY® ©: A model of transactive peer tutoring for scaffolding higher level complex learning, Educational Psychologist, Vol. 32, Issue 4, pp.221-235.

King, A.（1999）"Discourse patterns for mediating peer learning", In O'Donnell A.M. and King, A., Cognitive perspectives on peer learning, Mahwah, New Jersey: Lawrence Erlbaum Associates, pp.87-115.

Mills, D., McKittrick, B., Mulhall, P., and Feteris, S.（1999）CUP: cooperative learning that works, Physics Education, Vol.34, No.1, pp.11-16.

Rivard, L.P.（2004）Are language-based activities in science effective for all students, including low achievers, Science Education, Vol. 88, No.3, pp.420-442.

資料1.2.1　事後調査

　これは理科の学習について調べ，理科の指導に役立てようとするものです。テストではないので成績には一切関係なく，プライバシーは守られますので安心して記入して下さい。

〈問題1〉質量1kgの台車に滑車を通して50gのおもりをつるして引いたAと，50g重（ばねばかりの目盛りは50gだが，質量50gの物体をつるす力を50g重としている）の力で引いたBとでは，どちらが早く移動するか，下の1〜3の中から1つ選んでその番号を空欄に入れて下さい。また，この問題は何に関する問題ですか。1〜5の中から最もふさわしいと思うものの番号を空欄に入れて下さい。

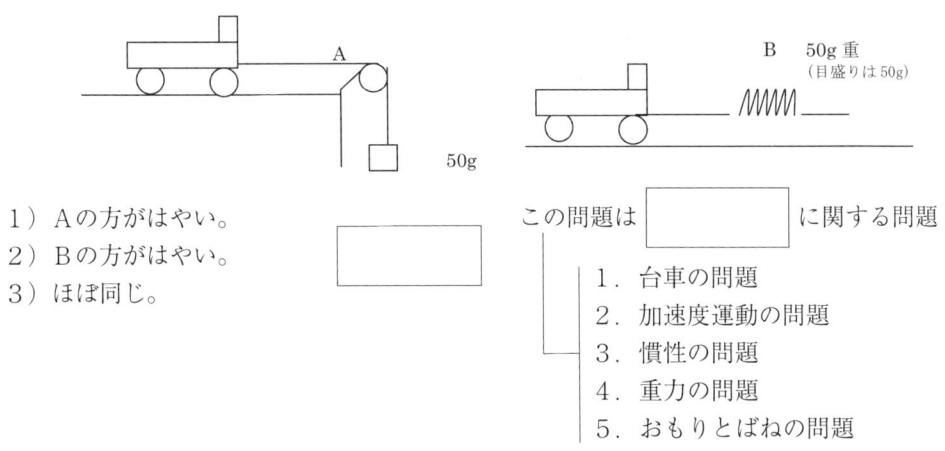

1）Aの方がはやい。
2）Bの方がはやい。
3）ほぼ同じ。

この問題は　　　　　　に関する問題
1．台車の問題
2．加速度運動の問題
3．慣性の問題
4．重力の問題
5．おもりとばねの問題

〈問題2〉同じくらいの大きさのピンポン玉（2g）とゴルフボール（50g）を2mの高さから同時に落下させる。2つの球はどのような順序で地上に落下すると思うか，下の1〜3の中から1つ選んでその番号を空欄に入れて下さい。また，この問題は何に関する問題ですか。1〜5の中から最もふさわしいと思うものの番号を空欄に入れて下さい。

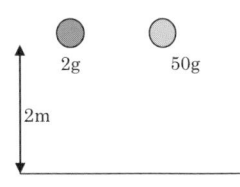

1）ピンポン玉の方が早く落下する。
2）ゴルフボールの方が早く落下する。
3）ほぼ同時に落下する。

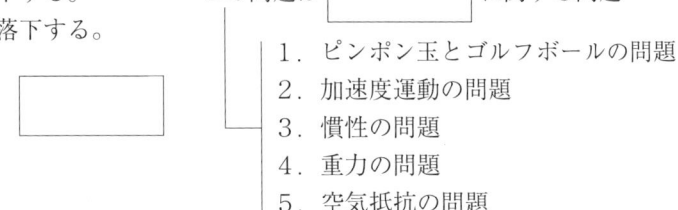

この問題は　　　　　　に関する問題
1．ピンポン玉とゴルフボールの問題
2．加速度運動の問題
3．慣性の問題
4．重力の問題
5．空気抵抗の問題

〈問題3〉下図のように水を満たしたペットボトルの中に発泡スチロールの球（浮かぶ）と，ビー玉（沈む）を入れる。そして下図のように横にして，矢印の方向に急に動かす。この時，発泡スチロールの球とビー玉は，水中でどう動くように見えるか，下図の（1.左　2.そのまま　3.右）の中からそれぞれ1つ選んで，その番号を空欄に入れて下さい。また，この問題は何に関する問題ですか。1～5の中から最もふさわしいと思うものの番号を空欄に入れて下さい。

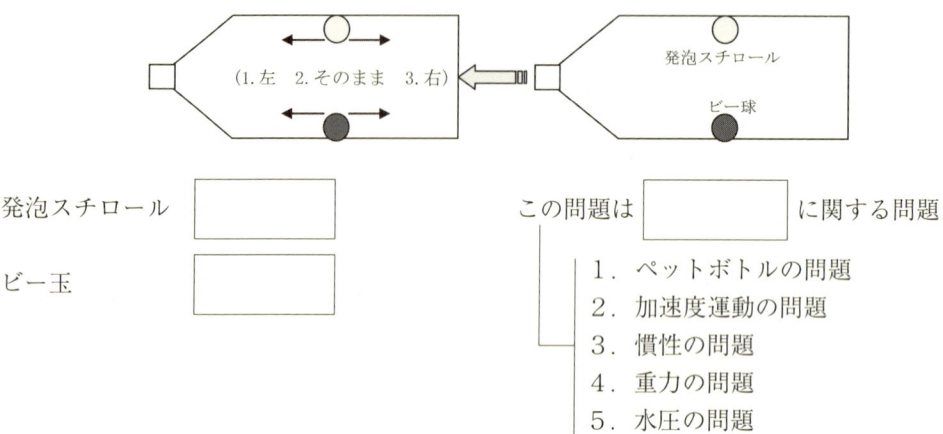

発泡スチロール　□

ビー玉　□

この問題は　□　に関する問題
1．ペットボトルの問題
2．加速度運動の問題
3．慣性の問題
4．重力の問題
5．水圧の問題

〈問題4〉ばねばかりによくまわる10gの滑車を取りつけて，ひもを通して片方に質量20gのおもりをつるし，もう片方に質量10gのおもりをつるしたところ動き出した。この時ばねばかりには何g重の力がかかるか，下の1～3の中から1つ選んでその番号を空欄に入れて下さい。ただし，ひもの質量は無視します。また，この問題は何に関する問題ですか。1～5の中から最もふさわしいと思うものの番号を空欄に入れて下さい。

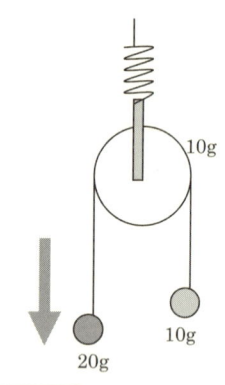

1）40g重より大きい力。
2）40g重より小さい力。
3）40g重の力。

□

この問題は　□　に関する問題
1．滑車の問題
2．加速度運動の問題
3．慣性の問題
4．重力の問題
5．おもりとばねの問題

Ⅲ 新たなグループコミュニケーション活動の開発と中学生での試行（研究５）

研究５では，研究４で成果をあげたワークシートと役割分担を導入したコミュニケーション活動が，中学生にも有効に機能するのかを検討した。

1．問題と目的

研究４では，ワークシートと役割分担の導入によって，「慣性」課題に取り組んでいた大学生のコミュニケーションの質が改善され，表面上は異なるように見える課題が，一貫して「慣性」で説明できる課題だと認識できるようになった。ただし，誤りを含む発言の影響を軽減するために，課題に対する十分な知識を獲得させることが示唆された。

研究５では，中学校理科授業に導入するにあたり，研究４で成果をあげたワークシートと役割分担に加えて，役割を明示したカードを配布し，理科係によるデモンストレーションを行わせてから，コミュニケーション活動を展開させた。また，研究４での示唆を生かして，課題に対する十分な知識を獲得させるために，豊富な観察・実験とデジタル教材（独立行政法人科学技術振興機講　理科ねっとわーく　http://www.rikanet.jst.go.jp）による説明を用いた。

2．方法

(1)調査対象および実施時期

公立中学校１年生５クラスを対象にして，2004年６月中旬（４ヶ月前）に事前調査，2004年10月中旬～下旬に５時間の『音』の授業，授業直後に事後調査，2005年２月下旬（４ヶ月後）に事前予告なしで遅延調査を実施した。５クラスのうち１クラスは男女別に班を編成していたので除外し，分析には残り４クラスのうち男女２名ずつの４名で編成され，４名がすべての活動に参加し，事前・事後・遅延の質問項目すべてに回答した16グループ64名（男32名・女32名）のデータを用いた。男女２名ずつの４名のグループのみを取り上げたのは，比較する際に人数・性別による影響を少なくするためである。

(2)授業展開

『音』の授業は，表1.3.1のように標準配当時数の５時間で実施した。コミュニケーション活動は，中学生向けにワークシートを改善し（図1.3.2），役割を明示したカードを配布して，理科係によるデモンストレーションを行わせてから展開させた。また，課題に対する十分な知識を獲得させるために，豊富な観察・実験と図1.3.1のようなデジタル教材による説明を用いた。

発話は，２時間目に「A子さんとB子さんでどちらがよく聞こえるか」という課題（以下「聞こえ方」と略記）で約10分間，ワークシートと役割分担を導入した５時間目に「どうして雷の光と音はずれるのか」という課題（以下「雷の光と音」と略記）で約10分間行

表1.3.1 『音』の指導計画(5時間扱い)

1時間目:音源の振動と媒質
　小学校での学習経験がないので,音源や媒質について観察・実験やデジタル教材を用いて説明した。
2時間目:音の伝わり方
　見えない音をイメージできるように,様々な観察・実験を繰り返した後,「聞こえ方」(資料1.3.1　問題6参照)についてコミュニケーション活動をさせた(堀・市川,1997)。
3時間目:音の大きさと高さ
　音が伝わる様子をどのように表現するのか考えさせ,同心円状に伝わる様子を説明した。さらに,デジタル教材「簡易オシロスコープ」を使用して,振幅・振動数について説明した。
4時間目:音速の測定
　デジタル教材で実験の目的や方法を説明した後,個々の生徒がストップウオッチでスターターピストルの号砲が170m離れた地点で聞こえるまでの時間を数回測定し,音速を求めさせた。
5時間目:音速の発展問題
　音速測定実験を振り返り,デジタル教材で確認した後,ワークシート(図1.3.2)と役割分担を導入して「雷の光と音」(資料1.3.1　問題2参照)についてコミュニケーション活動をさせた。

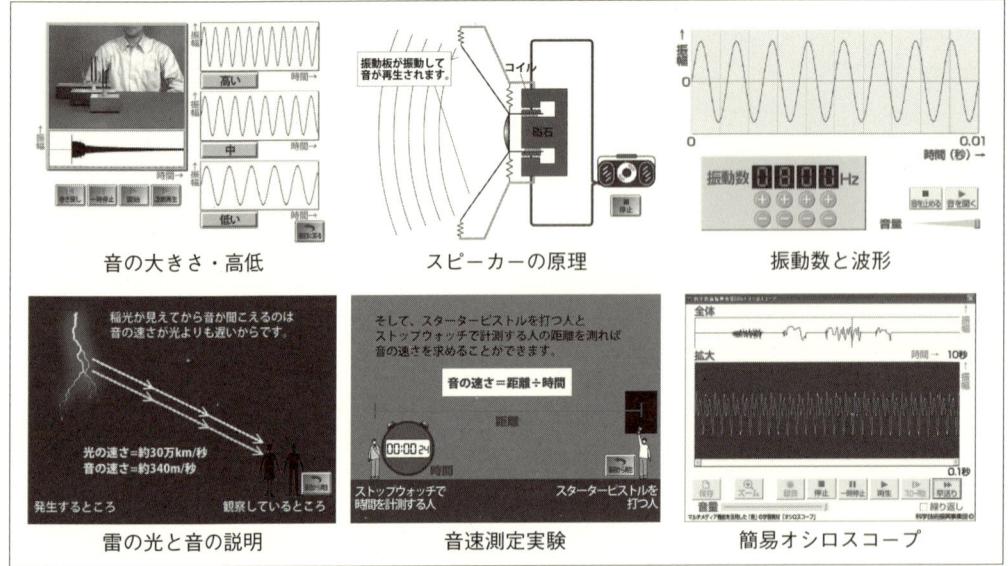

図1.3.1　音に関するデジタルコンテンツ

われたコミュニケーション活動を班ごとにテープレコーダーで録音した。

(3)調査項目
①事前・事後・遅延調査
　事前・事後・遅延調査として,資料1.3.1と同一の課題を解かせ,配点を以下のようにして12点満点で採点した。
　問題1:音の表現(大小,高低)各1点,計3点満点
　問題2:「雷の光と音」の説明　3点満点
　問題3-5:音の伝わり方(媒質[水中・真空],速度)各1点,計3点満点
　問題6:「聞こえ方」の説明　選択1点,説明2点,計3点満点

学習課題　雷のピカッとゴロゴロがずれる理由を説明してみよう
①【アンケートの問題】あなたに小学校3年生くらいの友達がいたとして，次のように質問されたら，どのように答えますか。小学3年生に教えるつもりで答えて下さい。 「どうしてかみなりはピカッて光るのとゴロゴロって音がするのがいっしょじゃないの」
②自分の考えを記入する
③話し合い活動　【相手の意見を大切にしよう】 方法　A：説明者　B：質問者　C：確認者を順番に担当する （4人班はBを2人にする） A：説明者になったら，自分の考えを質問者Bに向かって説明する B：質問者になったら，発表者Aの説明が終わった後で質問する C：確認者になったら，発表者Aの説明の要点を下に書き込む 　　そして，「質問の例」の中で質問者Bが質問しなかったことを質問する

発表者（　　　　）の説明 　　　　自分がC：確認者の時に記録します	「質問の例」 □「まとめると○○ということですか」 □「○○についてもう少し詳しく説明してくれませんか」 □「その考えは筋が通っていますか」 □「まだわからなかったり，疑問に感じていることはありませんか」

④グループで考えを1つにまとめて，その考えを書き込む

□グループの考えに納得した

図1.3.2　5時間目のワークシートの例

表1.3.2　発話内容のカテゴリー

①【誤り】明らかに誤りを含んでいるもの
――――――――単なる受け答え
②【司会】司会の役割を果たしているもの
③【回答】質問などに回答しているもの
④【説明】理由などを説明しているもの
――――――――積極的な検討
⑤【質問】疑問や質問を投げかけているもの
⑥【確認】確認しているもの
⑦【要約】他者の発言を要約しているもの
⑧【条件・可能性】条件や可能性を検討しているもの
――――――――気づき・改善
⑨【修正】意見などを修正しているもの
⑩【気づき】気づきがあったと思われるもの

②発話内容

　それぞれの場面で録音された発話内容を分析するために，表1.3.2の10のカテゴリーに分類して，あてはまる発話数を比較した（カテゴリーの①～⑩は研究4と共通にしたが，⑪以降は該当数が少ないので除外した）。ただし，1つの発話に対してカテゴリーが重複した場合には，重複してカウントした（【要約】での他者の意見に含まれる誤りや条件はカウントしていない）。

3．結果と考察

(1)事前・事後・遅延調査の結果

表1.3.3には，事前・事後・遅延調査の全体（12点満点），問題1，2，3-5，6（各3点満点）の平均得点を示し，図1.3.3には平均得点の推移を示した。

ここでは，ワークシートと役割分担が導入される前のコミュニケーション活動で扱われた問題6と，導入後に扱われた問題2にどのような差異があるのかを探った。事前調査の段階では，問題6と問題2の回答に有意な相関があった（Pearson Correlation；$r=0.258$，$p<.01$）。問題6と問題2の事前・事後・遅延調査の平均値について，反復測定2要因分散分析を行ったところ，問題6と問題2（F [1, 63] = 21.84, P<.01），事前・

表1.3.3　事前・事後・遅延調査結果（N=64）

		事前	事後	遅延
全体	（12点満点）	3.84 (2.80)	10.11 (1.69)	9.59 (2.20)
問題1	（3点満点）	0.47 (0.93)	2.75 (0.62)	2.63 (0.77)
問題2	（3点満点）	1.53 (1.48)	2.75 (0.69)	2.80 (0.74)
問題3-5	（3点満点）	1.11 (0.82)	2.11 (0.67)	2.00 (0.73)
問題6	（3点満点）	0.73 (1.25)	2.50 (0.87)	2.17 (1.03)

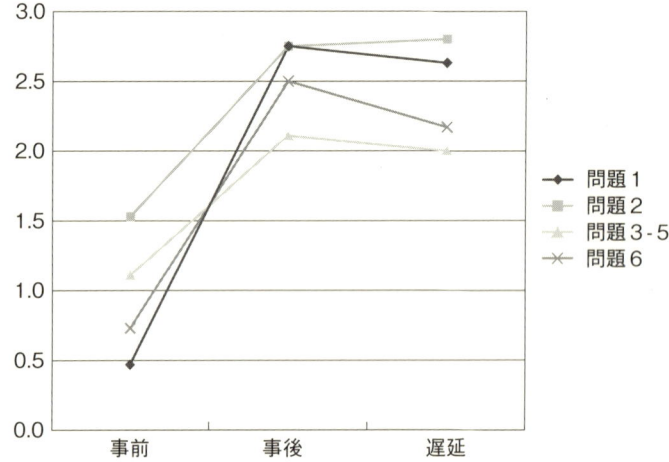

図1.3.3　事前・事後・遅延調査結果の推移（N=64）

事後・遅延（F [1.26, 79.12] = 103.73, P<.01）に有意な主効果が見られたが，有意な交互作用が見られたので（Mauchly W [2] = 0.60, p<.05；Greenhouse-Geisser：F [1.43, 90.24] = 3.86, p<.05），単純主効果検定を行った（Bonferroni法，5％水準）。その結果，事後・遅延調査において問題6＜問題2，問題6において事前＜事後・事前＜遅延・事後＞遅延，問題2において事前＜事後・事前＜遅延であった。これらのことから，問題6では遅延の平均得点が事後より下がり，問題2では事後の平均得点を4ヶ月後の遅延の段階でも保持していたことがわかる。

表1.3.4には，ワークシートと役割分担が導入される前のコミュニケーション活動で扱われた「聞こえ方」についての説明が，事前・事後・遅延調査でどのように変化したのか，代表的な回答例と64名中の該当する生徒数を示した。表1.3.5には，「雷の光と音」の説明について同様に示した。

表1.3.4からは，事前調査では「聞こえ方」を科学的に説明した生徒が15名（23.4%）であったが，事後調査では54名（84.4%）になったことがわかる。しかし，4ヶ月後の遅延調査では，43名（67.2%）になっている。これは，授業で「音は落ちない」ということが

表1.3.4 「聞こえ方」の説明例（3点満点）

	事前調査（4ヶ月前）	事後調査（授業直後）	遅延調査（4ヶ月後）
A（男）： 一貫して正解 13/64（20.3%）	音が広がっていく範囲は自分が高かろうが低かろうが同じだと思ったからです	音の伝わり方は上下関係ない	音は高い所も低い所も同じように伝わるから
B（男）： 事前・事後は正解 2/64（3.1%）	音は広がっていくものだと思うから（図の説明あり）	波紋のように伝わる	音は空気を伝わる。下の方が空気が多いから
C（女）： 授業後変化 30/64（46.9%）	声も重力で下に行くから	波紋のように伝わる	音の伝わり方は同じだから
D（女）： 授業後変化， 遅延は1点以下 9/64（14.1%）	上から下にかけては流れるように声が落ちるが，下から上にかけては空気のことがあって，いまいち聞こえが悪いと思った	上も下も結局は同じだから	音は落ちたりしない
E（男）： 一貫して1点以下 10/64（15.6%）	例えば，下からボールを投げても届かないけれど，上から下にボールを投げ落としても，下に行くから声とボールは同じだと思った	A子さんの方は，一番上の階だから空気が薄いから聞こえにくいと思う	上の方は空気が濃いから

表1.3.5 「雷の光と音」の説明例（3点満点）

	事前調査（4ヶ月前）	事後調査（授業直後）	遅延調査（4ヶ月後）
F（女）： 一貫して正解 31/64（48.4%）	光と音は速さが違って，光の方が速いから，光った後にゴロゴロと音がなります	光と音は速さが違って，光の方が速いから，光った後にゴロゴロと音が鳴ります	光と音は速さが違って，光の方が速いから
G（男）： 授業後変化 30/64（46.9%）	ピカッて光るのは，かみなりが落ちてきたということで，ゴロゴロは落ちた音	雷が落ちた時は光と音が同時に出る，でも，光の方が速いから光ってから音が聞こえる	一緒に発生するけど光の方が速いから，ピカッとゴロゴロは一緒じゃない
H（男）： 一貫して1点以下 3/64（4.7%）	光と音は順番になっているから	光は音より遅いから	光と音の順番になっているから

強く印象づけられ，D（女）のように遅延調査で「音は落ちたりしない」と感覚的な説明をした生徒が9名いたためである。

　表1.3.5からは，事前調査では科学的に説明した生徒が31名（48.4%）であったが，事後・遅延調査では61名（95.3%）となったことがわかる。また，12月上旬に行われた2学期末テストで発展問題として「花火の光と音がずれる理由」を説明させたところ，58名（90.6%）が科学的に説明できていた。これらのことから，誤った考えを持ち続けた3名の生徒以外は，「雷の光と音」について理解していたと言えよう。

(2)発話内容の分析

「聞こえ方」と「雷の光と音」の発話内容を分析するために，表1.3.6に各カテゴリーに該当した数を示した。なお，カテゴリー分類にあたっては，3人の評定者が独立して分類した後（一致率91.4%），不一致だったものについては協議して分類した。また，表1.3.7には同じグループの「聞こえ方」と「雷の光と音」の発話例を示した。

表1.3.6　各カテゴリー該当数

	聞こえ方（94）	雷の光と音（840）
①【誤り】	23 (24.5%)	7 (0.8%)
②【司会】	10 (10.6%)	157 (18.7%)
③【回答】	25 (26.6%)	258 (30.7%)
④【説明】	47 (50.0%)	130 (15.5%)
⑤【質問】	8 (8.5%)	127 (15.1%)
⑥【確認】	0 (0.0%)	98 (11.7%)
⑦【要約】	0 (0.0%)	61 (7.3%)
⑧【条件・可能性】	2 (2.1%)	12 (1.4%)
⑨【修正】	2 (2.1%)	4 (0.5%)
⑩【気づき】	1 (1.1%)	1 (0.1%)

数値は発話数，（　）内には発話数全体に対する割合を%で示した。

表1.3.6からは，「聞こえ方」では誤りを含んだ説明が多くなされていたが，「雷の光と音」では誤りが少なくなり，新たに「確認」（0［0.0%］→98［11.7%］）と「要約」（0［0.0%］→61［7.3%］）が発話されるようになって，「質問」（8［8.5%］→127［15.1%］）も増加していたことがわかる。

表1.3.7からは，ワークシートと役割分担が導入されたことによって，各生徒が説明者・質問者・確認者として，自分の考えを説明したり，質問を投げかけたりするようになっていたことがうかがえる。5時間目の「雷の光と音」では，J（男）「もう少し詳しく説明して下さい」と質問したことが，L（女）「…雷の光った位置は遠いから，音の方が遅くなると思います」と詳しい説明を引き出している。そして，M（女）「その考えは筋が通っていますか」という確認が，説明の一貫性を保たせるのに役立っていたと言えよう。こういったことは，2時間目の「聞こえ方」では決して生じなかったことである。もちろん，2時間目と5時間目を比較するにあたって，後に行われた5時間目ではコミュニケーション自体の学習効果も考えられ，学習内容の難易度などを考慮する必要があるが，それらを考慮に入れても，中学生向けに改良したワークシートと役割分担が，コミュニケーション活動の改善に貢献したと言えよう。

4．まとめと今後の授業への示唆

研究4での示唆を生かして，課題に対する十分な知識を獲得させるために，豊富な観察・実験とデジタル教材による説明を導入し，5時間の『音』の授業で，2時間目での「聞こえ方」についてと，ワークシートと役割分担を導入した5時間目での「雷の光と音」についてのコミュニケーション活動を，発話内容・学習内容理解といった観点から分析した。

その結果，5時間目の「雷の光と音」では，「確認」「要約」といった発言がなされるようになり，「雷の光と音」に関する遅延調査の平均得点が，事後調査の平均得点を上回っており，4ヶ月後の遅延の段階でも理解が保持されていた。そして，コミュニケーション活動のM（女）の「その考えは筋が通っていますか」という質問が，グループメンバーの説明の一貫性を保たせることに貢献していたことが明らかになった。

表1.3.7 「聞こえ方」と「雷の光と音」の発話例の比較

「聞こえ方」（2時間目）	「雷の光と音」（5時間目）
J（男）：物が落ちるのと同じで，声も落ちると思うから【説明】【誤り】。 K（男）：俺も落ちると思って，訳は，あの，落ちないのなら，声はずっとまっすぐ飛んで行くから，そんなことはありえないから，俺もB子さんの方がよく聞こえると思う【説明】【誤り】。 L（女）：うんと，B子さんがよく聞こえる理由は，よく歌とか歌っている時に前で音を落とすなとか，声を落とすなって言われてたから，前にいて，まず上に，物も上に上がらないのと一緒で，下に行くから，まず上にはないと思う【説明】【誤り】。 M（女）：えっと，私は，ベランダでよく叫ぶ時は，下の人が聞きやすいから，2番のB子さんが，よく聞こえるんだと思いました【説明】【誤り】。 L（女）：○班の意見は，これで終わりです【司会】。	M（女）：Lさんは，今日の課題，かみなりについて自分の考えを説明して下さい【司会】。 L（女）：えっと，光と音の速さは，光の方が速くって，音の方が遅いから，光るのと鳴る，音が鳴るのがずれると思います【説明】。 M（女）：J君とK君は，あ，J君とK君は，Lさんに質問をして下さい【司会】。 J（男）：もう少し詳しく説明して下さい【質問】。 L（女）：だから，うんと，この前の実験の時に，先生が言っていたように，光の方が音より何，どれくらい速いのかわかんないけど，速くて，音が来るより早いから，みんなそれと，雷の光った位置は遠いから，音の方が遅くなると思います【説明】【条件・可能性】。 M（女）：まとめると，光と音の速さは光の方が速くて，音の方が遅いから，光って，鳴るということですか【要約】。 L（女）：はい【回答】。 M（女）：その考えは筋が通っていますか【確認】。 L（女）：たぶん通っていると思います【回答】。 M（女）：まだわからなかったり，疑問に感じていることはありませんか【確認】。 L（女）：なし【回答】。 L（女）：J君は，今日の課題，かみなりについて自分の考えを説明して下さい【司会】。 J（男）：えっと，光るのは雷が落ちたっていうことで，遠くにいればいるほど，光ってからの音が聞こえるのが遅いわけ【説明】【条件・可能性】。 L（女）：K君とMさんは，J君に質問をして下さい【司会】。 …

文献

堀哲夫・市川英貴（1997）認知的方略の実態とその育成に関する研究．日本理科教育学会研究紀要，Vol.37, No.3, pp. 25-34.

資料1.3.1　事前・事後・遅延調査

1　下の図を見て下さい。太郎君がマイクで次郎君に「オーイ」と声をかけています。次郎君もその声が聞こえました。太郎君のマイクから，次郎君の耳まで音が伝わったようです。

1-1　太郎君の声（音）は2人の間をどのように伝わったのでしょうか。
図の中に音が伝わった様子をかいてみましょう。

1-2　太郎君は，さっきよりも大きな声でしゃべりました。音も大きく伝わりました。
図の中に音が伝わった様子をかいてみましょう。

1-3　太郎君は，さっきよりも高い声でしゃべりました。音も高く伝わりました。
図の中に音が伝わった様子をかいてみましょう。

2　あなたに小学校3年生くらいの友達がいたとして，次のように質問されたら，どのように答えてあげますか。小学3年生に教えるつもりで答えて下さい。

質問「どうして，かみなりはピカッて光るのとゴロゴロって音がするのが一緒じゃないの」
あなたの答え

3　音は水中でも聞こえますか。下の1～3から1つ選び，番号に○をつけましょう。

（　1　聞こえる　　2　少し聞こえる　　3　聞こえない　）

4　音は宇宙（真空中）でも聞こえますか。下の1～3から1つ選び，番号に○をつけましょう。

（　1　聞こえる　　2　少し聞こえる　　3　聞こえない　）

5　音が伝わる速さはどれくらいでしょうか。下の絵の中で，何に最も近いと思いますか。下の1～6から1つ選び，番号に○をつけましょう。

（1　人が歩く　2　人が走る　3　車が走る　4　新幹線　5　旅客機　6　ロケット）

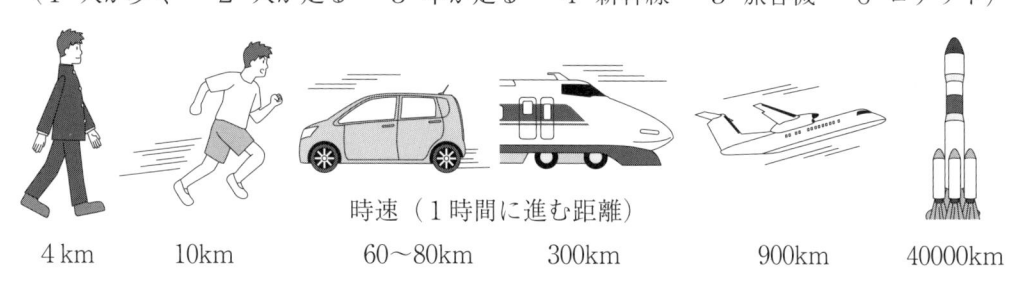

時速（1時間に進む距離）

4km　　10km　　60～80km　　300km　　900km　　40000km

6　下の図を見て下さい。左のビルのC郎くんが右のビルのA子さんとB子さんに同時に声をかけました。C郎くんからA子さんまでとB子さんまでの距離は同じです。

上にいるA子さんと下にいるB子さんとでは，どちらがよく聞こえますか。

下の1～3から1つ選び，番号に○をつけましょう。

1　A子さんの方がよく聞こえる
2　B子さんの方がよく聞こえる
3　聞こえかたは同じ

答えを選んだ理由を書いて下さい。

Ⅳ 一貫した説明を促す方法

　研究5の中学生での試行授業では，中学生M（女）「その考えは筋が通っていますか」という発言が，メンバーの説明の一貫性を保たせるのに貢献していたことが示された。一貫した説明の重要性については，今まで理科教育ではあまり取り上げられなかった。
　そこで研究6では，まず大学生を対象にして理科の課題に対する一貫した説明の状況を探り，一貫した説明を促すための知見を整理した。

1 理科の課題に対する大学生の一貫した説明の状況（研究6）

1．問題と目的

　一貫した説明が重要なことは，例えばPISA 2006での科学的リテラシーの最上位者の回答の特徴が，「複雑な生活の問題場面において，科学の知識と科学についての知識を一貫して認識したり，説明したり，応用したりする」ことであったことからもうかがえる（国立教育政策研究所編，2007）。ところが今までは，カリキュラムの一貫性を扱った論文は多く見られても，説明の一貫性を肯定的に捉えて，授業で促すことを試みた研究はほとんどなかった。日本の理科教育では，村山（2005）が「科学的思考力を育成する授業づくり」の中で，「意地でも燃焼の三条件（燃えるもの・酸素・燃え続けるための温度）で考えさせる」活動を通して，説明の一貫性を促した例を紹介したのがはじめだろう。状況に左右されずに一貫した説明を促すことは容易ではないが，一貫した説明は成績上位者の特徴でもあり，理科授業の中でも取り上げられるべきであろう。
　坂本ら（2007）も，第3回国際数学理科学力調査（TIMSS）で，日本の中学生がふたをしたロウソクの火が消える理由を正しく答えることができるにもかかわらず，「二酸化炭素には火を消す性質がある」と考えているものが少なくないことに対して，「燃焼の3要素による説明とは相容れない『二酸化炭素の火を消す性質』なるものの存在を肯定するのは，明らかに一貫性を欠いている」と指摘している。そして，「現時点ではよくわかっていない現象に対して，原理・法則が成立することを前提として探究を行うことができる。これも科学的思考の一つとして重要であると考えられる。しかしながら，従来の研究では，このような科学的思考は取り上げられてこなかった」としている。
　従来は，生徒が教室にもち込む様々な考え[1]は，生徒なりに一貫しており，理科授業を受けても容易には変容しない，科学概念獲得の妨げになる厄介なものとして扱われてきた。例えば，佐藤・荒井（2009）は，生徒の様々な考えについて，「経験をもとに本人の帰納的または演繹的推論が活発になされた結果として形成されたものであるために，誤ってはいるけれども概念体系として高い一貫性をもち，かつその修正を目的とした外からの働きかけに対して強固な頑健性を示す知識として特徴づけられている」としている。
　一方で，「素朴概念とされるものは，子どもたちが自力で編み出したものなどではない。

生活経験や学校での指導を前提条件に，調査用の質問によって誘導・強要されたものであって，それを素朴概念とする見解は素朴に過ぎる（山岡，2003）」といった指摘もある。また，課題場面の微小な違いで誤ルールとルールの適用が同一個人内で容易に左右されてしまう現象も観察されており（例えば，佐藤，2002），必ずしも強固で一貫した誤ルールが常に内在しているとは限らない。佐藤・荒井（2009）は，大学生の植物概念課題に対する判断基準を調査し，「動物の定義が示された後の外延判断において，大学生は，縮小過剰型の誤概念を適用しがちな小学生とは異なり，むしろ固定した判断基準をもたずに個々の動物ごとに判断を左右するという誤りの傾向が強いことがわかった」と報告している。

　仮に誤っていても一貫した考えをもっていた方が，科学概念に転換されやすいという指摘もある。例えば，西川・冬野（1996）は，中学校2年生667名を対象にして，電気についての考えの一貫性の強さと電気概念の獲得・定着の関係について調査した。その結果，たとえ誤った考えであっても一貫性が強い生徒ほど授業効果が高く，葛藤教材が提示されると科学概念を受け入れやすいことを明らかにした。そして，考えが文脈に依存して一貫性が弱い生徒ほど，電気概念の獲得率・定着率が低くなり，個別面接調査を通じて考えが文脈に依存してしまう生徒は，強固なプレコンセプションやオルタナティブフレームワークをもっているというよりも，概念が無い（ノンコンセプション）と解釈できるとしている。また，呉（2005）は，韓国の小・中・高校生110名を対象に乾電池に関する実験を実施し，「寿命になると乾電池は軽くなる」など乾電池に関する誤概念が一貫性をもっている場合と一貫性をもっていない場合で比較した結果，誤概念が一貫している場合には63％が修正され，一貫していない場合には23.5％が修正されたに過ぎなかったと報告している。

　上述のように，生徒が教室にもち込む様々な考えの中には，調査で尋ねられて帰納的・演繹的に推論したために形成されてしまったものや，状況に応じて変化しやすいものもあると考えられる。そして，たとえ誤った考えだったとしても，一貫している場合には科学的概念に転換されやすいと示唆されている。従来は，一貫した説明を促すことには焦点が当てられなかったが，一貫した説明をすることは優れた学習者の特徴でもあり，一貫した説明を促すことで科学的概念獲得に導く可能性がある。

　ただし，表面上の状況に左右されずに，本質を見抜いて一貫して説明するのは，容易なことではない。例えば，吉國・生田（2007）は，小学4年生32名を対象に，「物質が三態変化する（固体⇔液体⇔気体）」というルールの学習場面を取り上げ，事前調査・教授活動・事後調査を実施した。その結果，ルール「物は三態変化する」を一貫して適用できるようになったものは，半数程度にとどまっていた。また，荒井・白井（2008）は，大学生を対象にして，ジャガイモとピーマンの各器官の光合成の有無を尋ねた上で，「あなたが答えたとおりだとすると，次の決まりは正しいだろうか？」と質問したところ，「光合成は葉のみで行う」という「機能分化説」で答えたものが50％で，「緑の部分はすべて光合成する」と一貫して回答できたものは5％にとどまっていた。

　一貫した説明を困難にしているものの一つに，法則やルールの例外を懸念していることがあげられる。佐藤（2008）は，「授業で得た知識も正しいのかもしれないが，世の中にはそれがあてはまらない場合だってきっと沢山あるだろう」という「判断の不確定性」は，

授業で教えられたルールの演繹的適用を阻害する要因の一つになっていると示唆している。そして佐藤・荒井（2009）は，大学生の「動物」の外延判断を調査したところ，誤答した大学生は，定義を否定したり，定義以外の基準をもっているために定義を適用しなかったのではなく，むしろ漠然と例外を期待したり，個別の動物ごとに個別的な判断を行ったために定義を使わなかったと示唆している。麻柄（2006）は，約100名の大学生を対象にして，「花が咲けば種子ができる」という種子植物に関するルールの適用について調査した。その結果，チューリップ事例・アブラナ事例とも約70％の者が「花が咲けば種子ができる」というルールには例外があると考えて，他の事例にルールを適用できなかった。

　例外懸念は，過度の一般化を避けるという肯定的な側面をもってはいるが，理科授業の中でも教員の方で「例外のないルールはない」「イノベーションも例外から生まれる」ことなどを強調して，ルールの適用に制限をかけている例も見受けられる（麻柄，2006）。特に，2分野には例外が多いと感じられ，生物・地学は暗記科目だと思われがちである。

　研究6では，一貫した説明を促すことを検討するために，まずは理科の課題に対する大学生の一貫した説明の状況を調査し，1分野・2分野の違い，例外懸念の影響を探ることにした。

2．方法

(1)調査対象および実施時期

　まず，理科系の大学生がどの程度一貫した説明をしているのかを探るために，中・高理科の教員免許を取得しようとしている理科系大学生（理系）を対象にして，予備調査（資料1.4.1の質問2～質問7）を実施した。予備調査は，2012年2月に国立大学理学部・工学部学生（55名），2012年4月に私立大学理工学部学生（35名）を対象にした。

　本調査は，2012年4月に国立大学教員養成学部小学校課程：理科選修39名（小理）・理科選修以外137名（小文）を対象にして実施した。そして，本調査で一貫した説明をして高得点を得た3名の大学生に対して，後日インタビューを実施した。

(2)調査項目

　本調査（資料1.4.1）では，まず，理科の1分野・2分野について，

　q1　公式を自分で導けるようにすることが多い
　q2　法則やルールには例外が多い
　q3　自分の考えに一貫性をもたせることが多い

の3項目に，「多い」（7点）から「少ない」（1点）までの7段階で回答させた（以降，q1公式導出，q2例外懸念，q3一貫性と略記）。次に，予備調査と同じ質問2～質問7に回答させた。なお，質問2～質問7に回答する際には，予備調査・本調査ともに「一度回答して次のページに進んだら，決して前のページに戻らないで下さい」と指示した。

　質問2については，①～③に「する」あるいは「場合による」，④～⑤に「しない」を選択したものに1点，理由として「葉緑体があるから」などと回答したものに1点，合計2点満点で採点した。

質問3については,「サツマイモは根で,ジャガイモは茎だから」など「根」と「茎」の違いに着目して回答したものを2点,「ジャガイモには葉緑体が存在するから」など「葉緑体の存在」に着目して回答したものを1点として採点した。

質問4については,「大根は上半分が茎で,下半分が根だから」など「茎」と「根」の違いに着目して回答したものを2点,「上半分には葉緑体が存在するから」など「葉緑体の存在」に着目して回答したものを1点として採点した。

そして,質問2〜質問4の合計得点(6点満点)を2分野得点とした。

質問5については,①〜⑤すべてで「通す」を選択したものに1点,理由として「金属だから」「自由電子が存在するから」などと回答したものに1点,合計2点満点で採点した。

質問6については,①②⑤に「つかない」,③④に「つく」を選択したものに1点,理由として「磁化されるから」「鉄族だから」などと回答したものに1点,合計2点満点で採点した。

質問7については,「ならない」あるいは「弱くなる」と回答したものに1点,理由としてアルミニウムは「磁化されないから」などと回答したものに1点,合計2点満点で採点した。

そして,質問5〜質問7の合計得点(6点満点)を1分野得点とした。

1分野得点・2分野得点ともに,法則やルールを適用して一貫した説明をすると,高得点が得られるようにした。

3. 結果と考察

(1)各項目の群別の平均得点

q1〜q3の小理と小文の平均値(標準偏差),平均値を比較したt検定の結果を表1.4.1に示した。

1分野では,小理の方がq1公式導出・q3一貫性の平均値が高くなっており,小文よりも公式を理解し,一貫した説明をするようにしていることがわかる。

2分野では,小理の方がq2例外懸念・q3一貫性の平均値が高くなっており,小文よりも一貫した説明をするようにしているが,例外を懸念していることがわかる。平均値を1分野と比較しても,2分野の方が,公式を導出することは難しく,法則やルールに対する例外を懸念していることがうかがえる。

1分野得点・2分野得点については,理系・小理・小文の平均得点を表1.4.2に示した。1分野得点・2分野得点とも,理系の学生でも50%程度の平均得点しか

表1.4.1 アンケート項目の平均値

	小理 (N=39)		小文 (N=137)	t値 (df=174)
1分野アンケート				
q1公式導出	5.33 (1.97)	>	4.55 (2.04)	2.12*
q2例外懸念	3.77 (1.71)		3.45 (1.63)	1.09
q3一貫性	5.36 (1.37)	>	4.71 (1.59)	2.32*
2分野アンケート				
q1公式導出	2.46 (1.73)		2.82 (1.63)	1.21
q2例外懸念	5.03 (1.60)	>	3.84 (1.77)	3.78**
q3一貫性	4.79 (1.63)	>	4.14 (1.37)	2.53*

(* p<.05, ** p<.01)

表1.4.2　1分野・2分野の平均得点（各6点満点）

	理系（N=90）	小理（N=39）	小文（N=137）
1分野得点	3.14（1.59） ＞	2.49（1.28） ＞	1.58（0.88）
2分野得点	2.72（1.70）	2.87（1.66）	1.91（1.42）

（2分野は　理系＞小文，小理＞小文）

得られず，ルールを適用して一貫した説明をするのは，大学生にとっても難しいことがうかがえる。

理系・小理・小文の平均得点に差があるのかを分散分析で分析したところ，両課題とも有意な主効果が見られたが（1分野得点：$F[2,263] = 45.26$, $P<.05$，2分野得点：$F[2,263] = 10.37$, $P<.05$），等分散性が棄却されたため（Levene, $P<.05$），Games-Howell法で多重比較を行ったところ，両課題とも平均得点は

　1分野得点：理系＞小理＞小文
　2分野得点：理系＞小文，小理＞小文

であった。

　1分野では，理系の平均得点が高いが，2分野では，小理が理系以上の平均得点となっている。やはり2分野では，理系の学生でも法則やルールを適用して一貫した説明をするのは，難しいようである。

(2)インタビュー結果

　小理・小文の中で，1・2分野の合計得点の最上位者3名を対象にインタビューした結果を表1.4.3にまとめた。

　インタビュー結果からは，小理1は，公式を自分で導けるようにしたり，知識を整理して考えるようにしたり，葉緑体の存在で一貫して考えたり，前の問題とのつながりを考えたり，金属とカルシウムやアルミニウムと鉄の違いをしっかり区別したりしていたことが，高得点につながったと言えよう。

　小理2は，物理教育の研究室配属だが，物理の専門分野には例外も多いことを実感し，ルールを適用して一貫した説明をすることに迷いが生じていることがうかがえる。2分野については，実家が農家でピーマン・サツマイモ・ジャガイモ・大根についての知識が豊富で，高得点をあげていたと言えよう。

　小文1は，高校で物理を選択しておらず，1分野得点は3点であるが，2分野については，「生物Ⅰで習ったことを勝手に生物Ⅱとつなげて考えていた」というように，学んだことを関連づけていた。質問2～質問4の表面上は異なることにも，葉緑体の存在の有無から一貫した説明をしていた。

　小理1・小理2・小文1の事例から，一貫した説明をして高得点を得るためには，「公式を自分で導けるようにしたり」「知識を整理したり区別したり」「学んだこととつなげて考えたり」することが重要であると示唆された。

4．まとめと今後の課題

　1分野得点・2分野得点とも，理系の学生でも50％程度の平均得点しか得られず，異な

表1.4.3　インタビュー結果

	小理1	小理2	小文1
〈プロファイル〉 履修科目 1・2分野得点 （各6点満点）	物理Ⅰ　化学Ⅰ　生物Ⅰ 1分野得点：5 2分野得点：5	物理Ⅰ　化学Ⅰ　生物Ⅰ 1分野得点：4 2分野得点：5	化学Ⅰ　生物Ⅰ 1分野得点：3 2分野得点：6
〈アンケート〉 q1公式導出	1分野：6　2分野：3 自分で導けるようにしないとわからないので	1分野：7　2分野：2 自分で公式をつくってから理解するようにしている	1分野：5　2分野：4 1分野の方が自分で導けるようにしている
q2例外懸念	1分野：7　2分野：6 法則やルールには例外は多いと思う	1分野：5　2分野：7 今は，物理教育の研究室で，例外ばかりだと思っている。教科書は，例外を考えなくていいようになっている	1分野：4　2分野：5 2分野の方が例外が多い
q3一貫性	1分野：7　2分野：7 ものごとを整理して考える方が，アウトプットしやすい	1分野：7　2分野：6 1分野の方が得意なので	1分野：4　2分野：6 生物Ⅰで習ったことを勝手に生物Ⅱとつなげて考えていた
〈2分野の問題〉 【質問2】 光合成の部位	葉緑体が含まれているかどうかで考えた	ピーマンは子房の部分なので，葉緑体がないと思った	緑かどうかで考えた。ピーマンも緑だから
【質問3】 サツマイモ・ジャガイモ	中学受験で知っていた	小学生に受験理科を教えているので，知っていた	ジャガイモが緑色になるのは知らなかったけど，緑色になるのは葉緑体があるからだと思った
【質問4】 上半分緑の大根	写真を見て，前の問題を参考にして考えた	実家が農家なので，大根を引っこ抜いているので，よく知っている	どこかで聞いたような気がしたので
〈1分野の問題〉 【質問5】 電気伝導	金属は電気を通すけど，カルシウムは種類が違うと思った	金属は全部電気を通す。自由電子があるので	10円玉は錆びていたりすると通さないから，カルシウムは骨とかのイメージなので
【質問6】 磁化	磁石につくのは，鉄の仲間だと知っていた	若干勘のところもある	周期表でニッケルも鉄に近いから
【質問7】 アルミニウムの棒を挿入した場合	アルミニウムは電気を通すけど，磁石にはならない	アルミニウムは磁性をもたないので	アルミニウムには電流が流れて，さらに強くなると思ったから

る状況の中で法則やルールを適用しての一貫した説明は，大学生にとっても難しかった。

　アンケートの結果からは，1分野では，法則やルールを信頼して，例外を気にせずに一貫した説明をすることが可能だが，2分野では，信頼に値する法則やルールが少なく，例外を懸念して一貫した説明がしにくいと思われていた。

1分野・2分野得点上位者へのインタビューからは，一貫した説明をして高得点を得るには，「公式を自分で導けるようにしたり」「知識を整理したり区別したり」「学んだこととつなげて考えたり」することが重要であると示唆された。

注
1）生徒が教室にもち込む考えについては，素朴理論，素朴概念，前概念，誤概念，ル・バーなど様々な呼称がある。

文献

荒井龍弥・白井秀明（2008）大学生の光合成課題に対する回答一貫性,日本教育心理学会総会発表論文集，Vol.50, p.569.

国立教育政策研究所編（2007）生きるための知識と技能3 OECD生徒の学習到達度調査（PISA）2006年調査国際結果報告書，ぎょうせい，p.38.

麻柄啓一（2006）例外への懸念がルール学習に及ぼす影響－ルールの適用をいかに促進するか，教育心理学研究，Vol.54, No.2, pp.151-161.

村山功（2005）科学的思考力を育成する授業づくり，理科の教育，Vol.54, No.7, pp.12-15.

西川純・冬野英二郎（1996）科学概念の獲得／定着と文脈依存性に関する研究－中学生の電気概念の実態をもとに，科学教育研究，Vol.20, No.2, pp.98－112.

呉世現（2005）乾電池に関する誤概念体系とその修正のストラテジーについて，教授学習心理学研究，Vol.1, No.2, pp.59-75.

坂本美紀・村山功・山口悦司・稲垣成哲・大島純・大島律子・中山迅・竹中真希子・山本智一・藤本雅司・竹下裕子・橘早苗（2007）科学的思考としての原理・法則のメタ理解：小学校第6学年「燃焼」を事例として，科学教育研究，Vol.31, No.4, pp.220-227.

佐藤淳（2002）経済的事象についての学習者の素朴な判断と課題要因との交互作用，北海学園大学経済論集，Vol.49, No.4, pp.205-214.

佐藤淳（2008）マトリックス法を用いた「擬似例外」の正事例化がルールの適用範囲の拡大に及ぼす効果，教授学習心理学研究，Vol.4, No.2, pp.71-84.

佐藤淳・荒井龍弥（2009）「動物」の外延判断における大学生の個別的課題解決傾向とその修正方略の探索，北海学園大学学園論集，Vol.140, pp.1-17.

山岡剛（2003）素朴概念という用語とその内容について，理科教室1月号，p.1.

吉國秀人・生田国一（2007）小学生の「三態変化」に関する認識変容の様相－水以外の物質を含めた教授活動前後の比較を通して，教授学習心理学研究，Vol.3, No.1, pp.1-12.

資料1.4.1 （回答欄は省略）理科授業づくりに関する調査

これは，理科授業づくりについて調査して，今後の理科授業改善の参考にするためのものです。成績には関係しないので，相談しないで自分の思ったとおりに答えてください。

学籍番号＿＿＿＿＿＿＿＿＿＿＿＿＿＿氏名＿＿＿＿＿＿＿＿＿＿＿＿＿＿

【質問0】高校で履修した科目すべてに○をつけてください

（　物理Ⅰ　化学Ⅰ　生物Ⅰ　地学Ⅰ　）

【質問1】理科の第1分野（物理・化学）・第2分野（生物・地学）の学びのイメージについて，各項目であなたの感じに当てはまるところに，例のように第1分野○・第2分野△をつけてください。

例：　実験が　　　　　　　　　　　　　　　中間

多い　←｜—○—｜—｜—△—｜—｜→　少ない

1）公式を自分で導けるようにすることが　　　中間

多い　←｜—｜—｜—｜—｜—｜→　少ない

2）法則やルールには例外が　　　　　　　　　中間

多い　←｜—｜—｜—｜—｜—｜→　少ない

3）自分の考えに一貫性をもたせることが　　　中間

多い　←｜—｜—｜—｜—｜—｜→　少ない

この冊子は，全部で5ページありますが，
<u>一度回答して次のページに進んだら，決して前のページに戻らないで下さい。</u>

【質問2】以下の①から⑤の部分で，光合成は行われますか？　あなたの考えに当てはまるところに○をつけてください。また，そう考えた理由を下の□に書いてください。

ピーマンの緑の葉…（　する　　場合による　　しない　）
ピーマンの緑の茎…（　する　　場合による　　しない　）
ピーマン…………（　する　　場合による　　しない　）
ピーマンの根………（　する　　場合による　　しない　）
ピーマンの白い花…（　する　　場合による　　しない　）

【質問3】写真のようにサツマイモは掘り起こして置いておいても緑色にはなりませんが，ジャガイモは緑になります。なぜだと思いますか？ あなたの考えを下の□□□に書いてください。

サツマイモ

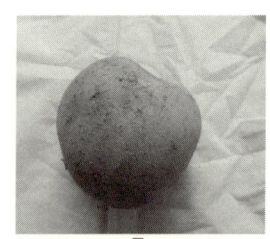

ジャガイモ

【質問4】写真のように大根は半分緑になっています。なぜだと思いますか？ あなたの考えを下の□□□に書いてください。

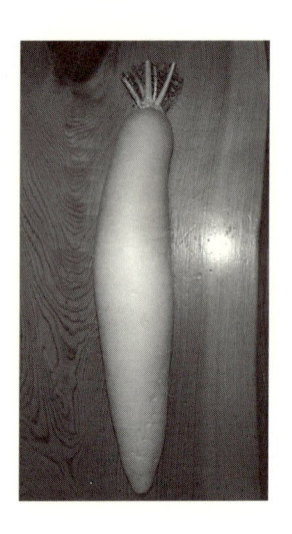

【質問5】以下の①から⑤のものは，電気を通しますか？　あなたの考えに当てはまるところに〇をつけてください。また，そう考えた理由を下の□に書いてください。

10円玉…………（　通す　　場合による　　通さない　）
アルミホイル…（　通す　　場合による　　通さない　）
鉄………………（　通す　　場合による　　通さない　）
ニッケル………（　通す　　場合による　　通さない　）
カルシウム……（　通す　　場合による　　通さない　）

【質問6】以下の①から⑤の部分は，磁石につきますか？　あなたの考えに当てはまるところに〇をつけてください。また，そう考えた理由を下の□に書いてください。

10円玉…………（　つく　　場合による　　つかない　）
アルミホイル…（　つく　　場合による　　つかない　）
鉄………………（　つく　　場合による　　つかない　）
ニッケル………（　つく　　場合による　　つかない　）
カルシウム……（　つく　　場合による　　つかない　）

【質問7】鉄芯のまわりに，コイルを巻き，通電すると電磁石になりますが，鉄芯の代わりにアルミニウムの棒を入れるとどうなりますか？　あなたの考えと，そう考えた理由を下の□に書いてください。

2　一貫した説明を促す方法

　1の研究6では，理系の大学生にとっても異なる状況の中で法則やルールを適用しての一貫した説明は難しかった。特に2分野では，信頼に値する法則やルールが少なく，例外を懸念して一貫した説明がしにくいと思われていた。成績上位者へのインタビューからは，一貫した説明をするには，「公式を自分で導けるようにしたり」「知識を整理したり区別したり」「学んだこととつなげて考えたり」することが重要であると示唆された。

　以下では，一貫した説明を促す方法について，1．「知識不足を補う」2．「例外懸念を払拭する」3．「論理操作不足を解消する」の3つの観点から，先行研究をレビューする。

1．知識不足を補う

　荒井（1998）は，大学生を対象にして3題の直流回路課題に続いて，2題の交流回路課題について，「正しいのは（どれか）」と発問した群と「都合のよいのは（どれか）」と発問した群の交流回路課題への反応の一貫性を比較検討した。その結果，前提知識がある場合には，交流回路課題に対して「そこまで理解が（まだ）及んでいない」と考えることができて一貫した回答となったが，前提知識が不足する場合には，不確定な前提知識による説明を試みて回答が一貫しない者が多くなったと報告している。

　藤田（2005a）は，大学生66名を対象にして，気圧の力学的な性質について説明する実験授業を行った後，提示された実験事例とどの程度類似する般化問題であれば，学習した概念を適用可能であるかを調べた。その結果，提示する事例数が少ない場合には，表面的な特徴が提示事例と類似する問題に対しては学習した知識を適用でき，提示事例数が増えると，表面的には異なるが構造的には類似している問題にも，知識の適用範囲が広がることを確認した。

　工藤（2003）は，大学生を対象にして「花が咲けば種子ができる」という種子植物のルールを教示した後，その教示をどのように解釈したのかを調べた。その結果，約半数は種子植物の一般的なルールが教示されたとは解釈せずに，チューリップ事例からの帰納学習のために，知識の一般化可能性が制限されていたと報告している。そして，従来，知識の一般化可能性を制限する要因として，誤概念が取り上げられてきたが，知識の一般化可能性を制限するのは学習時点での解釈であり，体験から生み出される誤概念の影響は二義的であると示唆している。

　これらの例から，前提知識や前提知識の解釈が不足すると一貫した説明が難しくなり，表面的には異なっていても同じ課題について，一貫した説明を引き出すためには，「しっかりと前提となる知識について理解させること」「提示事例数を増やすこと」「特定の事例からの帰納学習のために一般化可能性が制限されないようにすること」が大切であると示唆できる。

2．例外懸念を払拭する

　佐藤（2008）は，「授業で得た知識も正しいのかもしれないが，世の中にはそれが当て

はまらない場合だってきっと沢山あるだろう」という「判断の不確定性」は，授業で教えられたルールの演繹的適用を阻害する要因の一つになっていると示唆している。そして佐藤・荒井（2009）は，大学生の「動物」の外延判断を調査したところ，誤答した大学生は，定義を否定したり，定義以外の基準をもっているために提示された定義を課題に適用しなかったのではなく，むしろ漠然と例外を期待したり，個別の動物ごとに個別的な判断を行っているために定義を使わなかったと示唆している。

麻柄（2006）は，約100名の大学生を対象にして，「花が咲けば種子ができる」という種子植物に関するルールの適用について調査した。その結果，チューリップ事例・アブラナ事例とも約70％の者が「花が咲けば種子ができる」というルールには例外があると考えており，他の事例に対してルールを適用できなくなっていたことを明らかにした。

伏見・麻柄（2009）は，大学生等の大人414名を対象にして，個別事例に基づく「例外への懸念」以外にも，個別事例に基づかない一般的なルールの誤解釈がルールの適用を阻んでいる可能性について検討した。「（すべての）金属は非金属より熱伝導率が高い」「（すべての）金属は電気を通す」という理科のルール，「（すべての）XはQである」という論理ルールについて調べた結果，論理ルールにおいても事例範囲を「すべて」ではなく自動的に割り引く傾向が認められ，その傾向は理科のルールの方が顕著であった。そして，そのように割り引く者は，ルールを事例に適用する傾向が弱いことも確認された。

これらの例のように，ルールを適用して一貫した説明をしようとしても，例外を懸念してうまくできないことがある。麻柄（2006）も，「例外への懸念は，誤った一般化を避けるという肯定的な側面をもつ」とはしているが，実際の理科授業の中でも，教員の方で「例外のないルールはない」「イノベーションも例外から生まれる」ことなどを強調して，ルールの適用に制限をかけているのではないだろうか。

麻柄（2006）は，例外への懸念に打ち勝ってルールを適用できるようにするために，20人の参加者が100円ずつ出し合って，正答すれば2,000円を山分けできるといった「かけ事態」を設定して，教示されたルールでの判断を求めると，通常のテスト形式で質問するよりも多くの学習者がルールに基づいて解答し，その後に通常テスト形式で質問しても，別の事例にもルールを適用して解答することができたと報告している。

どちらの方が当たる確率が高いかで判断させる「かけ事態」を設定することは，ルールを適用して一貫した説明に導くための重要な示唆を与えているが，道徳的に理科授業でそのまま使えるような，理科授業向けの方法を開発する必要があるだろう。

3．論理操作不足を解消する

工藤（2010）は，これまでは研究者側のルール学習観が限定的であったが，操作的思考の生起がルール学習において極めて重要であることが明らかになって，「近年，学習者によるルール命題の心的操作がルール学習に影響するという研究報告が増加している」と指摘している。

藤田（2005b）は，大学生206名を対象にして，気圧について一般的な「気圧の異なる複数の空間が存在するとき，高圧の空間から低圧の空間に向かって作用する力が生じる」

「その気圧の高低は空気分子の運動差によって生じる」という気圧の力学的性質に関する概念情報の教示に加えて、属性（気圧）や属性間の関係を操作する事例を教示情報に追加することで、類似性が低い般化事例に対しても気圧概念を適用できるのかを調査した。その結果、概念情報を教示するだけでなく、概念構造を操作する事例の教示を追加し、概念操作に関する知識を補うことで科学的概念の般化可能性を高める効果があるとしている。

立木・伏見（2008）は、大学生153名を対象にして、「金属ならば電気を通す」というルールについて、テスト得点の伸びを抑制するのは、誤概念へのこだわりだけではなく、学習者の論理変換操作の不十分さに原因があるのではないか検討した。その結果、教材文の記述内容（ルール）からの論理変換操作が適切にできない大学生が少なからず存在し、事後テスト得点には、誤概念に対するこだわりよりも、読み物内容からの論理変換操作の不十分さが強くかかわっていたと報告している。そして、「授業実践に関しても、誤概念の修正のみに着目して教授方略をたてるのではなく、操作的思考の活性化をも考慮した教授方略をたてる必要がある」と指摘している。

これらのことから、学習者に概念情報を教示するだけでなく、概念の操作や論理変換操作を取り入れることで、ルールを適用して一貫した説明を促すことも考えられる。

3　児童・生徒の一貫した説明を促す方法

2では、一貫した説明を促す方法について、1.「知識不足を補う」2.「例外懸念を払拭する」3.「論理操作不足を解消する」の3つの観点から検討した。

1. からは、前提知識や前提知識の解釈の不足を補うために、「しっかりと前提となる知識について理解させること」「提示事例数を増やすこと」「特定の事例からの帰納学習のために一般化可能性が制限されないようにすること」
2. からは、例外懸念の払拭が必要で、そのために当たる確率が高いものを選ばせるなどの状況設定が有効になること
3. からは、学習者に操作的思考を生起させることが重要で、概念の操作や論理変換操作を取り入れることが有効であること

といった一貫した説明を促すための示唆が得られた。

上述の示唆は有効だが、ほとんどの知見は大学生を対象にした読み物教材を通した調査結果から得られたもので、そのままでは児童・生徒の理科授業には適用できない。

例えば、知識不足を補うために、幅広い現象について適用できる確固とした知識を明示して獲得させる必要があるだろう。また、例外懸念を払拭させるために、「かけ事態」を設定することは教育的ではないので、研究5で示唆された生徒同士でお互いに「その考えは筋が通っていますか」と確認し合う程度に留める必要があるだろう。

そして、大学生の場合には、自力で教科書の説明を適用しやすい形に変換することは可能だが、はじめてその知識を学ぶ児童・生徒には困難なので[1]、教科書の知識を適用しやすい形に変換する援助が必要だろう。

注

1) 例えば，山下（2011）は，理科系大学生・文科系大学生・中学校1年生を対象に，凸レンズがつくる実像・虚像に関する作図能力と理解状況について，読み物教材を用いて調査した。大学生は，読み物教材を読み進めながら解説に納得して新たな知識を獲得できたが，中学生の場合には読み物教材を読むだけでは新たな知識が十分に獲得されず，発展的課題にはうまく回答できなかった。このことからも，大学生の調査から得られた知見は，そのままでは理科授業に適用できず，小・中学生の理科授業向けにアレンジして，実際の理科授業の中で実証する必要があるだろう。

文献

荒井龍弥（1998）大学生における土着の「電気回路」概念の適用範囲，仙台大学紀要，Vol.29, No.2, pp.100-109.

藤田敦（2005a）複数事例の提示が概念の般化可能性に及ぼす影響：気圧の力学的性質に関する概念受容学習過程，教育心理学研究，Vol.53, No.1, pp.122-132.

藤田敦（2005b）属性操作に関する事例の教示が概念の般化可能性に及ぼす効果：気圧の力学的性質の概念受容学習，教育心理学研究，Vol.53, No.3, pp.393-404.

伏見陽児・麻柄啓一（2009）ルール適用を妨げる要因としての事例範囲の誤った解釈，教育心理学研究，Vol.57, No.3, pp.284-29.

工藤与志文（2003）概念受容学習における知識の一般化可能性に及ぼす教示情報解釈の影響：「事例にもとづく帰納学習」の可能性の検討，教育心理学研究，Vol.51, No.3, pp.281-287.

工藤与志文（2010）ルール学習と操作的思考-概観と展望，教授学習心理学研究，Vol.6, No.1, pp.29-41.

麻柄啓一（2006）例外への懸念がルール学習に及ぼす影響－ルールの適用をいかに促進するか，教育心理学研究，Vol.54, No.2, pp.151-161.

佐藤淳（2008）マトリックス法を用いた「擬似例外」の正事例化がルールの適用範囲の拡大に及ぼす効果，教授学習心理学研究，Vol.4, No.2, pp.71-84.

佐藤淳・荒井龍弥（2009）「動物」の外延判断における大学生の個別的課題解決傾向とその修正方略の探索，北海学園大学学園論集，Vol.140, pp.1-17.

立木徹・伏見陽児（2008）例外への懸念がルール学習に及ぼす影響：ルールの適用をいかに促進するか，教授学習心理学研究，Vol.4, No.1, pp.10-16.

山下修一（2011）凸レンズが作る実像・虚像に関する作図能力と理解状況,理科教育学研究，Vol.51, No.3, pp.145-157.

V コア知識一覧表の開発（研究7）

Ⅳで，幅広い現象について適用できる確固とした知識で，一貫した説明がしやすいように操作を加えた知識を明示して，その知識を生徒に獲得させたり，知識どうしのつながりを把握させてから，コミュニケーション活動に取り組ませる必要があることが示唆された。

そこで研究7では，幅広い現象について適用できる確固とした知識をコア知識として，小・中学校理科全単元のコア知識一覧表を開発した。

1．問題と目的

中川ら（2005）は大学生140名を対象にした調査の結果から，小学校6年で学ぶ電磁石について，「永久磁石に付くものは鉄でできたものであることを3年次に学び，そこで鉄が磁化することも学ぶ。ソレノイドの芯に鉄を入れると，電流を流したときに鉄が磁化されて電磁石になることが6年の電磁石のところで説明されている。しかし永久磁石に付かないアルミの棒など非磁性材料を芯に入れても電磁石にはならないことが理解されていない」と指摘している。近頃の理科系大学生の中には，磁石につくものが金属全般なのか鉄だけなのか，あいまいな認識しかもたないものも見受けられる。

このような状況を改善するために，「下の学年や小学校の学習など，既習事項との関連を踏まえながら計画的な指導を行うことが大切である。例えば，化学変化においてのみ粒子モデルを使うのではなく，第1学年で学習した状態変化についても粒子モデルを使って考えさせ，化学変化と状態変化の共通点と相違点を明確にさせたり～後略～（国立教育政策研究所，2007）」「小・中・高校をつなぐ構造化に結びつけていけば，学習の全体像を具体的にわかりやすく表現できるだろう（渡邉，2006）」といった指摘がなされている。しかし，従前から指導書などに領域別内容系統一覧表が掲載されていても，学習内容のつながりや構造を意識した授業が展開されるのはまれであった（鬼頭，2006：山下，2007）。佐藤（2006）は，認知的能動性が低いほど関連づけが困難であることを見いだし，「関連づけの効果に関する具体的な事実が十分に蓄積されているとは言えない現状であることも事実である」と指摘している。

土山・山下（2007）は，小学校6年生『水よう液の性質』で，「ものの出入りがなければ質量は保存されること」をコア知識（Core knowledge）として，小学校5年生『もののとけ方』で学んだ知識とのつながりを表現した図1.5.1のような学習内容関連図を用いた授業を試みた。

その結果，児童は学習内容の関連を認識するようになり，「関連図を使ったので，5年の時の授業を振り返りながら授業のつながりを知ることができた」「とっても楽しかったです。5年生の時の勉強と比較して，6年生の勉強との関連を探すなど，他の先生はあんまりやらないような授業でした」のような感想を述べるようになったと報告している。

折しも平成20年告示の中学校学習指導要領（理科）では，粒子概念のような基本概念を

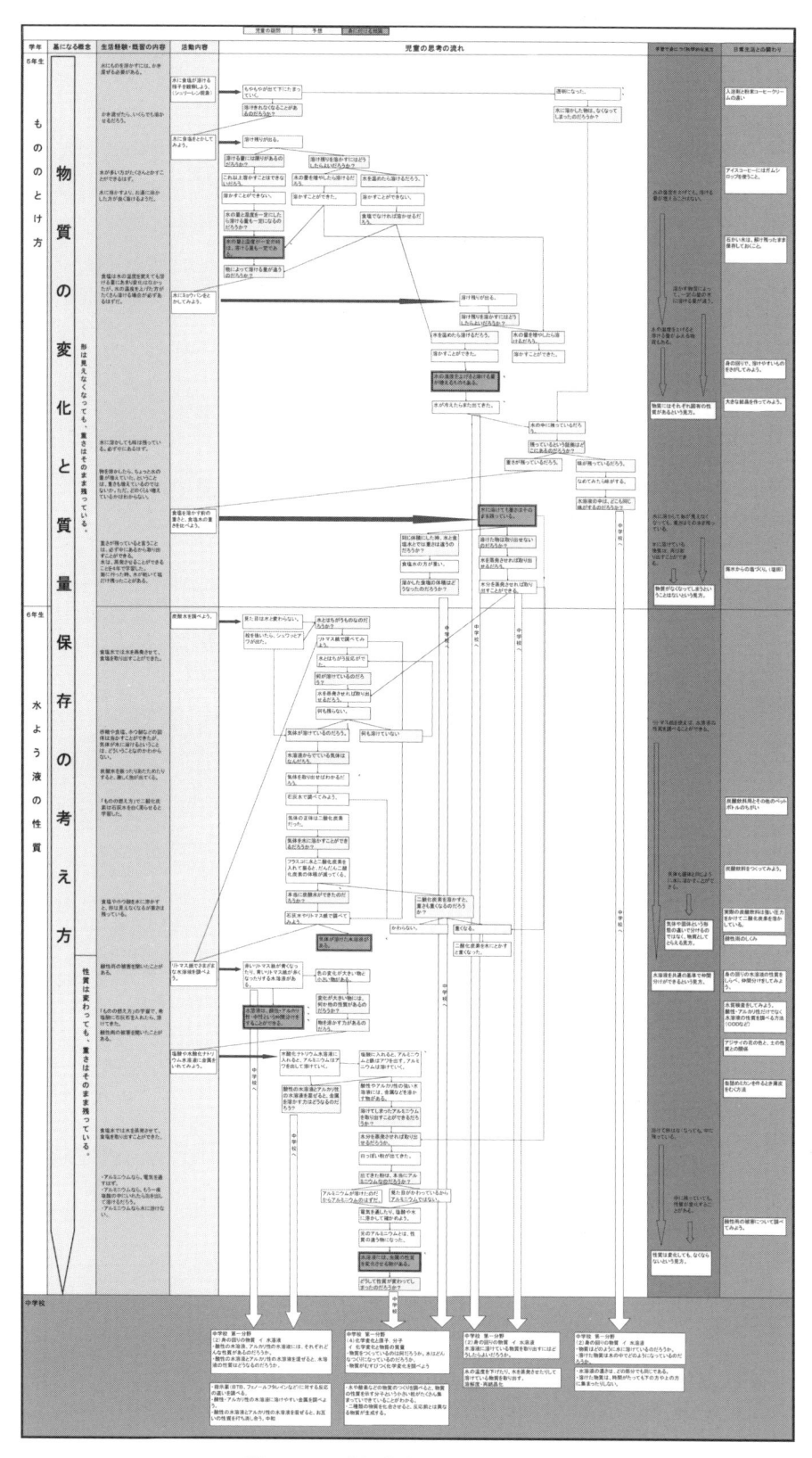

図1.5.1　学習内容関連図のイメージ

柱とした系統性が重視され，小学校と中学校の接続がスムーズになるように小・中学校理科の内容構成が示された（図1.5.2）。

　これにより，以前にも増して「エネルギー」「粒子」「生命」「地球」といった基本的な見方や概念を意識しながら，小・中学校で学ばれる内容を見通して教えることが期待される。特に小中一貫校などでは，小学校と中学校のつながりをより意識した理科授業が展開されることだろう（山口，2006）。しかし，指導書に領域別内容系統一覧表が掲載されていても，学習内容のつながりや構造を意識した授業が展開されるのはまれであったことから，内容構成が示されただけでは，小・中学校のつながりを意識した授業を展開するのは容易でないと考えられる。小・中学校のつながりを意識した授業を展開するためには，各単元で具体的にどのような事柄が学ばれ，どのように関連しているのかまで把握しておく必要があるだろう。

小・中学校理科―A区分・第1分野（物理・化学領域）の内容について

学年	エネルギー		
	エネルギーの見方	エネルギーの変換と保存	エネルギー資源の
小学校第3学年	風やゴムの働き ・風の働き ・ゴムの働き　　光の性質 ・光の反射・集光 ・光の当て方と明るさや温かさ	磁石の性質 ・磁石に引きつけられる物 ・異極と同極　　電気の性質 ・電気を通すつなぎ方 ・電気を通す物	
小学校第4学年		電気の働き ・乾電池の数とつなぎ方 ・光電池の働き	
小学校第5学年	振り子の運動 ・振り子の運動	電流の働き（小6から移行） ・鉄心の磁化，極の変化 ・電磁石の強さ	
小学校第6学年	てこの規則性（小5から移行） ・てこの仕組み ・てこのつり合い ・てこの利用（身の回りにあるてこを利用した道具）	電気の利用 ・発電・蓄電 ・電気の変換（光，音，熱などへの変換） ・電気による発熱 ・電気の利用（身の回りにある電気を利用した道具）	
中学校第1学年	力と圧力 ・力の働き（力とばねの伸び，質量と重さの違いを含む） ・圧力（水圧，浮力を含む）　　光と音 ・光の反射・屈折 ・凸レンズの働き ・音の性質		

図1.5.2　小・中学校理科の内容構成の例

そこで研究7では，学習内容関連図開発の知見を生かして，新学習指導要領に対応した小・中学校理科全単元をつなぐコア知識一覧表を開発し，単元間のつながりを意識した授業を展開するのに役立てられないかと考えた。コア知識一覧表が理科授業に役立つのかを検討するために，コア知識一覧表を作成し，理科教員を対象にして，コア知識一覧表利用に対する意識を調査した。

2．方法
(1)コア知識一覧表の作成
「幅広い現象に適用できる確固とした知識で，一貫した説明がしやすいように操作を加えたもの」をコア知識（Core knowledge）[1]として，理科の各単元でのコア知識を一覧表にしたコア知識一覧表を作成した（巻末付録）。

　2008年4月から2009年3月にかけて，単元ごとに小・中学校理科の教科書・参考書・問題集に示されている知識を一覧表に書き出し，現職教員や教育実習を終えた大学生らと検討を重ねて，幅広い現象について一貫した説明ができるものをコア知識として精選した。コア知識の表現については，例えば小学校3年では「ものの出入りがなければ，形が変わっても重さは変わらない」「電気はぐるっとひと回りできる回路（わ）を通る（図1.5.3）」など，一貫した説明がしやすい表現にした。また，例えば小学校3年の「磁石につくものは鉄（鉄族のコバルト・ニッケルも）（図1.5.4）」の（　）内のように学習指導要領の範囲を超えるものでも，中学校や高等学校での学習につながり，知っておいた方がよいと判断

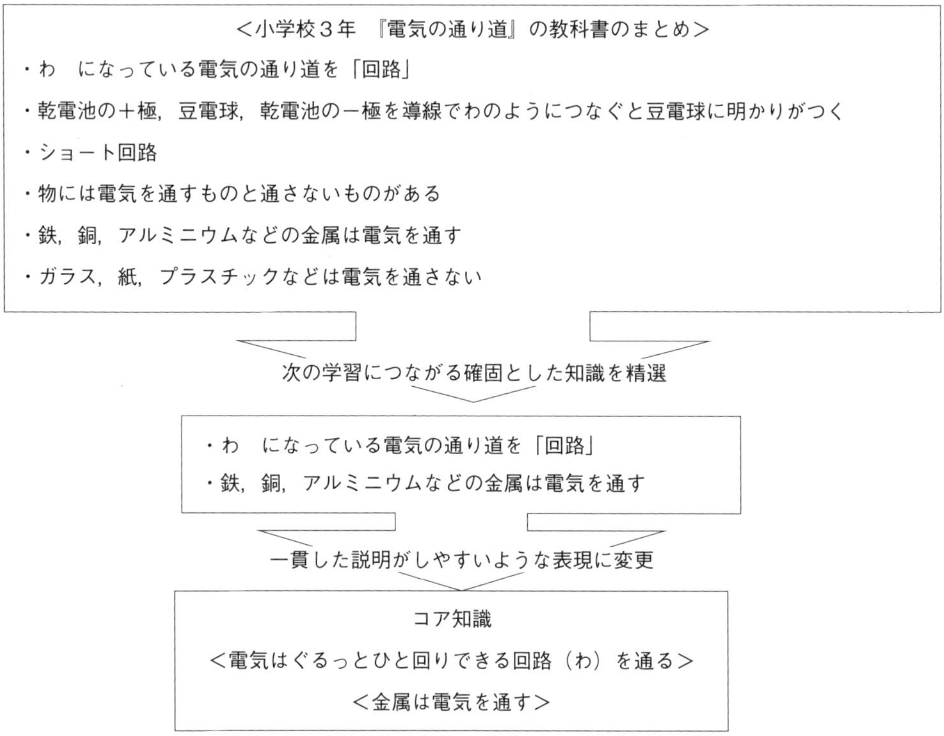

```
＜小学校3年『電気の通り道』の教科書のまとめ＞
・わ　になっている電気の通り道を「回路」
・乾電池の＋極，豆電球，乾電池の－極を導線でわのようにつなぐと豆電球に明かりがつく
・ショート回路
・物には電気を通すものと通さないものがある
・鉄，銅，アルミニウムなどの金属は電気を通す
・ガラス，紙，プラスチックなどは電気を通さない
```
　　　　　　　　↓次の学習につながる確固とした知識を精選
```
・わ　になっている電気の通り道を「回路」
・鉄，銅，アルミニウムなどの金属は電気を通す
```
　　　　　　　　↓一貫した説明がしやすいような表現に変更
```
コア知識
＜電気はぐるっとひと回りできる回路（わ）を通る＞
＜金属は電気を通す＞
```

図1.5.3　コア知識の例（小学校3年『電気の通り道』）

```
┌─────────────────────────────────────────────────────────────┐
│         〈小学３年『磁石の性質』の教科書・参考書のまとめ〉      │
│ ・物には磁石に引きつけられる物と引きつけられない物がある        │
│ ・磁石に引きつけられる物には，磁石につけると磁石になる物がある  │
│ ・磁石の異極は引き合い，同極は退け合う                          │
│ ・Ｎ極とＳ極がある                                              │
│ ・鉄は磁石に引きつけられる                                      │
│ ・地球も磁石                                                    │
└─────────────────────────────────────────────────────────────┘
            次の学習につながる確固とした知識を精選

・鉄は磁石に引きつけられる      例外懸念への対応    ┌─────────────┐
                                                   │ニッケル・コバルトも磁│
          一貫した説明がしやすいような表現に変更    │石に引きつけられる？ │
                                                   └─────────────┘
                    ┌──────────────────────────┐
                    │        コア知識          │
                    │〈鉄（鉄の仲間のニッケル・コバルトも）は磁石につく〉│
                    └──────────────────────────┘
```

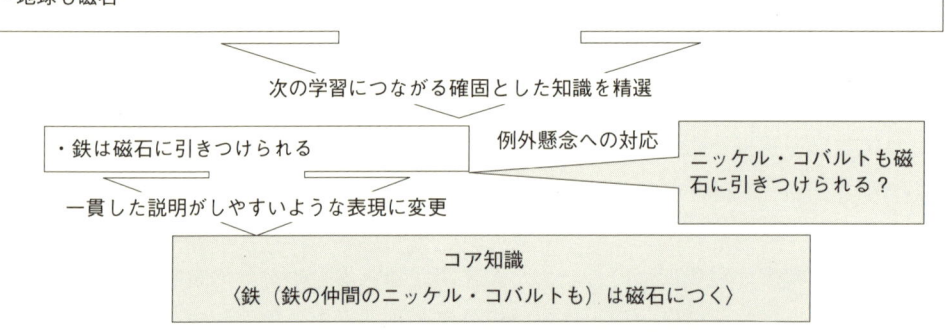

図1.5.4　コア知識の例（小学校３年『磁石の性質』）

したものは掲載することにした。

その際，コア知識間のつながりがより明確になるように，学習指導要領で示されている小・中学校理科の内容構成の柱を表1.5.1のように変更した。

さらに，コア知識一覧表作成過程で，どの知識がコアとなり，知識同士がどう関連しているのか認識されると思われたので，2010年度前期に理科教育入門として開設された「理科教育通論」の授業の一部で，大学生にコア知識一覧表作成に携わらせた。授業では，学習内容のみが記載された一覧表を配布し，まず個人で事前に調べたり，資料を持参したりしてコア知識になると

表1.5.1　一覧表の柱の変更

	変更前	変更後
A区分・第１分野 （物理領域）	「エネルギー」 エネルギーの見方 エネルギーの変換と保存 エネルギー資源の有効利用	「エネルギー」 力 波 電磁気
A区分・第１分野 （化学領域）	「粒子」 粒子の存在 粒子の結合 粒子の保存性 粒子のもつエネルギー	「粒子」 原子・分子 イオン 化学変化
B区分・第２分野 （生物領域）	「生命」 生物の構造と機能 生物の多様性と共通性 生命の連続性 生物と環境のかかわり	「生命」 生殖・進化 植物 動物 環境
B区分・第２分野 （地学領域）	「地球」 地球の内部 地球の表面 地球の周辺	「地球」 地層・岩石 天気 天体

思われたものを書き出させた（25分程度）。その後，３名から４名のグループで各単元のコア知識を検討し（図1.5.5：30分程度），各グループおすすめのコア知識３つを黒板に書き出させて全体の前で発表させた（図1.5.6：30分程度）。そして，次回の授業で各グルー

図1.5.5　グループでのコア知識の検討　　　図1.5.6　グループごとのコア知識の発表

プの意見を反映して修正したコア知識一覧表を配布し，グループ内で再検討（30分程度）することを4領域について合計8時間の授業で実施した。

　コア知識一覧表は，現在も小・中学校の理科授業で使用しながら表現などを修正しているが（山下，2011），2010年7月現在のコア知識一覧表を巻末付録に示した。

(2) 理科教員のコア知識一覧表利用に対する意識調査
①調査対象および実施時期
　2009年7月に，千葉県内の市町村教育委員会で実施された教員研修において，実際に理科の授業を担当している小学校44名・中学校14名の教員から調査への回答を得た。
②調査項目
　実際に理科を教えている教員が，コア知識一覧表を用いることで単元間のつながりを意識した授業を展開するようになるのかを調べるために，B4判のコア知識一覧表を配布して，使用例を説明した後に，以下の項目①～⑧に対して自分の感じに，「5．よくあてはまる　4．ややあてはまる　3．どちらでもない　2．あまりあてはまらない　1．ほとんどあてはまらない」の5段階で回答を求めた。
〈今まで行ってきた理科授業では〉
　①授業計画時には，以前の学年で学習した内容とのつながりを意識している
　②単元導入時に，以前の学年で学んだことを振り返っている
　③授業中に，どの知識が重要になるのか意識して教えている
　④授業中に，新たに学んだ知識と以前に学んだ知識のつながりを確認している
〈コア知識一覧表が手元にあれば〉
　⑤授業計画時に，以前の学年で学習した内容とのつながりを意識すると思う
　⑥単元導入時に，以前の学年で学んだことを振り返ると思う
　⑦授業中に，どの知識が重要になるのか意識して教えると思う
　⑧授業中に，新たに学んだ知識と以前に学んだ知識のつながりを確認すると思う

表1.5.2 単元間のつながりの意識 (n=58)

質問	5	4	3	2	1	Z値
①	10	34	8	5	1	-5.728**
⑤	49	9	0	0	0	
②	14	24	12	5	3	-5.649**
⑥	47	11	0	0	0	
③	29	18	7	3	1	-2.879**
⑦	41	16	0	0	1	
④	11	29	14	3	1	-4.602**
⑧	36	21	0	0	1	

** p<.01

3．結果と考察

　質問①～⑧への回答「5：よくあてはまる」から「1：ほとんどあてはまらない」を5点から1点として得点化し，小学校教員（n=44）・中学校教員（n=14）の中央値に差があるのかをMann-WhitneyのU検定で分析した結果，すべての項目で有意な差は見られなかった。そこで，小・中学校合わせて58名を理科教員として，従来の授業（①～④）とコア知識一覧表を利用する場合（⑤～⑧）を比べた①と⑤，②と⑥，③と⑦，④と⑧の中央値に差があるのかをWilcoxonの符号付き順位検定で分析したところ，すべてに有意な差が見られた（表1.5.2）。

　従来の理科授業では，③「授業中に，どの知識が重要になるのか意識して教えている」には，80％以上の理科教員が「5．よくあてはまる」または「4．ややあてはまる」と回答したが，②「単元導入時に，以前の学年で学んだことを振り返っている」④「授業中に，新たに学んだ知識と以前に学んだ知識のつながりを確認している」では，60％台にとどまっていた。

　コア知識一覧表を用いると，1名を除いて他すべての理科教員が，⑤～⑧に「5．よくあてはまる」または「4．ややあてはまる」と回答しており，⑤授業計画時に既習内容とのつながりを意識したり，⑥単元導入時に振り返ったり，⑦授業中にどの知識が重要になるのか意識したり，⑧既習内容と新たに学んだ知識のつながりを確認するようになったりすることが示された。これらのことから，理科教員がコア知識一覧表を利用することで，単元間のつながりまで意識した授業を展開するようになると言えよう。

4．まとめ

　理科教員への調査結果からは，従来の理科授業では，学んだ知識について振り返ったり，つながりを確認したりすることは限られていたが，コア知識一覧表が手元にあれば，授業計画時に既習内容とのつながりを意識したり，単元導入時に既習内容を振り返ったり，授業中にどの知識が重要になるのか意識したり，既習内容とのつながりを確認したりするようになることがうかがえた。

注
1) ここでのCore Knowledgeとは発想が異なるが，アメリカでは自治体によってカリキュラムが異なり，自治体間の移動の際に未習の問題が生じるので，Core Knowledgeとして各学年で学ばれる知識を示したテキスト：Core Knowledge Seriesが出版されて（Hirsch, 1993），一部で利用されている（Datnowら, 2000）。

文献

大日本図書編集（2008）小学校生活，理科・中学校理科　現行・新学習指導要領　新旧対照表，大日本図書, p.61.

Datnow, A., Borman, G. and Stringfield, S.（2000）School Reform through a Highly Specified Curriculum: A study of the Implementation and Effects of the Core Knowledge Sequence, Elementary School Journal, Vol.101 Issue2, pp.167-192.

Hirsch, E. D., Jr.（Ed.）（1993）What Your First Grader Needs to Know: Fundamentals of a Good First-Grade Education, New York: Delta.

鬼頭保文（2006）学んだことを生かし，次につなげる理科の授業を，理科の教育11月号, Vol.55, pp.22-24.

国立教育政策研究所（2007）特定の課題に関する調査（理科）．

中川邦明ら（2005）大学教育の視点から見た初等・中等・科学教育−教科書を手がかりとして，常葉学園大学研究紀要，教育学部，No.25, pp.375-420.

佐藤康司（2006）関連づけの成立と認知的能動性が学習に及ぼす影響，教授学習心理学研究, Vol.2, No.2, pp.49-58.

土山勇人・山下修一（2007）小学校６年「水溶液の性質」での学習内容関連図を導入した授業の開発，日本理科教育学会第57回全国大会発表論文集, p.138.

渡邉重義（2006）学習指導要領から創造的な理科教育課程の構築へ，理科の教育11月号, Vol.55, pp.15-18.

山口晃弘（2006）品川区小中一貫校「日野学園」の教育課程から，理科の教育３月号, Vol.55, pp.10-13.

山下修一著者代表（2007）深い理解をめざした理科授業づくりと評価，大日本図書．

山下修一（2011）小・中学校理科全単元をつなぐコア知識一覧表の利用意識と試行授業の影響，理科教育学研究, Vol.52, No.2, pp.143-153.

VI コア知識を用いて一貫した説明を引き出すコミュニケーション活動開発のポイントと留意点

　今まで，コミュニケーション活動に関する知見を整理し，一貫した説明を促すコミュニケーション活動開発について述べてきた。ここでは，コア知識を用いて一貫した説明を引き出すコミュニケーション活動開発のポイントと留意点についてまとめておく。

1．コミュニケーション活動開発のポイント

　以下では，コミュニケーション活動開発のポイントとして，「コミュニケーション活性化のポイント」「課題選択のポイント」「一貫した説明を促すポイント」の3点について述べる。

(1)コミュニケーション活性化のポイント

　先行研究・研究1～3から，中学生や大学生の小グループでのコミュニケーション活動について，以下の問題点が浮かび上がった。
①等質グループでは，役割を課して相互に説明を促しても，他者に自分の考えを説明したり，相手を説得したりする活動が十分になされなかった。
②ペアでは，一方のペアが説明の途中で割り込んで，説明を完結させる機会が奪われており，学習内容よりも相手の気持ちを理解することに関心が向けられてしまうことがあった。
③中学生のコミュニケーション活動では，個々のメンバーが意見を発表するだけで，お互いに質問し合ったり，修正し合ったりすることは限られていた。そして，自分の考えも多数のメンバーが支持する考えに左右され，誤った考えに合意してしまうこともあった。
　研究4では，これらの問題点を克服するため，以下の4点を意識したコミュニケーション活動を開発して，大学生を対象にして試行した。
①男女混合4名程度の異質グループを編成する
②役割分担などによりメンバーの一人ひとりに責任をもたせる
③ワークシートなどにより，書記的活動を導入して学習内容理解の保持を促す
④具体的な質問例などの議論モデルを提示する
　研究5では，研究4で成果をあげたワークシートと役割分担に加えて，中学生向けにワークシートを改善し，役割を明示したカードを配布して，理科係によるデモンストレーションを行わせてから，コミュニケーション活動を展開させた。その結果，一貫した説明を引き出すことの重要性が示唆され，さらに以下のポイントを追加した。
　⑤コア知識（幅広い現象に適用できる確固とした知識で，一貫した説明がしやすいように操作を加えたもの）を獲得させてから，コミュニケーション活動に取り組ませる
　⑥生徒同士で「その考えは筋が通っていますか」と確認させる
　上述の①～⑥を生かしたコミュニケーション活動が，本書でのコミュニケーション活性

化のポイントである。

(2)課題選択のポイント

　学んだことを用いても手がつけられない課題では，児童・生徒は無力だと感じてしまう。学んだことを生かして，なんとか解答の糸口が見いだせるような課題を選択して，児童・生徒に取り組ませたい。

　例えば，小学校5年『電磁石の性質』で取り組ませる発展的課題について考えてみる。

　中川ら（2005）が大学生140名を対象にした調査の結果や研究6の結果から，近頃の理科系大学生の中には，磁石につくものが金属全般なのか鉄だけなのか，あいまいな認識しかもたないものも見受けられることがわかる。

　そういった大学生の実態からすると，一般的には，小学校3年『電気の通り道』『磁石の性質』の学習の例では，以下の図1.6.1のように，実験などで印象深いものが記憶に残りやすく，日常生活で知識が変化した結果，

『電気の通り道』では，・電気は危ない，怖い　・鉄が電気を通す

『磁石の性質』では，・鉄は磁石につくけど例外もある

　といった記憶が残っていると考えられる。

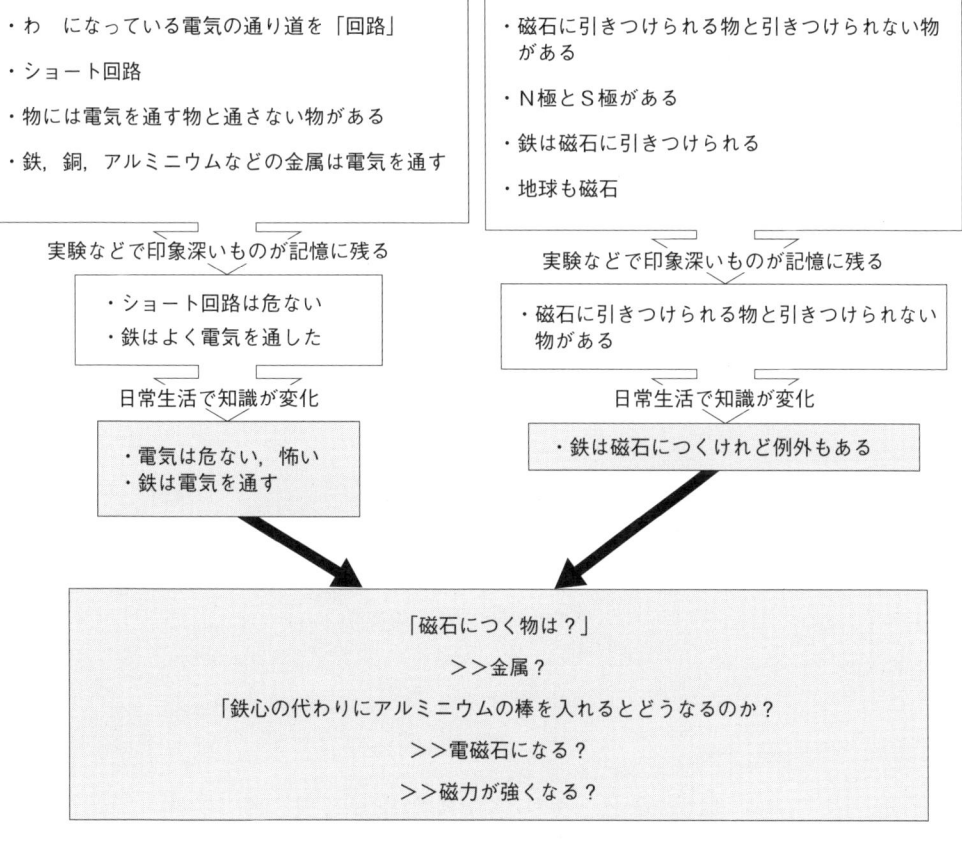

図1.6.1　あいまいな認識しか残っていない例

A区分・第1分野ダイジェスト版　　　　　　　　　　　　　　千葉大学教育学部山下研究室

学年		電磁気	
小学校3年	電気の通り道 ・電気を通すつなぎ方 ・電気を通す物 金属は電気を通す 電気はぐるっとひとまわりできる回路を通る	磁石の性質 ・磁石に引きつけられる物 ・異極と同極 磁石にくっつくのは鉄 （鉄族のコバルト・ニッケルも）	エネルギー保存
小学校4年	電池の働き ・乾電池の数とつなぎ方 ・光電池の働き 〈乾電池の数やつなぎ方をかえると豆電球の明るさやモーターのまわり方がかわる〉		
小学校5年	電池の働き（現行小6から） コイルに電流を流すと磁力が生じ，鉄は磁石のようになる性質があるからくぎを引きつける 鉄心の代わりにアルミニウムの棒を入れるとどうなるか？		

図1.6.2　コア知識を振り返るためのワークシート

〈小学校3年　『電気の通り道』〉
・わ　になっている電気の通り道を「回路」
・ショート回路
・物には電気を通す物と通さない物がある
・鉄，銅，アルミニウムなどの金属は電気を通す

〈小学校3年　『磁石の性質』〉
・磁石に引きつけられる物と引きつけられない物がある
・N極とS極がある
・鉄は磁石に引きつけられる
・地球も磁石

↓コア知識①獲得

〈ぐるっとひと回りできる回路（わ）を通る〉
〈金属は電気を通す〉

↓コア知識②獲得

〈鉄（鉄の仲間のニッケル・コバルトも）は磁石につく〉

お互いに「その考えは筋が通っていますか」と確認し合い
一貫した説明を促す

小学校5年『電磁石の性質』
「鉄心の代わりにアルミニウムの棒を入れるとどうなるのか？」
アルミニウムは電気は通すけど，鉄のように磁石のように
ならないから，電磁石にはならないと思う

図1.6.3　しっかりとコア知識が定着している例

そのため，小学校５年『電磁石の性質』で，発展的課題「鉄心の代わりにアルミニウムの棒を入れるとどうなるか」を考えさせても，研究６の大学生のように半数程度が電磁石になると答えてしまう。

　そこで，図1.6.2のようなワークシートを手がかりに，今までに苦労して学び取った知識を一度整理させて，コア知識を使えば何とか回答の糸口が見いだせる発展的課題に取り組ませるようにする。

　図1.6.2のように，小学校３年でのコア知識「電気はぐるっとひと回りできる回路（わ）を通る」と「磁石につくものは鉄（鉄族のコバルト・ニッケルも）」を振り返りながら，発展的課題「鉄心の代わりにアルミニウムの棒を入れるとどうなるか」を考えさせ，お互いに「その考えは筋が通っていますか」と確認させる。

　その結果，小学校５年生でも図1.6.3のように「アルミニウムは電気は通すけど，鉄のように磁石のようにならないから，電磁石にはならないと思う」といった一貫した説明が可能となり，学んだ知識の有用性を実感することにもなる。

(3) 一貫した説明を促すポイント

　一貫した説明には，学習内容理解を促したり，発展的課題への既習知識活用を促したりする効果がある。しかし，表面の状況に左右されずに本質を見抜いて一貫した説明をするのは，容易でない。そこで，コア知識を明示して一貫した説明を促すことをめざす。

　研究５の中学生を対象にしたコミュニケーション活動の試行では，「その考えは筋が通っていますか」という質問が，一貫した説明を引き出すのに有効であった。もし，仮に誤った考えで一貫した説明をしていても，考えが一貫していない場合よりも正しい考えへの転換が容易であることが示されているので（例えば，西川・冬野，1996；呉，2005），お互いに「その考えは筋が通っていますか」と確認させて一貫した説明を促すことにしている。その際には，コア知識を明示して獲得させてから，発展的課題に取り組ませている。模式図で表せば，以下の図1.6.4のようなイメージとなる。

　従来の観察・実験を中心にした優れた日本の理科授業を継承しつつ，
①コア知識を意識して獲得させる
②コア知識を使えば何とか回答の糸口が見いだせる発展的課題に取り組ませる
③コミュニケーション活動の中でお互いに「その考えは筋が通っていますか」と確認させる

　その結果，コア知識を用いた一貫した説明が促され，時間が経過しても学んだ知識は削ぎ落ちない。コア知識を用いて一貫した説明を引き出した実際の授業例とその効果については，２章で述べることにする。

```
┌─────────────────────────────────────────┐
│  従来どおりの観察・実験を中心にした理科授業を展開  │
└─────────────────────────────────────────┘
                    ▼
    ┌─────────────────────────────┐
    │    コア知識を意識して獲得させる    │
    └─────────────────────────────┘
      ┌─────────────────────────────────────┐
      │ コア知識を使えば何とか回答の糸口が見いだせる │
      │      発展的課題に取り組ませる          │
      └─────────────────────────────────────┘
         ┌───────────────────────────┐
         │ お互い「その考えは筋が通っていますか」│
         │        と確認させる            │
         └───────────────────────────┘
             ┌──────────────────┐
             │ コア知識を用いた一貫した │
             │    説明が促される     │
             └──────────────────┘
                ┌──────────────────┐
                │ 時間が経過しても学ん │
                │ だ知識は削ぎ落ちない │
                └──────────────────┘
```

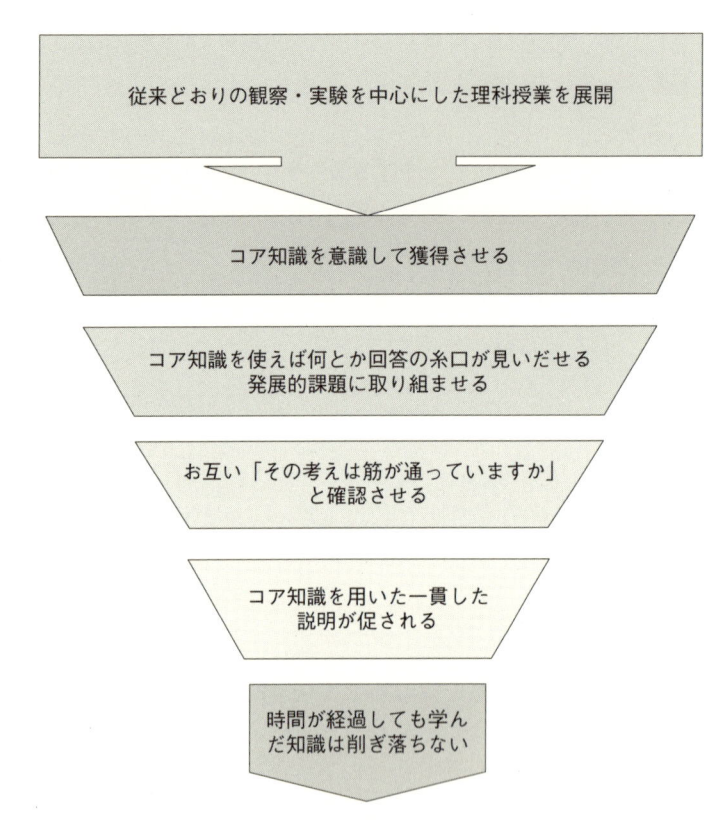

図1.6.4　一貫した説明を促すポイント

2．コミュニケーション活動開発の留意点

1．のようなポイントを提案すると，「物理分野では可能かもしれないが，化学分野は実験をやってみないと結果がわからないので無理だ」と言われることがある。

確かに，コミュニケーション活動を中心にした理科授業の中で，化学分野にコミュニケーション活動が難しいと感じさせる単元が多い。例えば，水の電気分解やボルタ電池の仕組みについて，モデルで表現しながらコミュニケーション活動に取り組ませようとしても，うまくいった例を見たことがない。

水の電気分解の場合，生徒の表現するモデルは，ほとんどの場合NaOHの電気分解になってしまう。水の電気分解では，純粋な水では電流が流れないので，少量の水酸化ナトリウムを溶かす。水酸化ナトリウム水溶液では，水酸化ナトリウムと水が以下のように電離している。

$NaOH \rightarrow Na^+ + OH^-$，　$H_2O \rightarrow H^+ + OH^-$

水酸化ナトリウム水溶液に電極を差して電圧をかけると，

＋極：OH^-が引かれて行く＞＞$4OH^- \rightarrow 2H_2O + O_2 + 4e^-$

－極：Na^+，H^+が引かれて行く＞＞Na^+はイオンでいたいので，$4H^+ + 4e^- \rightarrow 2H_2$と説明する。

これらをモデルで表現しようとすると，OH$^-$がどこからやってくるのかが問題となる。生徒は，NaOHを入れなければ電流が流れないので，NaOHからOH$^-$をもってくるが，少量なのですぐになくなってしまう。

　教科書の説明では，NaOHは関係せず，生徒が「なぜNaOHを入れなくてはならないのか」と質問してくる（実は－極ではNa$^+$が関係してNaOHを生成しているので反応が継続する）。

　また，中学校３年『水溶液とイオン』で，うすい塩酸に銅板と亜鉛板を入れてボルタ電池を作成する。教科書では，

$$+極：2H^+ + 2e^- \rightarrow H_2，-極：Zn \rightarrow Zn^{2+} + 2e^-$$

と説明されているが，ボルタ電池を作成すると，－極の亜鉛板からの水素発生の勢いが止まらない。生徒は＋極・－極での反応の様子を観察して，モデルで表現しようとするが，亜鉛板からの水素発生が説明できなくて困ってしまう。

　一見，簡単そうに見えるボルタ電池も，「実際は非常に複雑な現象を含むものであり，また安定した起電力を保つことも難しいものであって，これを電池の話の導入に用いることは無理がある」と指摘されている（坪村，1998）。既に高校ではボルタ電池ではなく，ダニエル電池で電池の導入をしている。中学校では，予備実験をしてみてはじめて，－極の亜鉛板からの水素発生が止まらないことに気づき，わざわざ亜鉛板をメッキして水素が出ないようにしたりしている。

　単純そうに見える水の電気分解やボルタ電池の仕組みも，モデルで表現して説明することは難しく，実験結果をうまく表現できない。すべての単元でコミュニケーション活動をしようとしても，うまく説明できないものもあるので，留意したい（山下編，2012）。

文献

中川邦明ら（2005）大学教育の視点から見た初等・中等・科学教育－教科書を手がかりとして，常葉学園大学研究紀要，教育学部，No.25，pp.375-420.

西川純・冬野英二郎（1996）科学概念の獲得／定着と文脈依存性に関する研究－中学生の電気概念の実態をもとに，科学教育研究，Vol.20，No.2，pp.98-112.

呉世現（2005）乾電池に関する誤概念体系とその修正のストラテジーについて，教授学習心理学研究，Vol.1，No.2，pp.59-75.

坪村宏（1998）ボルタ電池はもうやめよう：問題の多い電気化学分野の記述，化学と教育，46（10），pp.632-635.

山下修一編著（2012）『理科の授業研究』北樹出版.

第2章

コア知識を用いて一貫した説明を引き出した授業とその効果

第2章では，第1章で述べてきたコア知識を用いて一貫した説明を引き出すコミュニケーション活動：従来の観察・実験を中心にした優れた日本の理科授業を継承しつつ，
①コア知識を意識して獲得させる
②コア知識を使えば何とか回答の糸口が見いだせる発展的課題に取り組ませる
③コミュニケーション活動の中でお互いに「その考えは筋が通っていますか」と確認させる（図2.0.1）
の8つの授業事例（以下のⅠ～Ⅷ）とその効果について述べる。

Ⅰ（研究8）では，小学校5・6年の溶解の学習で，単元を越えて粒子モデルを用いて一貫した説明を促した効果について検討した。

Ⅱ（研究9）では，中学校1年『物質の状態変化』の授業で，コア知識一覧表を生かした授業を展開し，小・中学校の理科学習内容のつながりを意識させられるのか，どのような影響が生じるのかを検討した。

Ⅲ（研究10）では，中学校1年『光の性質』の授業で，読み物を用いて実像や虚像に関するコア知識を獲得させることで，光学機器に関する発展的課題に取り組めるようになるのかを検討した。

Ⅳ（研究11）では，中学校2年『酸化と還元』の授業で，「化合力」をコア知識として導入し，どの程度一貫した説明を促すことができたのか，未習の課題にも「化合力」を用いて一貫した説明ができるようになったのかについて検討した。

Ⅴ（研究12）では，中学校2年『動物の分類』の授業で，第1段階として脊椎動物の4つの分類の観点，第2段階として誤って分類しやすい脊椎動物に関するカウンターパートを設定した2段階Jigsaw法を用いて，発展的課題に多様な観点から脊椎動物の分類ができるようになったのかを検討した。

Ⅵ（研究13）では，中学校2年『電流と回路』の授業で，水池・パチンコバネモデルとコア知識を導入し，2つの電熱線の並列つなぎと直列つなぎの場合の発熱量について，具

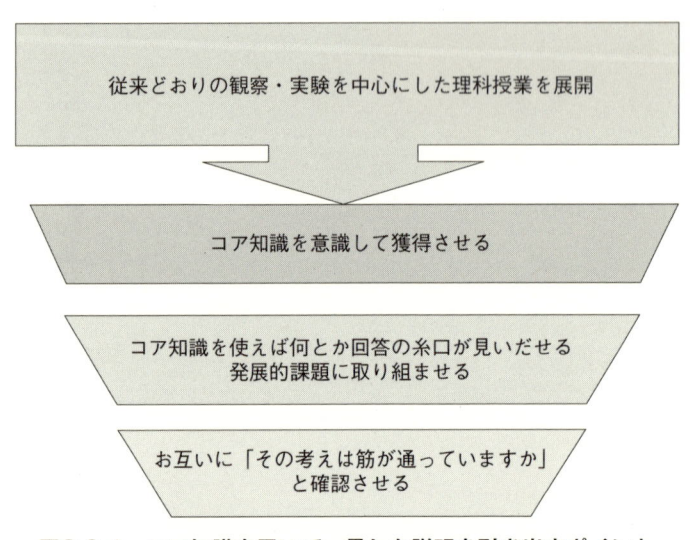

図2.0.1　コア知識を用いて一貫した説明を引き出すポイント

体的なイメージをもって，各回路の特徴を踏まえた説明ができるようになったのかを検討した。

　Ⅶ（研究14）では，中学校2年『大気中の水蒸気の変化』の授業で，コア知識を明示したグループでのコミュニケーション活動を通じて，雲のでき方を説明できるようになったのかを検討した。

　Ⅷ（研究15）では，中学校3年『水溶液とイオン』の授業で，コア知識と「手づくり乾電池」を取り入れた授業を展開し，マンガン乾電池の構造や仕組みについて説明できるようになったのかを検討した。

I 小学校6年溶解の授業例（研究8）

既に獲得したコア知識
小学校第5学年『もののとけ方』
〈溶けるとは目に見えないくらい小さくなって水の中に散らばること〉 〈水に溶けると透明になるが，透明には無色透明と有色透明がある〉 〈水の量や水の温度によって溶ける量が違う〉 〈物が水に溶ける量には限度がある〉 〈物の出入りがなければ重さは変わらない〉
獲得すべきコア知識：〈二酸化炭素は水に少し溶ける〉
話し合う発展的課題：水と二酸化炭素の入った容器を振ると容器がへこむ理由を説明してみよう！

1．問題と目的

　平成20年告示の小学校学習指導要領（理科）では，「物質・エネルギー」領域に「粒子概念」が明示され，「粒子概念」の獲得がめざされるようになった。「粒子概念」のような基本概念を柱とした系統性が重視され，中学校への接続がスムーズになると期待されている。旧学習指導要領（平成10年告示）の下では，小学校5年生の『もののとけ方』での質量保存には，苦し紛れに「つぶ」などの言葉や「小豆」などの実物を用いて説明してきた。杉本・神林（2006）は，「溶解現象を扱う上でより深い理解を促すためには，小学校の段階でももっと積極的に粒子概念を取り上げ，学習内容の中で取り扱うべきである」と述べている。

　しかし，粒子モデルは小学生にも受け入れられて，説明に用いられるのだろうか。葉山ら（2006）は，小学校理科において粒子像を導入できるのかを検討した。小学校4年生～6年生234名を対象に，食塩水の塩と水の様子を説明させたところ，「すべてのものは粒でできている」という教示が与えられなくても，50～60％前後の児童が粒子的表現を用いていたと報告し，「食塩の水への溶解は，4・5・6年生を問わず，粒子像をもって考えやすい現象である」としている。宗近（2002）は，実際に小学校5年生の授業に粒子モデルを導入して，児童の溶解概念の変容について調査したところ，粒子モデルを導入することによって，児童が溶解状態をイメージできるようになったと報告している。これらの報告から，『もののとけ方』に粒子モデルを導入しても，小学校5年生に受け入れられる可能性は十分にあると言えよう。

　溶解については，5年『もののとけ方』の一部だけでなく，6年『水よう液の性質』の一部でも扱われている。「粒子概念」を柱として一貫した溶解の学習を展開するには，両者の関連を踏まえて取り組ませることが必要になるだろう。ところが現状では，小学校5・6年にわたって関連を踏まえながら溶解の学習が進められることはまれであり（山下ら，2007），『もののとけ方』で学んだことを『水よう液の性質』の中でも活用できるのか，活

用することが有効なのかを検討しておく必要があるだろう。そこで研究8では，粒子モデルを用いて5年『もののとけ方』を学んだ児童が，6年『水よう液の性質』の中でも一貫して粒子モデルで学ぶことの効果を探ることにした。

2．方法
(1) 調査対象
2007年1月〜2月に東京都内の公立小学校5年生2クラスを対象に，粒子モデルを用いて『もののとけ方』を学習させた。1年後には児童数増により3クラスになった6年生の1クラスで，粒子モデルを用いて『水よう液の性質』の一部を学習させた（一貫モデル群）。6年生の他の2クラスでは，粒子モデルを用いずに通常の授業を展開した（5年モデル群）。また，比較のために粒子モデルを用いていない近隣小学校2校の6年生1クラスずつの児童から，調査への回答協力を得た（通常授業群）。

分析には，事前と事後の調査に回答した一貫モデル群25名・5年モデル群46名・通常授業群62名，計133名の6年生のデータを用いた。

(2) 調査項目および実施時期
①事前調査

2007年11月に『水よう液の性質』を学習する前の質量保存についての理解状況と粒子モデルの使用状況を把握するために，事前調査を実施した。

○質量保存についての理解

水100gに食塩10gを入れて，食塩の粒が半分くらい残っている状態と，さらにかきまぜて食塩が見えなくなった状態での食塩水の重さについて，それぞれ「110gより重い・110g・105g」から選択させた。

○食塩が水に溶けている様子の表現

食塩が水に溶けている様子をビーカーの図の中に描かせて，言葉でも説明させた（図2.1.3参照）。

②事後調査

2008年1月に『水よう液の性質』を学習した後の二酸化炭素が水に溶けることについての理解状況と粒子モデルの使用状況を把握するために，事後調査を実施した。

○二酸化炭素が水に溶ける様子の表現

ペットボトルに水と二酸化炭素を入れて振る前後の様子をペットボトルの図の中に描かせて，容器がへこむ理由を言葉でも説明させた（図2.1.4参照）。

○発展的課題

ペットボトルを振る前の水の部分と振った後の部分を取り出したものの重さと体積について推論できるかを調べるために，振る前後で「振る前の方が重い（大きい）・振った後の方が重い（大きい）・どちらも同じ」から選択させて，理由も書かせた（図2.1.6参照）。

(3)授業内容

①5年時の『もののとけ方』の授業内容

　2007年1月～2月に一貫モデル群・5年モデル群の児童を対象にして，粒子モデルを用いて『もののとけ方』の一部の授業を展開した（表2.1.1）。授業には8時間をあて，「物が水に溶ける量には限度があること」「物が水に溶けても，水と物とを合わせた重さは変わらないこと」について理解させることを目標とした。

　2・3時間目では，シュリーレン現象や食塩の粒の観察，人間の目には見える限度があることを実感させた後，「食塩を水に溶かすとどうして透明に見えるのか」をワークシートに書かせてからグループで話し合わせた。児童のワークシートには，「食塩の粒は白く見えるだけで本当は透明で，水に溶かすと人間の目では見えないくらいに小さくなるので見えなくなる」などと書かれていた。その後，水にコーヒーシュガーを溶かして1週間置いたものを観察させ，水の粒が絶えず動いて均一になっている様子を動画で見せてから，粒子モデルを紹介して図2.1.1①のように食塩の粒1つを水の粒が取り囲む様子について説明した。4時間目以降，「一定量の水に溶ける食塩の量（図2.1.1②）」「水の量を増やした

表2.1.1　5年時の学習内容（一貫モデル群・5年モデル群）

時	学習内容	児童の学習活動
1	食塩が水にとけることと，氷が熱でとけることとの違い	溶解（とける）と融解（とろける）の違いを明確にし，区別しやすくするために言葉を使い分ける。
2 3	食塩が水に溶けている状態 食塩水の濃さ	食塩が溶けると水の中でどうなっているのかを考える。 水の分子運動により食塩の濃さが均一になっていることを学ぶ。
4	一定量の水に溶ける食塩の量	水に溶けている食塩の状態を粒子モデルで表現し，食塩が水に溶ける量には限りがあることを学ぶ。
5 6	水の量を増やした時の食塩の溶ける量の変化 食塩水を蒸発させた時の様子	それぞれの児童が食塩の粒や水の粒になって，食塩が水に溶けている様子，水を増やすと食塩が多く溶ける様子などを疑似体験した後，実験で確かめる。
7 8	食塩を水に溶かす前後の重さ	食塩は水に溶けると見えなくなるが，小さな粒として存在しているので重さは変わらないことを学ぶ。

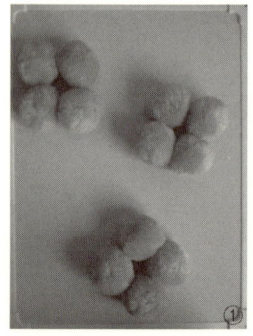

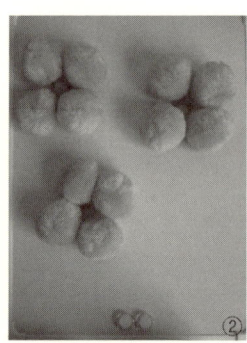

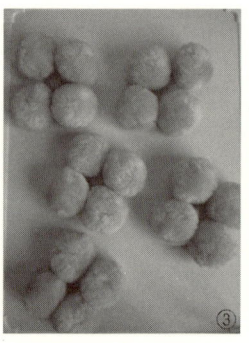

図2.1.1　①食塩の粒1つを水の粒が取り囲む→②食塩の粒が多い場合→③水の量を増やした場合→④水を蒸発させた場合

時の食塩の溶ける量（図2.1.1③）」「食塩水を蒸発させた時の様子（図2.1.1④）」について，児童に粒子モデルを使って説明させた（小野寺・山下，2008）。

② 6年時の『水よう液の性質』の授業内容

2007年12月に一貫モデル群の児童を対象にして，粒子モデルを用いて『水よう液の性質』の一部の授業を展開した。授業には3時間をあて，「水と二酸化炭素の入った容器を振ると容器がへこむ理由について，実験の結果と照らし合わせながら推論できること」を目標とした。

一貫モデル群では表2.1.2のように，1時間目に5年時に用いた粒子モデルで食塩が水に溶ける様子について振り返り，炭酸水を観察して，食塩水と共通する点（透明なものに透明なものが溶けると見えなくなる）と違う点（酸性・蒸発させると何も残らない）について確認した。2時間目では，粒子モデルを用いて水と二酸化炭素の入った容器を振ると容

表2.1.2　6年時の学習内容（一貫モデル群）

時	学習内容	児童の学習活動
1	気体が溶けている水溶液の調べ方	5年生の『もののとけ方』の学習を粒子モデルを用いて振り返る。 炭酸水を観察する。 リトマス紙で調べる。 蒸発させてみる。 食塩水と共通する点と違う点について確認する。
2	炭酸水のつくり方 水と二酸化炭素の入った容器を振ると容器がへこむ理由 〈気体にも重さがあることに触れる〉	二酸化炭素を水が入った容器に集め，よく振って水に溶かす。 水と二酸化炭素の入った容器を振ると，なぜ容器がへこむのか粒子モデルを用いて説明する。 石灰水を入れて炭酸水であることを確かめる。 結果について話し合い，まとめる。
3	塩酸・炭酸水・アンモニア水の性質	気体が溶けている水溶液の性質についてまとめる。

図2.1.2　粒子モデルでの容器がへこむ理由の説明

器がへこむ理由について説明させた（図2.1.2)[1]。

5年モデル群については，表2.1.3のように粒子モデルを用いない同様の授業内容で展開した。

表2.1.3　6年時の学習内容（5年モデル群）

時	学習内容	児童の学習活動
1	気体が溶けている水溶液の調べ方	教科書を参考に，塩酸の他にも気体が溶けている水溶液があるのか話し合う。 炭酸水を観察する。 リトマス紙で調べる。蒸発させてみる。
2	炭酸水のつくり方 水と二酸化炭素の入った容器を振ると容器がへこむ理由 〈気体にも重さがあることに触れる〉	二酸化炭素を水が入った容器に集め，よく振って水に溶かす。 水と二酸化炭素の入った容器を振ると，なぜ容器がへこむのか説明する。 石灰水を入れて炭酸水であることを確かめる。 結果について話し合い，まとめる。
3	塩酸・炭酸水・アンモニア水の性質	気体が溶けている水溶液の性質についてまとめる。

3．結果と考察

まず，事前調査①から質量保存の理解状態について探った。

(1) 質量保存の理解状態

食塩の粒が半分くらい残っている状態，すべて溶けた状態ともに110gを選択した場合に1点，それ以外を0点として，表2.1.4に群別の平均値・標準偏差（SD）を示した。

群別の平均値に差があるかを分散分析で分析したところ，有意な主効果は見られなかった（F［2,130］=2.70　n.s.）。このことから，平均値が0.7以上でいずれの群も質量保存についてはよく理解されており[2]，群間に有意な差はなかったと言えよう。

次に，事前調査②の食塩が水に溶けている様子の図，事後調査①の二酸化炭素が水に溶けている様子の図から粒子モデルの使用状況を探った。

表2.1.4　質量保存の得点

	平均値	SD
一貫モデル群	0.92	0.28
5年モデル群	0.83	0.38
通常授業群	0.71	0.46

(2) 粒子モデルの使用状況

図2.1.3には食塩水について，図2.1.4には炭酸水について粒子モデルを用いて回答した例を示し，図2.1.5には回答例のように食塩・二酸化炭素・水が○などで粒子のように表現されていた割合を群別に示した。

図2.1.5からは，一貫モデル群は食塩水での粒子モデル使用は48.0％だったが，『水よう

液の性質』の一部でも粒子モデルで学んだため，炭酸水では96.0%の児童が粒子モデルで表現するようになっていたことがわかる。

5年モデル群では，5年時に粒子モデルで学んだことが生かされ，食塩水では65.2%の児童が粒子モデルで表現していたが，炭酸水では41.3%にとどまっていた。

通常授業群では，食塩水については11.3%，炭酸水では6.5%が粒子モデルで表現していたにすぎなかった。

これらのことから，一貫して粒子モデルで学んだ一貫モデル群は，粒子モデルを用いて水溶液の状態を説明するようになり，5年モデル群では，炭酸水にまで粒子モデルをあてはめる割合は少なくなり，通常授業群では，ほとんど粒子モデルを使用していなかったと言えよう。

そして，事後調査①の容器がへこむ理由の記述から，気体の溶解についての理解状態を探った。

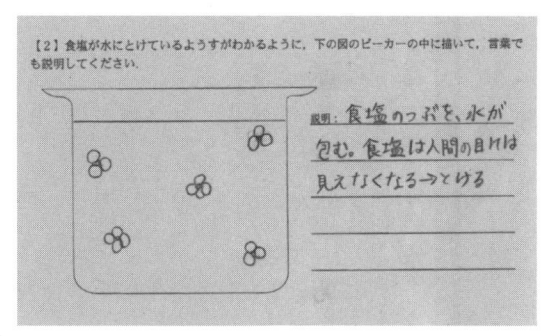

図2.1.3 食塩水についての粒子モデル使用例

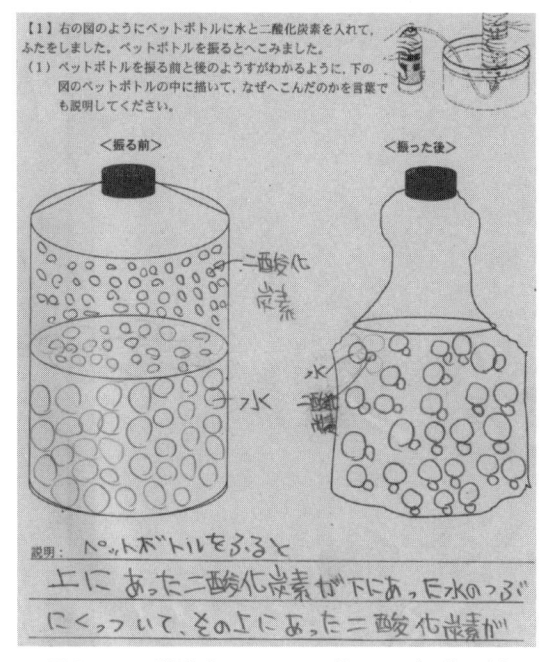

図2.1.4 炭酸水についての粒子モデル使用例

(3) 気体の溶解についての理解状態

容器がへこむ理由については，「二酸化炭素が水に溶けたから」などを正答として1点，不適切な回答を0点として，表2.1.5に群別の平均値・SDを示した。

群別の平均値に差があるかを分散分析で分析したところ，有意な主効果が見られたが（F [2,130] =5.48, P<.05），等分散性が棄却されたため（Levene, P<.05），Games-Howell法で多重比較を行ったところ，一貫モデル群＞通常授業群，5年モデル群＞通常授業群であった。ここで一貫モデル群は，炭酸水の様子を96.0%

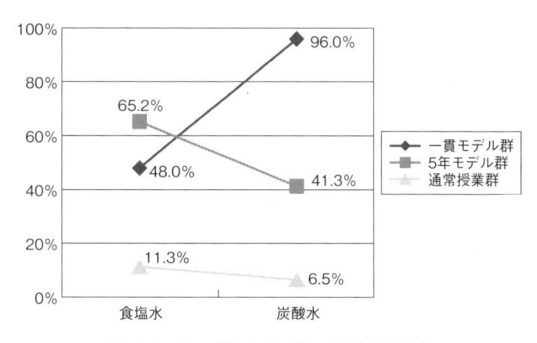

図2.1.5 粒子モデルの使用割合

の児童が粒子モデルで表現していたにもかかわらず，容器がへこむ理由の平均値が0.84にとどまっていた。これは，4人の児童（16.0%）が「二酸化炭素が水に溶けて」などの前置き無しに，単に「真空になったから」とだけ回答し，不適切な回答であると判断された

ためである。

これらのことから，通常授業群でも容器がへこむ実験はなされていたが，一貫モデル群・5年モデル群の方が，容器がへこむ理由についてよく説明できていたと言えよう。

表2.1.5　容器がへこむ理由の得点

	平均値	SD
一貫モデル群	0.84	0.37
5年モデル群	0.85	0.36
通常授業群	0.60	0.49

さらに，事後調査②の振る前の水の部分と振った後の部分を取り出したものの重さと体積について回答させた発展的課題にも，学んだ知識を活用して推論できたのかを探った。

(4) 発展的課題の正答率

振る前の方が重い（大きい）を選択したものについては，容器がつぶれた印象にとらわれてしまったと判断して0点とし，それ以外を選択したもので，重さについては「振る前は水のみ，後は二酸化炭素も入っているから後の方が重い」，体積については「水の粒に二酸化炭素の粒がくっついて少しふくらむ」など，適切な理由が記述されていたものを1点，不適切なものを0点として，図2.1.6に回答例，表2.1.6に群別・課題別の平均値・SDを示した。

重さについて，群別の平均値に差があるかを分散分析で分析したところ，有意な主効果が見られたが（F [2,130] ＝5.15, P<.05），等分散性が棄却されたため（Levene, P<.05），Games-Howell法で多重比較を行ったところ，一貫モデル群＞5年モデル群，一貫モデル群＞通常授業群であった。

また，体積についても同様に分析したところ，有意な主効果が見られたが（F [2,130] ＝8.62, P<.05），等分散性が棄却されたため（Levene, P<.05），Games-Howell法で多重比較を行ったところ，一貫モデル群＞通常授業群であった。

これらのことから，授業では扱っていない発展的課題については，容

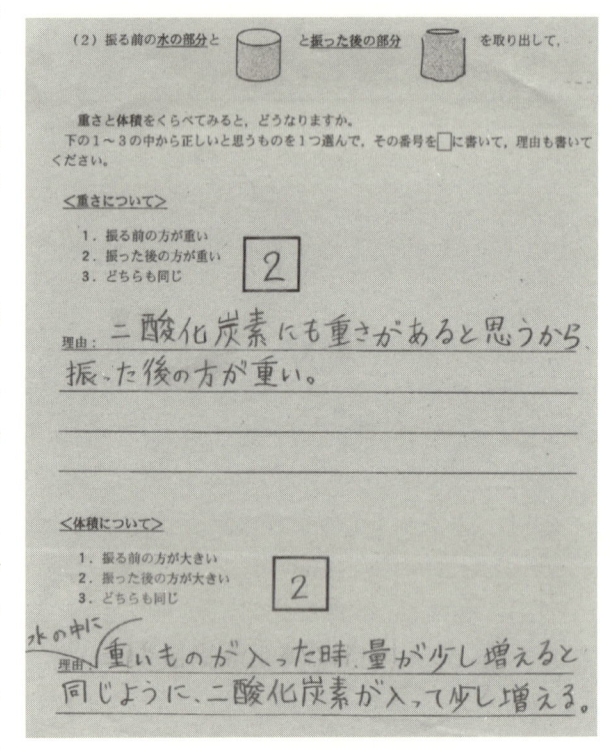

図2.1.6　発展的課題の回答例

表2.1.6　発展的課題の得点

	重さ		体積	
	平均値	SD	平均値	SD
一貫モデル群	0.44	0.51	0.44	0.51
5年モデル群	0.15	0.36	0.17	0.38
通常授業群	0.16	0.37	0.08	0.27

器がつぶれた実験の印象が強く残って正答するのは困難だったが，粒子モデルで考えるようになった一貫モデル群は，他の群より学んだ知識を活用して推論していたと言えよう。

4．まとめと今後の授業への示唆

事前の段階では，質量保存の理解状態に群間で有意な差は見られなかった。モデル使用については，一貫して粒子モデルで学んだ一貫モデル群は，粒子モデルを用いて水溶液の状態を説明するようになり，5年モデル群では，炭酸水の説明にまで粒子モデルをあてはめる割合は少なくなり，通常授業群では，ほとんど粒子モデルを使用していなかった。

容器がへこむ理由については，粒子モデルを用いていない通常授業群よりも，一貫モデル群・5年モデル群の方がよく説明できていた。発展的課題については，一貫モデル群には容器がつぶれた印象にとらわれずに学んだ知識を活用して推論していた児童が多かった。一貫モデル群と5年モデル群では，授業で扱われた容器がへこむ理由については差がなかったが，発展的課題には有意な差が見られるものもあった。

これらのことから，小学校5・6年生で単元を超えても一貫して粒子モデルを用いて学ぶことにより，粒子モデルの使用が促され，特に発展的課題についても学んだ知識を活用して推論できるようになる効果が，事例を通じて確認されたと言えよう。

今後の授業への示唆としては，水と二酸化炭素の入った容器を振ると，容器がへこむ理由を考える場合には，小学校5・6年生を通して一貫して粒子モデルを用いた効果は示せたが，小学校6年『水よう液の性質』で市販の炭酸水から二酸化炭素を取り出すことを扱うと，児童から「砂糖や食塩は，振ったり，温めたりすると水に溶けるし，ペットボトルを振ってへこんだのは，二酸化炭素が水に溶けたのではないのですか？」といった質問がでてくる。高校生でも，化学でヘンリーの法則（一定温度で一定量の液体に溶ける気体の質量は，圧力に比例する）を習うと，市販の炭酸水は，高圧にして二酸化炭素を溶かしているので，栓やキャップを開けると圧力が下がり，溶けきれなくなった二酸化炭素が出てくるんだとようやく納得するようになる。また，炭酸水を温めると二酸化炭素が出てくることについては，高校では気体の溶解度は，一般には（例外もある）温度が高くなると，溶けていた気体の運動が激しくなって，水から飛び出しやすくなると説明するが，高校生でもなかなか納得しない。

したがって，小学校6年『水よう液の性質』で炭酸水から二酸化炭素を取り出す場合には，「栓やキャップを開けると，今まで水に押し込まれていた二酸化炭素が溶けきれなくなって，プッシュと出てくるんだ」程度の説明に留めておいた方が，5年『もののとけ方』の学習内容と整合して，一貫した説明がしやすい。

注
1）二酸化炭素が水に溶けている様子の表現は様々だが，文部省委託開発事業製品「溶解現象シミュレーションSolve IT!」（株式会社ラティオインターナショナル）では以下のように表示しているので，図2.1.2のように表現しても差し支えないと判断した。

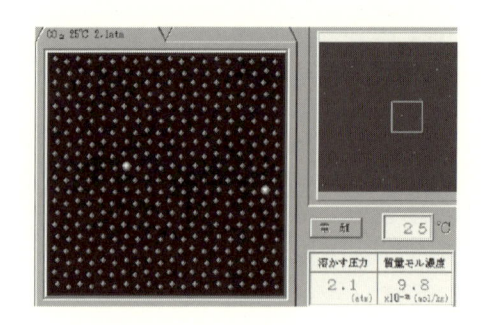

2）宗近（2002）が実施した同様の調査で，粒子的視点を導入した群でも授業直後調査で約73％，4ヶ月後の調査では60％を下回る正答しか得られなかったことを考慮している。

文献

葉山優・小嶋美也子・勝呂創太・圓谷秀雄・金田知之・下條隆嗣（2006）小学校理科への物質の粒子像導入の可能性－児童のもつ粒子像についての調査，東京学芸大学紀要（自然科学系），Vol.58, pp.15-39.

宗近秀夫（2002）小学生の溶解認識における概念変容の研究，理科教育学研究，第43巻，第2号，pp.1-12.

小野寺千恵・山下修一（2008）食塩が水に溶ける現象を児童に納得させる授業の開発，科教研報，Vol.22, No.3, pp.33-36.

杉本良一・神林久美子（2006）理科学習における子どもの水溶液概念獲得に関する研究－小学校理科『もののとけ方』における学習の検討，鳥取大学地域学部紀要，地域学論集，Vol.3, No.2, pp.203-237.

山下修一著者代表（2007）深い理解をめざした理科授業づくりと評価，大日本図書，pp.12-17・54-63.

II 中学校1年状態変化の授業例（研究9）

既に獲得したコア知識
小学校第4学年『空気と水の性質』
〈粒子の間にはすき間がある〉 〈水よりすき間が大きい空気の方が弾力がある〉
第4学年『金属，水，空気と温度』
〈温度が上がると粒子の動きが激しくなる〉 〈金属の粒子はその場で動きをとなりに伝えていく〉 〈激しく動く水や空気の粒子は上にあがっていく〉 〈氷は0℃くらいでとけはじめて水になり，水は100℃ぐらいで沸騰して水蒸気（目に見えない）になる〉 〈100℃にならなくても蒸発はする〉
獲得すべきコア知識： 〈状態が変化しても物質そのものは変わらない〉 〈温度によって物質の状態は　固体⇔液体⇔気体と変わるが，固体⇔気体と昇華するものもある〉 〈状態を変える時には，熱を吸収したり放出したりするので，その間は温度が変化しなくなる〉 〈物質の状態が変化しても全体の質量は変化しないが，体積や密度は変化する〉 〈ほとんどの物質の体積は，固体＜液体＜気体となるが，水は例外〉 〈融点や沸点は物質によって決まっている〉 〈混合物では融点や沸点がはっきりしなくなる〉
話し合う発展的課題：ビーカーに水を入れて冷凍庫で凍らせた状態から，熱を加えていくと氷の温度はだんだん上がりますが，0℃くらいになってしばらく温度が上がらなくなりました。その時どうなっているのか説明してみよう！

1．問題と目的

　国立教育政策研究所（2007a）が，平成18年に小学校5年生（111校3,284名）・中学校2年生（100校3,196名）を対象として実施した調査では，水100gに食塩20gを溶かした時の重さを120gと選択したのは，小学校5年生：63.2％・中学校2年生：59.4％にすぎなかった。宗近（2000）も，平成7年に小・中学生2,404名を対象に水100gに砂糖10gを溶かした時の重さについて調査し，110gを選択した割合は小学校6年生から高くなり，中学校1年生で最高の62％となり，中学校2年生・3年生で低くなるといった同様の結果を報告している。これらの結果から，中学校でモデルを用いて化学変化における質量保存を学んでも，食塩や砂糖の溶解には生かせなかったと言えよう。

　このような状況を改善するために，「下の学年や小学校の学習など，既習事項との関連を踏まえながら計画的な指導を行うことが大切である。例えば，化学変化においてのみ粒子モデルを使うのではなく，第1学年で学習した状態変化についても粒子モデルを使って考えさせ，化学変化と状態変化の共通点と相違点を明確にさせたり〜後略〜（国立教育政策研究所，2007a）」「小・中・高校をつなぐ構造化に結びつけていけば，学習の全体像を

具体的にわかりやすく表現できるだろう（渡邉，2006）」といった指摘がなされている。しかし，従前から指導書などに領域別内容系統一覧表が掲載されていても，学習内容のつながりや構造を意識した授業が展開されるのはまれであった（鬼頭，2006：山下，2007）。佐藤（2006）は，認知的能動性が低いほど関連づけが困難であることを見いだし，「関連づけの効果に関する具体的な事実が十分に蓄積されているとは言えない現状であることも事実である」と指摘している。

そこで，新学習指導要領に対応した小・中学校理科全単元をつなぐコア知識一覧表を開発し，中学校1年『物質の状態変化』でコア知識一覧表を生かした授業を展開し，小・中学校の理科学習内容のつながりを意識させられるのか，どのような影響が生じるのか調査して検討することにした。

2．方法

(1) 調査対象および実施時期

2010年1月～2月に，コア知識一覧表を用いた『物質の状態変化』の授業を受けた千葉県内の公立中学校1年生2クラス46名を対象にして，授業前・後で調査を実施した。

(2) 調査項目

試行授業前・後で，振り返り・内容のつながり・各知識の重要度に関する認識を調べるために，以下の項目①～③に対して自分の感じに，「5．よくあてはまる　4．ややあてはまる　3．どちらでもない　2．あまりあてはまらない　1．ほとんどあてはまらない」の5段階で回答を求めた。

①理科授業では，前の学年で学んだことを振り返っている
②理科授業では，学習する内容のつながりを意識している
③理科授業では，何が重要なのかがわかる

さらに，どのような学習内容のつながりを意識し，どの知識を重要視していたのかを調べるために，以下の項目にも回答させた。

小学校で学んだこと（たとえば，「ものが水にとける量には限度があること」など）を思い出して，状態変化に関係があることを順番に5つ書いてください。
・最も関係があること
・次に関係があること
・その次に関係があること
・そのまた次に関係があること
・そのまたまた次に関係があること

また，PISAでの科学的リテラシーの最上位者の特徴が，「複雑な生活の問題場面において，科学の知識と科学についての知識を一貫して認識したり，説明したり，応用したりする」ことだったので（国立教育政策研究所，2007b），学習指導要領外の内容だが，以下の「融解時に温度が一定になること（事前）」・「凝固時に温度が一定になること（事後）」に関する発展的な課題について説明させた。

【事前】ビーカーに水を入れて冷凍庫で凍らせた状態から,熱を加えていくと氷の温度はだんだん上がりますが,0℃くらいになってしばらく温度が上がらなくなりました。その時どうなっているのか下図に書きこんで,あいているところに言葉でも説明してください。
【事後】ビーカーに水を入れて冷凍庫に入れて冷やしていくと水の温度はだんだん下がりますが,0℃くらいになってしばらく温度が下がらなくなりました。その時どうなっているのか下図に書きこんで,あいているところに言葉でも説明してください。

(3) 中学校1年生『物質の状態変化』での試行授業

　菊地ら(2005)が「イオンを含めた粒子概念の早い時期での導入は,学習の系統性を考えた場合に大変魅力的であり,教育現場からの要望も多い」と指摘していることから,試行授業は粒子概念を用いて説明でき,小学校で学んだ知識を生かすことができる中学校1年生『物質の状態変化』で実施することにした。状態変化については理解が困難であると指摘されており(例えば,Johnson, 1998：Hatzinikita and Koulaidis, 1997：高垣・田原,2006：吉國・生田,2007),当時の中学校1年生は,状態変化について小学生時や中学校の教科書には粒子モデルで説明されていないにもかかわらず,移行期の移行教材の中には図2.2.1のように粒子モデルで表現されているものもある[1]。そこで,コア知識一覧表を使用することで,移行期の中学生にも粒子モデルが受け入れられて,粒子モデルを用いた説

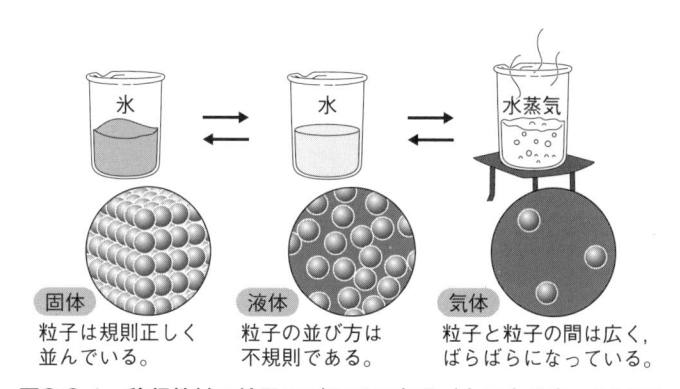

図2.2.1　移行教材の粒子モデルでの表現(大日本図書,2009)

表2.2.1　物質の状態変化(6時間)

時	項目
1	ロウの状態変化の様子と質量と体積に変化があるかを調べた。その結果から,液体のロウ・固体のロウ・氷・水の密度を計算し,氷が水に浮くこと,水は特別なものであることを知った。
2	エタノールをビニール袋に入れてお湯をかける実験を行い,ビニール袋が膨らんだ理由を考えた。
3	固体が液体に変わる時の温度を調べる実験を行った。
4	融点や沸点は物質の種類によって決まっていること,融点や沸点の測定により未知の物質の種類を推定できることを知った。
5	水とエタノールを混ぜた液からエタノールを取り出す実験を行った。
6	沸点が異なることを利用して,2種類の液体の混合物から物質を分離できることを知った。

明を促すことができるのかについても検討することにした（丹沢ら，2001）。

授業は，教科書に沿って表2.2.1のように進められた。

コア知識一覧表利用については，Ａ０判に拡大したものを一度授業で紹介して小・中学校理科の内容のつながりを示し，その後は実験室などに掲示して自由に閲覧できるようにした（図2.2.2）。そして，Ｂ５判のダイジェスト版（図2.2.3）を各生徒に配布し，ノートに貼り付けさせて，いつでも参照できるようにさせた。授業中には，導入・まとめ・振り返り場面でダイジェスト版コア知識一覧表を活用して，重要だと思う箇所やつながりを蛍光ペンなどでハイライトさせ（図2.2.4），新学習指導要領では粒子モデルで説明されていることにも触れた。

図2.2.2 掲示されたコア知識一覧表

図2.2.4 ダイジェスト版コア知識一覧表利用場面

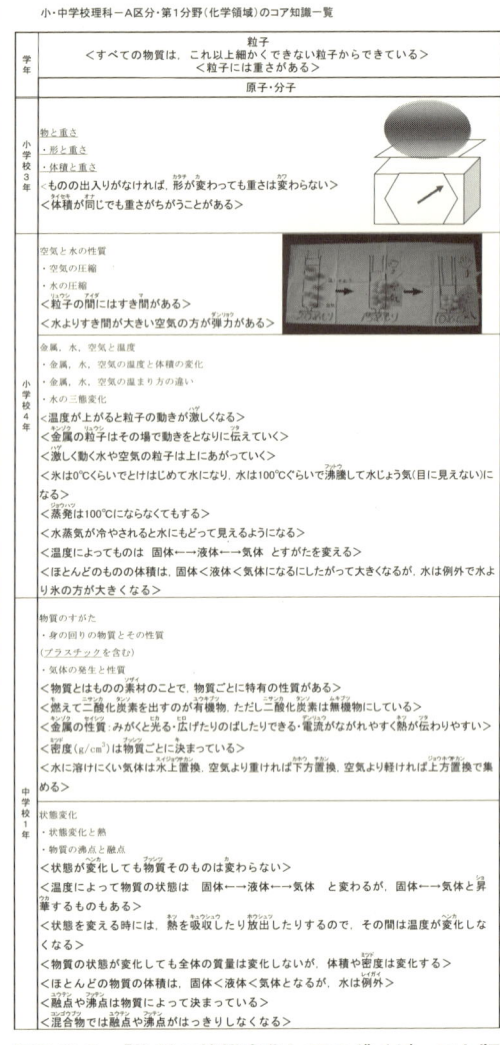

図2.2.3 『物質の状態変化』用のダイジェスト版

３．結果と考察

(1) 事前・事後での認識の差

質問①〜③の回答に対し，Ⅰ．と同様に得点化して事前・事後の中央値に差があるのかをWilcoxonの符号付き順位検定で分析した結果を表2.2.2に示した。

表2.2.2 事前・事後の意識の比較 (n=46)

質問	5	4	3	2	1	Z値
①事前	3	17	11	13	2	-2.999**
事後	6	15	24	0	1	
②事前	4	14	19	7	2	-3.057**
事後	8	21	16	0	1	
③事前	13	22	8	2	1	-1.452
事後	7	24	14	0	1	

** $p<.01$

表2.2.3 コア知識一覧表の一部（下線は新しく学習指導要領に導入された内容）

小学校3年生
物と重さ
・形と重さ
・体積と重さ
〈すべての物質は，これ以上細かくできない粒子からできている〉
〈粒子には重さがある〉
〈ものの出入りがなければ重さは変わらない〉
〈体積が同じでも重さがちがうことがある〉

　表2.2.2からは，コア知識一覧表を用いた授業を受けることで，①「前の学年で学んだことを振り返っている」②「学習する内容のつながりを意識している」といった認識を促すことはできたと言えよう。しかし，③「何が重要なのかがわかる」については，それほど変化が見られなかった。これは，ダイジェスト版コア知識一覧表の中に，移行期の中学生が学習していなかった知識が重要なコア知識として示され，はっきりと「何が重要なのかがわかる」とは言いにくい状況にあったと考えられる（例えば，小学校3年生『物と重さ』については表2.2.3のように記述されていた）。この点については，未習の知識は説明を加えるなどの対応が必要であっただろう。

(2) 状態変化につながっている内容についての認識

　状態変化の学習に「最も関係があること」から順番に5点から1点として得点化し，比較的平均値が高かったものの推移を図2.2.5には事後の方が高くなったもの，図2.2.6には事後の方が低くなったものを示した。
　なお得点化に際して，例えば，
　　最も関係があること「水は100度で沸騰」
　　次に関係があること「水は0度で凍る」
と「融点・沸点」にかかわるキーワードが複数回記述されていた場合は，初出のもののみに得点を与えた（この場合，融点・沸点：5点）。
　図2.2.5からは，導入・まとめ・振り返り場面でコア知識一覧表が活用され，「粒子・粒子の運動」「質量保存」についてもこの単元とつながっていると認識されるようになった

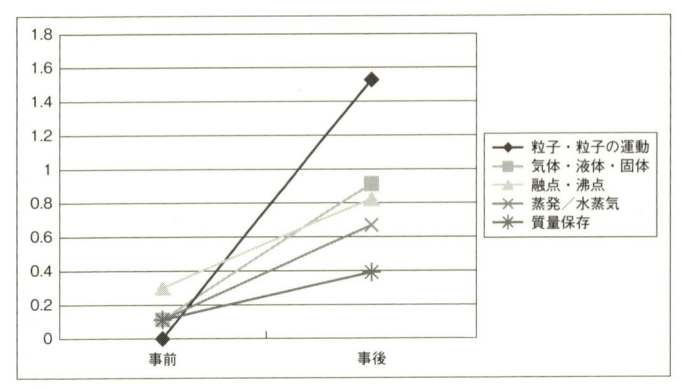

図2.2.5　事後の方が平均値が高くなったもの

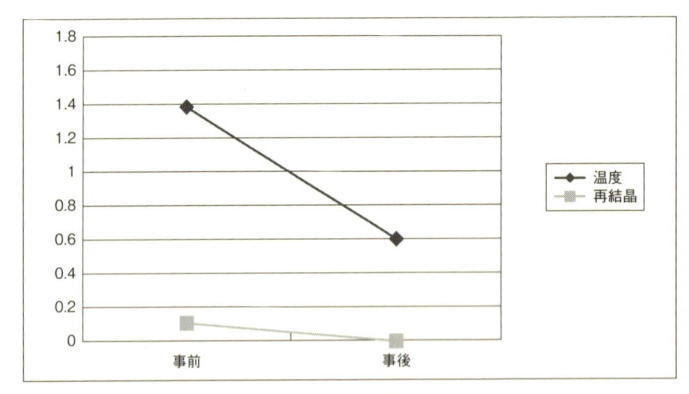

図2.2.6　事後の方が平均値が低くなったもの

ことがわかる。

　図2.2.6からは，事後では「温度」「再結晶」とつながっているという認識が弱くなったことがわかる。「温度」については，分子運動などを考慮すると強いつながりがあるとも言えるが，「再結晶」はこの単元とそれ程強いつながりがあるわけではない。図2.2.5と合わせて考えると，事前では「温度」の印象が強く残っていたが，試行授業で「粒子・粒子の運動」を意識するようになって，「状態変化」「融点・沸点」が学ばれたと考えられる。

(3)　発展的課題への回答

　発展的課題に対する回答を以下のLevel 0からLevel 2に分けて，該当数（割合）を表2.2.4に示した。

Level 0：無回答など。
Level 1：「融点（事前）・凝固点（事後）に達した」・「変化の途中（例えば，図2.2.7）」など。
Level 2：「氷をとかすことに熱が使われるから（事前）」「温度を下げるのではなく，粒子をくっつけるために使われるから（事後）（例えば，図2.2.8）」など。

　発展的課題は，中学生にとって状態変化の途中で温度が変化しなくなることを言葉でも説明しなければならない難しいものとなり，無回答なども多かった。Level 0からLevel 2を0点から2点として得点化して事前と事後の中央値に差があるのかをWilcoxonの符

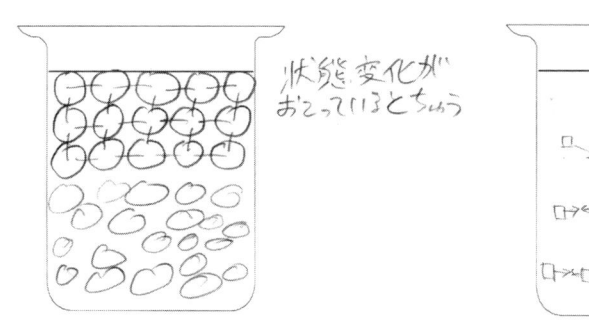

図2.2.7　発展的課題（事後）の回答例　　　図2.2.8　発展的課題（事後）の回答例
　　　　（Level 1）　　　　　　　　　　　　　　　　（Level 2）

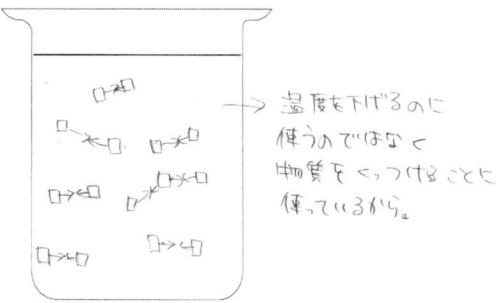

表2.2.4　発展的課題の回答のLevel（n＝46）

	Level 0	Level 1	Level 2
事前	44（95.7%）	2（4.3%）	0（0.0%）
事後	29（63.0%）	16（34.8%）	1（2.2%）

号付き順位検定で分析したところ，有意な差は見られた（$z = -3.41, p < .01$）。この課題に対して粒子モデルを用いた回答の割合は，事前では０％であったが，事後では37.0％の生徒がエネルギーの出入りを粒子モデルで表現してLevel 1以上の説明をするようになっていた。

４．まとめと今後の授業への示唆

　試行授業を受けた中学校１年生への調査では，前の学年で学んだことを振り返ったり，学習内容のつながりを意識するようになったりすると感じられ，「粒子・粒子の運動」が『物質の状態変化』とつながっていると認識されて，発展的課題には37.0％の生徒が粒子モデルを使うようになっていた。

　今後の授業への示唆としては，生徒にとっては凝固時のエネルギーの出入りの説明が難しかったので，融解時だけでなく凝固時の温度測定実験も行って考察させたい。

注
１）試行授業での粒子モデルの扱いについては，図2.2.1の移行教材で固体・液体・気体が粒子で表現されていることは確認したが，生徒に粒子モデルを用いて様々な状態を表現させることは，次の単元（水溶液）以降に行った。

文献

大日本図書編集（2009）新版中学校理科１年　平成21年度版　移行教材，大日本図書．
Hatzinikita, V. and Koulaidis, V.（1997）Pupils' Ideas on Conservation during Changes in the State of Water, Research in Science and Technological Education, Vol.15, No.1, pp.53-70.
Johnson, P.（1998）Children's Understanding of Changes of State Involving the Gas State, Part 1 : Boiling Water and the Particle Theory, International Journal of Science Education, Vol.20, No.5, pp.567-583, 1998.
菊地洋一ら（2005）イオン学習をどのように位置づけるか―旧教育課程における中学校教師のアンケートを通して，理科教育学研究，Vol.46, No.1, pp.15-24.

鬼頭保文（2006）学んだことを生かし，次につなげる理科の授業を，理科の教育11月号，Vol.55, pp.22-24.

国立教育政策研究所（2007a）特定の課題に関する調査（理科）．

国立教育政策研究所（2007b）生きるための知識と技能3 OECD生徒の学習到達度調査（PISA）2006年調査国際結果報告，ぎょうせい，p.38.

宗近秀夫（2000）小・中学生の溶解概念に関する実態調査，理科教育学研究，Vol.40, No.3, pp.13-22.

佐藤康司（2006）関連づけの成立と認知的能動性が学習に及ぼす影響，教授学習心理学研究，Vol.2, No.2, pp.49-58.

髙垣マユミ・田原裕登志（2006）小学校4年理科「水の状態変化」の既有概念の変容過程における発話の解釈的分析，理科教育学研究，Vol.46, No.2, pp.11-20.

丹沢哲郎・佐藤嘉晃・加藤靖（2001）Learning Cycle 教授モデルを用いた理科授業の評価－粒子概念獲得プロセスと探究のプロセスに基づいて，科学教育研究，Vol.25, No.5, pp.316-328.

渡邉重義（2006）学習指導要領から創造的な理科教育課程の構築へ，理科の教育11月号，Vol.55, pp.15-18.

山下修一著者代表（2007）深い理解をめざした理科授業づくりと評価，大日本図書．

吉國秀人・生田国一（2007）小学生の「三態変化」に関する認識変容の様相－水以外の物質を含めた教授活動前後の比較を通して，教授学習心理学研究，Vol.3, No.1, pp.1-12.

Ⅲ 中学校1年凸レンズの働きの授業例（研究10）

既に獲得したコア知識
小学校第3学年『光の性質』
〈光はまっすぐ進む〉 〈光を集めると明るくなる〉 〈太陽の光（白色）が吸収されると黒っぽく見える〉
獲得すべきコア知識： 〈入射角＝反射角〉 〈光や音は伝えるもの（媒体）により進む速度が異なる〉 〈水と空気の境目などで進む速度が異なるので屈折する〉 〈凸レンズの光軸に平行な光は，屈折した後に焦点を通る〉 〈凸レンズの中心を通る光は，屈折せずにそのまま直進する〉 〈凸レンズの手前側の焦点を通る光は，屈折した後に光軸に平行に進む〉 〈凸レンズを通して反対側のスクリーンに映る上下・左右が逆になったものが実像〉 〈凸レンズを通して実物と同じ側に見えるのが虚像〉
話し合う発展的課題：2枚の凸レンズを使った顕微鏡でミドリムシを見たところ，ミドリムシが右下に見えました。ミドリムシを中心に動かしたい場合に，プレパラートをどの方向に動かしたらよいのか，「実像」と「虚像」という言葉を使って説明してみよう！

1．問題と目的

　凸レンズの働きについては，作図はできてもなぜ像が見えるのかを理解するのは難しいと指摘されている。例えば，佐久間・定本（2010）は，中学生を対象にした調査を実施し，凸レンズを通る光の道筋の作図はできても，「像の大きさや位置の正解者の割合は約50％であり，凸レンズを通る光の道筋とできる像の作図を指導するだけでは，凸レンズによってできる像の理解が進むとは考えにくい」と指摘している。また，教える側の理科教員の中にも，凸レンズの働きが削除された昭和52年～平成元年の中学校学習指導要領下で学んだために[1]，この単元の指導に苦手意識をもっているものもいる（谷中ら，2003）。山下（2011）は，教員採用試験の受験準備をしている学生から，毎年のように出される凸レンズがつくる像についての質問：「作図はできるが意味がわからない」「実像と虚像の違いがわからない」という質問に答えるための読み物を作成して，理科系・文科系大学生，中学校1年生を対象に調査した。その結果，大学生たちは解説を読みこなして，作図ができて意味もわかるようになったが，中学生の場合には，解説を読み進めながら新たな知識を獲得するのが困難で，光学機器の原理を説明させるような発展的課題にはうまく対応できなかった。そのため，解説を読むだけでは伝わりにくかった点を改善して，中学校1年生でも発展的課題に取り組めるような『光の性質』の授業を開発することが課題として残されていた。

　各種学力調査でも，凸レンズの働きについては通過率が思わしくないために指導改善への示唆が与えられている。例えば，宮崎県教育研修センターが宮崎県内の中学校2年生を

対象に実施した学力調査では，以下のような示唆が与えられている。
「まず凸レンズに平行光線を当て，光が集まる点が焦点であることを理解させる。次に，スクリーンに物体の像を映す実験を通して，物体と凸レンズの距離，凸レンズとスクリーンの距離の関係やスクリーンにできる像の大きさや向きを理解させたい。その際，実像は倒立で上下逆になるだけでなく，左右逆になることも確実におさえておきたい。また，実像や虚像のできる原理が，日常生活にどのように活用されているかについて，身の回りの道具や機器などを取り上げて指導する必要がある（平成16年度）」
「凸レンズの働きについての指導を徹底する必要がある。特に，実験を通して，物体と凸レンズの距離を変え，実像と虚像ができる条件を探らせ，実像の位置や大きさについての規則性を定性的に見いださせる授業の工夫が望まれる（平成17・18年度）」
「凸レンズを通った後の光の進み方について，作図を通して指導することで，どのような像が結ばれるかを理解させることが大切である（平成21年度）」

以上の示唆のように，凸レンズの働きの指導には，実験を通して凸レンズによってどのような像ができるのかを理解させ，日常生活との関連も見いださせることが必要になると言えよう。

平成20年告示の中学校学習指導要領の解説（2008）でも，凸レンズの働きについて「物体と凸レンズの距離を変え，実像や虚像ができる条件を調べさせ，像の位置や大きさ，像の向きについての規則性を定性的に見いださせること」をねらいとし，「例えば，眼鏡やカメラなど光の性質やレンズの働きを応用した身の回りの道具や機器などを取り上げ，日常生活や社会と関連づけて理解できるようにする」とされている。私も，実際に小学生を対象に山下（2011）が開発した読み物を生かしたカメラ・望遠鏡の工作教室を開催したところ，その仕組みが大変わかりやすかったと好評だった。多くの中学生は顕微鏡での観察の際に，なぜプレパラートと像の動きが異なるのか疑問に思っており，もし凸レンズの働きについて学ぶことで，顕微鏡はどうして拡大して見えるのか，なぜプレパラートの移動方向と像の移動方向が異なるのかが説明できるようになると，凸レンズの働きについて学ぶ意味を見いだせるようになるだろう。

しかし実際には，『光の性質』に配当される時数は8時間程度なので，一般的な凸レンズの働きについての授業では，実像・虚像についての作図練習にとどまり，日常生活や社会と関連づけて光学機器の仕組みまで理解させることは困難となっている[2]。

そこで，山下（2011）の読み物で伝わりにくかった点を改善し，実験や観察を取り入れながら，授業中にも読み物を用いて実像や虚像についての解説を補うことで，中学校1年生でも光学機器の仕組みに関する発展的課題に取り組めるようになるのかを検討した。

2．方法
(1) 事前調査結果によるクラス分け

千葉県内の公立中学校1年生5クラスを対象にして「顕微鏡の見え方に関する」以下のような事前調査を実施した。

その結果，『光の性質』の学習前なので，実像や虚像という言葉を用いて回答した生徒

【事前調査】顕微鏡でミドリムシを見たところ，下図の円の中のように見えました。ミドリムシを中心に動かしたい時には，プレパラートをア〜クのうちどの向きに動かせばよいか１つ選び，選んだわけも下の欄に書いてください。

はいなかった。移動方向として**ク**を選択した生徒は，全体の73.0%であったが，理由の正答率は17.6%であったことから，今までの顕微鏡操作の経験からプレパラートと像の動きが異なることは知っているが，その理由については不明である生徒が多い状態であったと考えられる。移動方向を**ク**とし，理由を「実際に顕微鏡を見て動かしたことがあるから」などとしたものを１点として採点したところ，各クラスの平均得点は表2.3.1のようになった。そこで，事前調査の平均得点の下位２クラス（１・２）を支援が必要な改善授業クラス，中位２クラス（３・４）を読み物補充クラス，最上位クラス（５）を通常授業クラスとした。

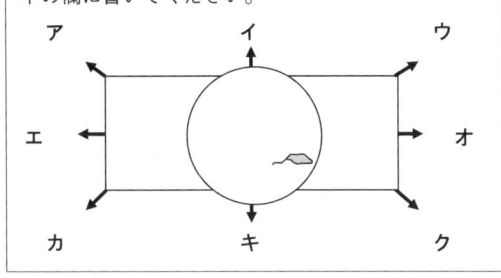

表2.3.1　事前調査結果とクラス分け

	平均値	平均値	SD
クラス１	(32) 0.03--→改善授業（64）	0.08	0.27
クラス２	(32) 0.13--↑		
クラス３	(31) 0.19--→読み物補充（63）	0.19	0.40
クラス４	(32) 0.19--↑		
クラス５	(32) 0.31--→通常授業（32）	0.31	0.47

（　）内は人数

　３つのクラスの平均値に差があるかを分散分析で分析したところ，有意な主効果が見られ（$F[2,156]=4.48, P<.05$），等分散性が棄却されたため（Levene, $P<.05$），Games-Howell法で多重比較を行ったところ，通常授業クラス＞改善授業クラスであった。

(2) 授業展開

　平均得点の最上位クラスを通常授業クラス，中位２クラスを読み物補充クラス，下位２クラスを支援が必要な改善授業クラスとして，表2.3.2のような授業を展開した。どのクラスも同一教員が担当し，教科書の説明に加えて，ピンホール・凸レンズ付きカメラづくり，手づくり望遠鏡の観察を盛り込んで，学習内容・実験内容は同じになるようにした。ただし，改善授業クラスでは関連する読み物（資料2.3.1）を授業中に配布して解説を補い，読み物補充クラスでは事後調査直前に授業の復習として読み物を読ませ，通常授業クラスでは事後調査終了後に解説として読み物を読ませた。

　改善授業クラスでは，それぞれ以下の時間に資料2.3.1のプリントの解説を読んで若干の解説を加えた。

　　第６時　プリントNo.1・No.2で約15分間
　　第７時　プリントNo.3で約10分間
　　第９時　プリントNo.4・No.5で約15分間

　なお，すべてのクラスで全授業時間中に，「事前調査の顕微鏡の見え方」「事後調査の発展的な課題」に関するような質問は出されなかった。

表2.3.2 光の性質（11時間）

時数	項目
1	光源・光の進み方　直進性
2	反射の実験（反射の規則性：入射角＝反射角）
3	ガラスを通る光の進み方を調べる実験
4	水やガラスなどの物質境界面での屈折の規則性・コインの浮き上がり
5	ピンホール・凸レンズ付きカメラづくり（資料2.3.2）
6	ものが見えるということ，ピンホール・凸レンズ付きカメラの仕組み
7	凸レンズによる実像の作図 ①レンズの中心を通る光路 ②光軸に平行な光路 ③前側の凸レンズの焦点を通る光路の3本を描く作図
8	実像の作図の練習（資料2.3.2） 　実像のでき方に関する実験：光源が焦点距離の2倍前後の時（凸レンズの一部を覆った時にできる実像についても演示実験で確かめた）
9	凸レンズによる虚像の作図（光源が焦点距離の内側にある時）
10	虚像の作図の練習（資料2.3.2） 　虚像のでき方に関する実験（2枚の凸レンズを使った手づくり望遠鏡で外の様子も観察した）
11	改善クラス：プリントで復習20分＋事後調査25分 読み物クラス：読み物で復習20分＋事後調査25分 通常クラス：事後調査25分＋読み物で解説20分

(3) 事後調査

　事後調査の質問項目は，山下（2011）と同様の質問「実像・虚像についての作図」「発展的な課題（半分隠した場合・ブラインドで隠した場合・顕微鏡の見え方）」とした。なお，冊子帯の事後調査では，次のページに進んだら前のページに戻らないようにと指示して，約25分で回答させた。

3．結果と考察

　2010年9月から10月に，表2.3.2のように『光の性質』について学んだ千葉県内の公立中学校1年生5クラスの内，事前・事後調査ともに回答した生徒159名（改善授業2クラス：64名，読み物補充2クラス：63名，通常授業1クラス：32名）を分析対象とした。

(1) 実像・虚像についての作図

　実像については，図2.3.1のように①凸レンズの中心を通る光，②光軸に平行な光，③手前側の凸レンズの焦点を通る光　のうちいずれか2本以上を描いて正しく表現されていれば正解（1点），虚像については，図2.3.2のように①凸レンズの中心を通る光，②光軸に平行な光が描かれて正しく表現されていれば，正解（1点）として採点したところ，平均得点は表2.3.3のようになった。

　実像・虚像それぞれについて，3つのクラスの平均値に差があるかを分散分析で分析したところ，虚像ついては有意な差は見られなかったが（$F[2,156]=2.83$ n.s.），実像につ

【質問1】下図のような位置に左からロウソク，凸レンズ，スクリーンを置いたら，スクリーンにはっきりしたロウソクの像がうつりました。どうしてはっきりした像がうつるのか，下図に光の通り道を示してください。

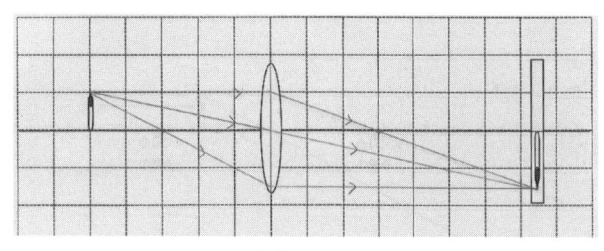

図2.3.1　実像についての正答例

【質問2】質問1の状況から，ロウソクを凸レンズの焦点の内側にしたら，スクリーンを動かしてみても，スクリーン上に像がうつらなくなってしまいました。どうして像がうつらなくなったのか，下図に光の通り道を示してください。

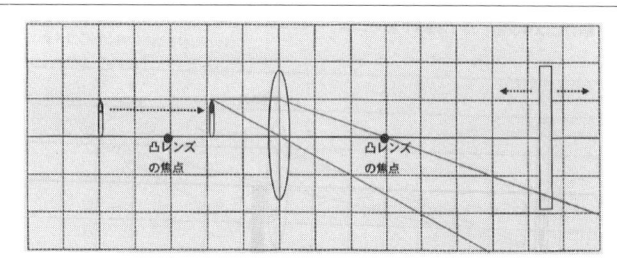

図2.3.2　虚像についての正答例

いては有意な主効果が見られ（$F[2,156] = 4.29, P<.05$），等分散性が棄却されたため（Levene, $P<.05$），Games-Howell法で多重比較を行ったところ，改善授業クラス＞通常授業クラスであった。

表2.3.3　実像・虚像についての作図

	実像		虚像	
	平均値	SD	平均値	SD
改善授業	0.95	0.21	0.77	0.43
読み物補充	0.86	0.35	0.65	0.48
通常授業	0.75	0.44	0.53	0.51

3クラスとも資料2.3.2の共通プリントで実像・虚像についての作図の練習をしたが，少なくとも実像の作図については，改善授業クラスのように授業中に読み物で解説を補うことが有効であると示された。

(2) 発展的な課題（実像）

図2.3.3・図2.3.4のように作図でき，半分隠した場合は「4. 暗い像」，ブラインドで隠した場合は「5. 暗い像」を選択したものを1点として，それぞれについて採点したところ，表2.3.4のような結果となった。

半分隠した場合・ブラインドで隠した場合について，3つのクラスの平均値に差があるかを分散分析で分析したところ，有意な主効果が見られたが（半分：$F[2,156] = 5.02, P<.05$，ブラインド：$F[2,156] = 12.66, P<.05$），等分散性が棄却されたため（Levene, $P<.05$），Games-Howell法で多重比較を行ったところ，

右図のような位置に左からロウソク，凸レンズ，スクリーンを置いたら，スクリーンにはっきりしたロウソクの像がうつりました。そこで，凸レンズの前にレンズが半分隠れるつい立てを置くと，はっきりうつっていたロウソクの像はどうなるのか，下図に光の通り道を示して，自分の考えに近い像の番号に○をつけてください。
像は　（1.できない　2.半分の像　3.そのままの像　4.暗い像　5.明るい像）

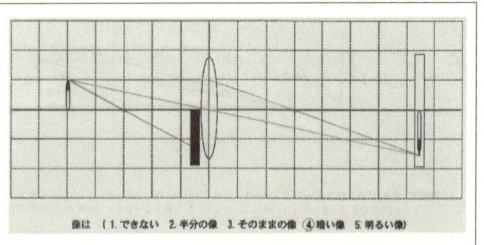

図2.3.3　凸レンズを半分隠した場合の正答例

　上と同じ状況で，凸レンズの前にブラインドのような縞々のつい立てを置くと，スクリーンにはっきりうつっていたロウソクの像はどうなるのか，右図に光の通り道を示して，自分の考えに近い像の番号に○をつけてください。
像は　（1.できない　2.半分の像　3.縞々の像　4.そのままの像　5.暗い像　6.明るい像）

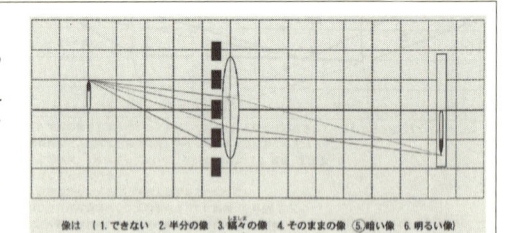

図2.3.4　ブラインドで隠した場合の正答例

半分隠した場合：改善授業クラス＞通常授業クラス

ブラインドで隠した場合：
　改善授業クラス＞読み物補充クラス
　改善授業クラス＞通常授業クラス，
であった。

表2.3.4　発展的課題の正答（実像）

	半分隠し		ブラインド隠し	
	平均値	SD	平均値	SD
改善授業	0.84	0.37	0.52	0.50
読み物補充	0.67	0.48	0.14	0.35
通常授業	0.56	0.50	0.22	0.42

　3クラスとも半分隠した場合については授業で扱ったので，山下（2011）の同様の調査に回答した中学校1年生の平均値（半分隠した：0.14，ブラインドで隠した：0.02）よりも遙かに高く，改善授業クラスでは理科系大学生の平均値（半分隠した：0.84，ブラインドで隠した：0.48）と同等以上の値となった。これらのことから，改善授業クラスのように授業中に読み物のような解説を補うことで，理科系大学生並みに発展的課題にも取り組めることが示された。

(3)　発展的な課題（実像・虚像）

　授業で直接取り上げられなかった2枚の凸レンズを組み合わせた発展的課題に取り組む前の実像・虚像に関する知識を調べるために，以下の（　）中の1か2を選択させた。

　いままでに確認してきた知識を使って，2枚の凸レンズを使った簡単な顕微鏡の仕組みについて考えてみましょう。左に置かれた小さなロウソクを2枚の凸レンズを通して，右から見るとします。小さなロウソクから出た光の一部が左側の凸レンズを通して集められ，A地点に（1.実像　2.虚像）[a]ができます。A地点にスクリーンを置けば，スクリーンに像は（1.うつる　2.うつらない）[b]。
　A地点の像を右から凸レンズを通して見ると，人間は光が直進してくるものだと思っているので①の延長線上と，②の延長線上に光が集まっているように見てしまいます。その結果，B地点に小さなロウソクが拡大された（1.実像　2.虚像）[c]を見ることができます。
　2枚の凸レンズを使って拡大して見るためには，ロウソクが左側の凸レンズの焦点より（1.内側　2.外側）[d]で，A地点は右側の凸レンズの焦点より（1.内側　2.外側）[e]でなければなりません。

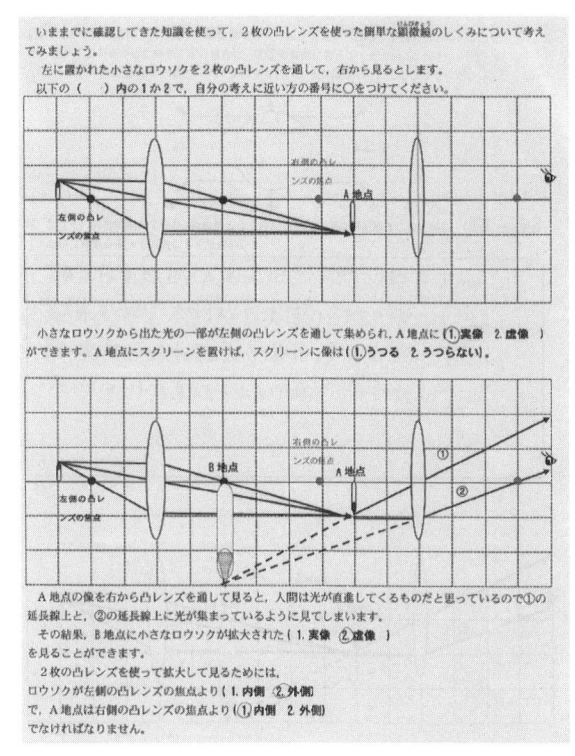

図2.3.5　凸レンズ2枚でつくられる実像・虚像の正答例

表2.3.5　実像・虚像に関する知識

	実像		虚像	
	平均値	SD	平均値	SD
改善授業	0.69	0.47	0.80	0.41
読み物補充	0.63	0.49	0.40	0.49
通常授業	0.50	0.51	0.50	0.51

2枚の凸レンズで作られる実像・虚像に関する知識について、図2.3.5のように実像（a・b・d）・虚像（c・e）それぞれすべてに正解した場合を1点として採点したところ、表2.3.5のような結果となった。

実像・虚像について、3つのクラスの平均値に差があるかを分散分析で分析したところ、実像ついては有意な差は見られなかったが（F [2,156] = 1.62 n.s.）、虚像については有意な主効果が見られ（F [2,156] = 12.43, P<.05）、等分散性が棄却されたため（Levene, P<.05）、Games-Howell法で多重比較を行ったところ、

　　改善授業クラス＞読み物補充クラス
　　改善授業クラス＞通常授業クラス

であった。読み物補充クラス・通常授業クラスでは、実像と虚像の違いについてあいまいな知識しか獲得されず、実像と虚像が組み合わされると、正しく回答するのが困難になっていた。

【事前・事後共通課題】2枚の凸レンズを使った顕微鏡でミドリムシを見たところ、下図の円の中のように見えました。ミドリムシを中心に動かしたい場合に、①②の質問に答えてください。
①プレパラートを動かす向きは、ア〜クのうちどれか1つ選び記号に○をつけてください。
②なぜその向きに動かすのか、顕微鏡の仕組みについての下の図を参考にしながら、「実像」と「虚像」という言葉を使って説明してください。

---

①②両方の回答を合わせて、以下のLevel 0からLevel 3に分け、該当数（割合）を表2.3.6に示した。

Level 0：無回答など。
Level 1：実像・虚像という言葉が使われているが、不十分な説明。例えば「顕微鏡はまず凸レンズで実像をつくり、実像を凸レンズを通して見ると虚像が見えるから」など。
Level 2：実像・虚像という言葉が正しく使われ、像の上下・左右が正しい説明。例えば「顕微鏡は上下左右が反転した実像を、さらにもう一枚の凸レンズを通して虚像として

拡大して見るので，動かす向きも上下左右が反転している（①ではカを選択）」など。

Level 3：図2.3.6のようにプレパラートの移動方向，実像・虚像，像の上下左右が正しく用いられた十分な説明。

3クラスとも2枚の凸レンズを使った手づくり望遠鏡で外の様子を観察したが，授業では直接扱っていない顕微鏡の見え方については，実像・虚像という言葉を使って適切に説明することが困難であった。特に事前調査で最上位だった通常授業クラスでは，無回答などが84.4%となってしまった[3]。一方で，下位だった改善授業クラスの半数以上の生徒は，Level 1 以上の回答をするようになり，授業中に読み物で解説が補われたことにより，実像・虚像についての理解を深めていた。

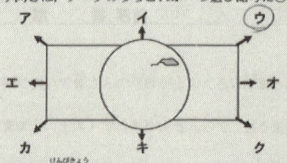

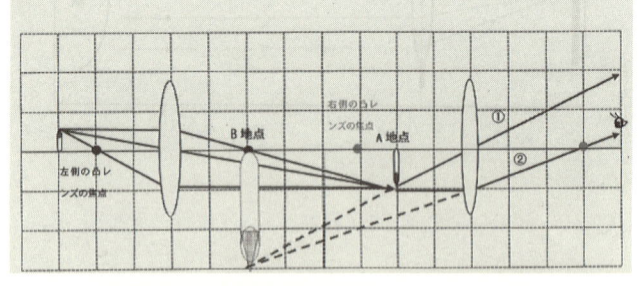

図2.3.6　顕微鏡の見え方についての正答例

表2.3.6　顕微鏡の見え方に関する回答

	Level 0	Level 1	Level 2	Level 3
改善授業	31 (48.4%)	14 (21.9%)	9 (14.1%)	10 (15.6%)
読み物補充	40 (63.5%)	10 (15.9%)	4 (6.3%)	9 (14.3%)
通常授業	27 (84.4%)	0 (0.0%)	1 (3.1%)	4 (12.5%)

4．まとめと今後の授業への示唆

事前調査では下位だった改善授業クラスが，授業中に読み物で解説が補われたことによって，実像の作図・凸レンズの一部を覆う場合や2枚の凸レンズを用いる場合などの発展的課題で，通常授業クラス・読み物補充クラスの平均得点を上回るようになっていた。これらのことから，光学機器の仕組みを説明するような発展的課題に取り組ませるには，単に実験や観察を取り入れることや読み物を各自で読ませるだけではなく，実験や観察を取り入れながら読み物のような解説を補う必要があると言えよう。

今後の授業への示唆としては，平成20年告示の中学校学習指導要領でも，凸レンズがつくる実像や虚像については，日常生活に関連づけてカメラの仕組みなどを取り上げることになっているが，通常の教科書の説明だけでは発展的課題に回答するのは困難で，今回開発した読み物のような解説を授業中に補う必要があるだろう。ただし，今回は11時間を配

当して，実験や観察を取り入れながら授業中にも読み物で解説を補うことを可能にしたが，『光の性質』の標準的な配当時数は8時間で，望遠鏡や顕微鏡を扱う単元と連携・調整するなどして授業時間を確保する必要がある。

注
1）中学校学習指導要領での凸レンズの働きの扱い
  〈昭和43年告示〉
   ・凸レンズによって，物体の実像や虚像ができること
   ・凸レンズでできる実像の位置と大きさは，物体とレンズとの距離およびレンズの焦点距離に関係があること
   ・像の明るさは，レンズの口径，焦点距離などによって変わること
  〈昭和52年告示〉
   ・運動とエネルギーの中で「光によって，仕事をさせることができること」が扱われるのみ
  〈平成元年告示〉
   ・凸レンズの働きについての実験を行い，物体の位置と像の位置および像の大きさの関係を見いだすこと
2）濱中（2004）は，中学校理科における光学教育の問題点として，光学に関する科学技術がめざましく発達しているにもかかわらず，それに正面から取り組む学習内容が盛り込まれていないことをあげ，本格的な光学の内容を最低15時間程度で2年生または3年生で行うべきだと主張している。
3）11時間の『光の性質』の授業後に読み物を含んだ同様の調査に回答した中学校1年生でも，無回答などは81.4%であった（山下，2011）。

文献

濱中正男（2004）中学校理科における光学教育の現状とその改善への提言，光学，第33巻，第8号，pp.475-478.

宮崎県教育研修センター「学力調査報告」（平成16年度～平成21年度），2005-2010.

文部科学省（2008）中学校学習指導要領解説　理科編，大日本図書．

佐久間彬彦・定本嘉郎（2010）レンズを通る光線の作図と結像の理解，物理教育，Vol.58, No.1, pp.12-15.

谷中英昭・藤川正樹・近森憲助・跡部紘三（2003）簡易光学台の試作とその応用，物理教育，Vol.51, No.4, pp.256-261.

戸田盛和ら（2006）新版中学校理科　1分野上，大日本図書．

山下修一（2011）凸レンズが作る実像・虚像に関する作図能力と理解状況，理科教育学研究，Vol.51, No.3, pp.145-157.

資料2.3.1 読み物（A４判カラー印刷 No.1-5）

凸レンズの復習プリント No. 1〜5

＜プリント No. 1＞見えるということ

光を研究していたニュートンも、『光学』という本の中で「光そのものには色はついていない」と書いています。一般に、光は物体の表面ではね返って（反射して）目に入ってこないと、人には見えません。

教科書（大日本図書　中学校理科　1分野上）には、下のように書かれています。

●見えるということは？
太陽や電球のように、自分から光を出しているものを光源という。
光源から出た光はまわりへ広がっていく。この光が目に入り光を感じる。
月や本などの物体に光があたると、その物体の表面ではね返り、その光が目に届いている。

スクリーン上に像（物の形）が見えるということは、スクリーンで光がはね返り、その光が目に入ってきているわけですが、光の通り道は目に見えないので、矢印で示すことにしています。

ここからは、カメラの原理を探りながら、矢印を使って作図と像の関係を確認したいと思います。

＜プリント No. 3＞ 凸レンズを通った光の作図

例えば、下の図のようにロウソクの像が、どこに、どんな大きさになるかを見つけるには、てっぺんから出た光が集まっているところを探せばよいのです。
ロウソクのてっぺんからは、四方八方に光が飛び出していますが、
① 凸レンズの中心を通る光は、そのまま直進する
② 光軸に平行な光は、凸レンズを通ると光軸上の凸レンズの焦点を通る
2本がぶつかるところが、光が集まるところになります。そこにスクリーンを置けば、スクリーンが光をはね返してスクリーン上に炎のてっぺんの像が見えます。このように、実際に光が集まっているところにスクリーンを置くと写るような像を実像と言っています

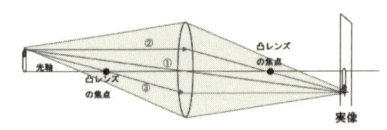

①②だけでも作図で像の場所・大きさを示すことができますが、
③半券前側の凸レンズの焦点を通る光は、凸レンズを通ると光軸に平行に進む
のわかりやすい3本を代表として作図することが多いのです。実際には光が3本しか出ていないのではないことに気をつけてください。

それから、もう一つ注意があります。
屈折のところで学んだように、光の速さは空気中とレンズ中では異なるので、実際には、右の破線のように空気中からレンズ中、レンズ中から空気中へ向かう時に二度屈折しています。
でも、わかりやすく示すために、矢印のように中心線で一度屈折するように示しています。

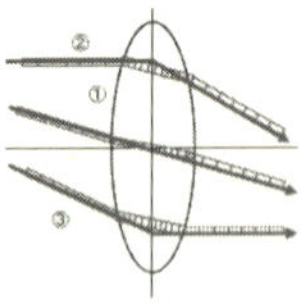

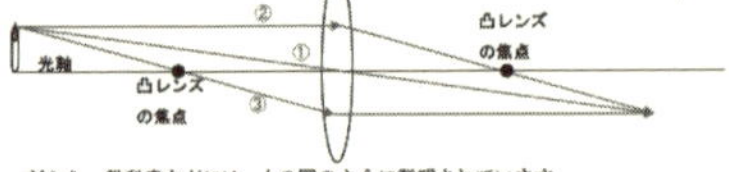

だから、教科書などには、上の図のように説明されています。

＜プリント No. 5＞

今までは、ロウソクが凸レンズの焦点より外側にある場合を考えてきましたが、ロウソクが焦点の内側に入ってきたら、スクリーン上の像はどうなるのでしょうか。

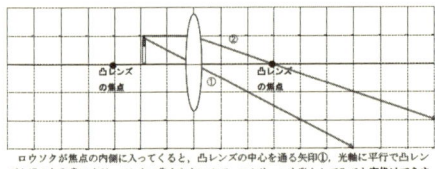

ロウソクが焦点の内側に入ってくると、凸レンズの中心を通る矢印①、光軸に平行で凸レンズを通る矢印②は広がってしまい集まらないので、スクリーンを動かしてみても実像はできません。
では、光が集まるように見えるところはないのでしょうか？

＜プリント No. 2＞カメラの原理

● ピンホールカメラ
ピンホールとは針の穴のようにとっても小さな穴のことです。
下図のようにスクリーンをはった箱を用意して、ロウソク側を閉じて針穴をあけます。すると、スクリーンに像がうつります。

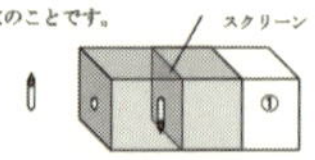

なぜ、スクリーンに像がうつるのでしょうか？
わかりやすいので、ロウソクの炎のてっぺんの部分に注目してみます。
炎のてっぺんからは四方八方に光が飛び出していますが、そのうち針穴を通り抜けた光①が、スクリーンではね返って炎の色に見えます。

同じようにロウソクの②から④のように、各点から出た光がそれぞれピンホールを通ってスクリーン上に届きます。
これらが集まってひとつの像を作ります。

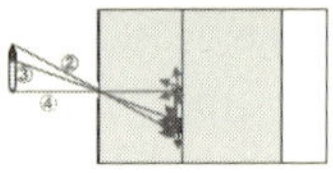

この時、図のように光が進むためにスクリーンには**上下左右反対**のロウソクの像が見えることになります。

● ピンホールカメラと凸レンズつきカメラのちがい
ピンホールカメラも凸レンズつきカメラにも、共通するのは「**スクリーンに上下左右反対の像がうつる**」ということです。
では、違いはなんでしょうか？
凸レンズつきカメラでは、ピンホールカメラに比べて、凸レンズを通り抜ける光の量が多く、その光が一ヶ所に集められるので、**明るい像**がうつります。

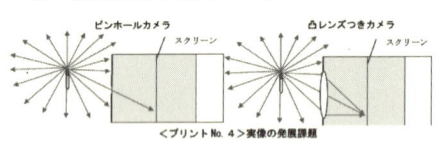

＜プリント No. 4＞実像の発展課題

下図のような位置に左からロウソク、凸レンズ、スクリーンを置いたら、スクリーンにはっきりしたロウソクの像がうつりました。そこで、凸レンズの前にレンズが半分隠れるつい立てを置くと、はっきりうつっていたロウソクの像はどうなるでしょうか？

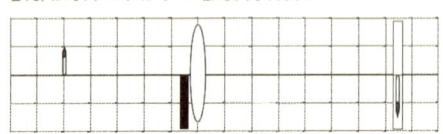

レンズを半分隠すと、ロウソクから出た光の一部がスクリーンにまで届かなくなり、以前より暗い像になります。

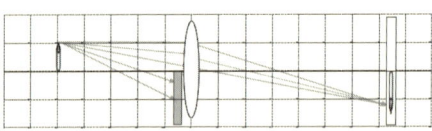

実際に、カメラにはレンズのところに絞りという機能があって、明るさを調節するものもあります。

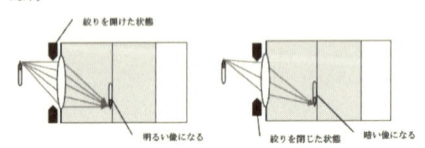

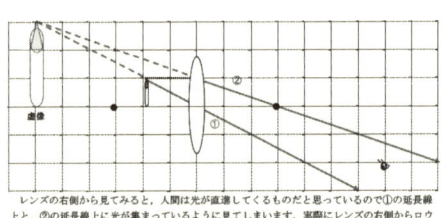

レンズの右側から見てみると、人間は光が直進してくるものだと思っているので①の延長線上と、②の延長線上に光が集まっているように見てしまいます。実際にはレンズの右側からロウソクを見てみると、ロウソクを虫めがねで拡大しているように見えます。この像のように、実際には光が集まっていないのに見えてしまう像を**虚像**と言っています。

ここで、実像と虚像の違いを表にして整理しておきましょう。

	実像	虚像
ロウソクが凸レンズの焦点より	1.内側　**2.外側**	**1.内側**　2.外側
像の上下・左右	1.そのまま　**2.反対**	**1.そのまま**　2.反対
スクリーンに	**1.うつる**　2.うつらない	1.うつる　**2.うつらない**

資料2.3.2　3クラス共通プリント

ピンホールカメラづくり

1) 下図のようにスクリーンをはった筒①をつくって、その外側を黒い紙でおおうようにして、ロウソク側をとじて小さな穴をあける。そうすると、スクリーンにロウソクの像が見えます。

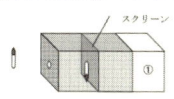

準備：持参した1リットルの紙パック、半透明の紙、黒画用紙、はさみ、テープ
つくりかた：
① 紙パックの口のほうを1cmのこしてきって、半透明の紙をはりつけて、スクリーンをつくる
② 紙パックの底にスクリーンを見るためのぞき穴をあける
③ 黒画用紙で紙パックを包みこんで外箱をつくる

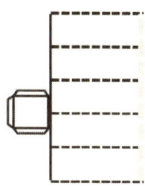

④ 外箱の片端をとじる(穴はあけてある)
⑤ のぞき穴からスクリーンを見る

問題：スクリーンの像は、上下(そのまま ・ 反対) 左右(そのまま ・ 反対)になります

凸レンズつきカメラづくり

ピンホールカメラをもっとよく見えるようにするには、どうしたらよいのだろう？

2) 凸レンズのはたらき
虫メガネで外の景色を白い紙にうつしてみよう！
凸レンズを通して像がうつされることが確認できましたか？

3) 凸レンズつきカメラづくり
ピンホールのところを広げて、凸レンズにかえてみよう！
準備：凸レンズ、はさみ、テープ
作り方：
① 黒画用紙の外箱の穴を大きくして、レンズをとめる
② 外箱と紙パックをもって、長さを調節しながらピントを合わせる

問題：ピンホールカメラと凸レンズつきカメラの違いは何か、考えてみよう！

実像と虚像

ここで、実像と虚像の違いを表にして整理しておきましょう。

＜実際に確認しておこう！＞＜注意＞強い光を出している太陽などは、絶対に見ないこと！
① 虫めがねを通して外の景色を白い紙にうつしてみよう（実像　カメラと同じ）
② 虫めがねで近くのものを拡大して見てみよう（虚像　いつもの虫めがねの使い方）

	実像	虚像
ロウソクが凸レンズの焦点より	(1. 内側　2. 外側)	(1. 内側　2. 外側)
像の上下・左右	(1. そのまま　2. 反対)	(1. そのまま　2. 反対)
スクリーンに	(1. うつる　2. うつらない)	(1. うつる　2. うつらない)

1枚目の凸レンズで外の景色の実像を作って、2枚目の凸レンズで拡大して見てみるとどうなるでしょうか？
＜注意＞強い光を出している太陽などは、絶対に見ないこと！

① 1枚目の虫めがね(凸レンズ)を遠ざして、虫めがねを通して遠くの景色を見てみよう。
② 1枚目の凸レンズが作る景色の実像を、2枚目の凸レンズで虚像として拡大して見てみよう。
③ 身近に凸レンズ2枚を使ったものがないか考えて、下に書き出してみよう。
(　　　　　　　　　　　　　　　　　　　　　)

問題：凸レンズ2枚でできた望遠鏡で見える像は、上下(そのまま・反対) 左右(そのまま・反対)になります

凸レンズによる像の作図して、実験でも確かめよう！

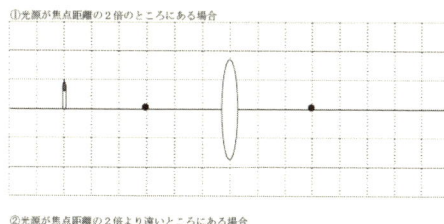

①光源が焦点距離の2倍のところにある場合

②光源が焦点距離の2倍より遠いところにある場合

③光源が焦点距離の2倍より近いところにある場合

光源が焦点の内側にある場合の作図

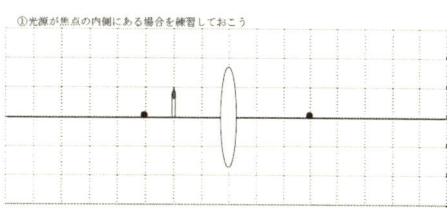

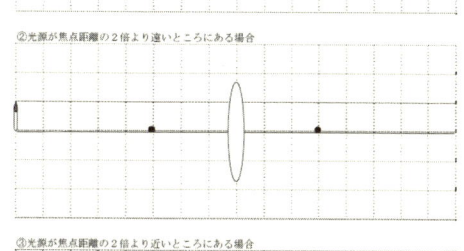

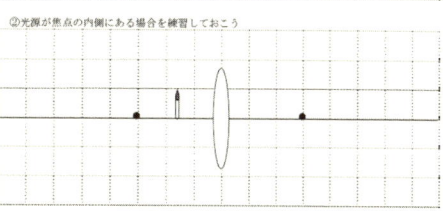

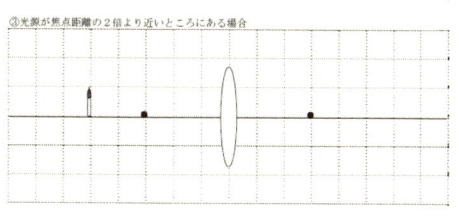

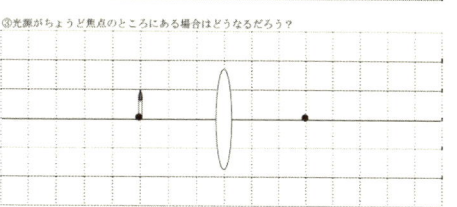

①光源が焦点の内側にある場合を練習しておこう

②光源が焦点の内側にある場合を練習しておこう

③光源がちょうど焦点のところにある場合はどうなるだろう？

Ⅳ 中学校2年酸化・還元の授業例（研究11）

既に獲得したコア知識
小学校第6学年『燃焼の仕組み』
〈熱や光を出して酸素と激しく結びつくのが燃焼〉 〈燃焼の三条件（十分な酸素・燃えるもの・温度）〉
獲得すべきコア知識： 〈化学変化では，物質そのものが変化する〉 〈酸素と結びつくのが酸化〉 〈酸素との結びつきやすさにも順番がある〉 〈酸素を取り除くのが還元〉 〈酸化と還元は同時に起きる〉 〈化学変化には熱の出入りがある〉
話し合う発展的課題：二酸化炭素中でマグネシウムは燃焼するのか説明してみよう！

1. 問題と目的

　理科教育においては，児童・生徒はある文脈の中で自分が納得できれば，一貫性や妥当性の検討なしに知識を獲得しようとすることが指摘されている。例えば，学校で光合成を学ぶ際に，児童・生徒は葉での光合成を確認する実験ばかりに注目して，茎などの他の部位では葉緑素があっても光合成はしないと捉えてしまうと報告されている（工藤，2001）。研究5でも，授業で「音が落ちない」ということが強く印象づけられ，遅延調査で「音は落ちたりしない」と説明した生徒が数名いた。そこで近年，理科教育にコミュニケーション活動を導入して，適用範囲をわきまえて自分の考えを説明し，他者からの質問に答えながら，自分がもっている知識の妥当性を検討させることが試みられている（本研究に関連する文献として例えば，宮田，2004；益田，2005；臼井ら，2003；清水ら，2005などがあげられる）。そして，コミュニケーション活動の際には，状況に惑わされることなく，原理・法則を一貫して適用することの重要性も示唆されている（村山，2005）。

　研究5では，研究4で成果をあげた役割分担とワークシートを中学生向けに改良して，実際の理科授業で検証した。その結果，「その考えは筋が通っていますか」のような質問が，一貫して説明するようになるために有効であった。仮に誤った考えで一貫して説明している場合にも，考えが一貫していない場合よりも正しい考えへの転換が容易であることが示されている（例えば，西川・冬野，1996；呉，2005）。

　研究11では，これらの知見を生かして研究5でのコミュニケーション活動に加えて，中学生でも一貫した説明がしやすいように，酸化還元の説明に広く適用できる「化合力」を導入した。「化合力」を導入したのは，授業を実施した中学校理科教員が，長年酸化銅の還元実験で，なぜ炭素を使うのかを教科書レベルの知識では中学生にうまく説明できなかったからである。従来は，「炭素が酸化銅から酸素を奪う」と説明してきたが，なぜ炭素

が酸素を奪うのかについては説明がつかなかった。そこで、酸素との化合のしやすさを示す「化合力（Mg>C>Fe>Cu>Ag)」を導入することで、「炭素は銅よりも『化合力』が強いから、銅から酸素を奪い取って二酸化炭素となり、銅が残る」[1]と中学生でも納得する説明が可能であると考えた。そして、5時間の授業を通してお互いに「その考えは筋が通っていますか」と確認し合うコミュニケーション活動をさせて、生徒の一貫した説明を促し、未習の課題にも「化合力」を用いて一貫した説明ができるようになったのかを探った。その際には、荒井（2008）が大学生の植物概念課題に対する判断基準についての調査で、回答の一貫性を促すのに「課題で自由記述が許されることから、単なる正誤判断のみならず、その判断基準ないし根拠についてより明確に意識することができた結果、結果に一貫性が生まれたのではないか」と述べているので、ワークシートに自分の考えの根拠を明記させてからコミュニケーション活動に参加させた。

2．方法

(1) 調査対象および実施時期

公立中学校3年生3クラスを対象にして（旧学習指導要領では『化学変化と原子・分子』は中学校3年で学ばれていた）、2005年7月中旬に事前調査、2005年10月上旬～下旬に5時間の『酸化と還元』の授業（標準配当時数5時間）、授業終了後に事後調査、2005年12月下旬には事前予告なしで遅延調査を実施した。分析には、3クラスのうち男女2名ずつの4名で班が編成され、4名がすべての活動に参加し、事前・事後・遅延調査に回答した12グループ48名（男24名・女24名）のデータを用いた。

(2) 調査項目および調査実施時期

調査項目は以下の5項目であり、表2.4.1には調査実施時期を示した。なお、コミュニケーション活動中は各班に1台のテープレコーダーを用意して発話を記録し、コミュニケーション活動③～④（表2.4.2）に関しては発話内容も分析した。

（1）一貫した説明をしていたかを見るために、「ものが燃えることに関する学習では『自分の考えに筋を通すようにしている』と思う」という質問に5段階（5：よくあてはまる　4：ややあてはまる　3：どちらでもない　2：あまりあてはまらない　1：ほとんどあてはまらない）で回答させた。

（2）酸化銅の還元実験における炭素の役割をどの程度理解しているかを見るために、「酸化銅の還元実験における炭素の役割」について記述させた。

（3）教科書では扱われていないが授業中に取り上げた二酸化炭素の中のマグネシウムの燃焼について、どの程度理解しているかを見るために、「二酸化炭素を満たした集気瓶中でのマグネシウムリボンの燃焼」について記述させた。

（4）未習の課題についても「化合力」が用いられるかを見るために、教科書には扱われていない「砂鉄（酸化鉄）に炭を混ぜて高温に加熱して鉄を取り出す『たたら製鉄』において、なぜ鉄が取り出せるのか」について記述させた。

（5）コミュニケーション活動によって理解が深まったと認識しているかを見るために、

①「グループの話し合いでは『自分は何がわかっていないか，はっきりした』と思う」
②「グループの話し合いでは『自分の考えを説明することで理解が深まった』と思う」
③「グループの話し合いでは『他の人の考えを聞いて自分の理解が深まった』と思う」
という質問に5段階（5：よくあてはまる　4：ややあてはまる　3：どちらでもない　2：あまりあてはまらない　1：ほとんどあてはまらない）で回答させた。

表2.4.1　調査実施時期

	事前 （授業開始3ヶ月前）	授業	事後 （授業終了後）	遅延 （授業終了2ヶ月後）
（1）一貫した説明	事前		事後	遅延
（2）炭素の役割		WSに記述*	事後	
（3）マグネシウムの燃焼		WSに記述*	事後	
（4）たたら製鉄			事後	遅延
（5）理解の深化			事後	遅延

*ワークシートに「自分の考え」「グループの考え」を記述させた．

(3) 授業内容

　授業は，前年度理科授業を担当した教員が，特別に5時間の酸化還元の授業を担当した[2]。まず「化合力」を理解させ，コミュニケーション活動を通して一貫して説明することを促しながら，「酸化銅の還元」「二酸化炭素中でマグネシウムの燃焼」について説明させた（表2.4.2）。

　2時間目では，実際に異なる酸素濃度中の燃焼の様子を観察させたり，岩波科学映画[3]を見せたりしながら，マグネシウム・炭素・鉄・銅・銀の「化合力」について検討させた（表2.4.3）。図2.4.1のワークシート（以下，「WS」と略記）に記入させながら，グループで検討した後にクラス全体で「化合力」について確認した。48名すべてのWSのCには，5つの物質が正しい順番で記入されていた。

　コミュニケーション活動は4名1班で行わせた。コミュニケーション活動②〜④では，一貫した説明を促すために図2.4.2のようなWSに沿ってコミュニケーション活動が進められた。その際には，発言例が記載されたカード（図2.4.3）を参考に輪番で役割（発表者・質問者・司会者）を担当し，質問者は「その考えは筋が通っていますか」などの質問をして，発表者の一貫した説明を促した。また，発表者は図2.4.4のようにホワイトボード上でモデル（磁石付き）を操作しながら自分の考えを他者に説明した。

表2.4.2　5時間の学習内容と生徒の活動

時	学習内容	生徒の活動
1	燃焼の復習 燃焼のための条件確認 コミュニケーション活動①	燃焼のための条件（酸素・燃えるもの・温度）を確認し，スチールウールなどの無機物では，燃焼の際に二酸化炭素を発生しないことをホワイトボード上で分子模型を操作しながら理解した。
2	「化合力」の導入 酸素との化合のしやすさを示す「化合力」を紹介し，5種類の元素の燃え方を比較 コミュニケーション活動②*	実験を観察したり，「化合力」を紹介している岩波科学映画を見たりしながら，マグネシウム・炭素・鉄・銅・銀の5つの元素の燃え方を記録し，「化合力」について検討した。
3	酸化銅の還元実験 酸化銅と炭素を混ぜて加熱した時の変化の観察	班ごとに酸化銅が還元されて銅になる様子を炭素の働きに注目して観察した。
4	酸化銅の還元実験の考察 還元の仕組みと炭素の役割についての考察 コミュニケーション活動③*	炭素の働きを他者に説明し，「化合力」の関係から還元の仕組みが理解できることを学んだ。
5	二酸化炭素中でマグネシウムの燃焼実験 二酸化炭素の中でマグネシウムの燃焼の様子を観察・考察 コミュニケーション活動④*	班ごとに二酸化炭素中でマグネシウムが激しく燃焼する様子を観察し，「化合力」の関係から二酸化炭素中のマグネシウムの燃焼も理解できることを学んだ。

*コミュニケーション活動②～④で役割分担とワークシートを導入した．

表2.4.3　異なる酸素濃度中の燃焼の様子

	酸素20%中（空気中）	酸素50%中	酸素100%中
マグネシウム	激しく燃える		
炭素	穏やかに燃える		
鉄	燃えない	激しく燃える	
銅	燃えない	燃えない	穏やかに燃える
銀	燃えない	燃えない	燃えない

図2.4.1　WSの記述例（化合力）

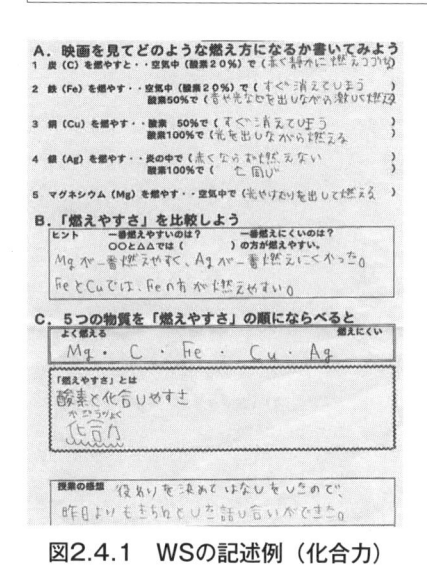

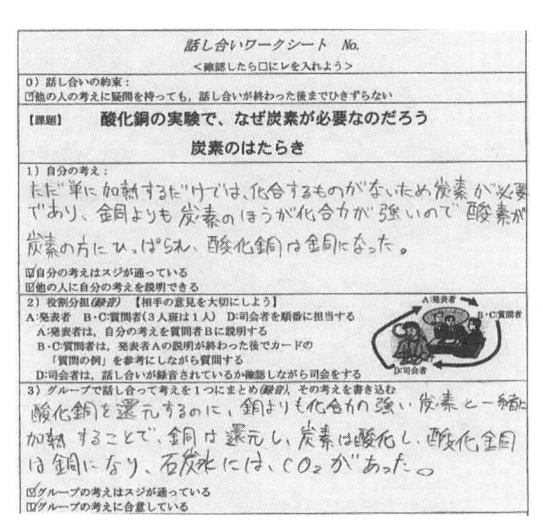

図2.4.2　WSの記述例（酸化銅の還元）

B・C：質問者カード（3人班は1人）
発表者の説明が終わった後，下の「質問の例」を参考にしながら（自分でも質問をつくって下さい）質問する
☐「まとめると○○ということですか？」
☐「○○についてもう少し詳しく説明してくれませんか？」
☐「その考えはどういう条件で成り立ちますか？」
☐「その考えは筋が通っていますか？」

図2.4.3　質問者のカード例

図2.4.4　ホワイトボード上でのモデル操作例

3．結果と考察

(1) 全体の傾向

5時間の授業で生徒に一貫した説明を促し，未習課題に対しても「化合力」を用いた説明ができるようになったのかを12グループ48名のデータから探った。

①一貫した説明（全体）

質問項目（1）「ものが燃えることに関する学習では『自分の考えに筋を通すようにしている』と思う」に対する回答を5点満点として得点化し，事前・事後・遅延調査で比較した。表2.4.4に調査ごとの平均値・標準偏差（SD）と分散分析の結果を示した。

表2.4.4　一貫した説明の平均値・SDと分散分析結果（N=48）

	平均値	SD	F値
事前	3.06	0.84	10.82
事後	3.67	0.88	P<.01
遅延	3.69	0.99	

事前・事後・遅延調査で平均値に差があるかを分散分析で検討したところ，有意な主効果が見られたので（F [1.75,82.25] = 10.82, P<.01），多重比較（Bonferroni法，5％水準）を行ったところ，事前＜事後，事前＜遅延であった。

②酸化銅の還元実験における炭素の役割の理解（全体）

表2.4.5　炭素の役割の説明の正答率と「化合力」を用いた割合（N=48）

	正答率	化合力の割合
WS	85%	25%
事後	92%	23%

質問項目（2）「酸化銅の還元実験における炭素の役割」についてWSに記述されたものと事後調査で記述させたものを比較した。表2.4.5には，炭素の役割の説明の正答率と説明の中に「化合力」が含まれた割合を示した。炭素の役割の説明の正答率は高いが，「化合力」を用いての説明（例えば，「銅よりも炭素の方が『化合力』が強いので，炭素が酸化銅から酸素を奪って二酸化炭素が発生する」）の割合は，WSと事後で20％台にとどまっていることがわかる。

③二酸化炭素中のマグネシウムの燃焼の理解（全体）

質問項目（3）「二酸化炭素を満たした集気瓶中のマグネシウムリボンの燃焼」について（2）同様に分析した。表2.4.6には，マグネシウム燃焼の説明の正答率と「化合力」が含まれる説明の割合を示した。表2.4.6からは，説明の正答率が31％から79％まで増加し，

「化合力」を用いての説明（例えば，「炭素よりもマグネシウムの方が化合力が強いので，酸素を炭素から奪う時激しく燃える」）の割合も，19%から54%まで増加していることがわかる。

④未習課題への「化合力」の適用（全体）

質問項目（4）「砂鉄（酸化鉄）に炭を混ぜて高温に加熱して鉄を取り出す『たたら製鉄』において，なぜ鉄が取り出せるのか」について（2）同様に事後・遅延調査を分析した。表2.4.7には「たたら製鉄」の説明の正答率と「化合力」が含まれる説明の割合を示した。表2.4.7からは，「たたら製鉄」の説明の正答率は事後・遅延ともに80%を超え，「化合力」を使っての説明（例えば，「酸化銅の還元実験と同じように，鉄より『化合力』の強い炭素が強引に酸素を結びつかせ，余った鉄が取り出せる」）の割合は，事後よりも遅延調査の段階で増加していることがわかる。

表2.4.6 マグネシウム燃焼の説明の正答率と「化合力」を用いた割合（N=48）

	正答率	化合力の割合
WS	31%	19%
事後	79%	54%

表2.4.7 「たたら製鉄」の説明の正答率と「化合力」を用いた割合（N=48）

	正答率	化合力の割合
事後	85%	44%
遅延	81%	60%

⑤コミュニケーション活動による理解の深化の認識（全体）

調査項目（5）①『自分は何がわかっていないか，はっきりした』，②『自分の考えを説明することで理解が深まった』，③『他の人の考えを聞いて自分の理解が深まった』の質問に対する回答を5点満点として得点化して，事後・遅延調査で比較した。表2.4.8に質問ごとの事後・遅延の平均値・標準偏差（SD）を示した。

事後・遅延調査で平均値に差があるかを反復測定2要因分散分析で確かめたところ，事後・遅延と質問に有意な交互作用は見られず（$F_{[1.52, 71.24]} = 0.23$, n.s.），事後・遅延の主効果は有意でなく（$F_{[1, 47]} = 2.56$, n.s.），質問の主効果が有意であったので（$F_{[1.70, 80.03]} = 4.88$, $P<.05$），質問について多重比較（Bonferroni法，5%水準）した結果，②<③であった。

表2.4.8 コミュニケーション活動による理解の深化の認識の平均値・SD（N=48）

	①何がわかっていないか		②自分が説明して		③考えを聞いて	
	平均値	SD	平均値	SD	平均値	SD
事後	4.15	0.92	3.90	1.04	4.25	0.98
遅延	3.92	1.13	3.79	1.15	4.08	1.01

⑥全体の傾向に関する考察

①の一貫した説明の結果から，生徒同士でお互いに「その考えは筋が通っていますか」などの質問をすることで，事前の段階よりも一貫した説明をするようになり，2ヶ月後でも継続していたと言えよう。

②の酸化銅の還元実験における炭素の役割の理解の結果から，既にWSの段階で正答率が85%になっていることがわかる。これは，酸化銅の還元実験に関する教科書どおりの説明「酸化銅は銅と酸素の化合した物質で，炭素は酸素と化合しやすい物質である」が多く

見られたためで,「化合力」を用いた割合はWS・事後とも20％台にとどまっている。

③の二酸化炭素中のマグネシウムの燃焼の理解の結果から, WSでは正答率は31％・化合力の割合は19％にとどまっていることがわかる。これは, マグネシウムリボンの二酸化炭素中の燃焼に関する説明が教科書に掲載されておらず,「二酸化炭素には火を消す性質がある」と思い込んでいる生徒が多いためであると思われる。グループでのコミュニケーション活動により, WSに書かれたグループの結論の正答率は71％, 化合力の割合は58％に増加し, 燃焼後の集気瓶に付着した黒い物質が炭素であることの説明に「化合力」が適用できることを学んだ。そのため, 事後では正答率が79％, 化合力の割合が54％となったと考えられる。

④の未習課題への「化合力」の適用の結果からは, 酸化銅の還元と同様の説明が可能な「たたら製鉄」の説明にも,「化合力」を用いて説明するようになり, 2ヶ月後の遅延調査の段階ではその割合がさらに増加(事後44％→遅延60％)していたことがわかる。

⑤のコミュニケーション活動による理解の深化の認識の結果からは, コミュニケーション活動によって理解が深まったという認識は, 2ヶ月後でも保持されており,「自分の考えを説明すること」よりも「他の人の考えを聞いて」自分の理解が深まったという認識の方が高かったと言えよう。

これらのことから, 生徒は「化合力」を用いて一貫して説明するようになり, 2ヶ月後の遅延調査の段階でもコミュニケーション活動によって理解が深まったという認識が保たれていたと言えよう。

(2)一貫群と非一貫群の差異

筋を通して説明するようになった生徒は, 酸化還元現象を「化合力」を用いて一貫して説明し, 遅延調査の段階でも理解が保持されやすいと考えられる。そこで, 遅延調査の質問項目「(1) 一貫した説明」に, 5(よくあてはまる)または4(ややあてはまる)と回答した29名(男13名・女16名)を一貫群, それ以外の19名(男11名・女8名)を非一貫群に分けて分析することで, その差異を探った。

①一貫した説明(群別)

群別に(1)①同様に分析した。表2.4.9に調査ごとの平均値・標準偏差(SD), 図2.4.5に平均値の推移を示した。事前・事後・遅延調査で平均値に差があるかを反復測定2要因分散分析で検討したところ, 事前・事後・遅延($F[1.69, 77.79] = 9.05, P<.01$)と群($F[1, 46] = 40.45, P<.01$)に有意な主効果が見られたが, 事前・事後・遅延と群に有意な交互作用が見られたので($F[1.69, 77.79] = 12.31, P<.01$), 単純主効果検定を行った(Bonferroni法, 5％水準)。その結果, 一貫群において事前＜事後＜遅延, 非一貫群において事後＞遅延, 事後調査において一貫群＞非一貫群, 遅延調査において一貫群＞非一貫群であった。

これらのことから, 一貫群・非一貫群は事前調査の段階で差があったわけではなく, 一貫群では, 事前・事後・遅延と平均値が次第に高くなり, 事後・遅延で非一貫群よりも高くなる傾向にあった。一方の非一貫群では, 遅延の段階では事後よりも低くなる傾向にあったことがわかる。

表2.4.9　群別の一貫した説明の平均値・SD

	一貫群（N=29）		非一貫群（N=19）	
	平均値	SD	平均値	SD
事前	3.17	0.89	2.89	0.74
事後	4.00	0.85	3.16	0.69
遅延	4.34	0.48	2.68	0.67

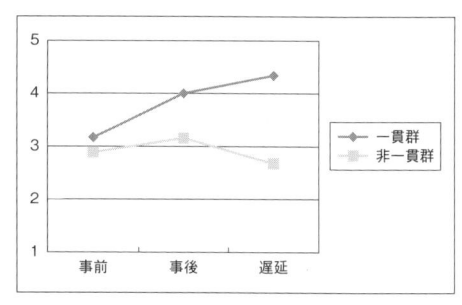

図2.4.5　一貫した説明の平均値の推移（群別）

表2.4.10　発話内容および分類の例（コミュニケーション活動③）

A男（非一貫）：発表者のBくん，考えを説明して下さい。
B男（一貫）：銅は化合力が弱く，炭素は化合力が強いため，酸化銅から酸素を引き離すために炭素が使われ，それで二酸化炭素になったため石灰水が白く濁ったのだと思います【化合力】。
A男（非一貫）：質問者のCさんとDさんは，Bくんに質問して下さい。
C女（一貫）：まとめると，酸化銅を酸素と銅に分けるには炭素が必要ということですか。
D女（一貫）：炭素の働きについて，もうちょっと詳しく説明してくれませんか。
B男（一貫）：炭素は酸素に結びつきやすい。
C女（一貫）：その考えはどういう条件で成り立つんですか。
B男（一貫）：化合力の条件で【化合力】。
D女（一貫）：その考えは筋が通っていますか【スジ投】。
B男（一貫）：たぶん通っていると思います【スジ受】。

（一貫）：一貫群，（非一貫）：非一貫群

表2.4.10に，実際の発話例を示し，表2.4.11に，「その考えは筋が通っていますか」のようなやりとり（スジ投・スジ受）および「化合力」を適用した説明（化合力）の回数を群別に示した。群間の人数が異なるので直接比較はできないが，表2.4.11から一貫群の方が，コミュニケーション活動③～④を通じて，「スジ投」・「スジ受」・「化合力」を行う回数が多かった。

表2.4.11　コミュニケーション活動③～④でのスジ投・スジ受・化合力の回数（群別）

	一貫群（N=29）	非一貫群（N=19）
スジ投	19	9
スジ受	20	8
化合力	22	9

②酸化銅の還元実験における炭素の役割の理解（群別）

　表2.4.12には群別の炭素の役割の説明の正答率と「化合力」が含まれる説明の割合を示した。表2.4.12からは，一貫群では正答率が増加し，説明に「化合力」を含む割合は変化していないが，非一貫群の事後では「化合力」を使っての説明が全くなされていないことがわかる。

③二酸化炭素中のマグネシウムの燃焼の理解（群別）

表2.4.13には群別のマグネシウム燃焼の説明の正答率と「化合力」が含まれる説明の割合を示した。表2.4.13からは，一貫群・非一貫群ともに正答率と「化合力」が含まれる説明の割合が増加していることがわかる。

④未習課題への「化合力」の適用（群別）

表2.4.14には群別，図2.4.6には一貫群，図2.4.7には非一貫群の「たたら製鉄」の説明の正答率と「化合力」が含まれる説明の割合を示した。図2.4.6では，一貫群の正答率が遅延でも80％を超え，「化合力」を使っての説明の割合は事後よりも増加している。一方の図2.4.7では，非一貫群の正答率が減少し，説明に「化合力」が含まれる割合は変化がない。

⑤コミュニケーション活動による理解の深化の認識（群別）

（1）⑤同様に群別に分析した。表2.4.15に質問ごとの事後・遅延の平均値・標準偏差（SD），図2.4.8には一貫群，図2.4.9には非一貫群の平均値の推移を示した。一貫群・非

表2.4.12　炭素の役割の説明の正答率と「化合力」を用いた割合（群別）

	一貫群（N=29）		非一貫群（N=19）	
	正答率	化合力の割合	正答率	化合力の割合
WS	86％	38％	84％	5％
事後	97％	38％	84％	0％

表2.4.13　マグネシウム燃焼の説明の正答率と「化合力」を用いた割合（群別）

	一貫群（N=29）		非一貫群（N=19）	
	正答率	化合力の割合	正答率	化合力の割合
WS	34％	24％	26％	11％
事後	83％	59％	74％	47％

表2.4.14　「たたら製鉄」の説明の正答率と「化合力」を用いた割合（群別）

	一貫群（N=29）		非一貫群（N=19）	
	正答率	化合力の割合	正答率	化合力の割合
事後	86％	41％	84％	47％
遅延	86％	69％	74％	47％

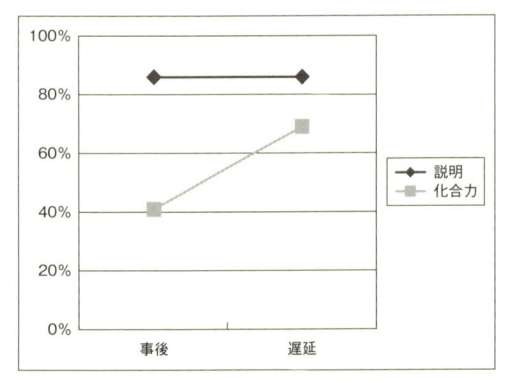

図2.4.6　「たたら製鉄」の説明の正答率と「化合力」を用いた割合の推移（一貫群）

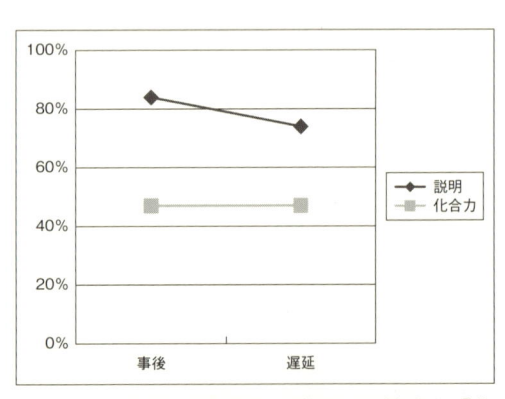

図2.4.7　「たたら製鉄」の説明の正答率と「化合力」を用いた割合の推移（非一貫群）

表2.4.15 コミュニケーション活動による理解の深化の認識の平均値・SD（群別）

一貫群（N=29）						
	①何がわかっていないか		②自分が説明して		③考えを聞いて	
	平均値	SD	平均値	SD	平均値	SD
事後	4.41	0.73	4.14	0.95	4.48	0.83
遅延	4.34	0.72	4.31	0.76	4.45	0.69

非一貫群（N=19）						
	①何がわかっていないか		②自分が説明して		③考えを聞いて	
	平均値	SD	平均値	SD	平均値	SD
事後	3.74	1.05	3.53	1.07	3.89	1.10
遅延	3.26	1.33	3.00	1.20	3.53	1.17

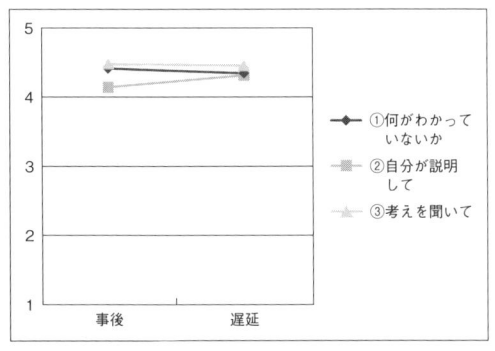

図2.4.8 コミュニケーション活動による理解の深化の認識の平均値の推移（一貫群）

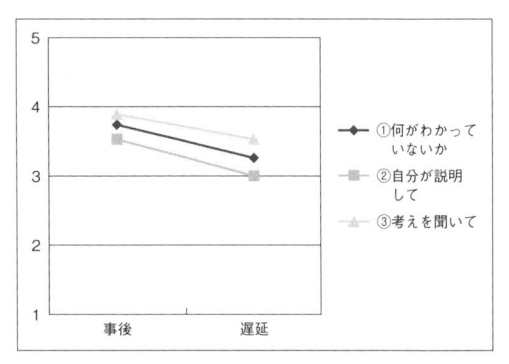

図2.4.9 コミュニケーション活動による理解の深化の認識の平均値の推移（非一貫群）

一貫群それぞれについて，事後・遅延調査での平均値に差があるのか反復測定2要因分散分析を行った。一貫群については，事後・遅延と質問に有意な交互作用は見られず（F [2, 56] = 1.17, n.s.），事後・遅延（F [1, 28] = 0.04, n.s.），質問（F [1.63, 45.76] = 2.22, n.s.）とも主効果は有意でなかった。非一貫群については，事後・遅延と質問に有意な交互作用は見られず（F [1.26, 22.61] = 0.85, n.s.），質問の主効果は有意でなく（F [2, 36] = 2.62, n.s.），事後・遅延の主効果が有意であったので（F [1, 18] = 6.25, P<.05），事後・遅延について多重比較（Bonferroni法，5％水準）を行った結果，事後＞遅延であった。

⑥一貫群と非一貫群の差異に関する考察

①の一貫した説明の結果からは，一貫群では事前・事後・遅延と進むにしたがって，一貫して説明するようになった。

②の酸化銅の還元実験における炭素の役割の理解の結果から，両群ともにWSの時点で既に80％以上の正答率があったが，非一貫群の事後では，炭素の役割について「炭素は酸素と結びつきやすい」という教科書どおりの説明がなされ，「化合力」を使っての説明がまったくなされなくなった。「化合力」を用いて一貫して説明しようとするよりも，教科

書の記述に沿って説明をしている様子がうかがえる。

③の二酸化炭素中のマグネシウムの燃焼の理解の結果からは，事後で「炭素は酸素と結びつきやすい」という教科書どおりの説明では対応できないため，両群とも「化合力」を用いての説明が増加している。

④の未習課題への「化合力」の適用の結果からは，一貫群は遅延調査でも正答率を保ち，「化合力」を用いての説明を増加させていることがわかる。これは，授業終了後も筋を通すような説明を心掛けていたために，2ヶ月後に「たたら製鉄」の説明を要求されても，一貫して「化合力」を用いた説明をしようとしていたと考えられる。

⑤のコミュニケーション活動による理解の深化の認識の結果からは，一貫群がコミュニケーション活動によって理解が深まったという認識を2ヶ月後まで保ち続けていたことがわかる。

これらのことから，すべての生徒に筋を通して説明させるようにするのは困難であるが，一貫群のように表面上は異なる事象に一貫して「化合力」を用いて説明するようになると，「課題に対する説明の正答率」や「理解が深化したという認識」が遅延調査の段階まで保持されやすいと言えよう。

4．まとめと今後の授業への示唆

研究11では，標準配当時数の5時間の授業を通して，生徒の一貫した説明を促すことができたのか，未習の課題にも「化合力」を用いた説明ができるようになったのかを探った。その結果，事前の段階よりも一貫した説明がなされるようになり，2ヶ月後の遅延調査でも「コミュニケーション活動によって理解が深まった」という認識が保たれていた。そして，未習課題の「たたら製鉄」の説明にも，「化合力」を用いた説明をするようになり，遅延調査では「化合力」を適用した説明の割合が増加していた（事後44％→遅延60％）。また，授業終了後も日常の生徒同士の会話中に「その考えは筋が通っている？」という発話が確認されている。

一貫群と非一貫群の比較からは，一貫群では事前・事後・遅延と進むにしたがって一貫して説明するようになり，表面上は異なる事象の説明に一貫して「化合力」を適用するようになった。遅延調査での未習課題「たたら製鉄」の説明にも，一貫群は「化合力」を適用した説明の割合を増加させて（事後41％→遅延69％）正答率を保っており（事後86％→遅延86％），「コミュニケーション活動によって理解が深まった」という認識も保持していた。一方の非一貫群では，「化合力」を適用した説明の割合は変わらず（事後47％→遅延47％），正答率は減少し（事後84％→遅延74％），「コミュニケーション活動によって理解が深まった」という認識も低下していた（事後＞遅延）。

これらのことから，すべての生徒に筋を通して説明させるようにするのは困難であるが，一貫群のように表面上は異なる事象に一貫して「化合力」を用いて説明するようになると，「課題に対する説明の正答率」や「理解が深化したという認識」が遅延調査の段階まで保持されやすいと言えよう。

今後の授業への示唆としては，発展的課題として取り上げた「二酸化炭素中でのマグネ

シウムの燃焼」「たたら製鉄の説明」が，既に一部の教科書に掲載されているので，コア知識を使えば何とか回答の糸口が見いだせる発展的課題を開発して，コミュニケーション活動に取り組ませてほしい。

注
1）活性化エネルギーを与えられた時に，炭素の酸化物の生成自由エネルギーが，金属酸化物の生成自由エネルギーよりはるかに小さければ，炭素は金属酸化物から酸素を奪うことができる。
2）授業終了後1ヶ月目に「後期中間テスト（たたら製鉄については出題されなかった）」が行われたが，遅延調査までの2ヶ月間は，本年度の理科授業担当教員が通常どおりの授業を行った。
3）岩波科学映画：岩波映画製作所が1960-70年代に製作した科学教育映画は，世界的にも評価され，作品の中から特に優れたもの50本がDVD化されて，「たのしい科学教育映画シリーズ全8巻」（製作：岩波映像（株））となった。今回の授業では，「Vol.2 化学編（2）4）化合力」を用いた。

文献

荒井龍弥（2008）大学生の植物概念課題に対する判断基準，仙台大学紀要，Vol.40, No.1, pp.1-10.
工藤与志文（2001）学校教育によって形成された縮小過剰型誤概念の一例－「ピーマンの実は光合成するか？」という問題について，教授学習心理学研究会研究報告，Vol.1, pp.2-9.
益田裕充（2005）協同的な学びの成立に寄与する発展的な学習内容が子どもの科学的概念の形成に及ぼす影響－中学生の水溶液概念の理解を事例として，理科教育学研究，Vol.46, No.1, pp.91-100.
宮田斉（2004）理科授業における"循環型の問答－批評学習"利用の事例的研究－小学6年「電流と電磁石」の単元の授業を通して，理科教育学研究，Vol.44, No.2, pp.47-58.
村山功（2005）科学的思考力を育成する授業づくり，理科の教育，Vol.54, 7月号, pp.12-15.
西川純・冬野英二郎（1996）科学概念の獲得／定着と文脈依存性に関する研究－中学生の電気概念の実態をもとに，科学教育研究，Vol.20, No.2, pp.98－112.
呉世現（2005）乾電池に関する誤概念体系とその修正のストラテジーについて，教授学習心理学研究，Vol.1, No.2, pp.59-75.
清水誠・石井都・海津恵子・島田直也（2005）小グループで話し合い，考えを外化することが概念変化に及ぼす効果－お湯の中から出る泡の正体の学習を事例に，理科教育学研究，Vol.46, No.1, pp.53-60.
臼井豊和・松原静郎・堀哲夫（2003）思考力の育成を重視したグループ討論に関する研究－高等学校化学「沸騰と蒸気」の実験を事例にして，理科教育学研究，Vol.43, No.3, pp.21-28.

V 中学校2年脊椎動物の分類の授業例（研究12）

既に獲得したコア知識
小学校第3学年『昆虫と植物』
〈昆虫の体は，頭・胸・腹からできていて，胸からあしが6本出ている〉
獲得すべきコア知識： 〈脊椎動物の分類の観点（生殖・子の生まれる場所・呼吸・体温・形態）〉 〈陸上に産み落とされるハチュウ類・鳥類の卵は，乾燥に耐えられるように殻をもっている〉 〈無脊椎動物には背骨がない（昆虫などの節足動物，イカなどの軟体動物など）〉 〈殻（外骨格）と関節をもつ節足動物：昆虫類，甲殻類，クモ類など〉
話し合う発展的課題：「海ガメ」や「ラッコ」は，何類に分類されるのか説明してみよう！

1. 問題と目的

　中学校における動物の分類では，動物を脊椎動物と無脊椎動物に分け，更に脊椎動物を5つの種類に分類する。分類の観点については，教科書には「子の生まれ方・体温の保ち方・呼吸の仕方」などが示されている（大日本図書・中学校理科2分野上）。しかし，なぜそのような観点が用いられるのか，分類にどのような意味があるのかまでは触れられず，なぜクジラがホニュウ類でありペンギンが鳥類であるのかといった生徒の疑問に答えられていない。

　また，多様な観点から分類することが求められても，生徒たちはそれぞれの動物がもつただ一つの顕著な属性によって分類しがちであると指摘されている（藤田ら，1991）。例えば，「空を飛ぶ」「翼を持つ」といった運動や外形に着目して，コウモリを鳥類としたり，ペンギンをホニュウ類と見なしがちである。「水中に住む」「陸上と水中の両方で生活する」といった生活場所からは，クジラを魚類としたり，ワニを両生類と見なしてしまう。

　そこでこの授業では，第一段階目のJigsaw法で，分類の観点（呼吸・生殖・体温・形態）に関するコア知識を獲得させ，第二段階目のJigsaw法で，誤って分類しやすい脊椎動物（ワニ・クジラ・ペンギン・コウモリ）の分類について学習させた。そして，発展的課題：「海ガメ」や「ラッコ」が何類に分類されるのかについて，分類の観点を用いて分類できるようになったのかを探った。

2. 方法
(1) 調査対象および実施時期

　公立中学校2年生3クラスを対象にして，2006年7月中旬に事前調査，2006年10月下旬～11月上旬に5時間の「動物の分類」の授業（「動物の分類」の標準配当時数は3時間であるが「動物の生活の観察」と重複する2時間分を「動物の分類」に割り当てて5時間配当した），授業後に事後調査，2007年1月中旬に予告なしで遅延調査（12月に期末テスト

が行われたがその後1ヶ月以上経過している）を実施した。分析には，すべての活動に参加し，発話が記録され，事前・事後・遅延調査に回答した22グループ87名の生徒のデータを用いた。

(2) 調査項目

調査項目は以下の2項目である。

①事前・事後・遅延調査

事前・事後・遅延調査において，①〜⑤について動物の仲間分けをした時，他の2つと異なるものに○をつけさせ，その理由も書かせた。

①マグロ　フナ　クジラ
②コウモリ　ダチョウ　スズメ
③ヘビ　ワニ　カエル
④ペンギン　ツバメ　アザラシ
⑤ワニ　ウシ　ライオン

②課題1と課題3でのグループの発話

課題1「海ガメは何類に分類されるのか」と課題3「ラッコは何類に分類されるのか」について，元のグループでの話し合いを記録して発話データとした。

(3) 授業内容

4つの分類の観点をコア知識として獲得させ，4人グループを基本として2段階のJigsaw法に取り組ませた。Jigsaw法は，①グループ（元のグループ）をつくる，②分割された教材を一人ひとりに分担する，③教材ごとのグループ（「カウンターパートグループ」と呼ぶ）で学習する，④元のグループに戻って教え合うといった手順で行われる。その特徴は，カウンターパートグループで担当した教材のエキスパートになり，責任をもって元のグループで説明することである（Lonning, 1993）。Jigsaw法は，理科教育では生物分野での実践が多く報告されている（Lazarowitz and Hertz-Lazarowitz, 1998）。本授業では，情報収集や発表の際には，ネットワークにつながれたコンピュータを利用させた（表2.5.1）。

表2.5.1 5時間の学習内容と生徒の活動

時	学習内容	生徒の活動
1	・脊椎動物が5つの種類（魚類・両生類・ハチュウ類・鳥類・ホニュウ類）に分類されることを系統樹で確認 ・グループ（元のグループ）で，第1段階カウンターパート（呼吸・生殖・体温・形態）の担当を決めさせる ・第1段階カウンターパート（呼吸・生殖・体温・形態）で，ワークシート（図2.5.1）に分類の観点をまとめさせた。	脊椎動物の5つの種類（魚類・両生類・ハチュウ類・鳥類・ホニュウ類）を確認後，第1段階カウンターパートグループに分かれて，教科書とデジタルコンテンツ「動物の体のつくりと働き」を用いて，ワークシートに分類の観点をまとめた。 
2	元のグループに戻って，分類の観点について発表し合い，課題1「海ガメは何類に分類されるのか」について話し合わせた。 	・グループ内で発表の練習をした。 ・元のグループに戻って担当の観点についてワークシートとデジタルコンテンツを用いて説明をした。 ・分類の観点についてまとめた後，課題1について話し合った。
3	・課題1について，ハチュウ類に共通する特徴がみられることを確認させた。 ・第1段階カウンターパートで呼吸・生殖・体温・形態を担当したメンバー1名ずつで構成されるように調整し，第2段階カウンターパート（ワニ・クジラ・ペンギン・コウモリ）の担当を決めさせた。 ・第2段階カウンターパートグループで，教科書とデジタルコンテンツを用いて，それぞれの動物の特徴をワークシート（図2.5.2）にまとめさせた。 ・ワークシートを手がかりにして，課題2「担当の動物が何類に分類されるのか」について話し合わせた。	・ビデオクリップなどから，海ガメの生活や特徴は，ハチュウ類に共通するものであることを確認した。 ・第2段階カウンターパートグループで，ワークシートを手がかりにして，担当の動物の特徴について調べた。 ・担当の動物の特徴についてまとめた後，課題2について話し合った。

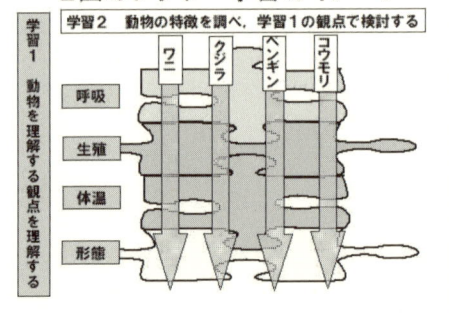

4	・元のグループに戻って，担当した動物の分類について発表させた。 ・課題３「ラッコは何類に分類されるのか」について話し合わせた。	・グループ内で発表の練習をした。 ・元のグループに戻って担当した動物の分類についてワークシートとデジタルコンテンツを用いて説明をした。 ・動物の分類についてまとめた後，課題３について話し合った。
5	クラス全体で学習したことを振り返らせ，脊椎動物の分類についてまとめた。	ワークシートを用いて，脊椎動物の分類について確認した。

動物を分類する特徴についてまとめよう

	魚類	両生類	ハチュウ類	鳥類	ホニュウ類	ポイント
生活場所						
呼吸の仕方						
子の生まれる場所						
子の生まれ方						
卵のようす						
外界の温度と体温						
体の表面						
運動の仕方						

追求活動ワークシート１（体温）

１．セキツイ動物の体温の保ち方には２種類あります。
外界の温度によって体温が変わるなかまを（　　　　）動物
外界の温度が変わっても体温が一定の（　　　　）動物です。　（教科書 p108）
動物には，活動に適した温度があります。生活場所の温度が低くなった時には・・・・
①恒温動物は
②変温動物は
※サーモグラフィーで測定した様子を示して説明しよう。

２．変温動物は，（　　）類，（　　）類，（　　）類です。
どのような地域に生活していますか。寒い季節はどう過ごしますか。

３．恒温動物は（　　）類，（　　）類です。
変温動物に比べて，有利な点は何でしょうか。
※冬の動物たちの動画を使って説明してみよう。

＊クマが冬眠するのはなぜ？
ほ乳類のクマが冬眠するのは，カエルの冬眠とは理由が違います。クマは冬でも活動することができます。しかし，寒い中で活動するにはたくさんのエネルギーが必要なので，たくさん食べなくてはいけません。冬になると森でエサを得ることはとても難しくなります。十分なエサをとることのできないクマはじっとして春が来るのを待つのです。そのために秋になると冬眠に備えてたくさん食べておくのです。エサが十分得られる環境であればクマは冬眠しません。動物園のクマは１年中元気に動いていますよね。

４．まとめ（学習して気づいたことも説明しよう）

図2.5.1　第１段階でのワークシートの例

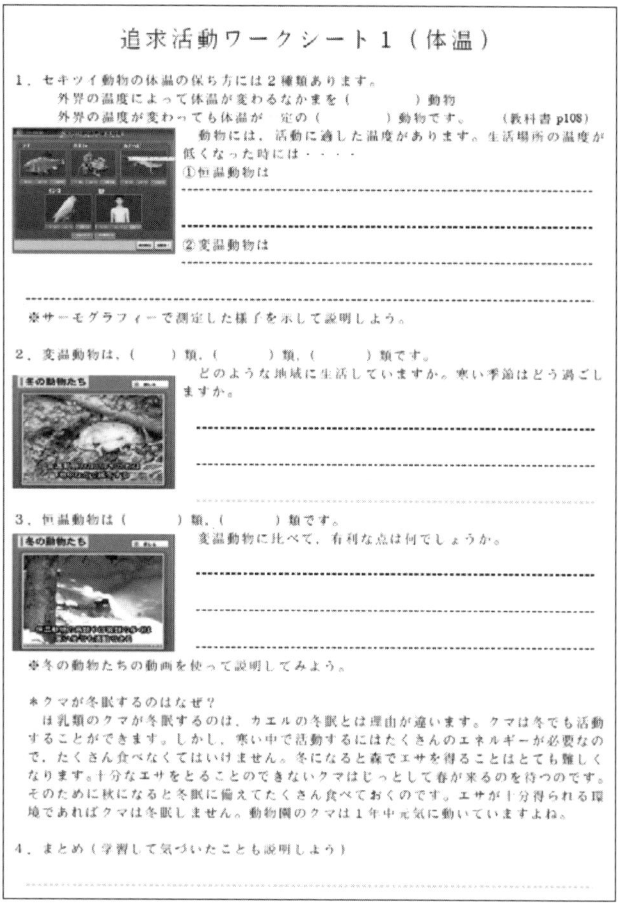

追究活動ワークシート2（ペンギン）

1. ペンギンのなかまは南半球の広い範囲にすんでいますが，コウテイペンギンのように非常に寒い地域にすんでいるなかまもいます。
2. ペンギンは泳ぎが得意ですが，エサをとる以外の生活は陸上で行います。（どんな呼吸をしていますか）

3. ペンギンは歩くのは決して速くありませんが，体が大きいので，天敵からおそわれることも比較的少ないようです。しかし，厳しい気候環境の中で子孫をふやすことは大変です。（どんなことが大変なのだろうか）

4. コウテイペンギンがたくさん集まっているのはなぜでしょう。（体温と関連づけて）

5. ペンギンは水中を素早く泳ぎ，サカナを【　　】でとらえます。
    ペンギンの【　　】は陸上ではあまり役に立っていないように見えますが泳ぐためには重要な役割をしています。
    （魚類の泳ぎとはどんな点が違いますか）

    魚類のひれには骨格がありませんが，ペンギンには鳥の翼と同じ骨格があります。
6. （課題）ペンギンが寒い地域で生活できるのは空を飛ばないからです。なぜでしょうか。

7. まとめ
    ペンギンは【　　　　】類です。
    空を飛ばず，泳ぎに適応して

    という特徴があります。

図2.5.2　第2段階でのワークシートの例

3. 結果と考察
(1) 事前・事後・遅延調査

①〜⑤の選択が正しかった場合を1点，選択と理由の両方が正しかった場合を2点として，事前・事後・遅延調査の平均得点を比較した（表2.5.2）。

①〜⑤の合計の平均得点に，事前・事後・遅延調査で差があるかを分散分析（対応あり）で検討したところ，有意な主効果が見られたので（F [2,172] = 100.59, P<.01），多重比較（Bonferroni法，5％水準）を行ったところ，事前＜事後，事前＜遅延であった。この結果から，5時間の授業を受けた生徒たちは，遅延調査の段階でも脊椎動物の分類についての理解を保っていたと言えよう。

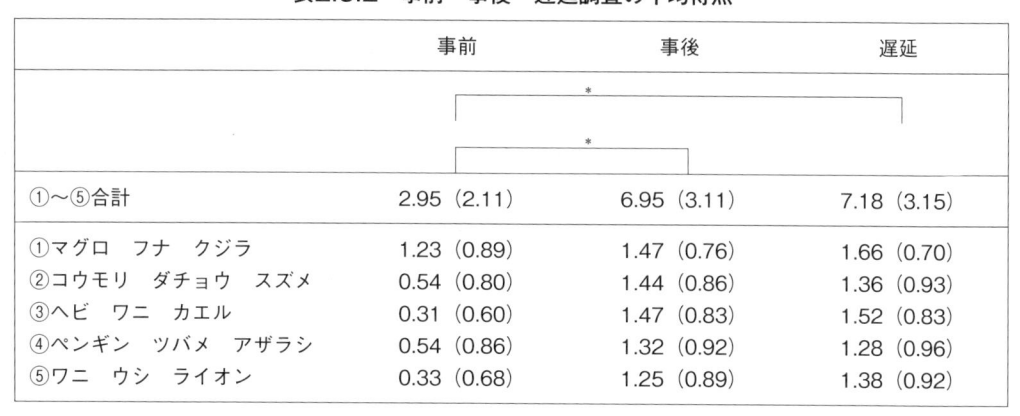

表2.5.2 事前・事後・遅延調査の平均得点

	事前	事後	遅延
①〜⑤合計	2.95 (2.11)	6.95 (3.11)	7.18 (3.15)
①マグロ フナ クジラ	1.23 (0.89)	1.47 (0.76)	1.66 (0.70)
②コウモリ ダチョウ スズメ	0.54 (0.80)	1.44 (0.86)	1.36 (0.93)
③ヘビ ワニ カエル	0.31 (0.60)	1.47 (0.83)	1.52 (0.83)
④ペンギン ツバメ アザラシ	0.54 (0.86)	1.32 (0.92)	1.28 (0.96)
⑤ワニ ウシ ライオン	0.33 (0.68)	1.25 (0.89)	1.38 (0.92)

（ ）内は標準偏差，* Bonferroni, p<.05

(2) 課題1と課題3の発話の比較

課題1「海ガメは何類に分類されるのか」と課題3「ラッコは何類に分類されるのか」での発話内容を比較した。課題の難易度は異なるが，いずれの課題も4つの観点から分類することが求められた。表2.5.3に同一グループの課題1と課題3の発話の例を示す。

課題1では，A・Bは「陸上と水中の両方で生活する」といった生活場所に関する特徴のみから，海ガメを両生類に分類している。Dは，「D1：運動の仕方がヒレで泳いでいるので魚類だと思います」といった運動や外形に着目して魚類に分類している。そして，最終的には海ガメを両生類に分類している。課題1においては，22グループ中13グループで「生活場所や運動・外形」から判断して海ガメを両生類に分類してしまった。第1段階カウンターパートで分類の観点について調べて，元のグループで説明しただけでは，生活場所や運動・外形のみに着目して分類する状態から抜けきれず，4つの観点から脊椎動物を分類するまでには至らなかったことがうかがえる。

課題3では，メンバーそれぞれが4つの観点（呼吸・生殖・体温・形態）を生かした分類をしていることがわかる（C2，B2，A2）。Dの「D1：一生のほとんど海上だから，違うと思います」という発言に対しても，Cが「C1：でもさ，海上でホニュウ類っていうのはいたんじゃない」と以前に学習したことを生かして対応している。課題3では，22グループ中20グループがラッコをホニュウ類に分類できていた（2グループは結論に合意

表2.5.3 発話例（C組-Bグループ）

A男：呼吸・コウモリ　　B女：体温・ワニ
C女：生殖・クジラ　　　D男：形態・ペンギン

課題1「海ガメは何類か」
A1：僕は海ガメが水中で暮らしているし，陸でも過ごす時があるので両生類だと思います。 B1：Aくんと同じ意見です。 C1：両生類だと思います。 D1：運動の仕方がヒレで泳いでいるので魚類だと思います。 A2：みんなの意見をまとめると両生類が多いので，両生類でいいですか。 全員：いいです。

課題3「ラッコは何類か」
B1：ラッコの特徴は肺呼吸で，子の生まれ方が胎生で，恒温動物なのでホニュウ類だと思います。 A1：質問はありませんか。 D1：一生のほとんど海上だから，違うと思います。 C1：でもさ，海上でホニュウ類っていうのはいたんじゃない。 D2：イルカ。 C2：毛がふさふさしてあって，生まれ方が胎生なのでホニュウ類だと思います。 B2：肺呼吸だし，胎生だし，恒温動物だからホニュウ類だと思います。 A2：肺呼吸だし，恒温動物だし，胎生なので，水中で生活しているけどホニュウ類だと思います。 A3：みんなの意見をまとめると，肺呼吸で，胎生で，恒温動物で，毛もふさふさしているので，ホニュウ類ということになりました。

する前に話し合いが終了してしまった）。これらのことから，第2段階カウンターパートで分類が難しい脊椎動物を4つの観点から分類する経験を経て，適切に分類できるようになったと言えよう。

さらに発話内容を分析するために，22グループの課題1で99件，課題3で111件なされた分類に関する説明の中で，「根拠を含んだもの」「誤りを含んだもの」「生活場所や運動・外形のみで判断しているもの」を分けて該当する数を表2.5.4に示した。なお，説明の分類にあたっては，2人の評定者で独立して分類した後（一致率86.7%），不一致だったものについては協議して分類した。

表2.5.4からは，根拠を含む説明の割合は課題1（91.9%）・課題3（93.7%）とも高く，Jigsaw法を用いた成果だと言えよう。ただし，課題1では「誤りを含んだもの」が45件にのぼり，「生活場所や運動・外形のみで判断しているもの」が26件あり，「誤りを含んだもの」45件中18件が「生活場所や運動・外形のみで判断しているもの」であった。一方の課題3では，「誤りを含んだもの」が8件で，「生活場所や運動・外形のみで判断しているもの」が2件であり，2件とも誤りを含んでいた。これらの結果から，課題3での話し合いの方が，多様な観点から脊椎動物の分類ができるようになり，分類の誤りも少なくなっていたと言えよう。

(3) 第2段階カウンターパートの影響

課題1と課題3で発話の違いをもたらした要因としては，課題の難易度の差や話し合い

表2.5.4 説明の分類

	総説明数	根拠含む	誤り含む	場所・運動・外形のみ
課題1	99	91	45	26
課題3	111	104	8	2

に慣れたことも考えられる。しかしそれ以外にも，第2段階カウンターパートで生活場所や運動・外形からだけでは分類が難しい動物を第1段階で担当した観点を中心にして，分類したことがあげられる。実際に第2段階カウンターパートでは，表2.5.5のような話し合いが展開されていた。

表2.5.5 第2段階カウンターパートでの発話例

(C組-ペンギングループ)
E女：体温，F男：形態，G女：呼吸，H男：生殖
課題2「ペンギンの分類」
G1：ペンギンは鳥類だと思います。**呼吸**からすると肺呼吸だし，陸上で生活するし，飛べないのは飛べないんだけどそれは置いておいて，皮下脂肪があるので，陸上で生活して肺呼吸だから鳥類です。
E1：やっぱり鳥類だと思います。まず**恒温動物**だからです。鳥類かホニュウ類しかないので骨格が鳥類なので筋が通っていると思います。
H1：鳥類だと思います。ペンギンは**陸上で卵を産む**し，殻があるし，卵の数も2・3個で親が温めるからです。
F1：体のつくりは**骨格**が鳥類と似ているので，鳥類だと思います。
E2：みんなの意見をまとめると，肺呼吸だし，恒温動物だし，卵を産むし，骨格が鳥類なので鳥類になりました。

表2.5.5からは，第1段階カウンターパートで呼吸・生殖・体温・形態を担当したメンバーそれぞれが，担当した観点を中心に4つの観点からペンギンを分類しようとしていることがうかがえる。その結果，E2では呼吸・体温・生殖・形態の4つの観点からペンギンを鳥類に分類することができている。第2段階カウンターパートでの話し合いが，第1段階で得た情報を実際の分類に適用させる更なる機会を生み出し，4つの観点から脊椎動物を分類することを促したと言えよう。

この授業では，「動物の分類」に5時間配当したので第2段階カウンターパートが設定することができたが，標準配当時数の3時間では第1段階カウンターパートの段階にとどまってしまうだろう。参考までに昨年度3時間で学習した同校の中学校3年生112名を対象に，2006年7月中旬に遅延調査と同様の調査を実施したところ，平均得点が4.62（2.97）であり，37.7%の生徒が生活場所や運動・外形のみに着目して分類していた。

4．まとめと今後の授業への示唆

中学校2年生3クラスを対象にして，「脊椎動物の分類」において2段階のJigsaw法を用いた授業を展開し，多様な観点から脊椎動物の分類ができるようになったのかを探った。その結果，事前・事後・遅延調査からは，遅延調査の段階でも脊椎動物の分類についての

理解を保っていたことが示された。第2段階カウンターパート導入前の課題1と導入後の課題3での発話の比較からは，課題1では生活場所や運動・外形のみに着目しての分類から抜け出すことができず，誤りも多くなっていた。課題3では，第2段階カウンターパートで生活場所や運動・外形からだけでは分類が難しい動物を第1段階で担当した観点を中心にして分類したことによって，適切に分類できるようになったことが示された。

　今後の授業への示唆としては，単にJigsaw法を用いて収集した情報を他者に説明させるだけでは不十分で，第2段階カウンターパートで収集した情報を実際の分類に適用させる機会を生み出すことが重要となる。また，今回は理科の班構成の都合から4人グループで取り組ませたため，分類の観点として4つのコア知識（呼吸・生殖・体温・形態）しか取りあげられなかったが，〈陸上に産み落とされるハチュウ類・鳥類の卵は，乾燥に耐えられるように殻をもっている〉をコア知識として含めることができれば，両生類とハチュウ類の分類が容易になったと思われる。

文献

藤田剛志・安藤雅夫・林秀雄・石原敏秀・尾崎浩巳・森幸夫：パソコンによる動物分類に関する生徒の理解状況の診断，日本理科教育学会研究紀要，第32巻，第1号，pp.49-56,1991.
Lazarowitz, R. and Hertz-Lazarowitz, R.（1998）Cooperative learning in the science curriculum, Fraser, B.J. and Tobin, K.G.: International handbook of science education, Kluwer Academic, pp.449-469.
Lonning, R.A.（1993）Effect of cooperative learning strategies on student verbal interaction and achievement during conceptual change instruction in tenth grade general science, Journal of Research in Science Teaching, Vol.30, pp.1087-1101.

Ⅵ 中学校2年電熱線による発熱量の授業例（研究13）

既に獲得したコア知識
小学校第3学年『電気の通り道』
〈電気はぐるっとひと回りできる回路（わ）を通る〉 〈金属は電気を通す〉
第4学年『電池の働き』
〈乾電池の数やつなぎ方を変えると豆電球の明るさやモーターの回り方が変わる〉 〈乾電池2個を直列につなぐと電流が多く流れ，並列につなぐと乾電池1個の時と変わらない〉
第6学年『電池の働き』
〈電気はつくったり，蓄えたりできる〉 〈電気は光・音・熱などに変わる〉

獲得すべきコア知識：
〈電流は水の流れに似ている〉
〈電池はポンプのような働きをする〉
〈電流は分岐するまで一定，電流計は測りたいところに直列につなぐ〉
〈電圧は並列回路内では一定，電圧計は測りたいところに並列につなぐ〉
〈R（Ω）の抵抗にV（V）の電圧をかけたらI（A）の電流が流れた時V＝I×Rとなる（オームの法則）〉
〈抵抗・電圧・電流は相互に（1つ変えると他の2つとも変わる）働く〉
〈合成抵抗R（Ω）：直列R＝R_1＋R_2＋R_3＋…（長くした時と同じ），並列1/R＝1/R_1＋1/R_2＋1/R_3＋…（太くした時と同じ）〉
〈電力P（W）＝電圧V（V）×電流I（A），電力量（Wh）＝電力P（W）×時間（h）〉
〈発熱量（J）＝電圧V（V）×電流I（A）×時間t（秒）〉
〈1（cal）＝4.2（J），1（J）＝0.24（cal）〉

話し合う発展的課題：電熱線が並列・直列につながれた場合の各電熱線の発熱量について説明してみよう！

1．問題と目的

　平成20年告示の学習指導要領（理科）では，小学校6年で電流による発熱が扱われ，電熱線の太さを変えると発熱する程度が変わることを学ぶようになった。電熱線による発熱については，「太い電熱線の方が，電流がたくさん流れて多く発熱する」と学習する。しかし，実際に直径0.2［mm］と0.4［mm］の電熱線の発熱量を比較しても，その差がわかりにくく，電源が電池だったり，使用する電源装置が異なったりすると統一した結果が得られない（鎌田・隈元，2010）。

　中学入試には，太い電熱線と細い電熱線が並列・直列につながれた場合の発熱量を比較する問題が出題され，多くの受験生はうまく説明できずに困っている。並列つなぎならば，電流が多く流れる抵抗の小さな電熱線の発熱量が多くなると考えればよいが，直列つなぎの場合には，抵抗の大きな電熱線の発熱量の方が多くなることについて説明できない。そのため，受験生たちはわけもわからずに，並列つなぎと直列つなぎでは，結果が逆になる

と丸暗記して，試験に対応している。

　中学生になり，2年生で電熱線による発熱量が電力（$VI=I^2R$）に比例することを学び，発熱量が電流だけでは決まらないことに気づくと，小学校での学習との矛盾を感じてしまう。重松（2011）も，電流による発熱について，「中学校での切り口が小学校での切り口と異なっているが，結果として断片的な知識を与えるにすぎず，きちんとした理解にまでたどり着いていない」と指摘している。それでも，後に合成抵抗の公式を学ぶと，並列・直列につながれた電熱線の合成抵抗が求められるようになり，オームの法則で電流や電圧の値を算出して，発熱量の公式で各電熱線の発熱量を計算できるようになる。福山・西（1990）は，『電流と回路』の学習について，「学校での授業ではオームの法則を中心にした実験を行い，その後はこの実験結果の関係式を公式と見なして計算問題を解くことに専心させられる。そのため，多くの生徒たちは，電流，電圧，抵抗やオームの法則の物理的な意味をよく理解しておらず，抵抗の直列または並列接続による合成抵抗，電池の直列または並列による結合について，正しい結果を導き出すことができない」と指摘している。

　結局，中学校2年『電流と回路』でオームの法則や合成抵抗の公式を学ぶことで，電熱線が並列・直列につながれた場合の各電熱線の発熱量は求められても，なぜ並列つなぎと直列つなぎの結果が異なるのかについては，説明できないでいると言えよう。

　こういった事態を解消するための教育研究については，日本でも（例えば，金子，2009），海外でも（例えば，Viard and Khantine-Langlois, 2001 や Liégeois and Mullet, 2002 など），回路に流れる電流についての研究は多いが，電気抵抗による発熱を扱ったものは少ないと指摘されている。電流のイメージ化には，「水流モデル」「パチンコモデル」などのモデルが用いられてきた（石井・本田，2009）。市川ら（1995）は，中学校2年生を対象にして，抵抗が2個存在する回路での電流・電圧の推論に，「水流モデル」「列車のモデル」「自由電子のモデル」を利用した場合を比較した。その結果，水の流れをよく知っていてイメージが容易な「水流モデル」が推論で有効に使われたと報告している。しかし金子（2009）は，電流・電圧・抵抗などを説明するには水流モデルが有効であっても，発熱や発光を説明するためにはパチンコモデルを用いた説明の方が有効であると指摘している。

　そこで本研究では，電流・電圧をイメージさせるために水流モデルの水池を利用し，発熱についてのイメージをもたせるためにパチンコバネモデルを開発して導入することにした。ただし，Stephensら（1999）は，高校生（Year10）でも，モデルを用いるだけでは，有効にモデルを使った説明ができなかったと報告しているので，それぞれの回路の特徴，電流・電圧・抵抗の関係，合成抵抗の意味についてのコア知識を明示し，並列・直列つなぎの特徴を踏まえた説明ができるように支援した。

　そして，中学校2年『電流と回路』の単元で，2つの電熱線の並列・直列つなぎの場合の発熱量について，公式で導かれた値だけで判断するのではなく，各回路の特徴を踏まえた説明ができるようになったのかを検討することにした。

2．方法
(1) モデルとコア知識を用いた授業の開発
①水池の利用
　水池は，板倉（1976）によって開発された閉管の水流モデルで，「回路になって水が満たされてはじめて流れ出す」「閉管なので分岐するまでは水流が一定」などの特徴をもっている。水池を用いることで，電流が分岐するまで一定であることや電圧が水位差に相当することをイメージさせやすいと考えた（図2.6.1）。

②パチンコバネモデルの開発
　パチンコバネモデルは，ビー玉の流れを電流，缶の高さを電圧，ビー玉の流れを妨げる障害物（バネつきビー玉）を抵抗に見立てている（図2.6.2）。従来のパチンコモデルでは，発熱の様子がよくわからなかったが，パチンコバネモデルでは，バネが振動している状態を発熱していると見立てて，発熱量が多い場合と少ない場合の差が明らかになった。

　ただし，電流の正体が－の電気をもった電子であることは，次の単元『静電気と電子』で学ぶことになっているので，既習事項とのつながりを考慮して，便宜上＋極側から－極側に転がるビー玉を電流として説明した。そして，各班でも生徒にモデルを操作させ，電流に見立てたビー玉とバネの振動の様子を観察させた（図2.6.3）。

③コア知識の導入
　単にモデルを見せたり，操作させたりするだけでなく，モデルの観察から①②並列つなぎと直列つなぎの特徴，③電流・電圧・抵抗の関係，④合成抵抗についての4つのコア知識を引き出して（表2.6.1），小学校での学習とも整合するような表現にして説明した。

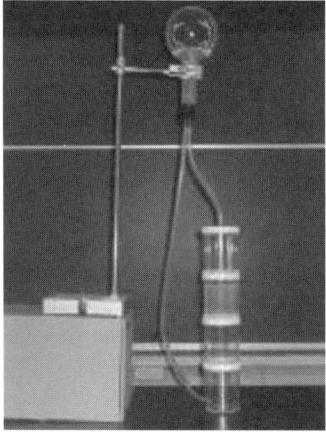

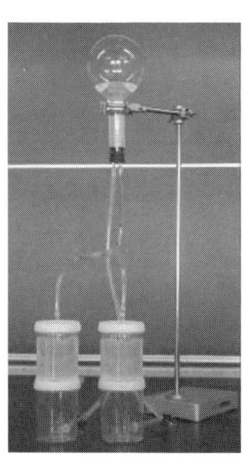

図2.6.1　水池の様子（左：電池直列，右：電池並列）

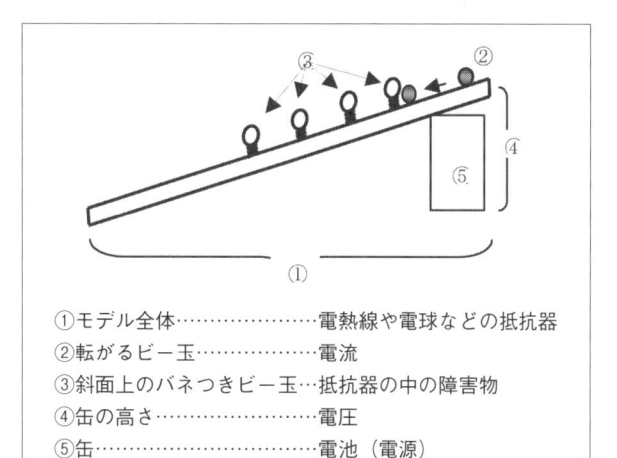

①モデル全体……………………電熱線や電球などの抵抗器
②転がるビー玉………………電流
③斜面上のバネつきビー玉…抵抗器の中の障害物
④缶の高さ………………………電圧
⑤缶………………………………電池（電源）

図2.6.2　パチンコバネモデルの説明

図2.6.3　パチンコバネモデルの様子

表2.6.1　コア知識とモデルの対応

コア知識	モデル
①電流は分岐するまで一定	水池：閉管なので分岐するまでは水流が一定
②電圧は並列回路内では一定	水池：電池2つを並列つなぎにすると、水位差（電圧）は1個の時と同じで、1個の時と同じくらいの豆噴水が噴出して、両方のタンクから水が同量ずつ減っていく。
③電流・電圧・抵抗は相互に（1つ変えると他も変わる）働く	パチンコバネモデル：電圧や抵抗を変えると、ビー玉の流れ（電流）も変わる。
④合成抵抗R［Ω］：直列の場合の合成抵抗 $R=R_1+R_2$（長くした時と同じ）	パチンコバネモデル：抵抗を直列につなぐことは、長くした場合と同じで、ビー玉が流れにくくなる。
並列の場合の合成抵抗 $1/R=1/R_1+1/R_2$（太くした時と同じ）	パチンコバネモデル：抵抗を並列につなぐことは、太くした場合と同じで、ビー玉が流れやすくなる。

④授業展開

　2011年9月～11月の間に標準配当時数の16時間で『電流と回路』の授業を展開した（表2.6.2）。

　1時間目から8時間目では、電流や電圧の測定実験を行うとともに、水池を活用して電流・電圧のイメージをもたせ、直列・並列回路についてのコア知識①「電流は分岐するまで一定」②「電圧は並列回路内では一定」を明示して説明した。

　9時間目から12時間目では、班ごとに電源装置と3種類（標準・太い・長い）の電熱線を用いて回路を組み、実際に各電熱線の発熱量を確認させた。その後、班ごとにパチンコバネモデルを操作させながら、電熱線の発熱の理由について考えさせた（図2.6.4）。

　生徒たちはパチンコバネモデルを操作しながら、標準の電熱線と太い電熱線を並列につないだ時には、電圧が一定であることから図2.6.5左のようになり、直列につないだ時には電流が一定になるように、太い電熱線の傾斜を緩やかに、標準の電熱線の傾斜を急にして図2.6.5右のようになることを発見していった（図2.6.6）。

表2.6.2 開発した中学校2年『電流と回路』の16時間(標準配当時数)の授業

項目	時数	ねらい	学習の流れ	新たな支援
1 電流はどのように流れるのだろうか	1 1 1	○電流・電圧のイメージ化 電流・電圧を測定する実験を通して回路を流れる電流や電圧の特徴を確かめさせる。 水池を導入することで電流・電圧のイメージ化を図り,コア知識を意識づける。	展開① 電気についての関心を高め,**電流の正体を知る。** 展開② 電流計の操作方法を習得する。 展開③ 豆電球を通過する前後で電流の大きさは変わらないことを確認し,**豆電球を通過する電流のイメージをもつ。**	〈水池の導入〉 コア知識①「電流は分岐するまで一定」の明示 コア知識②「電圧は並列回路内では一定」の明示
2 回路を流れる電流を調べよう	2		展開④ 各点を流れる電流の規則性を見いだし,直列回路・並列回路を流れる電流の特徴を確かめる。	
3 回路のいろいろな区間の電圧を調べよう	1 2 1	○電流・電圧・抵抗の関係についてのイメージ化 電流・電圧・抵抗が相互に関係し合って発熱していることをパチンコバネモデルでイメージさせる。	展開⑤ 電圧について理解し,電圧計の操作方法を習得する。 展開⑥ 各点にかかる電圧の規則性を見いだし,直列回路・並列回路の特徴を確かめる。	〈パチンコバネモデルの導入〉
4 電流と電圧の関係を調べよう	2 2 1	○モデル・コア知識を活用した電熱線の発熱の理解 パチンコバネモデルとコア知識を活用して電熱線の発熱の理由を説明する活動を通して,発熱の仕組みを理解させる。 ○オームの法則の理解 電熱線の電流測定実験とパチンコバネモデルとコア知識を活用した説明を通してオームの法則を理解させる。 ○合成抵抗の理解 合成抵抗は,小学校とのつながりを意識して電熱線を長くしたり太くしたりすることと同じであることを,パチンコバネモデルとコア知識を用いて理解させる。	展開⑦ **電熱線が発熱する仕組みを知る。** 展開⑧ 電熱線の太さや長さを変えると,発熱量が変わることを知り,その理由を考える。抵抗の意味を知る。 展開⑨ 太さの異なる2本の電熱線のつなぎ方を変えると,発熱の様子が変わることを知り,**その理由を考える。** 展開⑩ オームの法則を知り,回路の電圧・電流・抵抗は計算によって求めることができることを知る。	コア知識③「電流・電圧・抵抗は相互に(1つ変えると他も変わる)はたらく」の明示 コア知識④ 「直列の場合の合成抵抗 $R=R_1+R_2$(長くした時と同じ)」 「並列の場合の合成抵抗 $1/R=1/R_1+1/R_2$(太くした時と同じ)」の明示
5 電力について知ろう	1	○電力の理解 電力の意味を知り,電力は電流と電圧の積であることを,パチンコバネモデルを通してイメージさせる。	展開⑪ 合成抵抗の意味と求め方を知る。 展開⑫ 電力の意味と求め方を知る。	

「学習の流れ 展開①~⑫」で,**太字**部分は本研究で開発したものでA中学校2年生のみ実施,その他は教科書どおりの流れでA中学校3年生・B中学校2年生(水流モデルについては,教科書に掲載されているモデルを確認する程度であった)と共通である。

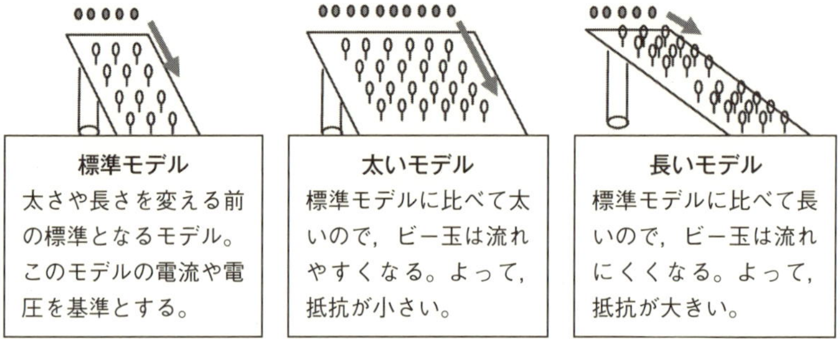

図2.6.4 ３種類の電熱線モデル

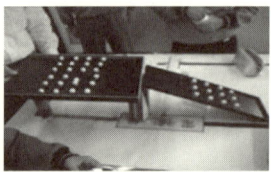

図2.6.5 パチンコバネモデル操作の様子
（左：抵抗並列，右：抵抗直列）

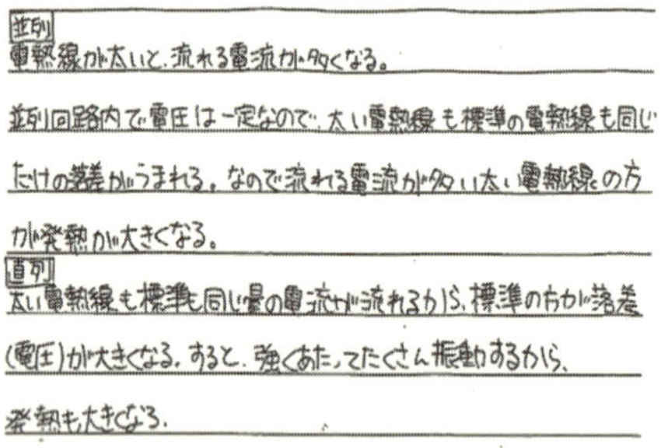

図2.6.6 生徒のノートの記述例

　13時間目から16時間目では，電源装置を用いて電熱線に流れる電流・かかる電圧を測定し，実験の結果からオームの法則を導かせ，パチンコバネモデルで合成抵抗や電力について考えさせた。電流・電圧・抵抗の関係については，コア知識③を用いて，相互に（１つ変えると他も変わる）作用すること，合成抵抗については，コア知識④を用いて，直列の場合は長くした時と同様に，並列の場合は太くした時と同様になると説明した。

(2) 調査対象および実施時期

１）モデルとコア知識を用いた授業を受けた公立A中学校２年生３クラス（95名）を対象に，2011年11月に事後調査（資料2.6.1）を実施した。
２）昨年度教科書どおりの『電流と回路』の授業を受けた公立A中学校３年生４クラス（120名）を対象に，2011年７月中旬に事後調査を実施した。
３）2011年７月初旬に教科書どおりの『電流と回路』の授業を終えた同一市内で常に理科学力試験のトップ校の公立B中学校２年生３クラス（95名）を対象に，2011年７月中旬に事後調査を実施した。

(3) 事後調査項目

　資料2.6.1のように，２つの電熱線を並列・直列につないだ時の発熱課題，同じ２つの豆電球を並列・直列につないだ時の明るさ課題に回答させた。
　明るさ課題については，授業では直接扱っていないが，発展的課題として古屋・戸北（2000）とほぼ同一のものを用いて，結果を比較することにした。古屋・戸北（2000）は，電気回

路の学習を終えた公立中学校3校の3年生9クラス282名を対象にしたところ，明るさ課題の正答率は22.7％で，特に明るさ課題④では，分岐前0.6［A］分岐後0.3［A］とする交通流モデル（図2.6.7）で回答した生徒が約48％と最も多く，正答である分岐前1.2［A］分岐後0.6［A］としたのは4名のみであった。

交通流モデルは根強く，古屋・戸北（2000）は，電気回路を学習済みの公立中学校3年生1クラス（36名）に対して，パチンコモデルを用いて，特別な8.5単位時間（1単位時間50分）の授業を展開し，交通流モデルから脱却させることを試みた。その結果，約半数の生徒（18名）が交通流モデルから脱却して正答したと報告している。

図2.6.7 交通流モデルでの回答（古屋・戸北，2000）

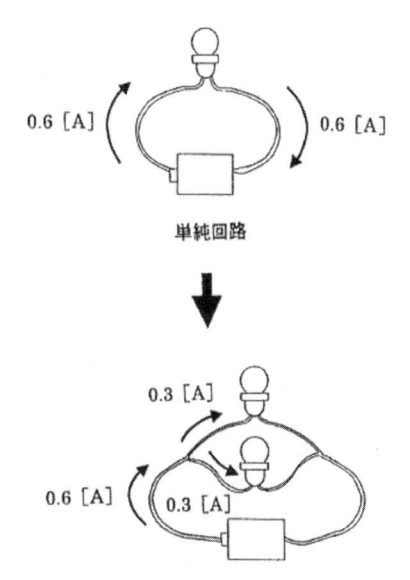

3．結果と考察
(1) 3群の発熱課題・明るさ課題の回答の比較
①3群の発熱課題・明るさ課題の平均得点

発熱課題については，

①答え：（R_2）を選択したものに1点，
　理由：「電圧が一定なので，抵抗が少ないR_2の方に電流が多く流れるので」など，「電圧一定」「抵抗（R）」が含まれて正しく回答したものに1点

②答え：（R_1）を選択したものに1点，
　理由：「直列では電流が一定になるので，抵抗が大きい方が発熱するから」「モデルで考えると，電流を一定にするには，R_2をゆるやかに，R_1を急にしてつなぐので」など，「電流一定」「抵抗（R）」が含まれて正しく回答したものに1点

として合計4点満点で採点した。

明るさ課題については，①a：ア　b：ア，②c：ア　d：ア，③e：ウ　f：ウ，④X点1.0［A］Y点0.5［A］Z点0.5［A］としたものに，①～④それぞれに1点を与え，合計4点満点として採点した。

表2.6.3には，3群（A校2年・A校3年・B校2年）の発熱課題・明るさ課題の平均得点を示した。

3群の平均得点に差があるのかを分散分

表2.6.3　3群の発熱課題・明るさ課題の平均得点・SD

	発熱課題		明るさ課題	
	平均得点	SD	平均得点	SD
A校2年（N＝95）	2.62	1.41	2.55	1.24
A校3年（N＝120）	1.10	0.69	0.62	0.74
B校2年（N＝95）	1.19	1.07	0.64	0.78

表2.6.4 発熱課題の理由の分類例

〈並列つなぎ〉
電圧一定：電圧が一定なので，
モデル：モデルで考えると，
抵抗：抵抗が小さい（大きい）ので，
公式：オームの法則（合成抵抗の公式）にあてはめて，
〈直列つなぎ〉
電流一定：電流が一定なので，
モデル：モデルで考えると，
実験：実験したら，
抵抗：抵抗が小さい（大きい）ので，
電圧：電圧で考えると，
順番最初：はじめにR_2を通るから，
公式：オームの法則（合成抵抗の公式）にあてはめて，

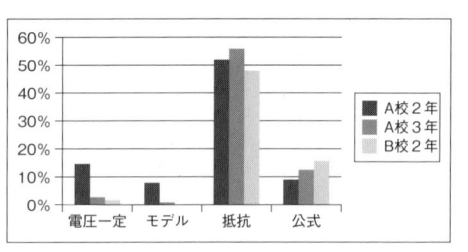

図2.6.8 並列つなぎの理由の分類

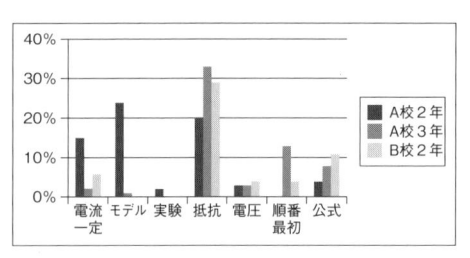

図2.6.9 直列つなぎの理由の分類

で分析したところ，両課題とも有意な主効果が見られたが（発熱課題：$F[2,307]=55.69$，$P<.05$，明るさ課題：$F[2,307]=140.24$, $P<.05$），等分散性が棄却されたため（Levene, $P<.05$），Games-Howell法で多重比較を行ったところ，両課題とも平均得点はA校2年生＞A校3年生，A校2年生＞B校2年生であった。発展的課題の明るさ課題については，A校2年生の平均得点が2.55（正答率63.8％）となり，古屋・戸北（2000）の調査での正答率22.7％と比較しても，十分に高い得点を獲得したと言えよう。

②3群の発熱課題の理由の分類

　発熱課題に対して各群の生徒が，主にどういった理由を述べていたかを表2.6.4の例に従って分類したところ，並列つなぎは図2.6.8，直列つなぎは図2.6.9のような割合となった。

　3群とも，抵抗の大小で発熱量を説明しようとする割合が多いが，並列つなぎの場合には有効でも，直列つなぎの場合には説明がつかない。

　特に，A校3年生・B校2年生は，直列つなぎの場合にも抵抗の小さいR_2の方に電流が多く流れて，発熱量が多くなると説明した割合が多く，並列・直列回路の特徴を踏まえた回答にはなっていなかった。また，オームの法則で電流の値を求めて回答する割合も多くなっていた。A校3年生に特徴的だったのは，13％が直列つなぎで電流が最初に通るR_2の方が発熱量が多いと回答し，電流の減衰モデルや消費モデルからも脱却できていなかったことである。

　一方のA校2年生では，コア知識②：並列回路内では電圧が一定であること，コア知識①：電流は分岐するまで一定であること，あるいはモデルを操作した経験を生かし，並列・直列回路の特徴を踏まえた回答となっている割合が多かった。

③3群の交通流モデルでの回答状況

　明るさ課題④の回答については，古屋・戸北（2000）に順じて，正答・交通流モデル・X Y Z点すべて0.5［A］・その他・無回答に分類した（図2.6.10）。

　A校3年生・B校2年生は，交通流モデルで回答している割合が最も多く，正答できた

生徒はほとんどいなかった。一方A校2年生は，コア知識③④やパチンコバネモデルの操作の経験から，全体の抵抗が小さくなると流れ出す電流の量が増えることまで認識し，57%が正答していた。

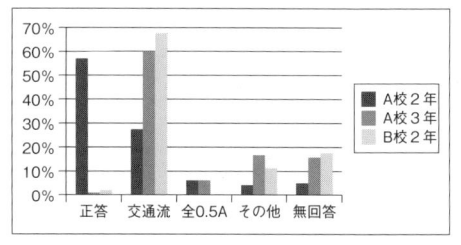

図2.6.10 明るさ課題④の理由の割合

(2) コア知識やモデルで一貫して説明しようとした生徒の特徴

発熱課題に一貫してコア知識やモデルを使って説明しようとした生徒は，明るさ課題でもコア知識やモデルを用いていると考えられる。そこで，A校2年生95名のうち，発熱課題にコア知識やモデルを使って説明しようとした生徒34名を一貫群，その他の生徒61名を非一貫群として分析し，その特徴を探った。

①一貫群・非一貫群の平均得点

一貫群・非一貫群の発熱課題・明るさ課題の平均得点を表2.6.5に示した。

表2.6.5 A校2年生の発熱課題・明るさ課題の平均得点・SD

	発熱課題		明るさ課題	
	平均得点	SD	平均得点	SD
一貫群（N＝34）	4.00	0.00	2.97	1.00
非一貫群（N＝61）	1.85	1.20	2.31	1.30

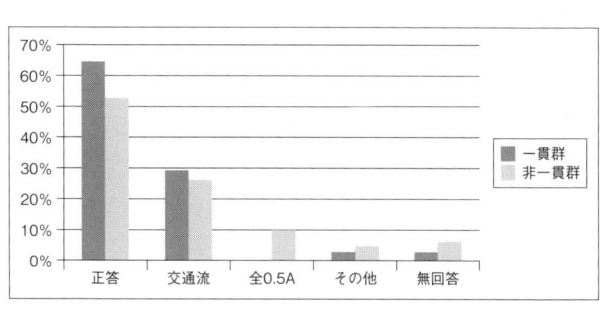

図2.6.11 一貫群・非一貫群の明るさ課題④の回答の分類

一貫群と非一貫群の平均得点に差があるかを分析したところ，等分散性が棄却されたため（Levene, P<.05），ウェルチの検定を実施し，両課題とも有意な差が見られた（発熱課題：t［60.00］＝14.04, P<.05，明るさ課題：t［83.58］＝2.76, P<.05）。発熱課題に一貫してコア知識やモデルで説明しようとした一貫群は，明るさ課題でも非一貫群の平均得点を上回っていた。

②一貫群・非一貫群の交通流モデルでの回答状況

一貫群・非一貫群の明るさ課題④の回答を(1)③同様に分類したものを図2.6.11に示した。

一貫群では，コア知識③④から全体の抵抗が小さくなると流れ出す電流が増えると捉えることができ，65%が正答していた。

一方の非一貫群では，52%の正答にとどまり，10%の生徒はY点・Z点の電流の値が0.5［A］となって，各豆電球の明るさが単純回路と同じになるところまでは思いついたが，X点での電流の値を1.0［A］にして辻褄を合わせるまでには至らなかった。

4．まとめと今後の授業への示唆

この授業では，電熱線による発熱をモデルやコア知識を導入して理解させ，2つの電熱

線を並列・直列につないだ場合の発熱量について考えさせた。

事後調査の結果から，教科書どおりの流れで『電流と回路』を学んだＡ校３年生・Ｂ校２年生は，直列つなぎの場合にも抵抗の小さい方に電流が多く流れて，発熱量が多くなると説明した割合が多く，Ａ校３年生の一部には，電流の減衰モデルや消費モデルの使用も見られた。また，発展的課題である明るさ課題の正答率も低く，交通流モデルで回答した割合が最も多かった。

一方で，新たに開発した授業を受けたＡ校２年生は，コア知識やモデルを操作した経験を生かして発熱課題・明るさ課題に回答し，両課題ともにＡ校３年生やＢ校２年生の平均得点を上回っていた。そして，明るさ課題④には，57％の生徒が交通流モデルを採用することなく，豆電球を並列つなぎにして全体の抵抗が小さくなると，流れ出す電流の量が増えることまで認識して正答した。さらに，発熱課題に一貫してコア知識やモデルを使って説明しようとした一貫群34人は，発展的課題の明るさ課題でも非一貫群の平均得点を上回っていた。

これらのことから，本研究で開発した授業は，電熱線による発熱の理解を促し，２つの抵抗を並列・直列につないだ場合について，並列・直列回路の特徴を踏まえた説明をさせたり，豆電球を並列つなぎにすると全体の抵抗が小さくなって，流れ出す電流の量が増えることを認識させたりするのに有効であったと言えよう。

今後の授業への示唆としては，『電流と回路』の単元全体で標準配当時数の16時間しか割くことができず，班内での十分なコミュニケーション活動が展開されなかったので，一貫群のようにコア知識やモデルを使いこなして説明できた生徒は限られてしまった。コミュニケーション活動には，十分な時間を確保してほしい。

文献

福山豊・西和幸（1990）電気回路学習のための水流モデルの製作と検討，物理教育，Vol.38，No.2，pp.88-91.

古屋光一・戸北凱惟（2000）電磁気学の概念形成を支援するための指導方略に関する実践的研究：子どもの知識の豊富化と再構造化を通して，科学教育研究，Vol.24，No.4，pp.202-216.

市川英貴・戸北凱惟・堀哲夫（1995）電流回路のモデルによる中学生の認知的方略の育成，日本理科教育学会研究紀要，Vol.36，No.2，pp. 21-31.

石井健作・本間均（2009）小学校における電流の概念獲得のための「粒子傾斜モデル」の有効性，理科教育学研究，Vol.49，No.3，pp.23-32.

板倉聖宣（1976）電池そっくりの性質─〔水池〕の発明，のびのび７月号，朝日新聞社.

鎌田正裕・隈元就仁（2010）小学校第６学年における電熱線の発熱実験についての考察，東京学芸大学紀要，自然科学系，No.62，pp.9-13.

金子健治（2009）中学生の電流保存概念についての研究：抵抗が２個存在する直列回路を例として，理科教育学研究，Vol.50，No.1，pp.13-19.

仮説実験授業研究会編集（1994）仮説実験授業研究 第Ⅲ期 ５授業書〈電流〉，仮説社.

Liégeois, L. and Mullet, E.（2002）High school students' understanding of resistance in simple series electric circuits, International Journal of Science Education, Vol.24, No.6, pp.551-564.

重松宏武（2011）小中学校理科「電気による発熱」に関する基礎研究：定量的理解度向上のための数式の活用，山口大学教育学部研究論叢（第３部），Vol.61，pp.181-194.

Stephens S., McRobbie C.J. and Lucas K.B.（1999）Model-based reasoning in a year 10 classroom,

Research in Science Education, Vol.29, No.2, pp.189-208.

Viard, J. and Khantine-Langlois, F. (2001) The concept of electrical resistance: How Cassirer's philosophy, and the early developments of electric circuit theory, allow a better understanding of students' learning difficulties, Science & Education, Vol.10, No.3, pp.267-286.

資料2.6.1　事後調査問題

〈発熱課題〉

抵抗が10〔Ω〕の電熱線R_1と抵抗が5〔Ω〕の電熱線R_2を使って回路をつくりました。
これに関して質問をします。

① 図1のように，抵抗が10〔Ω〕の電熱線R_1と抵抗が5〔Ω〕の電熱線R_2を並列につなぎ，30〔V〕の電圧をかけました。このとき，R_1とR_2ではどちらの電熱線の方が多く発熱しますか。答えてください。
　またそう考える理由を言葉または図で説明してください。

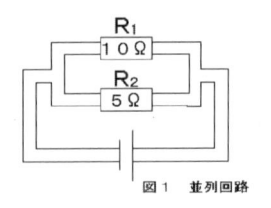

　　答え（　　　　　　　　　）
　そう考える理由（図1に絵を書きこむなどして説明してもよいです）

② 図2のように，R_1とR_2を直列につなぎ，3〔V〕の電圧をかけました。このとき，R_1とR_2ではどちらの電熱線の方が多く発熱しますか。答えてください。
　またそう考える理由を言葉または図で説明してください。

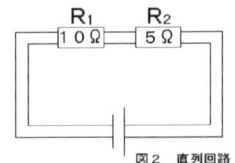

　　答え（　　　　　　　　　）
　そう考える理由（図2に絵を書きこむなどして説明してもよいです）

〈明るさ課題〉

豆電球1個と電源装置から図3のような回路をつくりました。

A点の電流の大きさをはかったところ，0.5［A］でした。次に同じ豆電球をいくつか用意して図4，図5，図6のような回路をつくりました。

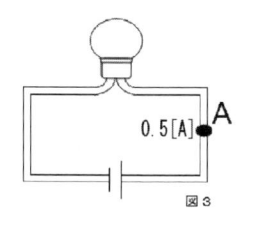

① 図4の2つの豆電球a，bの明るさは，図3の豆電球の明るさと比べてどうか。それぞれについて次のア～エの中から選んで記号を書きなさい。

ア　同じ明るさ
イ　さらに明るい
ウ　暗い　　　　a（　　）
エ　つかない　　b（　　）

② 図5の2つの豆電球c，dの明るさは，図3の豆電球の明るさと比べてどうか。それぞれについて次のア～エの中から選んで記号を書きなさい。

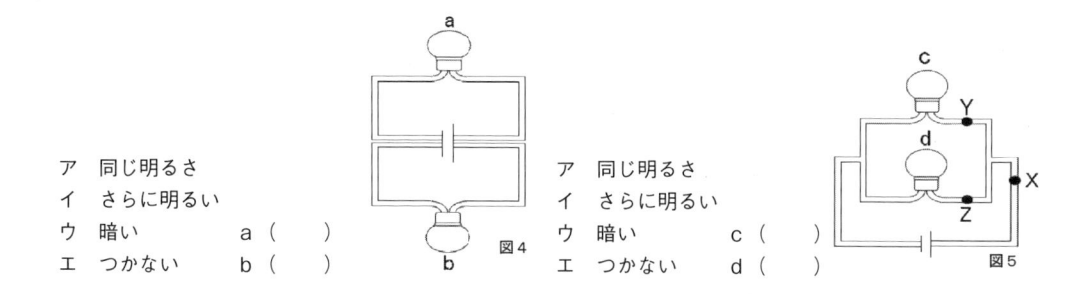

ア　同じ明るさ
イ　さらに明るい
ウ　暗い　　　　c（　　）
エ　つかない　　d（　　）

③ 図6の2つの豆電球e，fの明るさは，図3の豆電球の明るさと比べてどうか。それぞれについて次のア～エの中から選んで記号を書きなさい。

ア　同じ明るさ　　e（　　）
イ　さらに明るい　f（　　）
ウ　暗い
エ　つかない

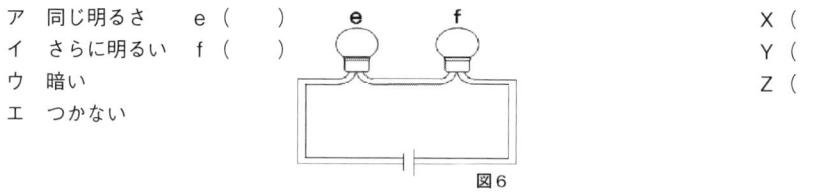

④ 図5のX，Y，Zの電流の大きさはそれぞれ何［A］でしょうか。

X（　　　　［A］）
Y（　　　　［A］）
Z（　　　　［A］）

VII 中学校2年大気中の水蒸気の変化の授業例（研究14）

既に獲得したコア知識
小学校第4学年『天気の様子』
〈晴れの日：気温は日の出前に最低，昼過ぎに最高になることが多い〉 〈雨の日：気温の変化は少ない〉 〈100℃にならなくても蒸発はする〉
第4学年『金属，水，空気と温度』
〈温度が上がると粒子の動きが激しくなる〉 〈激しく動く水や空気の粒子は上にあがっていく〉 〈氷は0℃くらいでとけはじめて水になり，水は100℃ぐらいで沸騰して水蒸気（目に見えない）になる〉
中学校第1学年『物質の状態変化』
〈状態が変化しても物質そのものは変わらない〉 〈温度によって物質の状態は　固体⇔液体⇔気体と変わるが，固体⇔気体と昇華するものもある〉 〈状態を変える時には，熱を吸収したり放出したりするので，その間は温度が変化しなくなる〉 〈物質の状態が変化しても全体の質量は変化しないが，体積や密度は変化する〉 〈ほとんどの物質の体積は，固体＜液体＜気体となるが，水は例外〉 〈融点や沸点は物質によって決まっている〉 〈混合物では融点や沸点がはっきりしなくなる〉
獲得すべきコア知識： 〈飽和水蒸気量：1m³中に含むことができる水蒸気の質量〉 〈露点：飽和水蒸気量に達した時の温度〉 〈1気圧［atm］＝1013［hPa］〉 〈空気が上昇すると，気圧が下がって膨張して温度が下がる〉 〈凝結の条件（凝結核・露点以下）〉
話し合う発展的課題：雲はどのようにしてできるのか説明してみよう！

1．問題と目的

『大気中の水蒸気の変化』では，雲のでき方を扱うが，大気の上昇に伴う気温の低下（断熱膨張）によって雲ができることを説明するのは難しい。前年度の定期テストでも，雲のでき方について正しく説明できた生徒は約15％であった。回答を詳しく見てみると，

1）水蒸気は目に見えず，イメージがもてないこと
2）「飽和水蒸気量」「露点」などの用語が使いこなせないこと
3）雲のでき方が複雑で順序立てた説明ができないこと

などが原因となって正答できていなかった。

そこで，以下の3点をコア知識として明示し，グループでのコミュニケーション活動を通じて，雲のでき方を説明できるようにさせたいと考えた。

① 空気は膨張すると温度が低下する

② 気温が下がると水蒸気が水滴になって現れる
③ 気温によって空気に入る水分量は決まっている

2．方法

(1) コア知識を明示してコミュニケーション活動に取り組ませる授業

表2.7.1のように，7時間の『大気中の水蒸気の変化』の授業で，中学校1年で学んだ「気圧」や「溶解度」を振り返りながら，3つのコア知識を獲得させ，5回のコミュニケーション活動に取り組ませました。

導入では，窓やコップがくもることなどを十分に観察させ，これらの現象を「露点」や「飽和水蒸気量」といった用語を用いて説明させ，最終的には雲のでき方について説明させた。断熱膨張については，密閉された袋が高度変化に伴う気圧の低下によって膨らむ現

表2.7.1　7時間の『大気中の水蒸気の変化』

時	学習内容	生徒の活動内容
1	天気の変化が起こるところと気圧	・山頂と地表の気圧の比較（中学校1年「気圧」）の復習をした。 〈コア知識①〉空気は膨張すると温度が低下する　を獲得 【課題1】おやつの袋は山頂でどうなるのか（コミュニケーション活動①）
2	空気中にかくれている水	・フラスコに水滴を入れふたをし，あたためると水滴が消え，冷やすと再び現れる現象を観察した。 〈コア知識②〉気温が下がると水蒸気が水滴になって現れる　を獲得 【課題2】どのようにして朝窓ガラスに水滴がついたのか（コミュニケーション活動②）
3	空気中に入る水の量1	・溶解度と再結晶（中学校1年「水溶液」）の復習をし，溶解度曲線の読み取りをした。 ・飽和水蒸気量を表すグラフを作成した。 〈コア知識③〉気温によって空気に入る水分量は決まっている　を獲得
4	空気中に入る水の量2	・水滴ができる温度（露点）を測った。 【課題3】どのようにしてコップの周りに水滴がついたのか（コミュニケーション活動③）
5	フラスコの中の白いくもり	・フラスコの中に白いくもりをつくる実験を行った。 【課題4】どのようにしてフラスコに白いくもりができたのか（コミュニケーション活動④） （図：ゴム栓，ゴム管，ビニルひも，注射器，ゴム風船，ピストン，フラスコ）
6	雲や雨のでき方	・上昇気流が起こる所に雲ができることを学んだ。 【課題5】自然界での雲はどのようにしてできるのか説明してみよう（コミュニケーション活動⑤） ・太陽エネルギーによって水が循環していることを学んだ。
7	空気中の水分の割合	・空気中にどのくらい水蒸気が含まれているか表す方法（湿度）を学んだ。

象を取り上げ，大気が上昇して膨張すると温度が低下すること（断熱膨張）を理解させた。また，より理解が深まるよう，膨らませてある風船を割った直後に触らせて，冷たくなっていることを確認させ，空気が膨らむと温度が下がることを体感させた。

課題1から課題5では，図2.7.1（課題4の例）のようなワークシートに考えを記入させながら，コミュニケーション活動を展開させた。

ワークシートの「1 自分の考えをまとめよう」では，書き出しの障壁を軽減するため

フラスコの中の白いくもり

学習したこと	考えよう	考える時，使う知識
（飽和水蒸気量のグラフ：9.4g, 17.3g, 30.4g）	どのようにして，丸底フラスコの中に白いくもりができたの？	①気圧が（　　）なると膨張する ②膨張すると温度が（　　）がる。 ③温度が下がると（　　）が現れる。（　く）くもる。 ④温度によって，空気中にとけ込める（　　）の量は決まっている。気温が（　い）ほど水分はたくさんとけ込める。

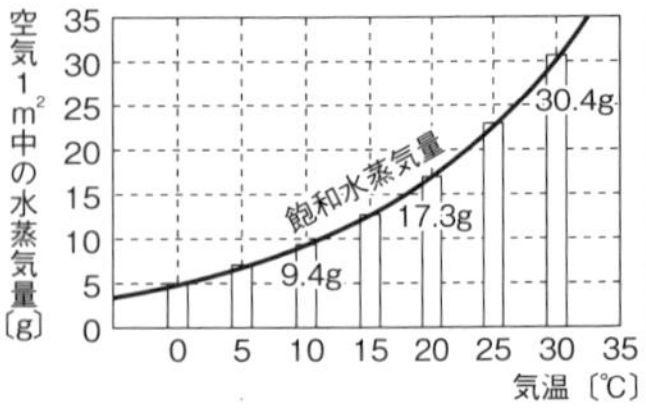

1　自分の考えをまとめよう　　　　　　　　　　　　　　　　名前（　　　　　）

　私：空気さん，どのようにして，フラスコの中に白いくもりができたの？
　空気：

2　班の人の考えを聞いて，要点をまとめよう（要約する，つまり…ということとまとめる）

さん	さん	さん

3　班全体の意見をまとめる　　　　　4　順序よく説明しよう

図 2.7.1　課題4のワークシートの例

に，自分と物質が対話するような形で書き進める対話法を取り入れた。例えば，図2.7.1の課題4の1では，「空気さん，どのようにして，フラスコの中に白いくもりができたの？」と1行目を印刷しておき，以下の表2.7.2のように対話を続けやすくさせた。

表2.7.2

```
私  ：空気さん，どのようにして，フラスコの中に白いくもりができたの？
空気：それはね，ピストンを引くと空気が膨張するからだよ。
私  ：膨張するとどうなるの？
空気：空気が膨張すると気温が下がるんだ。
私  ：気温が下がると？
空気：気温が下がると，空気の中に溶け込む水分量が減るんだ。溶け込めなくなった水分が水滴になって
      出てくるんだよ。
私  ：それが，白いくもりになって見えていたんだね。
```

司会者（進行役です）
○「発表→答え→質問→答え…→確認」の流れで進めてください。
○質問はなくなったら終わりです。
○最後に，発表者の考えが筋が通っているか確認します。

　次のような言葉を使います。
　「発表者の○○さん，自分の意見を発表して下さい。」
　「質問に入ります。質問者の人お願いします。」
　「他に質問はありますか。はい，○○さん。」
　「これで○○さんの発表を終わります。」

発表者
○自分の考えたことをプリントのモデル図を使って順序よく説明します。
○対話文で書かれた文をそのまま読み上げてもいいです。
○発表後に質問があるので，わかる範囲ではっきり答えます。
○自分の考えは，筋が通っているか確認して返事をします。

　「わたしは，○○になる（結果・結論）と思います。」
　「なぜかというと（理由は），○○だからです。」
　「まず，○○になります。次に○○になります。最後に○○になります。」

質問者
○発表を聞いて，発表内容を確認したり，わからないことを質問したりします。
○下の質問例を参考にしてください。他の質問でもよいです。
○一人1つは必ず質問しましょう。

　〈質問例〉
　「つまり○○○ということですね。」
　　→わかったことを確認します。簡単にまとめると，どういうことなのか考えて聞きます。
　「なぜ…（そういう結果になる）と思ったのですか。」
　　→結果（結論）の理由を聞いてみましょう。話し合いの内容が深まります。
　「発表者の考えは，筋が通っていますか。」

図2.7.2　役割分担を明記したカード

コミュニケーション活動では，男女2名ずつ4名の班で，図2.7.2の役割分担を明記したカードを用いて司会者・発表者・質問者を輪番で担当させた。司会者にはグループの話し合いの進行させ，発表者には記述した対話文を読みながら自分の考えを説明させ，質問者には「考えは筋が通っていますか」などと発表者に質問させた。

そして，自分以外の班員の発表内容の要約をワークシートの2の部分に書かせた。最後には，班全員の考えを検討して，班の考えをまとめて書かせ，学級全体の前で発表させた。

(2) 調査対象および実施時期

2012年2月6日から2月20日まで，千葉県内の公立中学校2年生33名を対象にして，7時間の『大気中の水蒸気の変化』の授業を展開し，ワークシートを回収して課題に対する正答率や記述内容について分析した。

3．結果と考察

(1) 5つの課題の正答率

表2.7.3には，ワークシートの記述内容から判断して，各課題に対する個人の考えの正答率と班でまとめた考えの正答率を示した。

表2.7.3からは，課題1から課題5へと進むに従って個人の考えの正答率が上昇しており，課題3を除き班の考えの正答率が個人のものを上回っていた。このことから，コア知識を獲得させて取り組ませたコミュニケーション活動により，大気中の水蒸気の変化に対する理解が深まり，最終的は課題5の雲のでき方について，個人で93.9%，班で100%の正答率を得ることができたと言えよう。

表 2.7.3　各課題の正答例と正答率

	正答例	個人の考え (N=33)	班の考え (合計8班)
課題1	袋は膨らむ。山頂では気圧が低くなり，袋の外よりも中の気圧の方が高くなり，内側から外側に広がるから。	25人 75.7%	8/8班 100.0%
課題2	朝寒いので窓ガラスが冷え，ガラス付近の空気も冷やされ，その空気中にある水蒸気が水に戻り窓についた。	15人 46.5%	6/8班 75.0%
課題3	コップの中の水が氷で冷やされ，コップの温度も下がった。次に，コップの周りの空気が冷やされ露点に達し，空気中に入りきれなくなった水蒸気が水滴になって現れた。	18人 54.5%	3/8班 37.5%
課題4	ピストンを引くとフラスコ内の気圧が下がり，フラスコ内の空気が膨張する。膨張すると気温が下がって露点に達し，空気中に入りきれなくなった水蒸気が水滴になって現れ，白く見えた。	28人 84.8%	8/8班 100.0%
課題5	地上付近の暖かい空気が山の斜面などで上昇気流となる。上昇すると気圧が下がり，膨張する。膨張すると気温が下がり，露点に達し，空気中に入りきれなくなった水蒸気が水滴となって現れ，水滴が集まって雲になった。	31人 93.9%	8/8班 100.0%

ただし，課題3の正答率が個人で54.5％，班で37.5％となってしまったのは，「コップの内側と外側に温度差が生じたので水滴が現れた」という考えが，班でのコミュニケーション活動にもち込まれ，班の考えが引きずられてしまったからである。課題2の時に既に「窓の外と内側で温度差が生じたので水滴が現れた」とまとめた班が2班あったが，その発表を聞いた他の班の生徒たちに「温度差」という言葉が印象深く残ってしまった。

(2) ワークシートの記述

図2.7.3のように対話法を導入することで，記述量には差があるものの課題1から課題5まで，生徒全員が自分の言葉で考えを記述することができた。記述内容も3つのコア知識を獲得した後は，課題3で45.5％，課題4で60.6％，課題5で78.8％が「○○だから」とコミュニケーション活動を重ねるごとに，根拠をもとにした論理的な説明ができるようになったことがうかがえる。

図2.7.3 課題4での対話法による記述例

(3) コミュニケーション活動

グループは，男女2名ずつ4名の班を基本として，8班を編成した。コミュニケーション活動では，カードを用いて役割分担させたため，短時間でも充実したコミュニケーション活動が展開された。

他者の考えについても，図2.7.4のように他者の考えをうまく要約できるようになった。

課題4では，図2.7.4のように個人の考えの説明が不足していた生徒が8名いたが，班でのコミュニケーション活動後には，全員が班の考えとして説明を補い，説明を完結させていた。

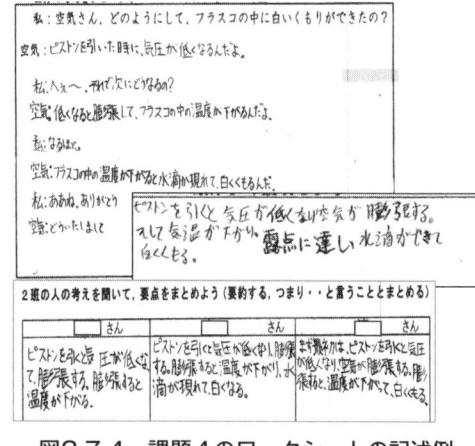

図2.7.4 課題4のワークシートの記述例

4．まとめと今後の授業への示唆

雲のでき方についての説明は，前年度の定期テストで正答率は15％程度であったが，コア知識を獲得させて取り組ませたコミュニケーション活動により個人で93.9％，班で100％の正答率を得ることができた。課題3では班の考えが，「温度差で水滴が発生する」といった考えに引きずられ，「コップの内側と外側で温度差が生じるので水滴がついた」といった班の考えになってしまった。それ以外の課題については，コミュニケーション活動を重ねるごとに，大気中の水蒸気の変化に対する理解を深めていた。

今後の授業への示唆としては，課題3でのコミュニケーション活動のように誤った考え

に引きずられて班の考えを導いたとしても，クラス全体で発表させて，自分たちの誤りに気づかせる機会を確保することが大切である。

文献

鈴木康代・山下修一（2011）中学校3年『水溶液とイオン』で「対話法」を用いた説明活動の改善，理科教育学研究, Vol.51, No.3, pp.217-225.

VIII 中学校3年電池の授業例（研究15）

既に獲得したコア知識
中学校第1学年『水溶液』
〈水溶液では，水に溶けている物質を溶質，溶質を溶かしている水を溶媒，溶質が溶媒に溶けることを溶解という〉
獲得すべきコア知識： 〈電子を出し入れしてイオンになる〉 〈電子をもらうと陰イオン，電子を失うと陽イオンになる〉 〈イオンになりやすさには順番がある〉 〈塩は水に溶けると電気を通すようになる（電解質水溶液）〉 〈電池では，イオンになって電子を出す方がマイナス極になる〉
話し合う発展的課題：マンガン乾電池の中身について説明してみよう！

1．問題と目的

　平成10年告示の中学校学習指導要領（文部省，1999）では，中学校3年「化学変化とエネルギー」において，化学変化によって熱や電気を取り出す実験を行い，化学変化にはエネルギーの出入りが伴うことを見いだすこととされている。その中で，2種類の金属電極と電解質水溶液により化学電池をつくり，電極の表面積や電解質水溶液の濃度と電圧や電流の関係について学習されている。しかし益田（2007）は，「学習指導要領が示す基準のみの学習内容で学習しても，電気エネルギー発生の原因が金属が化学変化するという現象にあると暗記するだけで，金属が化学変化するとなぜ電気エネルギーがとり出せるのか説明できない」としている。

　平成20年告示の中学校学習指導要領（文部科学省，2008）では，中学校3年『水溶液とイオン』でイオンが扱われるようになり，電池の電極での電子授受をイオンモデルで表し，電極で生じた電子が外部の回路に電流として流れると説明できるようになる（表2.8.1）。そして，日常生活や一般社会で利用されている代表的な電池（乾電池・鉛蓄電池・燃料電池など）にも触れることになっている。

　中学生にとっては，日常生活で馴染み深い電池と言えば，幼少時から鉄道模型などの動力源として使用したことのある乾電池であろう。企業活動の一環として学校外で実施されている「手づくり乾電池教室」も，小・中学生に大変好評である（三品，2008）[1]。私も理科の教員免許取得科目「理科教材開発演習」で，特別にインターネットを介して「遠隔手づくり乾電池教室」を実施したところ，大学生にとっても電池の構造や仕組みが非常にわかりやすかったと評価された。

　しかし，乾電池の構造や仕組みを中学校理科授業で扱うのは容易ではない。益田（2007）は，「化学変化とエネルギー」を学習する前の公立中学校3年生72名を対象に，乾電池の

中身はどうなっているのか描かせたところ，電池の中に電気が充満していたり，コイル状のものが存在していたり，電線の入り組む機械があったりといった事例を確認し，化学変化によって電流が発生することを指摘できた生徒はいなかったと報告している。呉（2005）

表2.8.1　新学習指導要領での『水溶液とイオン』の配当時数（14時間扱いの場合）

水溶液の電気伝導性	3
原子の成り立ちとイオン	7
化学変化と電池①（電極で起こる反応を中心に）	2
化学変化と電池②（代表的な電池）	2

も，韓国の小・中・高校生110名を対象に調査を実施したところ，42％が「乾電池の中の中身がなくなると寿命になる」「寿命になるとその重さが軽くなる」などの誤概念をもち，それらが「乾電池は電気の缶詰である」という知識から派生していたことを明らかにした。

また，平成11年告示の高等学校学習指導要領の化学Ⅰを見ても，金属のイオン化傾向の中でダニエル電池などは扱われるが，乾電池の構造や仕組みについては「探究活動」の中で扱われ，化学Ⅰを履修した高校生でも，乾電池の構造や仕組みはあいまいなままであると考えられる。

益田（2007）は，中学校3年生に「電流の正体が自由電子」という知識とマンガン乾電池の解体を用いて発展的学習に取り組ませた。授業後3ケ月経過時点で「電池とはどのようなものか」を記述させた調査結果からは，依然として化学変化と結びつけられない中学生が存在したが（実験群11名/36名，統制群22名/36名），電流の正体として自由電子を扱い，その後に電池を捉えるコミュニケーション活動を展開したクラス（実験群）の方が，化学変化によって電気エネルギーが生じることを理解した生徒が多くなっていたと報告している。

そこで，この授業では，小・中学生や大学生に好評だった「手づくり乾電池」を取り入れた授業を開発し，身近なマンガン乾電池の構造や仕組みについて説明できるようにさせたいと考えた。その際には，益田（2007）の知見（電流の正体として自由電子を扱い，その後にコミュニケーション活動を展開する）を生かした展開にした。そして，益田（2007）の研究では明らかにされなかった学習後のマンガン乾電池の構造や仕組みについての認識を調査し，中学生でもマンガン乾電池の構造や仕組みについて説明できるようになるのかを検証することにした。

2．方法

中学生向けの「手づくり乾電池」を取り入れた授業を開発・試行し，中学生がどの程度乾電池の構造や仕組みについて説明できるようになったのかを探った。

(1) 調査対象および実施時期

2008年7月に，試行授業受講予定の千葉県内の公立中学校3年生2クラスを対象にして，事前調査を実施した。2008年10月には，9時間の試行授業を受けた中学生を対象にして事後調査を実施した。なお，調査の分析には，事前・事後調査に回答した44名（男22名・女22名）のデータを用いた。

(2) 調査項目

呉（2005）の調査を参考にして，事前調査として図2.8.1のように乾電池の構造と使用後の質量について説明を求めることにした。また，事後調査では事前調査の「①乾電池の構造」「②使用後の質量」に加えて，授業で扱わなかった発展的課題「治療した歯でアルミはく（アルミニウム）を噛むとびりっとします。どうしてでしょう[2]」にも回答させた。

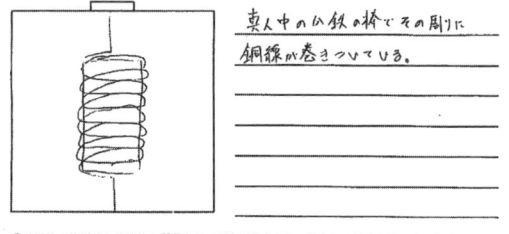

図2.8.1　事前調査の回答例

3．結果と考察

まず，事前調査から中学生の乾電池の構造や仕組みに関する既有知識について探り，授業開発への示唆を得た。

(1) 乾電池に関する知識

図2.8.1の回答例のように授業を受ける前の中学生の中には，乾電池の構造を正確に描けるものはいなかった。図2.8.2には，構造の説明中に言及されたそれぞれの項目の割合を示した。図2.8.2のように「イオン化傾向」「炭素棒が＋極」「層状」「２種類の金属」「亜鉛が－極」にまで言及するものは見られず，化学反応について触れたのは9.1％（4名）であった。これらのことから，自由研究などで乾電池の構造について先取りして学んでいた生徒は，ほとんどいなかったと言えよう。

今回の調査で中学生の回答に特徴的だったのは，図2.8.1のように乾電池内部に導線36.4％（16名）や電磁石13.6％（6名）を描いたものが見られたことであり，その理由には「導線みたいな物が通っていて＋極と－極がつながっている。導線の間に電流がたまっている物がある」「真ん中のが鉄の棒でその周りに銅線が巻きついている」などと書かれていたことである。これらは益田（2007）の調査で確認された事例も含まれるが，小学校や中学校で乾電池を使って学習した電磁石の印象が強く残り，乾電池内部にも導線や電磁石が入っていると考えてしまったためであろう。

使用後の質量については，図2.8.3のように質量保存が理解できていた生徒は52.3％（23名）であり，「電池が消耗するから」などの理由で使用前の方が質量は大きいとした生徒が45.5％（20名）・「使用後の方が重く感じたから」という理由で使用後の方が質量は大きいとした生徒が2.3％（1名）であった。

これらのことから，呉（2005）の調査結果同様に「電池が消耗するから質量が小さくなる」と考えている生徒が半数近くおり，電池と化学反応がほとんど結びつけられず，中学校２年で学んだ化学変化における質量保存が生かせなかったと言えよう。

上述の調査結果から，「手づくり乾電池」を取り入れた授業開発への示唆をまとめると，

以下の3点のようになる。
① 小・中学校で乾電池を用いて学習した内容の影響を受けているので，乾電池内部では化学反応により電流が流せるようになっていることを十分に認識させる。
② 化学変化の場合には，物質の出入りがなければ質量は保存されることを再確認しておく。
③ 中学生は乾電池の構造について知識をもっておらず，電池が電解質水溶液と2種類の金属から構成されているという知識に加えて，乾電池特有の構造についての知識を補う必要がある。例えば，「乾いているから乾電池と呼ばれること」などの知識を補ったり，乾電池に構造が似ている「フィルムケース電池」を作成させるなどして「手づくり乾電池」への橋渡しをしたりすることなども考えられる。

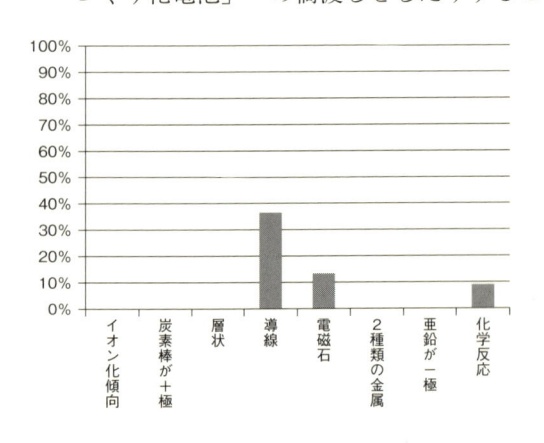

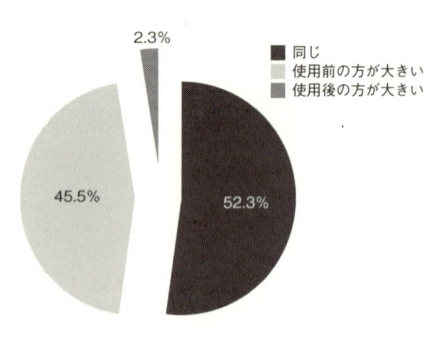

図2.8.2　乾電池の知識（事前）　　　　　図2.8.3　使用後の質量への回答（事前）

次に，これらの示唆を生かして授業を開発し，中学生を対象にして試行した。

(2) 開発した授業の内容

新学習指導要領では『水溶液とイオン』の単元は14時間扱いだが，旧学習指導要領の「化学変化とエネルギー」は4時間扱いで，「化学変化と電気エネルギーの関係を調べよう」には2時間しか配当されていない。そのため，総合的な学習の時間から7時間分を割り振って，9時間で乾電池の構造や仕組みについて説明できるようにさせることをめざした（表2.8.2）。

授業は，益田（2007）の知見を生かして電流の正体として自由電子を扱い，生徒同士のコミュニケーション活動を取り入れた。そして，フィルムケース電池の分解などを通して，乾電池内部では化学変化により電流が流れるようになっていることを確認させながら，フィルムケース電池作成などを通じて「手づくり乾電池」への橋渡しをした。さらに，乾電池についての資料（資料2.8.1）を配布して，「亜鉛が電子を出して－極になっていること」「＋極では炭素棒が電子の受渡し場所となり，電子が＋極材料に受けとめられること」「電解質水溶液はこぼれないように工夫してあること」などを確認した。

8時間目に各自で取り組んだ「手づくり乾電池」では，時間の関係上ラベルシール作成・熱収縮チューブで覆うことは宿題としたが，本体は全員が20分以内に作成し終わり，失敗

することなく豆電球を点灯させることができた。

松下電池の「手づくり乾電池キット（図2.8.4）」を使って，乾電池作成に取り組ませた。

電池の－極には，＋イオンになりやすい亜鉛でできた缶を利用し，＋極側には亜鉛に比べてイオンになりにくく電流が流れやすい酸化マンガン（Ⅳ）を使う。

①亜鉛缶の内側を覆っている紙を湿らせるために水を約1分間入れてから捨てる
②酸化マンガン（Ⅳ）をこぼさないように亜鉛缶の中につめこむ
③内側を覆っている紙で酸化マンガン（Ⅳ）を包み込んで厚紙でおさえる
④プラスチックのふたをして，炭素棒をやさしく打ち込み，先端を5mmほど残す
⑤炭素棒の上に銀色のキャップをのせて打ち込む
⑥ラベルをはり，水色の熱収縮チューブをかぶせて，＋極，－極，全体の順番にドライヤーで熱する（⑥は宿題とした）

表2.8.2　開発した授業の内容

時	学習内容	生徒の活動内容
1 2	水溶液とイオンの導入 化学電池の導入	クルックス管での陰極線の観察などを通じて，原子の構造，電流の正体，金属の特徴を学んだ。フィルムケース電池を分解して見せ，「水溶液と2種類の金属が入っていること」「アルミ箔には穴があいてしまっていること」などを確認して，乾電池の中に電子が溜まっているのでないこと，磁石やコイルが入っているのではないことを確認した。
3 4	電解質水溶液とイオン	蒸留水・食塩水・砂糖水に電流を流す実験を通して，水に溶かした時電流が流れる物質を電解質，その水溶液を電解質水溶液ということを確認した。 【コミュニケーション活動①】食塩水と砂糖水の違いは何か？ モデルを用いて，電気を帯びた原子をイオンといい，水溶液に電流が流れる時には，イオンがあることを確認した。
5 6 7	電解質水溶液と2種類の金属の関係	【コミュニケーション活動②】亜鉛を塩酸に入れると水素が発生する理由は？ 塩酸に亜鉛板や銅板を入れる実験を通して，陽イオンになりやすさにも順番があることを確認した。 【コミュニケーション活動③】亜鉛と銅を接触させて塩酸に入れると銅からも水素が発生する理由は？ 塩酸に亜鉛板と銅板を同時に入れて，導線で結ぶと電流が流れることを実験で確認し，塩酸に2種類の金属板を入れると電流が取り出せることを確認して，電解質水溶液と2種類の金属板で電流が取り出せ，この装置を化学電池ということを確認した[3]。 【コミュニケーション活動④】2種類の金属を導線でつないで塩酸に入れると電流が取り出せる理由は？ いろいろな金属や水溶液を組み合わせて，なるべく電流を取り出そうとする実験を通じて，2種類の金属板の面積が大きいほど，電解質水溶液が濃いほど電流が取り出せることを確認した。

8 9	化学電池とエネルギー いろいろな電池	班ごとに，フィルムケース電池（フィルムケースの内側を＋イオンになりやすいアルミ箔で覆い，さらに飽和食塩水につけたキッチンペーパーでアルミ箔の内側を覆って，活性炭と飽和食塩水を詰め込み，フィルムケースのフタをして上から鉄の釘を打ち込んだ）・スライム電池（フィルムケースにスライムを入れて，マグネシウムリボンを－極，園芸用銅板を＋極とした）を作成し，ボルタの電池との違い（水溶液がこぼれないことなど）を確認した。 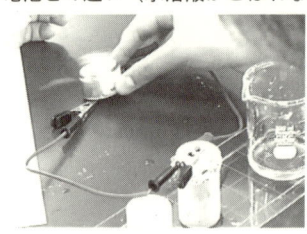  各自で「手づくり乾電池」作成に取り組み，資料2.8.1を配布して，「亜鉛が電子を出して－極になっていること」「＋極では炭素棒が電子の受渡し場所となり，電子が＋極材料に受けとめられること」「電解質水溶液はこぼれないように工夫してあること」などを確認した。 　ゼネコンを用いた塩化銅水溶液の電気分解を通して，電池とは逆の反応を体験した。その後，千葉県立安房高等学校化学部の活躍を紹介し，化学部員3名の指導による「安房高校型燃料電池作成（野曽原，2007）」に班ごとに取り組んだ。 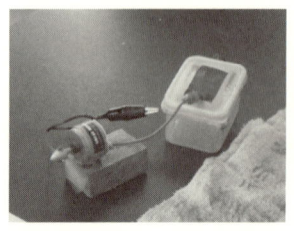 

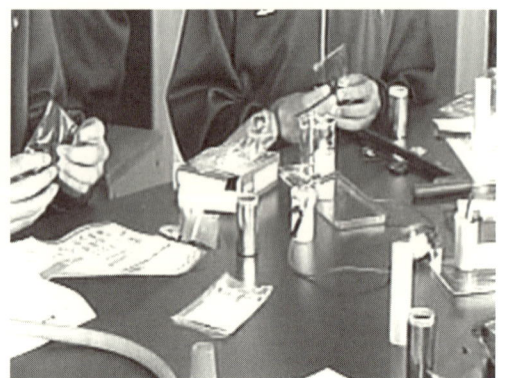

図2.8.4　左：手づくり乾電池（下半分が材料），右：手づくり乾電池作成の様子

(3) 授業後の乾電池の理解状態

　図2.8.5の例のように，事後調査の段階になると乾電池の構造を正確に描けた生徒が，84.4％（38名）になった。素材が提示されなくとも，事前調査で見られた導線・電磁石は見られなくなり，理由には図2.8.6のように「炭素棒が＋極」100.0％（44名）「2種類の金属」22.7％（10名）「亜鉛が－極」72.7％（32名）「化学反応」63.6％（28名）といった記述が見

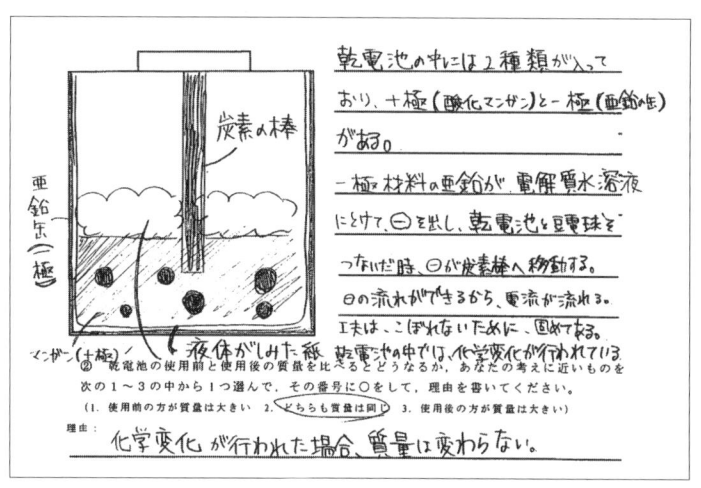

図2.8.5 事後調査の回答例

られるようになった。

　特に，「亜鉛が－極」が72.7%になり，電子を出しやすい亜鉛が－極になると考えられるようになっていた。また，「化学反応」も63.6%に増えて，電池内部では「化学変化」によって電流が流れるようになっていると理解されるようになった。

　使用後の質量については，図2.8.7のように質量保存が理解できていた生徒は93.2%（41名）となり，「化学反応が起こり，電子がなくなった」といった理由から使用前の方が質量は大きいとした6.8%（3名）を除けば，乾電池内部における化学変化でも，物質の出入りがなければ質量は保存されると認識されるようになったと言えよう。

　さらに，発展的課題にも学んだ知識を活用して推論できたのかを探った。

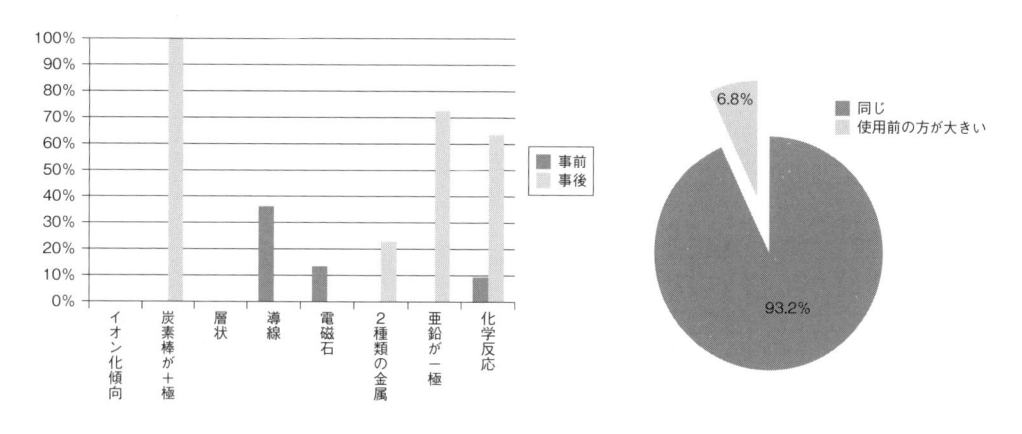

図2.8.6　乾電池の知識（事前・事後）

図2.8.7　中学生の使用後の質量への回答（事後）

(4) 発展的課題の正答率

　中学生にとっては難しい課題だが，学んだ知識を活用すれば説明できるガルバニック電

流について説明させた。15.9％（7名）が「歯の中にある金属とアルミニウムが，唾液が電解質水溶液となり化学反応している」のように2種類の金属と電解質水溶液にまで言及し，61.4％（27名）が「電子がアルミはくから歯につめてある金属に移動し，その時に電流が発生したから」のように金属間の電子の移動で説明し，合わせて77.3％（34名）が正しい説明になっていた。残りの22.7％（10名）の生徒の回答は，「電子は金属中を通る。だから電流が流れた」などの説明不足であった。これらの結果から，75％以上の生徒が異なる状況での電池の仕組みについても説明できるようになっており，基本的な電池の構造についても理解されたと見てよいだろう。

　上述してきた結果から，試行授業を受けたほとんどの中学生が，乾電池の構造について「亜鉛が－極」「化学変化」などを用いて説明できるようになっており，乾電池内部での化学変化における質量保存についても理解し，発展的課題についても学んだ知識を生かして説明していたことから，開発した授業は乾電池の構造や仕組みを理解する上で有効であったと評価されよう。

4．まとめと今後の授業への示唆

　事前の段階では，乾電池の構造を正確に描ける中学生はおらず，乾電池内部には導線や電磁石が入っていると考えている生徒も見受けられた。使用後の質量についても，化学変化における質量保存が理解できていた生徒は半数程度であった。事前調査結果から得られた試行授業への示唆は，「乾電池内部では化学反応により電流が流れるようになっていること」「化学変化の場合には物質の出入りがなければ質量は保存されること」をよく認識させ，フィルムケース電池作成などを通じて「手づくり乾電池」へ橋渡しすることなどである。そして，－極では「亜鉛が陽イオンとなり電子を出している」，＋極では「－極から出された電子が炭素棒が受渡し場所となって＋極材料に受けとめられている」といった説明を用いることである。これらの示唆を生かして，「手づくり乾電池」を取り入れた9時間の授業を展開したところ，84.4％の生徒が乾電池の構造について「亜鉛が－極」「化学変化」などを用いて説明できるようになり，93.2％の生徒が乾電池内部での化学変化における質量保存について理解し，77.3％の生徒が状況の異なる電池の仕組みについても学んだ知識を生かして推論するようになる効果が，事例を通じて示された。

　今後の授業への示唆としては，乾電池の＋極の説明が難しいので，本授業のようにコア知識「電池では，イオンになって電子を出す方が－極になる」のように－極の反応に注目させて，＋極については「－極から出された電子が炭素棒が受渡し場所となって＋極材料に受けとめられている」といった程度に留めることが大切であろう。

注
1）手づくり乾電池教室
　　　パナソニック株式会社エナジー社http://panasonic.co.jp/ec/study/index.htmlでは，社会貢献の一環として「手づくり乾電池教室」を開催し，遠隔地での開催にも携帯電

話やインターネット回線を介した「遠隔電池教室」で対応している。また,「手づくり乾電池キット」については,有償での斡旋も行っている。
2) 治療した歯でアルミ箔を噛むと,2種類の金属が唾液を介して接触することになり,電流が流れる。この電流のことをガルバニック電流(galvanic current)と呼んでいる。
3) 塩酸に亜鉛と銅板を導線で結んで入れると,亜鉛からも若干の水素が発生するが,事前に亜鉛と銅を接触させて塩酸に入れた時にも同様の現象を観察し,亜鉛だけでなく銅からも水素が発生した理由を考えており,亜鉛からも水素が発生することには抵抗なく,特に混乱した様子は見られなかった。

文献

呉世現(2005)乾電池に関する誤概念体系とその修正のストラテジーについて,教授学習心理学研究,第1巻,第2号,pp.59-75。
野曽原友行(2007)高効率・簡易燃料電池の開発,平成18年度東レ理科教育賞受賞作品集,pp.11-14。
益田裕光(2007)学習内容の構造化を図る指導が学習者の概念の深化・拡大に及ぼす影響－化学変化と電気エネルギーをつなぐ自由電子の学びを通して,理科教育学研究,第48巻,第2号,pp.71-82.
三品節(2008)手づくり乾電池教室「出張電池教室」パナソニック(株)エナジー社の取り組み,Rikatan, Vol.2, No.11, pp.24-27。
文部科学省(2008)中学校学習指導要領解説 理科編,大日本図書.
文部省(1999)中学校学習指導要領(平成10年12月)解説－理科編,大日本図書.

資料2.8.1　配布資料

乾電池のつくりと仕組み

　現在，世界で一番多く使われている電池といえば，古くからあるマンガン電池である。値段も比較的安く，どこででも一番手に入りやすい。学習したとおり「＋極と－極になる2種類の金属と電解質水溶液」があれば電池をつくることができる。マンガン電池も同じである。

1　マンガン電池の構造
◇2種類の金属
　－極材料…亜鉛
　　　　　表面積を大きくするため，容器をかねて筒
　　　　　状になっている。
　＋極材料…酸化マンガン（Ⅳ）
◇電解質水溶液…塩化亜鉛水溶液
　　　　　酸化マンガン（Ⅳ）と黒鉛の粉末を練り合わせたゲル状にし，こぼれないように工夫してある。
　　　　　水分はあってもこぼれないことから「乾いた電池」「乾電池」と呼ばれる。

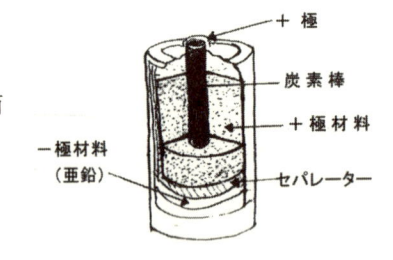

2　電流が取り出せるしくみ
①－極材料の亜鉛が電解質水溶液に溶け出し陽イオンとなる。その時，電子を放出する。
②乾電池と豆電球を導線でつなぐと，電子が＋極の炭素棒に向かって移動する。
　電子が移動するので電流が流れる。

　このように，乾電池の内部では化学反応が起こり電子がつくられている。乾電池は言いかえれば，電子の移動を生み出す装置。私たちは，乾電池の内部で起こっている化学反応を持ち歩いているということになる。化学反応が起こっているのだから，使い方を間違えると，液だれや破裂などの原因になるので十分注意が必要。

3　豆知識
　マンガン乾電池は，休み休み使うとパワーが回復する性質がある。そのため，懐中電灯や小さな電力で動く置き時計などに向いている。

4　乾電池の歴史
　この乾電池を発明したのは，日本の屋井先蔵（1863～1927年）。彼は液がこぼれない電池をめざして改良を重ねた。そして，水溶液をのり状にかためることを思いつき，乾電池

を完成させた。

5　乾電池のいろいろ

　身近な電池としてはアルカリ乾電池もある。アルカリ乾電池の電解質水溶液には，水酸化カリウムという強いアルカリ性の物質が使われている。アルカリ乾電池はマンガン電池に比べて3～5倍程度長持ちするので，大きなパワーが必要なもの（例えばモーターを使った電気機器，おもちゃなど）に適している。

　他にも何度も充電して使える電池もある。携帯電話などの普及に応じて，ますます小型で軽量，長時間使用できる電池が求められている。様々な電池が開発されているが，化学反応によるエネルギーを取り出すために，＋極や－極になる物質などを工夫している。

IX コア知識を用いて一貫した説明を促すコミュニケーション活動の効果

　第2章では，第1章で述べてきたコア知識を用いて一貫した説明を引き出すコミュニケーション活動：従来の観察・実験を中心にした優れた日本の理科授業を継承しつつ，

①コア知識を意識して獲得させる

②コア知識を使えば何とか回答の糸口が見いだせる発展的課題に取り組ませる

③コミュニケーション活動の中でお互いに「その考えは筋が通っていますか」と確認させる

の8つの授業例とその効果について述べてきた。第2章を終えるにあたって，8つの授業の効果についてまとめておく。

　Ⅰ（研究8）では，小学校5・6年の溶解の学習で，単元を超えて粒子モデルを用いて一貫した説明を促した効果について検討した。その結果，児童は粒子モデルを用いて水溶液の状態を説明するようになり，発展的課題では容器がつぶれた印象にとらわれずに学んだ知識を活用して推論していた児童が多くなっていた。関連づけについては知見が十分に蓄積されていないという指摘もあるが，学年や単元を超えて一貫して粒子モデルで学ぶことにより，粒子モデルの使用が促され，発展的課題についても学んだ知識を適用して推論できるようになる効果が，事例を通じて確認された。

　Ⅱ（研究9）では，中学校1年『物質の状態変化』の授業で，コア知識一覧表を生かした授業を展開し，小・中学校の理科学習内容のつながりを意識させられるのか，どのような影響が生じるのか調査して検討した。その結果，「粒子の運動」が『物質の状態変化』とつながっていると認識され，発展的課題には直接粒子モデルを教示されなくても，60%以上の生徒が粒子モデルを使って一貫した説明をするようになっていた。

　Ⅲ（研究10）では，中学校1年『光の性質』の授業で，読み物を用いて実像や虚像に関するコア知識を獲得させることで，光学機器に関する発展的課題に取り組めるようになるのかを検討した。その結果，事前調査では下位だった改善授業クラスが，授業中に読み物で解説が補われたことによって，実像の作図・凸レンズの一部を覆う場合や2枚の凸レンズを用いる場合などの発展的課題で，通常授業クラス・読み物補充クラスの平均得点を上回るようになっていた。

　Ⅳ（研究11）では，中学校2年『酸化と還元』の授業で，「化合力」をコア知識として導入し，どの程度一貫した説明を促すことができたのか，未習の課題にも「化合力」を用いて一貫した説明ができるようになったのかについて検討した。その結果，「化合力」を用いての一貫した説明が促され，一貫して説明するようになると，「課題に対する説明の

正答率」や「理解が深化したという認識」が遅延調査の段階まで保持されるようになっていた。

Ⅴ（研究12）では，中学校２年『動物の分類』の授業で，第１段階として脊椎動物の４つの分類の観点（呼吸・生殖・体温・形態），第２段階として誤って分類しやすい脊椎動物（ワニ・クジラ・ペンギン・コウモリ）に関するカウンターパートを設定した２段階Jigsaw法を用いて，発展的課題に多様な観点から脊椎動物の分類ができるようになったのかを検討した。その結果，事前・事後・遅延調査からは，遅延調査の段階でも脊椎動物の分類についての理解を保っていたことが示された。第２段階カウンターパート導入前の課題１と導入後の課題３での発話の比較からは，課題１では生活場所や運動・外形のみに着目しての分類から抜け出すことができず，誤りも多くなっていたが，課題３では第１段階で担当した観点から適切に分類できるようになっていた。

Ⅵ（研究13）では，中学校２年『電流と回路』の授業で，水池・パチンコバネモデルとコア知識を導入し，２つの電熱線の並列つなぎと直列つなぎの場合の発熱量について，具体的なイメージをもって，各回路の特徴を踏まえた説明ができるようになったのかを検討した。その結果，コア知識やモデルを操作した経験を生かして発熱課題・明るさ課題にうまく回答し，交通流モデルからの脱却も支援できた。そして，発熱課題に一貫してコア知識やモデルを使って説明しようとした一貫群は，明るさ課題の正答率や交通流モデルからの脱却状況も他を凌いでいた。

Ⅶ（研究14）では，中学校２年『大気中の水蒸気の変化』の授業で，コア知識を明示してグループでのコミュニケーション活動を通じて，雲のでき方を説明できるようになったのかを検討した。その結果，雲のでき方についての説明は，前年度の定期テストで正答率15％程度であったが，コア知識を獲得させて取り組ませたコミュニケーション活動により個人で93.9％，班で100％の正答率を得ることができた。

Ⅷ（研究15）では，中学校３年『水溶液とイオン』の授業で，コア知識と「手づくり乾電池」を取り入れた授業を展開し，マンガン乾電池の構造や仕組みについて説明できるようになったのかを検討した。その結果，事前の段階では，乾電池内部には導線や電磁石が入っていると考えている生徒も見受けられたが，84.4％の生徒が乾電池の構造について「亜鉛が－極」「化学変化」などを用いて説明できるようになり，93.2％の生徒が乾電池内部での化学変化における質量保存について理解し，77.3％の生徒が状況の異なる電池の仕組みについても学んだ知識を生かして推論していた。

Ⅰ～Ⅷの結果から，新たに開発したコミュニケーション活動は，役割分担とワークシートを導入することで基本的なコミュニケーション活動の課題を克服し，今まで焦点が当てられてこなかった一貫した説明を生徒同士で「その考えは筋が通っていますか」と確認し

合うことで促し，特に発展的課題において表面的な状況に左右されずに学んだ知識を適用して説明するようになり，遅延調査の段階まで理解を保持する効果が実証されたと言えよう。

第3章

コア知識を用いて一貫した説明を引き出す授業のためのガイド

3

第1章のコミュニケーション活動開発，第2章の授業事例の知見をまとめて，コア知識を用いて一貫した説明を引き出すコミュニケーション活動を概略図で表すと，図3.0.1のようになる。

　第3章では，図3.0.1に従って，小・中学校理科の全単元で一貫した説明を引き出すコミュニケーション活動を展開するためのガイドを提供する。このガイドを参考にして，時間が経過しても学んだ知識が削ぎ落ちないような授業を展開してほしい。

```
┌─────────────────────────────────────┐
│  従来どおりの観察・実験を中心にした理科授業を展開  │
└─────────────────────────────────────┘
        ↓
   ┌───────────────────────────┐
   │   コア知識を意識して獲得させる   │
   └───────────────────────────┘
        ↓
    ┌─────────────────────────┐
    │ コア知識を使えば何とか回答の糸口が見いだせる │
    │       発展的課題に取り組ませる       │
    └─────────────────────────┘
        ↓
     ┌───────────────────────┐
     │ お互いに「その考えは筋が通っていますか」 │
     │           と確認させる           │
     └───────────────────────┘
        ↓
      ┌─────────────────┐
      │  コア知識を用いた一貫した  │
      │     説明が促される     │
      └─────────────────┘
        ↓
       ┌───────────────┐
       │ 時間が経過しても学んだ │
       │  知識は削ぎ落ちない  │
       └───────────────┘
```

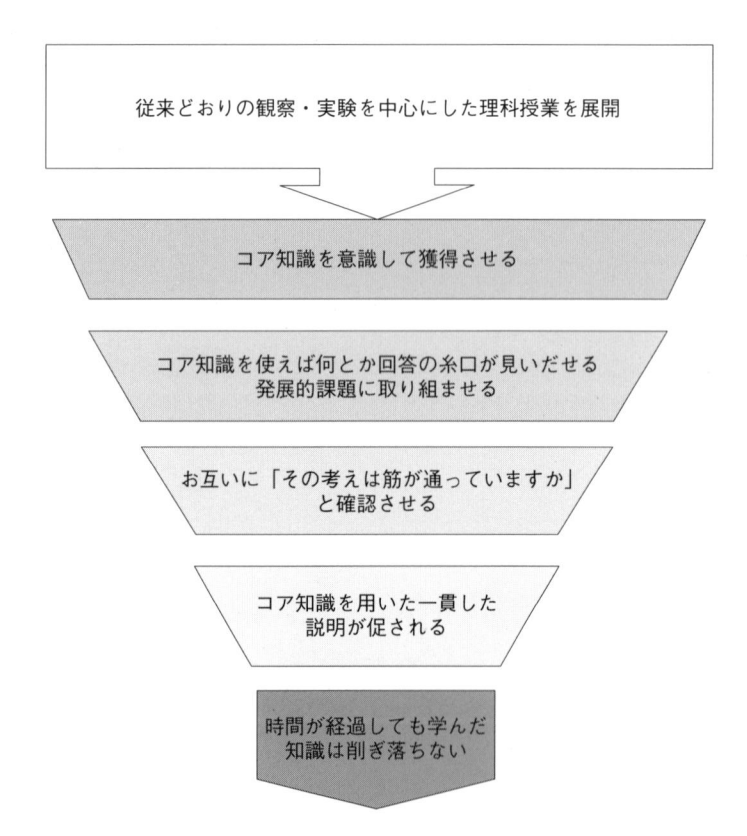

図3.0.1　コア知識を用いて一貫した説明を引き出すコミュニケーション活動

I ガイド

　このガイドでは，小・中学校の理科授業において，コア知識を生かして一貫した説明を引き出すコミュニケーション活動を展開するためのものである。私は，大学生の模擬授業の際にも，現場での授業研究会でも，このガイドを持参し，必要ならば参加者にコピーして配布して，単元のねらい，既習事項とのつながり，最低限獲得させる知識，指導上の留意点について確認し，単元終了時にはどういった発展的課題に取り組ませようとしているのかについて質問している。
　そして，コミュニケーション活動の留意点としては，以下のの3点をあげている。

1．コミュニケーション活動の目的を明確にする

　学習指導要領（理科）では，小学校で「…見方や考え方をもつことができるようにする」，中学校で「…見方や考え方を養う」となっているので，何でもよいから見方や考え方をもつようになればよいと勘違いして，活動の目的についての検討が十分になされないことがある。単にレポートを書いたり，話し合ったりすることがコミュニケーション活動の目的ではないので，自分の情熱を傾けられ，児童・生徒の実態とも合致する自身なりの目的をはっきりさせて，理科授業に臨みたい。
　私は，理科のコミュニケーション活動の目的の一つが，証拠に基づいた論理的思考・表現の涵養だと考えている。今後ますます国際化が加速することを睨んで，英語習得がめざされているが，論理は英語よりも幅広く共通で，文化的背景が異なっていても通用するからである。英語は英語の時間でも，読み書きは国語の時間でも育めるので，理科の時間には，観察・実験を重要視するという教科の特性に鑑みて，証拠をもとにした論理的な思考・表現を育みたいと思っている。大学生や大学院生になって，就職試験でエントリーシートを書く時や面接を受ける時になってはじめて，論理の重要性を認識するのでは遅すぎる。小学生の頃から，理科授業を通して証拠に基づいた論理的な思考・表現を育みたい。
　理科のコミュニケーション活動の目的が，証拠に基づいた論理的思考・表現の涵養に定まれば，単元の目標も「○○の観察・実験を通して，△△の性質を見いだし，□□についても説明できる」のように具体的になる。児童・生徒の説明に論理矛盾があれば，躊躇なく介入し，授業にも迫力が出てくる。

2．学んだ知識が生かせる課題に取り組ませる

　学んだことを用いても手がつけられない課題では，児童・生徒は無力感を感じてしまう。学んだことを生かして，何とか解答の糸口が見いだせるような課題を選択して，児童・生徒に理科学習の有用性を実感させたい。
　そこで私たちの研究室では，今までに苦労して学び取った知識を一度整理して，単元のコア知識を獲得させてから，発展的課題に取り組ませている。コア知識を獲得しているの

で，従来はほとんど授業に参加しなかった児童・生徒が，積極的に説明するようになる姿も見られるようになった。

とは言え，学んだ知識が生かせて，かつ先取り学習した児童・生徒が話し合いを支配しないように，教科書には載っていない，塾でも教えていない課題を見つけるのは難しい。最もよい課題は，実際の授業で出された児童・生徒の疑問である。例えば，「海の底の方は何度なのかな？」という児童・生徒の疑問を聞いたことがあれば，水の密度を学んでから，「深海の水温は何度になるのか説明してみよう！」という課題に取り組ませるとよいだろう。

水深が深くなるにつれて水温も下がるが，0℃以下になると氷になって浮き上がってしまうので，水温にも下がる限度があることに気づくだろう。塾で水の密度は4℃付近で最大になると習ったという児童・生徒がいる場合には，「海水の場合は？」と問いかけてもいいだろう（水深3,000m以深では水温は1.5℃程度で一定になる）。重要なのは，学んだ知識をもとに，論理的に深海の温度が推測できるかどうかである。論理的に深海の温度について考えていくと，水の密度についての理解が深まり，水の特別な性質によって地球が支えられていることに気づくだろう。

私も大学生に小・中学校の理科授業のビデオを見せた後に，ビデオの内容に関連するコミュニケーション活動に取り組ませているが，課題は子どもたちが発した以下のような疑問である。

「海ガメはどうして陸に卵を産むのか説明してみよう！」
「太い電熱線と細い電熱線が並列・直列につながれた場合，発熱量の結果が違う理由を説明してみよう！」
「氷河はなぜ青いのか説明してみよう！」

実際に子どもから出された疑問なので，ストーリーがつけやすく，大学生たちも真剣に取り組んでいる。そして，「ハチュウ類の卵は呼吸しているんだ」などと感動して，さらに理解を深めている。

3．一貫した説明を促す

一貫した説明には，学習内容理解を促したり，発展的課題への既習知識活用を促したりする効果がある。しかし，表面の状況に左右されずに本質を見抜いて一貫して説明するのは，容易なことではない。

そこで研究8では，小学校5年『もののとけ方』で，観察・実験，粒子モデル操作，模擬体験を通して，コア知識「食塩水では，食塩の粒が目に見えないほど小さくなり，動いている水の粒に取り囲まれて均一になっている」を明示し，様々な食塩の溶解状態について，ワークシートに自分の考えを書かせてから，児童同士でお互いに説明は「筋が通っていますか」と確認させた。その結果，市販のワークテストでほとんどの児童が満点を取り，授業もよくわかったと回答した。

また研究11では，中学校3年生の『酸化と還元』の授業で，酸化還元の説明に広く適用できる「化合力」をコア知識として明示し，生徒同士でお互いに「その考えは筋が通って

いますか」と確認させた。その結果，未習課題「たたら製鉄」の説明にも，「化合力」を用いて一貫した説明をするようになり，遅延調査の段階では，「化合力」を用いた説明の割合がさらに増加していた。

　ここで，児童・生徒が誤って一貫した説明を続けた場合のことが気にかかる。なるべく誤った説明をしないようにコア知識を意識させているが，仮に誤っていても一貫している方が，科学的な考えに転換されやすいと指摘されている。これは，一貫した説明ができるほどにメタ認知（自らの理解状況を把握したり，コントロールしたりすること）が育まれていれば，自分の考え方が誤っていると気づいた時点で，一気に修正できるのだと解釈できる。

　文部科学省が提示している「言語活動を充実させる指導と事例」でも，中学校1年『大地のつくりとその変化』の例で，以下のように一貫した説明を促している。
　「一部に，岩石の光り具合など第一印象にとらわれてしまった実験班もあったが，『これまでに得た知識や学習経験などが根拠となっているかな』と，問い返しをすることで，より深く，筋道立てた思考へと導くことができた」。

文献

文部科学省「言語活動を充実させる指導と事例」
小学校理科：
http://www.mext.go.jp/a_menu/shotou/new-cs/gengo/1300866.htm
中学校理科：
http://www.mext.go.jp/a_menu/shotou/new-cs/gengo/1306154.htm

Ⅱ 小学校

　小学校理科授業では，3年生：事物・現象を比べる，4年生：変化とその要因を関係づける，5年生：条件制御しながら観察・実験を行う，6年生：推論する　といった明確なねらいがある。これらのねらいを意識した授業を展開する。

〈小3〉

1. しぜんのかんさつをしよう(1)「植物のすがた」4月　6時間

(1) 単元のねらい
　・身の回りの生物のようすやその周辺の環境とのかかわりを比較する能力を育てる。
　・身の回りの生物のようすを調べ，生物とその周辺の環境との関係について，
　　ア　生物は，色・形・大きさなどの姿が違うこと
　　を理解させる。

(2) 主な内容・既習事項とのつながり
　・植物については，色や形，大きさなどの姿がそれぞれに違い，植物ごとに特徴があることを見いださせる。
　・植物の葉については，緑色をしているという共通性を見いださせる。

(3) 単元の評価規準の設定例

自然事象への関心・意欲・態度	科学的な思考・表現	観察・実験の技能	自然事象についての知識・理解
・身の回りの植物に興味・関心をもち，調べようとする。 ・身の回りの生物に愛情をもってかかわろうとしている。	・身の回りの植物を比べながら，相違点や共通点に目を向けている。	・虫眼鏡や携帯顕微鏡を適切に使用して観察を行っている。 ・植物観察結果を観察シートなどに記録している。	・生物は，色・形・大きさなどの姿が違うことを理解している。

獲得すべきコア知識：〈生物は環境とかかわって生きている〉

発展的課題の例：タンポポと似た植物を採取して，タンポポと比較して，違いを説明してみよう！
>>タンポポ（キク科タンポポ属）と似た別名タンポポモドキというブタナ（キク科エゾコウゾリナ属）を比較してもよい。

(4) 留意点
　・はじめての理科学習となるので，理科への関心・意欲を高め，学ぶことが楽しくなるような授業展開にする。
　・生活科で扱った身の回りの生物と関連させる。
　・生物の採取は，最小限にとどめさせる。
　・校庭や校外での観察の際には，安全に留意させるとともに，観察の目的を明確にさ

せておく。
- 絶対にルーペで太陽を見ないように留意させる。
- 毒をもつ生物に触れないように留意させる。

2. 植物をそだてよう　　4月〜5月 5時間・6月 2時間・7月 2時間・9月 4時間

(1) 単元のねらい
- 植物の成長過程と体のつくりを比較する能力を育てる。
- 身近な植物を探したり育てたりして，成長の過程や体のつくりを調べ，
  ア　植物の育ち方には一定の順序があり，その体は根・茎・葉からできていることを理解させる。

(2) 主な内容・既習事項とのつながり

既に獲得したコア知識
小学校第3学年『しぜんのかんさつをしよう』
〈生物は環境とかかわって生きている〉

- 生活科で学習した栽培などの経験も生かして，自分が育てると決めたヒマワリやホウセンカなどを丈夫に育てるための計画を立てさせ，観察カードなどに記録させる。
- 発芽の様子，子葉の形や色，葉や茎の様子，花や実の様子を観察・記録させる。
- 自分が選んで育てた植物と他の植物との共通点（花が咲き，実ができ，枯れていくなど）を見いださせる。

(3) 単元の評価規準の設定例

自然事象への関心・意欲・態度	科学的な思考・表現	観察・実験の技能	自然事象についての知識・理解
・栽培する植物に興味・関心をもち，育て方などを調べようとする。 ・栽培する植物に興味・関心をもち，愛情をもって育てようとしている。	・植物の発芽のようすを比較し，差異点や共通点を考察し，自分の考えを表現している。 ・植物の成長の様子を比較し，差異点や共通点を考察し，自分の考えを表現している。 ・植物の根のようすを比較し，差異点や共通点を考察し，自分の考えを表現している。 ・植物の花・実・種の様子を比較し，差異点や共通点を考察し，自分の考えを表現している。	・栽培する植物の種のようすを虫眼鏡などで観察し，特徴を記録している。 ・栽培する植物の発芽のようすを観察し，特徴を記録している。 ・栽培する植物の成長のようすを観察し，成長の様子や特徴を記録している。 ・栽培する植物の根のようすを観察し，特徴を記録している。 ・栽培する植物の花や実や種のようすを観察し，特徴を記録している。	・植物の体は，根・茎・葉からできていることを理解している。 ・植物の育ち方には，一定の順序があることを理解している。

獲得すべきコア知識：〈花が咲くと実ができる〉

発展的課題の例：校庭や通学路で見られる植物が，ヒマワリやホウセンカと同じ成長の仕方かどうか説明してみよう！
>>ヒマワリやホウセンカのように，花が咲いた後に実ができるという共通性がある。

(4) 留意点
・観察カードは，成長順がわかりやすくなるようにまとめさせる。
・複数の種を比較させながら，十分に時間をかけて観察させる。

3．こん虫をそだてよう　5〜6月　13時間
(1) 単元のねらい
・昆虫の成長過程と体のつくりを比較する能力を育てる。
・身近な昆虫を探したり育てたりして，昆虫の成長の過程や体のつくりを調べ，
　ア　昆虫の育ち方には一定の順序があり，成虫の体は頭・胸・腹からできていることを理解させる。

(2) 主な内容・既習事項とのつながり
・校庭や花壇で見かけるチョウやダンゴムシなどの昆虫を取り上げ，成長過程と体のつくりを観察して比較させる。
・プール清掃の際にヤゴを採取して，トンボの飼育・観察をすることで，完全変態と不完全変態の違いを理解させる。
・昆虫の観察から，昆虫の育ち方には一定の順序（卵→幼虫（→蛹）→成虫）があること，成虫の体は頭・胸・腹からできていること，胸には3対6本のあしがあることを見いださせる。

(3) 単元の評価規準の設定例

自然事象への関心・意欲・態度	科学的な思考・表現	観察・実験の技能	自然事象についての知識・理解
・身近な昆虫について興味・関心をもち，愛情をもって探したり育てたりしようとする。	・身近な昆虫の体のつくりを比較し，共通点や差異点を表現している。	・昆虫の成長のようすや体のつくりを虫眼鏡などで適切に観察している。 ・昆虫の成長のようすや体の特徴を記録している。	・昆虫の成虫の体は頭・胸・腹の3つの部分からなり，胸には3対6本のあしがあることを理解している。 ・昆虫の育ち方には，一定の順序があることを理解している。

獲得すべきコア知識：〈昆虫の体は，頭・胸・腹からできていて，胸からあしが6本出ている〉

発展的課題の例：カブトムシの体のどこが頭・胸・腹なのか説明してみよう！
>>あしが出ているところが胸で，腹は他の部分よりも比較的柔らかい部分。

(4) 留意点
・幼虫は皮を脱ぎながら大きくなっていくことなどに気づかせる。
・動いている時にも，体の曲がり具合から頭・胸・腹を見分けられるものを選ぶとよい。

4．しぜんのかんさつをしよう(2)「動物のすがたとかんきょう」6～7月 4時間

(1) 単元のねらい
- 身の回りの生物のようすやその周辺の環境とのかかわりを<u>比較</u>する能力を育てる。
- 身の回りの生物のようすを調べ，
    - ア　生物は，色・形・大きさなどの姿が違うこと
    - イ　生物は，その周辺の環境とかかわって生きていること
  を理解させる。

(2) 主な内容・既習事項とのつながり
- 校庭や学校の周りで，カエルやトカゲなどの小動物を見つけ，どのように生活をしているのか観察させる。
- たくさんの生き物が，周りの環境とかかわり合って生きていることを観察して実感させる。

(3) 単元の評価規準の設定例

自然事象への 関心・意欲・態度	科学的な思考・表現	観察・実験の技能	自然事象についての 知識・理解
・身の回りの生物の採取は最小限にとどめながら，動物や植物に興味・関心をもち，調べようとする。	・身の回りの動物を比べながら，それぞれの違いや共通点に目を向け，生息マップづくりなどを行っている。	・虫眼鏡や携帯顕微鏡を適切に使って観察している。 ・身の回りの動物を観察し，その結果を観察カードに記録している。	・動物の種類は，色・形・大きさなどに特徴をもち，環境とかかわり合って生きていることを理解している。

獲得すべきコア知識：〈生物は環境とかかわって生きている〉

発展的課題の例：トカゲやカエルをどのように飼育したらよいのか説明してみよう！
>>観察した小動物を見つけた場所やよく見かける場所と似た環境をつくって飼育する。

(4) 留意点

　飼育する際，小動物をたくさん飼いすぎたり，同じ飼育ケースに複数種類入れてしまうと，観察したい小動物の生態がわからなくなるので留意する。

5．風やゴムのはたらきをしらべよう　9～10月 7時間

(1) 単元のねらい
- 風やゴムの力を働かせた時の現象の違いを<u>比較</u>する能力を育てる
- 風やゴムでものが動くようすを調べ，
    - ア　風の力は，ものを動かすことができること
    - イ　ゴムの力は，ものを動かすことができること
  を理解させる。

(2) 主な内容・既習事項とのつながり
- 一人１台の車づくりに取り組ませ，風やゴムで動くようにさせる。
- 風やゴムの力を調整して，動く距離を調節できるようにさせる。

(3) 単元の評価規準の設定例

自然事象への関心・意欲・態度	科学的な思考・表現	観察・実験の技能	自然事象についての知識・理解
・風の力の働きに興味・関心をもち，調べようとする。 ・ゴムの働きに興味・関心をもち，調べようとする。 ・風やゴムの力の働きを活用して，ものづくりをしようとする。	・風を当てた時の車の動くようすを比較し，予想をもち，実験結果をもとに考察し，表現している。 ・ゴムを引いた時の車の動くようすを比較し，予想をもち，実験結果をもとに考察し，表現している。	・風を受けた時の車の走るようすについて，記録している。 ・ゴムが元に戻ろうとする力で走る車のようすについて，記録している。	・風の力は，ものを動かすことができることを理解している。 ・ゴムの元に戻ろうとする力は，ものを動かすことができることを理解している。

獲得すべきコア知識：
〈ものに力がかかると，変形したり運動したりする〉
〈ゴムは元に戻ろうとする〉

発展的課題の例：ゴムは夏と冬ではどちらがよく伸びるのか説明してみよう！
>>温度が高い夏の方がよく伸びる。元に戻ろうとする力も大きくなる。

(4) 留意点
- 実験場所は広くて平らな体育館が適しているが，送風機用の電源コンセントの位置などを事前に確認しておく。
- 他のグループと実験結果を比較するために，ゴムの太さや本数は共通にして実験させる。
- ゴムを扱う際には，安全に配慮させる
- 複数回実験を行ってから，結論を出させる。
- 表を使って風やゴムの強弱と進む距離のデータを整理して比較させる。

6．太陽のうごきと地面のようすをしらべよう　10～11月　10時間

(1) 単元のねらい
- 日陰の位置の変化と太陽の動きとを関係づけたり，日なたと日陰の地面のようすの違いを比較したりする能力を育てる。
- 日陰の位置の変化や日なたと日陰の地面のようすを調べ，
  ア　日陰は太陽の光を遮るとでき，日陰の位置は太陽の動きによって変わること
  イ　地面は太陽によって暖められ，日なたと日陰では地面の暖かさや湿り気に違いがあること
  を理解させる。

(2) 主な内容・既習事項とのつながり

既に獲得したコア知識
小学校第3学年『光の性質』
〈光はまっすぐ進む〉 〈光を集めると明るくなる〉 〈太陽の光（白色）が吸収されると黒っぽく見える〉

・影踏み遊びをさせたり，影を観察させたりすることで，太陽と影の関係を把握させ，太陽が東→南→西の空へと動いていくことを見いださせる。
・太陽光を遮ると影ができることを確認させ，影が太陽の反対側にできることを見いださせる。
・太陽の光が当たっている地面と当たっていない地面の暖かさや湿り気を比較させ，太陽の光が地面を暖めていることを見いださせる。

(3) 単元の評価規準の設定例

自然事象への 関心・意欲・態度	科学的な思考・表現	観察・実験の技能	自然事象についての 知識・理解
・日なたと日陰の地面のようすの違いに興味・関心をもち，太陽と地面の関係を調べようとする。 ・影のでき方に興味・関心をもち，太陽と地面の影の関係を調べようとする。	・地面の暖かさや湿り気を，日なたと日陰で比較して考え，表現している。 ・影の向きは時間がたつにつれて変わっていくことを，太陽の動きを関係づけて考え，表現している。	・温度計を適切に使って，地面の温度の違いを調べ，その結果を記録している。 ・日なたと日陰の地面の温度の変化を調べ，その経過や結果を記録している。	・地面は太陽によって暖められ，日なたと日陰では地面の暖かさや湿り気に違いがあることを理解している。 ・影は太陽の光を遮るとでき，太陽が動いているため時間がたつにつれて影の位置が変わっていくことを理解している。

獲得すべきコア知識： 〈日の当たり方で暖かさが違う〉 〈影は太陽と反対向きにでき，太陽の高さで長さが変わる〉 〈地球が東に向かって回っているから，太陽は東からのぼってくるように見える〉

発展的課題の例：同じ日なたでも土の場所とコンクリートの場所とでは，温まり方にどのような違いがあるのか説明してみよう！ >>コンクリートの方が日なたと日陰の温度差が大きくなる。

(4) 留意点

・太陽を観察する場合は，遮光板などを用いて，直接観察しないように留意させる。
・太陽や影の位置の変化を調べる活動においては，方位磁針で東・西・南・北を確認させてから行わせる。

7. 光のはたらきをしらべよう　11月　6時間

(1) 単元のねらい

- 光の明るさや暖かさの違いを比較する能力を育てる。
- 鏡などを使い，光の進み方やものに光が当たった時の明るさや暖かさを調べ，
    - ア　日光は集めたり反射させたりできること
    - イ　ものに日光を当てると，ものの明るさや暖かさが変わること
  を理解させる。

(2) 主な内容・既習事項とのつながり

- 平面鏡で太陽の光をはね返す活動の中で，平面鏡に光を当てると光は反射して直進することを見いださせる。
- 平面鏡を複数枚使い，もう1枚の鏡で光をはね返しながら，光はかなり遠くまでとどくことを見いださせる。
- 鏡1枚と複数枚の鏡で光を重ねた時の明るさや暖かさを比較し，日光は集めることができること，光を重ねた時の方が明るく暖かいことを見いださせる。
- 虫眼鏡で日光を集めさせ，日光が集まったところを小さくすると明るさや暖かさが増し，黒い紙などが焦げることにも触れる。

(3) 単元の評価規準の設定例

自然事象への関心・意欲・態度	科学的な思考・表現	観察・実験の技能	自然事象についての知識・理解
・平面鏡で太陽の光を集めることに興味・関心をもち，光の進み方や性質を調べようとする。 ・光の進み方や性質を使って，ものづくりをしようとする。	・平面鏡で太陽の光を反射させた時の光の進み方について考え，表現している。 ・光を集めたり重ね合わせたりした時のものの明るさや暖かさを比較し，その違いについて考え，表現している。	・平面鏡や虫眼鏡を適切に使い，太陽の光を集める実験をしている。 ・光を反射させた時の明るさや暖かさの違いを調べ，その過程や結果を記録している。	・太陽の光は，集めたり反射させたりできることを理解している。 ・ものに太陽の光を当てると，ものの明るさや暖かさが変わることを理解している。

獲得すべきコア知識：〈光はまっすぐ進む〉
〈光を集めると明るくなる〉
〈太陽の光（白色）が吸収されると黒っぽく見える〉

発展的課題の例：ペットボトルに色水を入れた時，何色の色水が一番温度が上がるのか説明してみよう！
\>>黒色は光を吸収するので，一番温度が上がる。

(4) 留意点

- 平面鏡で反射させた光を日陰の壁に当てたり，光をつないでいく時に光の筋が見えるように，1人が日なたに立ち，他の児童は日陰で光をはね返せるような適所を事前に確認しておく。
- 平面鏡や虫眼鏡などを扱う際には，指を切ったり，手を傷つけたり，火傷したりしないように留意させる。
- 直接太陽を見たり，反射させた光を人の顔に当てたり，虫眼鏡で集めた光をむやみに物に当てないように指導する。
- 日常生活での太陽熱温水器の仕組みなどにも触れる。

・表でデータを整理して共有する。

8．ものの重さをしらべよう　12月　7時間

(1) 単元のねらい
  ・ものの形・体積・重さなどの性質の違いを<u>比較</u>する能力を育てる。
  ・粘土などを使い，ものの重さや体積を調べ，
    ア　ものは，形が変わっても重さは変わらないこと
    イ　ものは，体積が同じでも重さは違うことがあること
  を理解させる。

(2) 主な内容・既習事項とのつながり
  ・粘土やアルミニウム箔などを用いて，広げたり，丸めたり，刻んだりして形が変わっても，重さは変わらないことを見いださせる。
  ・粘土や砂などを同じ容器に詰めて，体積を同じにした時の重さの違いを実感させ，体積が同じでも重さが違うことがあることを見いださせる。

(3) 単元の評価規準の設定例

自然事象への関心・意欲・態度	科学的な思考・表現	観察・実験の技能	自然事象についての知識・理解
・形を変えた時のものの重さに興味・関心をもち，調べようとする。 ・体積が同じものの重さに興味・関心をもち，調べようとする。	・ものの重さについて考察し，表現している。 ・形を変えた時のものの重さを比較して，その違いを考え，表現している。 ・体積が同じものの重さを比較し，その違いを考え，表現している。	・ものの形や体積と重さの関係について調べ，その過程や結果を記録している。 ・ものの重さをてんびんやはかりを適切に使って量り，記録している。 ・ものの重さについて比較して調べ，結果を表などに記録している。	・ものは，形が変わっても重さが変わらないことを理解している。 ・ものは，体積が同じでも重さは違うことがあることを理解している。

獲得すべきコア知識：
〈ものの出入りがなければ，形が変わっても重さは変わらない〉
〈体積が同じでも重さが違うことがある〉

発展的課題の例：1kgの鉄と1kgの水は，どちらが重いのか説明してみよう！
>>同じ1kg。

(4) 留意点
  ・人が体重計にのって姿勢を変えても重さは変わらないことなど，日常生活にも学んだことをつなげさせる。

9．豆電球にあかりをつけよう　1～2月　9時間

(1) 単元のねらい
  ・電気を通すつなぎ方と通さないつなぎ方，電気を通すものと通さないものを比較する能力を育てる。

・乾電池に豆電球などをつなぎ，電気を通すつなぎ方や電気を通すものを調べ，
　ア　電気を通すつなぎ方と通さないつなぎ方があること
　イ　電気を通すものと通さないものがあること
を理解させる。

(2) 主な内容・既習事項とのつながり

・乾電池1個と豆電球を1個を導線でつないで豆電球を点灯させる活動を通して，回路ができると電気が通って豆電球に明かりがつくことを見いださせる。
・ソケットを使わなくても，豆電球の明かりがつくつなぎ方を考えさせる。
・乾電池1個と豆電球を1個を導線でつないだ回路の一部に（簡易テスター），いろいろな物を入れ，電気を通すものと通さないものがあることを見いださせる。

(3) 単元の評価規準の設定例

自然事象への関心・意欲・態度	科学的な思考・表現	観察・実験の技能	自然事象についての知識・理解
・豆電球に興味・関心をもち，点灯する時としない時の違いを比較しながら，調べようとする。 ・乾電池と導線の間にものを入れた時の豆電球の点灯のようすを比較しながら，調べようとする。 ・豆電球や乾電池を利用したものづくりに興味・関心をもっている。	・乾電池と豆電球と導線を使い，豆電球が点灯する時としない時のつなぎ方を比較し，表現している。 ・回路の一部にものを入れて，豆電球が点灯する時としない時を比較し，電気を通すものと通さないものに分類している。	・回路の一部にものを入れて，豆電球が点灯する時としない時の違いを調べ，記録している。 ・豆電球や乾電池を適切に扱い，安全にものづくりをしている。	・豆電球と乾電池が導線によって回路になっている時は電気が通り，回路になっていない時は電気が通らないことを理解している。 ・電気を通すものと通さないものがあることを理解している。

獲得すべきコア知識：
〈電気はぐるっとひと回りできる回路（わ）を通る〉
〈金属は電気を通す〉

発展的課題の例：豆電球とソケットの中身はどのようになっているのか説明してみよう！
≫ソケットを通じて豆電球の中も回路（下側から入って→フィラメント→横側に抜けている）になってはじめて電気がつく。

(4) 留意点

・ショート回路にならないように注意させる。
・空き缶の場合，缶の表面の塗装部分は電気を通さないが，紙やすりなどで塗装をはがすと，電気を通すことを確かめさせる。

10. じしゃくのふしぎをしらべよう　2～3月　9時間

(1) 単元のねらい

・磁石に引きつけられるものと引きつけられないものを<u>比較</u>する能力を育てる。
・磁石につくものや磁石の働きを調べ，

ア　ものには，磁石に引きつけられるものと引きつけられないものがあること。また，
　　　磁石に引きつけられるものには，磁石につけると磁石になるものがあること
　　イ　磁石の異極は引き合い，同極は退け合うこと
　を理解させる。

(2) 主な内容・既習事項とのつながり
  ・身の回りにある物を磁石に近づけ，物には磁石に引きつけられるものと引きつけられ
　　ないものがあることを見いださせる。
  ・鉄くぎやクリップを磁石につけると，磁石のようになることを確かめさせる。
  ・磁石とものとの間を空けても引きつける力が働くこと，釣り糸につるすなどして磁石
　　を自由に動くようにしておくと，いつも南北の向きに止まり，N極が北，S極が南の
　　方向を指していることを確かめさせる。
  ・2つの磁石が引き合ったり退け合ったりする現象を観察し，N極とS極は引き合い，
　　N極とN極，S極とS極は退け合うことを見いださせる。

(3) 単元の評価規準の設定例

自然事象への関心・意欲・態度	科学的な思考・表現	観察・実験の技能	自然事象についての知識・理解
・磁石にものをくっつけたり，クリップや鉄くぎがつながっているようすを観察したりして磁石の働きや性質に興味・関心をもち，調べようとする。 ・磁石に引きつけられたものには磁石になるものがあることに興味・関心をもち，調べようとする。 ・磁石の性質や働きを使ったものづくりに興味・関心をもち，取り組んでいる。	・磁石に引きつけられるものと引きつけられないものを比較しながら調べ，磁石の働きや性質について考え，表現している。 ・磁石とものの間を空けたり，2つの磁石を近づけたり，離したりしたときの違いから，間を空けても引きつける力が働いていると考え，表現している。	・身近なものから磁石に引きつけられるものと引きつけられないものを比較し，記録している。 ・N極は北，S極は南を向くということを調べ，記録している。 ・磁石の性質を利用して，ものづくりに自分なりの工夫をしている。	・ものには，磁石に引きつけられるものと引きつけられないものがあることを理解している。 ・磁石の異極は引き合い，同極は退け合うことを理解している。 ・磁石に引きつけられるものには，磁石につけると磁石になるものがあることを理解している。

獲得すべきコア知識：〈鉄（鉄の仲間のコバルト・ニッケルも）は磁石につく〉

発展的課題の例：硬貨は磁石につくのか説明してみよう！
>>1円玉（アルミニウム）・5円玉（黄銅）・10円玉（青銅）・50円玉（白銅）・100円玉（白銅）・500円玉（ニッケル黄銅）なので，磁石にはつかない。

(4) 留意点
  ・黒板のマグネットやランドセルの留め具など，身の回りにある磁石とも関連づける。
  ・電気を通すものと磁石につくものとの違いを明確にさせ，磁石につくものは鉄（磁性
　　体）で，金属全般ではないことを認識させる。
  ・乾電池と導線だけをつなぎ，ショート回路にならないように留意させる。
  ・表を利用して，電気を通すもの・通さないものに分けて，共通するものを見いださせ

る。

〈小4〉

1. 季節と生き物（春）　4月　8時間

(1) 単元のねらい
- 動物の活動や植物の成長を季節と関連づける能力を育てる。
- 身近な動物や植物を探したり育てたりして，季節ごとの動物の活動や植物の成長を調べ，
  - ア　動物の活動は，暖かい季節，寒い季節などによって違いがあること
  - イ　植物の成長は，暖かい季節，寒い季節などによって違いがあること
  を理解させる。

(2) 主な内容・既習事項とのつながり

既に獲得したコア知識
小学校第3学年『しぜんのかんさつをしよう』
〈生物は環境とかかわって生きている〉

- 動物や植物単体ではなく，季節の変化にともなう環境の変化と生物の関係を見いださせる。
- 植物の茎は1日にどのくらい伸びるのかを調べさせてもよい。

(3) 単元の評価規準の設定例

自然事象への関心・意欲・態度	科学的な思考・表現	観察・実験の技能	自然事象についての知識・理解
・春になって，生き物のようすが変化したことに興味・関心をもち，校庭や野原で，変化のようすを調べようとする。 ・ツルレイシなどの植物の育ち方に興味・関心をもち，種子をまいてこれからも続けて世話をし，成長のようすを観察しようとする。	・いろいろな動物や植物のようすが変化することを気温の変化と関係づけて考え，表現している。	・温度計を適切に使って気温を測り，記録している。 ・育てる植物の育て方を調べたり，その植物に合った世話をしたりしている。 ・植物の成長や変化がはっきりするように，植物のようすを調べ，記録している。	・春になると活動する動物が多くなり，活動も活発になってくることを理解している。 ・ツルレイシなどの植物は種子をまくと発芽し，日ごとに草丈が伸び，成長することを理解している。

獲得すべきコア知識：〈生物は呼吸をしている〉〈植物は日光の獲得競争をしている〉

発展的課題の例：木の年輪がどうしてできるのか説明してみよう！
≫日本の場合，春には成長が盛んで大きな細胞となって白っぽくなり，夏から秋には成長が衰えて小さな細胞となって黒っぽく見えるようになり，冬にはほとんど細胞がつくられなくなるので，年輪ができる。

(4) 留意点
- 1年間の継続観察をする生き物を決め，計画的に観察させる。

- 季節ごとに4回展開される単元であるが，月ごとに1回は観察の機会を与える。
- カードなどに記録し，以前の姿と比べられるようにする。
- 個々の観察カードをまとめ，「季節カレンダー」として共同作品をつくる。
- 水やりなど，植物が育つために必要な世話を継続させながら，成長に変化が見られたときには，しっかりと観察させる。

2. 天気と気温　5月　6時間

(1) 単元のねらい
- 天気のようすと気温の変化を<u>関係づける</u>能力を育てる。
- 1日の気温の変化などを観察し，天気や気温の変化との関係を調べ，
  ア　天気によって1日の気温の変化の仕方に違いがあること
  を理解させる。

(2) 主な内容・既習事項とのつながり

既に獲得したコア知識
小学校第3学年『太陽のうごきと地面のようすをしらべよう』
〈日の当たり方で暖かさが違う〉 〈影は太陽と反対向きにでき，太陽の高さで長さが変わる〉 〈地球が東に向かって回っているから，太陽は東からのぼってくるように見える〉

- 1時間ごとに気温をはかることで，晴れた日と曇りや雨の日では，1日の気温の変化に違いがあることを見いださせる。
- 百葉箱を用いた温度計による気温の測定の方法を身につけさせる。
- 1日の気温の変化のようすを表やグラフにまとめ，晴れた日には日中に気温が上がる山型のグラフになり，曇りや雨の日には高低差の少ないグラフになることを見いださせる。
- 水たまりの水がいつの間にかなくなっていることを取り上げ，水はどこへ行ったのかを考えさせる。

(3) 単元の評価規準の設定例

自然事象への 関心・意欲・態度	科学的な思考・表現	観察・実験の技能	自然事象についての 知識・理解
・天気による気温の違いに興味・関心をもち，天気と気温の関係や，1日の気温の変化を調べようとする。	・測定結果をもとに，1日の気温の変化を天気と関係づけて考え，表現している。	・百葉箱や温度計を適切に使用して気温を測定し，結果を記録している。 ・測定した1日の気温や天気のようすを，表やグラフに表している。	・1日の気温の変化は，天気によって違いがあることを理解している。

獲得すべきコア知識：
〈晴れの日：気温は日の出前に最低，昼過ぎに最高になることが多い〉
〈雨の日：気温の変化は少ない〉
〈100℃にならなくても蒸発はする〉

発展的課題の例：洗たくものが乾く理由を説明してみよう！
>>蒸発は100℃にならなくてもするので，周りが乾燥していればいるほどよく乾く。

(4) 留意点
・事前に天気予報を調べておき，周期的に天気が変化する時期に学習を進めるとよい。
・地域によって気温差があることに気づかせる。
・変化の仕方は地域によって差があるが，天気と気温の変化は関係しているという共通性を見いださせる。

3．電気のはたらき　5～6月 10時間

(1) 単元のねらい
・乾電池のつなぎ方や光電池に当てる光の強さ，回路を流れる電流の強さを関係づける能力を育てる。
・乾電池や光電池に豆電球やモーターなどをつなぎ，乾電池や光電池の働きを調べ，
　ア　乾電池の数やつなぎ方を変えると，豆電球の明るさやモーターの回り方が変わること
　イ　光電池を使ってモーターを回すことなどができること
　を理解させる。

(2) 主な内容・既習事項とのつながり

既に獲得したコア知識
小学校第3学年『豆電球にあかりをつけよう』
〈電気はぐるっとひと回りできる回路（わ）を通る〉 〈金属は電気を通す〉

・乾電池の数を1個から2個に増やして豆電球を点灯させたり，モーターを回したりすると，その明るさや回転数が増す場合（直列つなぎ）と，乾電池1個につないだ時と変わらない場合（並列つなぎ）があることを，簡易検流計などを用いて電流の大きさと関係づけながら見いださせる。
・乾電池の向きを変えるとモーターが逆に回ること，発光ダイオードが電流の向きによって点灯したり，点灯しなかったりすることなどから，電流の向きについて理解させる。
・光電池にモーターなどをつないで，光電池は電気を起こす働きがあること，光電池に当てる光の強さを変えるとモーターの回り方が変わることなどから，光電池に当てる光の強さと回路を流れる電流の大きさとを関係づけて理解させる。

(3) 単元の評価規準の設定例

自然事象への関心・意欲・態度	科学的な思考・表現	観察・実験の技能	自然事象についての知識・理解
・乾電池にモーターをつないだ時の回り方に興味をもち，電気の強さや向きの変化を調べようとする。 ・電気の働きを使ってものづくりをしたり，その働きを利用したものを見つけたりしようとする。	・乾電池にモーターをつないだ時に起こる現象と要因について，自分の考えを表現している。 ・乾電池の数やつなぎ方，光電池に当てる光の強さを変えながら，回路に流れる電流の強さとその働きの違いを関係づけて考え，表現している。	・乾電池の向きを変えた時の豆電球の明るさやモーターの回り方の変化などを調べ，記録している。 ・簡易検流計などを適切に操作し，乾電池や光電池の性質を調べる実験をしている。	・乾電池の数やつなぎ方を変えると，モーターの回り方や豆電球の明るさが変わることを理解している。 ・光電池を使ってモーターを回すことができることを理解している。

獲得すべきコア知識：
〈乾電池の数やつなぎ方を変えると豆電球の明るさやモーターの回り方が変わる〉
〈乾電池2個を直列につなぐと電流が多く流れ，並列につなぐと乾電池1個の時と変わらない〉

発展的課題の例：豆電球の並列つなぎの場合は何個並列に組んでも明るさは変わらないのか説明してみよう！
>>理論上は同じ明るさになる。ただし，電源に電池を用いると内部抵抗のために1.5ボルトの起電力を保てず，暗くなってしまうので留意する。

(4) 留意点
・乾電池をつなぐ際には，単一の回路で違う種類の電池が混在しないように留意させる。
・ショート回路にならないように注意させる。

4．とじこめた空気や水　6月　6時間

(1) 単元のねらい
・空気および水の体積の変化や圧し返す力とそれらの性質とを関係づける能力を育てる。
・閉じ込めた空気および水に力を加え，その体積や圧し返す力の変化を調べ，
　ア　閉じ込めた空気を圧すと，体積は小さくなるが，圧し返す力は大きくなること
　イ　閉じ込めた空気は圧し縮められるが，水は圧し縮められないこと
　を理解させる。

(2) 主な内容・既習事項とのつながり
・透明の筒などを用いて空気を閉じ込め，圧し縮めると体積が小さくなるが，元に戻ろうとすることを感じ取らせる。
・容器に水を閉じ込めて力を加えた時の体積や，圧し返す力の変化を空気の場合と比較させる。
・閉じ込めた空気は圧し縮められたが，水は圧しても圧し縮めることができず，体積も変わらないことを見いださせる。

(3) 単元の評価規準の設定例

自然事象への 関心・意欲・態度	科学的な思考・表現	観察・実験の技能	自然事象についての 知識・理解
・閉じ込めた空気および水に力を加えた時の現象に興味・関心をもち，調べようとする。 ・身の回りの空気や水の性質を利用したものの仕組みに興味・関心をもって追究しようとする。	・閉じ込めた空気や水に力を加えた時の変化を予想し，表現している。 ・空気を閉じ込めて，力を加えた時の体積の変化や圧し返す力の変化を，空気の性質と関係づけて考え，表現している。 ・水を閉じ込めて，力を加えた時の体積の変化や圧し返す力の変化を，水の性質と関係づけて考え，表現している。	・閉じ込めた空気や水に力を加えた時のようすを調べ，その過程や結果を記録している。 ・空気や水の変化を調べ，その性質を利用してものづくりをしている。	・閉じ込めた空気を圧すと，体積は小さくなるが，圧し返す力は大きくなることを理解している。 ・閉じ込めた空気は圧し縮められるが，水は圧し縮められないことを理解している。

獲得すべきコア知識：
〈粒子の間にはすき間がある〉
〈水よりすき間が大きい空気の方が弾力がある〉

発展的課題の例：空気鉄砲の筒を長くしてライフルのようにしたらどうなるのか説明してみよう！
>>進行方向に対して空気が圧し縮められる量が多くなり，その分元に戻ろうとする力が大きくなるので，遠くまで飛ぶようになる。

(4) 留意点
・袋に空気を集める際には，袋から空気が漏れないようにする。
・空気や水を使った鉄砲を扱う際には，打ち出す方向などに気をつけさせる。

5．星や月 （1）星の明るさや色　7月　4時間

(1) 単元のねらい
・星を観察し，星の明るさや色を調べ，
　ア　空には，明るさや色の違う星があること
　を理解させる。

(2) 主な内容・既習事項とのつながり
・七夕の時期なので，おりひめ星とひこ星を取り上げて導入するとよい。
・色の違う明るい星としては，さそり座のアンタレスなどを観察させる。

(3) 単元の評価規準の設定例

自然事象への 関心・意欲・態度	科学的な思考・表現	観察・実験の技能	自然事象についての 知識・理解
・星に興味・関心をもち，星空を観察して，星の明るさや色について，調べようとする。	・いろいろな星を比較して，星の明るさや色について調べ，わかったことを工夫して表現している。 ・いろいろな星を比較して，星の明るさや色についての共通点や差異点を見いだしている。	・星を見つけ，星の明るさや色を調べ記録している。	・星には，明るさや色の違うものがあることを理解している。

獲得すべきコア知識：
〈星の明るさや色は違うことがある〉

発展的課題の例：恒星と惑星の見え方の違いについて説明してみよう！
>>光を反射して見えている惑星は比較的近くにあるものしか見えず，円のように見える。一方で，恒星ははるかに遠くにあって，ほんの小さな点でも見え，大気中の小さなチリの影響を受けて瞬いているように見える。

(4) 留意点
- 都市部で星空の観察が難しい場合，プラネタリウムなどを利用する。
- 暗くなってからの観察については，保護者の同意・協力を得るようにする。

6. わたしたちの体と運動　9～10月　9時間

(1) 単元のねらい
- 人や他の動物の体のつくりと運動とを関係づける能力を育てる。
- 人や他の動物の体の動きを観察したり資料を活用したりして，骨や筋肉の動きを調べ，
  ア　人の体には骨と筋肉があること
  イ　人の体を動かすことができるのは，骨や筋肉の働きによること
  を理解させる。

(2) 主な内容・既習事項とのつながり
- 人や他の動物の体には，体を支える骨と体を動かしたりする時に使われる筋肉があることや，骨と骨のつなぎ目には関節があることなどを見いださせる。
- 人の骨格や筋肉について，骨格標本やレントゲン写真など使って調べ，他の動物と比較することで，共通点や相違点を見いださせる。
- 筋肉の働きを理解するには，簡単な関節の模型を作成し，筋肉が関節をまたいで隣の骨につながっていることを確認させる。
- 筋肉は普通，1本の骨の両側に2筋以上ついていて，縮んだり，ゆるんだりして骨の動きを調節していることを見いださせる。
- 関節は，腕や足はちょうつがいのようになっていて片側にしか曲がらないこと，肩などはおわん型の骨の中に丸い骨がすっぽり入っていて回ることを見いださせる。

(3) 単元の評価規準の設定例

自然事象への 関心・意欲・態度	科学的な思考・表現	観察・実験の技能	自然事象についての 知識・理解
・動物の体の動きに興味・関心をもち，観察しようとする。 ・飼育している動物や動物園などの動物の体のつくりや動きに興味・関心をもち，観察しようとする。	・人の体の動きと，骨や筋肉の働きを関係づけて考え，表現している。	・人の骨や筋肉について，観察したことを表現している。	・人の体には，骨と筋肉があることを理解している。 ・人が体を動かすことができるのは，骨や筋肉の働きによることを理解している。

獲得すべきコア知識：
〈骨は体を支え，筋肉は伸び縮みして体を動かす〉
〈関節があるところが曲がる〉

発展的課題の例：人の関節には曲がる限度があるのか説明してみよう！
>>関節の動く方向や大きさはある程度決まっているが，訓練などを受けると可動範囲は広がり，関節が柔らかい人と言われる。

(4) 留意点
- 博物館や動物園の専門家からの協力が得られるとよい。
- それぞれの動物において共通点や相違点を考えさせながら，その環境に適した骨のつき方があることに気づかせる。
- 筋肉と骨が連動して動く仕組みを簡単な模型づくりを通して理解させる。

7．星や月（2）月の動き　10月　6時間

(1) 単元のねらい
- 月を観察し，月の位置を調べ，
  ア　月は日によって形が変わって見え，1日のうちでも時刻によって位置が変わること
  を理解させる。

(2) 主な内容・既習事項とのつながり

既に獲得したコア知識
小学校第3学年『太陽のうごきと地面のようすをしらべよう』

〈日の当たり方で暖かさが違う〉
〈影は太陽と反対向きにでき，太陽の高さで長さが変わる〉
〈地球が東に向かって回っているから，太陽は東からのぼってくるように見える〉

- 同じ形の月でも，見る時刻が違うと位置が変わって見えることに着目させ，月は動くことを見いださせる。
- 月は日によって三日月や半月，満月などと形が変わって見え，地球から見ると東の方から昇り，南の空を通って，西の方に沈むように見えることを理解させる。

(3) 単元の評価規準の設定例

自然事象への 関心・意欲・態度	科学的な思考・表現	観察・実験の技能	自然事象についての 知識・理解
・月の形や位置の変化に興味・関心をもち，月の観察を通して，形や位置の変化のようすを調べようとする。	・時刻によって月の位置が変化していることから，月が動くことを考察し，表現している。	・日や時刻を変えた月を観察し，月の位置の変化のようすを調べ，記録している。	・月は，見える形が変わり，時間がたつにつれて東の方から西の方へ動いていることを理解している。

獲得すべきコア知識： 〈月は太陽の光を反射している〉 〈月は毎日少しずつ見え方が変わり，約30日で元に戻る〉
発展的課題の例：月の表面の様子について説明してみよう！ >>月は地球にいつも同じ面を向けているので，表面の模様はほとんど変わらず，太陽の光をあびて輝く部分が変化しているだけである。

(4) 留意点
- 電球（太陽），ボール（月），自分（地球）と見立てて，暗くした部屋で満ち欠けの原理を理解させる。

8. ものの温度と体積　11〜12月　8時間

(1) 単元のねらい
- 温度の変化と金属，水および空気の体積変化を関係づける能力を育てる。
- 金属，水および空気を温めたり冷やしたりして，それらの変化のようすを調べ，
  ア　金属，水および空気は，温めたり冷やしたりすると，その体積が変わることを理解させる。

(2) 主な内容・既習事項とのつながり
- 風呂の温まる様子・鉄道のレールの例などから，空気・水・金属が温度の変化だけで膨張したり収縮したりするということを見いださせる。
- 冷えたガラスびんを手で握ると，びんの口にのせた一円玉が動くことから，空気は温められて体積が増えることを確かめさせる。

(3) 単元の評価規準の設定例

自然事象への関心・意欲・態度	科学的な思考・表現	観察・実験の技能	自然事象についての知識・理解
・空気や水，金属を温めたり冷やしたりした時の性質の違いに興味・関心をもち，調べようとする。	・空気の体積の変化のようすを温度変化と関係づけて考え，表現している。 ・水の体積の変化のようすを温度変化と関係づけて考え，表現している。 ・金属の体積の変化のようすを温度変化と関係づけて考え，表現している。	・加熱器具などを安全に操作し，空気や水，金属の体積変化の特徴を調べる実験をしている。 ・空気や水，金属の体積変化を温度と関係づけながら，調べ，記録している。 ・加熱器具などを安全に操作している。	・空気は温めたり冷やしたりするとその体積が変わることを理解している。 ・水は温めたり冷やしたりするとその体積が変わることを理解している。 ・金属は温めたり冷やしたりするとその体積が変わることを理解している。

獲得すべきコア知識：〈温度が上がると粒子の動きが激しくなる〉

発展的課題の例：へこんでしまったピンポン球を元に戻す方法について説明してみよう！
>>ピンポン球を熱湯につけると，内部の空気が暖められ膨張し，元に戻る。

(4) 留意点
- 火を使用する際には，火傷しないように留意させる。
- アルコールランプには，メタノールよりも毒性の少ないエタノールを使用するようにする。
- 蒸発と沸騰，空気・湯気・水蒸気の違いを明確にさせる。
- 金属棒（アルミや銅など）の下にストローを取りつけたまち針を入れ，棒を熱したり冷やしたりした時の微妙な変化を観察させる。

9. もののあたたまり方　12～1月　8時間

(1) 単元のねらい
- 温度の変化と金属，水および空気の温まり方を関係づける能力を育てる。
- 金属，水および空気を温めたり冷やしたりして，それらの変化のようすを調べ，
  ア　金属は熱せられた部分から順に温まるが，水や空気は熱せられた部分が移動して全体が温まること
  を理解させる。

(2) 主な内容・既習事項とのつながり
- 金属・水・空気の温まり方を調べ，金属は熱した部分から順に温まっていくこと，水や空気は熱した部分が上方に移動して全体が温まっていくことを見いださせる。
- 温度変化と体積変化との関係を見つけ，中でも空気の体積変化は最も大きいことを見いださせる。
- 水は温度の変化によって，固体・液体・気体に状態が変化し，水が氷になると体積が増えることにも触れる。

(3) 単元の評価規準の設定例

自然事象への 関心・意欲・態度	科学的な思考・表現	観察・実験の技能	自然事象についての 知識・理解
・金属，水および空気の温度変化に興味・関心をもち，調べようとする。	・金属棒にぬったろうの溶け方から，金属の温まり方を考え，表現している。 ・サーモインクや紅茶の葉などの動きから，水の温まり方を考え，表現している。 ・線香の煙の動きから，空気の温まり方を考え，表現している。 ・金属，水および空気を熱したときのようすを比較して，ものによる温まり方の違いを表現している。	・加熱器具などを安全に操作し，金属や水，空気の温まり方の特徴を調べる実験をしている。 ・金属や水，空気の温まり方の特徴を調べ，結果を記録している。	・金属は熱せられた部分から順に温まることを理解している。 ・水は熱せられた部分が移動して全体が温まることを理解している。 ・空気は熱せられた部分が移動して全体が温まることを理解している。 ・ものによって温まり方に違いがあることを理解している。

獲得すべきコア知識：
〈金属の粒子はその場で動きをとなりに伝えていく〉
〈激しく動く水や空気の粒子は上にあがっていく〉
〈氷は0℃くらいでとけはじめて水になり，水は100℃ぐらいで沸騰して水蒸気（目に見えない）になる〉

発展的課題の例：茶畑にはなぜ扇風機があるのか説明してみよう！
>>茶が霜の被害を受けないように，風のないよく晴れた日の夜に，放射冷却で地面が冷えて，霜ができるのを防ぐために地面近くの空気を攪拌している。

(4) 留意点
・水の温まり方で，紅茶の葉などの動きから対流をイメージしやすいが，サーモインクの色の変化からは，熱した部分が上方に移動して全体が温まっていくことがわかる。

10. 星や月（3）星の動き　1月　4時間

(1) 単元のねらい
・星を観察し，星の位置を調べ，
　　ア　星の集まりは，1日のうちでも時刻によって並び方は変わらないが，位置が変わること
　を理解させる。

(2) 主な内容・既習事項とのつながり
・冬の時期なので，星の並び方や動きの観察に適したオリオン座（明るさや色の違う星がある）を取り上げる。
・明るく輝いたり，青や赤などの色のついた星があること，星座（うしかい・さそり・はくちょう・こと・わし座など）や夏の大三角形などの明るい星を観察し，星は並び方は変えずに位置だけを変えていることを見いださせる。

II．小学校　175

(3) 単元の評価規準の設定例

自然事象への関心・意欲・態度	科学的な思考・表現	観察・実験の技能	自然事象についての知識・理解
・星に興味・関心をもち，並び方や動きを調べようとする。	・時刻によって星の位置が変化していることから，星が動くことを推論し，表現している。	・オリオン座を見つけ，星の並び方や動きを調べ，記録している。	・星の集まりは，時間がたっても並び方は変わらないが，見える位置が変わることを理解している。

獲得すべきコア知識：〈星の並び方は変わらないが，位置は変わる〉

発展的課題の例：地球が動いているのに，なぜ星座は変わらないのか説明してみよう！
>>星座を構成する恒星は非常に遠いところにあるので，地球が公転していても，見える位置はほとんど変わらない。

(4) 留意点
・移動教室など宿泊の機会を生かして，観察させる。
・プラネタリウムなども積極的に活用する。
・夜間の観察の際には，家庭の協力などを得て，安全に観察させる。

11. 自然の中の水　2～3月　5時間

(1) 単元のねらい
・水と水蒸気とを関係づける能力を育てる
・水が蒸発するようすなどを観察し，水と水蒸気との関係を調べ，
　ア　水は，水面や地面などから蒸発し，水蒸気になって空気中に含まれていくこと
　イ　空気中の水蒸気は，結露して再び水になって現れることがあること
　を理解させる。

(2) 主な内容・既習事項とのつながり

既に獲得したコア知識
小学校第4学年『もののあたたまり方』
〈温度が上がると粒子の動きが激しくなる〉 〈激しく動く水や空気の粒子は上にあがっていく〉 〈氷は0℃くらいでとけはじめて水になり，水は100℃ぐらいで沸騰して水蒸気（目に見えない）になる〉

・水を温め続けると水蒸気という目に見えない気体になることは学習しているが，ここでは水蒸気のゆくえを追究させる。
・水槽の水が減ってしまうことや洗濯物が乾くことなどから，水が常温でも蒸発していることを見いださせる。

(3) 単元の評価規準の設定例

自然事象への関心・意欲・態度	科学的な思考・表現	観察・実験の技能	自然事象についての知識・理解
・窓ガラスのくもりや冷えたものに水滴がつくことから，空気中の水蒸気が結露することを調べようとする。 ・溜まった水の水位が低下したり，ぬれた地面や洗濯物が乾いたりすることから，自然界の水蒸気について調べようとする。	・冷えたものを空気中に置くとその表面に水滴がつく現象から，空気中には水蒸気があること，冷やすと結露して水に戻ることをとらえ，表現している。 ・水を入れた容器にふたをしておいたり，地面に容器を伏せておいたりすると，中に水滴がついてくもってくる現象から，自然界では水面や地面から水が蒸発していることをとらえ，表現している。	・冷えたものを常温の空気中に置き，表面に水滴がつくことを観察し，記録している。 ・水を入れた容器にふたをしたり，地面に容器を伏せておいたりした時におこる現象を観察し，記録している。	・水は，水面や地面から蒸発し，水蒸気になって空気中に含まれていることを理解している。 ・空気中の水蒸気は，結露して再び水になって現れることがあることを理解している。

獲得すべきコア知識：
〈100℃にならなくても蒸発はする〉
〈水蒸気が冷やされると水に戻って見えるようになる〉

発展的課題の例：寒いところから暖かい部屋に入ると，メガネはくもるのにコンタクトはくもらないのはなぜか説明してみよう！
>>寒いところでメガネは冷やされ，暖かい部屋に入るとメガネのまわりの空気が冷やされて，水滴がたくさんついてくもってしまう。
コンタクトは目に密着しているので寒いところでも目の温度と同じくらいの温度を保っているため。

(4) 留意点
・湯気と水蒸気，蒸発と沸騰などの違いについて，現象を十分に観察させて理解させる。

12. すがたをかえる水　2月　8時間

(1) 単元のねらい
・温度の変化と状態変化や体積の変化とを関係づける能力を育てる。
・水を温めたり冷やしたりして，変化のようすを調べ，
　ア　水は，温度によって水蒸気や氷に変わること
　イ　水が氷になると体積が増えること
　を理解させる。

(2) 主な内容・既習事項とのつながり

既に獲得したコア知識
小学校第4学年『もののあたたまり方』
〈温度が上がると粒子の動きが激しくなる〉 〈激しく動く水や空気の粒子は上にあがっていく〉 〈氷は0℃くらいでとけはじめて水になり,水は100℃ぐらいで沸騰して水蒸気(目に見えない)になる〉
第5学年『自然の中の水』
〈100℃にならなくても蒸発はする〉 〈水蒸気が冷やされると水に戻って見えるようになる〉

・水を熱し続けた時の水の温度の変化や様子を観察させ,沸騰している水から出てくる泡が何かを考えさせ,沸騰している時には水が水蒸気(気体)に変化していることを見いださせる。
・沸騰した水から出てきた水蒸気を集め,温めたり冷やしたりして,水は温度によって状態が変化することを確かめさせる。
・水を冷やし続けた時の水のようすや温度の変化を観察させ,水は0℃になると凍り始めることや,氷になると体積が増えることを見いださせる。

(3) 単元の評価規準の設定例

自然事象への 関心・意欲・態度	科学的な思考・表現	観察・実験の技能	自然事象についての 知識・理解
・水を熱していった時の変化に興味・関心をもち,水蒸気の存在や温度との関係を調べようとする。 ・水を冷やしていった時の変化に興味・関心をもち,水が氷になることや体積の変化を調べようとする。	・水を熱し,100℃近くになると出てくる泡を集めて冷やすと水になることから,水の変化に気づき,見えない水蒸気の存在を温度の変化と関係づけて考え,表現している。 ・水が液体・気体・固体に状態が変化したり,体積も変化したりすることと温度とを関係づけて考え,表現している。	・安全に水を熱し沸騰させ,温度の変化と水の変化を観察し,記録している。 ・沸騰した時に出てくる泡を集めて冷やし,見えない水蒸気を水に戻して,水のようすを調べている。 ・実験の結果をまとめ,表やグラフに記録している。 ・寒剤を使って水を冷やして氷にする実験を行い,体積の変化を調べている。	・水の温度を0℃まで下げると,水が氷になり体積が増えることを理解している。 ・水は,温度によって水蒸気や氷に変わることを理解している。

獲得すべきコア知識:
〈温度によって,ものは固体⇔液体⇔気体とすがたを変える〉
〈ほとんどのものの体積は,固体<液体<気体になるにしたがって大きくなるが,水は例外で水より氷の方が大きくなる〉

> 発展的課題の例:ビーカーに入れた水を加熱すると，40℃くらいでビーカーにつく泡は何か説明してみよう！
> >>水が沸騰した時に発生する泡は水蒸気だが，40℃くらいでビーカーにつく泡は，水に溶けていた空気（水蒸気もまざっている）である。

(4) 留意点
・一般には，固体＜液体＜気体になるにしたがって体積が大きくなるが，水は例外であることを確認しておく。

〈小5〉

1．天気と情報（1）「天気の変化」 4～5月 10時間

(1) 単元のねらい
・気象情報を生活に活用する能力を育てる。
・1日の雲のようすを観測したり，映像などの情報を活用したりして，雲の動きなどを調べ，
　ア　雲の量や動きは，天気の変化と関係があること
　イ　天気の変化は，映像などの気象情報を用いて予想できること
を理解させる。

(2) 主な内容・既習事項とのつながり

既に獲得したコア知識
小学校第4学年『天気と気温』
〈晴れの日：気温は日の出前に最低，昼過ぎに最高になることが多い〉 〈雨の日：気温の変化は少ない〉 〈100℃にならなくても蒸発はする〉
第4学年『自然の中の水』
〈水蒸気が冷やされると水に戻って見えるようになる〉
第4学年『すがたをかえる水』
〈温度によって，ものは固体⇔液体⇔気体とすがたを変える〉 〈ほとんどのものの体積は，固体＜液体＜気体になるにしたがって大きくなるが，水は例外で水より氷の方が大きくなる〉

・実際に空を観察させて，雲の量や特徴について調べ，気象衛星画像などと実際の雲の広がりを関係づけさせる。
・インターネットなどから気象衛星画像などの情報を入手し，天気を予想するなどして，天気はおよそ西から東へ変化していくという規則性（台風の場合には当てはまらない）を見いださせる。
・運動会や遠足などの行事をきっかけにして，天気に興味をもたせるとよい。

(3) 単元の評価規準の設定例

自然事象への 関心・意欲・態度	科学的な思考・表現	観察・実験の技能	自然事象についての 知識・理解
・雲のようすと天気との関係に興味・関心をもち，調べようとする。 ・天気の変わり方に興味・関心をもち，天気に関する情報を集め，その変化を調べようとする。	・雲の種類や動きなどと天気の変化を関係づけて，自分の考えを表現している。 ・天気に関する様々な情報を整理・関連づけて，天気の変化などを予想し，表現している。	・雲のようすと天気との関係を調べ，表や図に記録している。 ・雲の種類や動きなどの観察・測定を通して，天気に関する情報を収集している。 ・新聞やインターネットなどを活用して，天気に関する情報を収集している。	・雲の種類や動きなどは，天気の変化と関係していることを理解している。 ・天気は，おおよそ西から東へと移っていくことを理解している。

獲得すべきコア知識：
〈雲が西から東に移動するので，天気も西から東へと変化する（台風の場合にはあてはまらない）〉

発展的課題の例：夕焼けが見えた次の日は晴れと言われるのはなぜか説明してみよう！
>>雲は西から東に移動するので，地平線まで雲のない状態で夕焼けが見えたなら，翌日は晴れる確率が高い。

(4) 留意点
・雲を野外で観察する際には，気象情報に注意するとともに，事故防止に配慮する。
・春や秋の移動性高気圧の時期だと，西から東への天気の変化がわかりやすい。

2．生命のつながり（1）「植物の発芽」5月 6時間

(1) 単元のねらい
・植物の発芽に関係していることについて条件を制御して調べる能力を育てる。
・植物を育て，植物の発芽のようすを調べ，
　ア　植物は，種子の中の養分をもとにして発芽すること
　イ　植物の発芽には，水・空気・温度が関係していること
　を理解させる。

(2) 主な内容・既習事項とのつながり
・変える条件と変えない条件を区別して，発芽と成長の要因を探る実験を計画・実行させ，予想や仮説と照らし合わせながら，結果をまとめさせる。
・発芽については，水・空気・温度などの条件をコントロールさせて，植物の発芽には水・空気・適切な温度が必要なことを見いださせる。
・種子が発芽するのに，種子の中のでんぷんが養分として使われていることを，ヨウ素デンプン反応の結果から見いださせる。

(3) 単元の評価規準の設定例

自然事象への 関心・意欲・態度	科学的な思考・表現	観察・実験の技能	自然事象についての 知識・理解
・植物の発芽の仕方に興味・関心をもち，発芽に必要な条件を調べようとする。	・植物の発芽の条件について予想をもち，条件に着目して実験を計画し，表現している。 ・植物の発芽の実験結果と条件を関係づけて考察し，自分の考えを表現している。 ・種子に水，空気，温度を与えると発芽することから，種子の中には発芽に必要な養分が含まれていると予想し，表現している。	・種子の発芽の条件を調べるため，条件を整えて実験を行い，その過程や結果を記録している。 ・種子の中には養分となるでんぷんが含まれていることをヨウ素液で調べ，観察している。	・植物の発芽には，水が必要であることを理解している。 ・植物の発芽には，空気が必要であることを理解している。 ・植物の発芽には，水，空気および適した温度が関係していることを理解している。 ・植物は，種子の中にある養分をもとにして発芽することを理解している。

獲得すべきコア知識：
〈発芽の条件：水・酸素・ちょうどよい温度〉
〈種子が発芽するのに，種子の中のでんぷんが使われている〉

発展的課題の例：インゲンマメは水中では発芽しませんが，ポンプで空気をあぶくにして送ったら，水中でも発芽するのか説明してみよう！
>>発芽の条件（水・酸素・ちょうどよい温度）がそろえば，水中でも発芽する。

(4) 留意点

発芽の条件と成長の条件が混同されやすいので留意させる。

3．生命のつながり（2）「植物の成長」5～6月 4時間

(1) 単元のねらい

・植物の成長が関係していることについて条件を制御して（条件コントロール）調べる能力を育てる。
・植物を育て，植物の成長のようすを調べ，
　ア　植物の成長には，日光や肥料などが関係していること
を理解させる。

(2) 主な内容・既習事項とのつながり

既に獲得したコア知識
小学校第4学年『季節と生き物』
〈生物は呼吸をしている〉 〈植物は日光の獲得競争をしている〉
第5学年『生命のつながり（1）』
〈発芽の条件：水・酸素・ちょうどよい温度〉 〈種子が発芽するのに，種子の中のでんぷんが使われている〉

- 子葉の養分がなくなったあと，インゲンマメが成長していくために，日光と肥料が関係していることを見いださせる。
- 植物の成長に必要な条件について，条件を制御しながら実験を計画し，作成した計画表をもとに，実験を行わせる。

(3) 単元の評価規準の設定例

自然事象への関心・意欲・態度	科学的な思考・表現	観察・実験の技能	自然事象についての知識・理解
・種子の成長に関する環境条件に興味・関心をもち，植物の成長のためにはどんな環境がよいのか調べようとする。	・発芽には種子の中の養分が使われたことから，植物が成長するために必要な環境を予想し，それを確かめるための実験方法を表現している。 ・植物の成長の条件について，観察した植物のようすと関連づけて，植物の成長には肥料や日光などの環境が必要であることを表現している。	・植物の成長にはどんな環境が必要なのか，条件を整えて実験を行い，その過程や結果を記録している。	・植物の成長には，日光や肥料などが関係していることを理解している

獲得すべきコア知識：〈肥料は成長の手助けをしている〉
発展的課題の例：肥料をたくさんやればやるほど成長するのか説明してみよう！ >>肥料を与えれば与えるほど成長するのではなく，肥料にも適量がある。

(4) 留意点

発芽の条件と成長の条件を混同しないように留意させる。

4. 生命のつながり（3）「メダカのたんじょう」6～7月 10時間

(1) 単元のねらい
- 動物の発生や成長について推論しながら追究する能力を育てる。
- 魚を育て，卵の変化のようすや水中の小さな生物を調べ，
  - ア 魚には雌雄があり，生まれた卵は日がたつにつれて中のようすが変化してかえること
  - イ 魚は，水中の小さな生物を食べ物にして生きていること

  を理解させる。

(2) 主な内容・既習事項とのつながり

既に獲得したコア知識
小学校第4学年『季節と生き物』
〈生物は呼吸をしている〉

- 双眼実体顕微鏡・顕微鏡などの観察器具を適切に操作できるように指導した後，メダ

カの卵を採り，卵の成長の変化を観察・記録させる。

(3) 単元の評価規準の設定例

自然事象への 関心・意欲・態度	科学的な思考・表現	観察・実験の技能	自然事象についての 知識・理解
・メダカの飼育について興味・関心をもち，メダカの卵のすむ環境を調べようとする。 ・動物の発生や成長に興味・関心をもって追究し，生物を愛護するとともに，飼育しようとする。 ・メダカの卵の内部に興味・関心をもち，その変化を調べようとする。	・動物の発生や成長のようすを継続的に追究し，形態的変化や時間的変化について考察し，表現している。	・双眼実体顕微鏡を適切に操作して卵の変化を継続的に観察し，その過程や結果を記録している。 ・ビオトープや田んぼ，川の水を採取し，顕微鏡を使って小さな生物を観察し，記録している。	・メダカには雄雌があり，体つきの違いから見分けることができることを理解している。 ・メダカの卵は，日が経つにつれて中のようすが変化し，孵化することを理解している。 ・メダカが水中の小さな生物を食べ物にして生きていることを理解している。

獲得すべきコア知識：
〈卵と精子が受精して受精卵ができる〉

発展的課題の例：メダカのしりびれや胸びれが大きいのはどうしてなのか説明してみよう！
>>受精する瞬間を実際に観察すると，雄は雌の体にしりびれや胸びれを巻きつけて精子を卵にかけている。雌の体に巻きつけるためにしりびれや胸びれが大きい。

(4) 留意点
- 顕微鏡を適切に操作できるようにさせる。
- 個人やグループでメダカの飼育を行う場合は，ペットボトルを水槽として利用し，メダカの世話をしながら観察させる。

5．生命のつながり（4）「人のたんじょう」7月 7時間

(1) 単元のねらい
- 人やその他の動物の発生や成長について推論しながら追究する能力を育てる。
- 人の発生について資料を活用したりして調べ，
    ア　人は，母体内で成長して生まれること（※受精に至る過程は取り扱わないものとする）
  を理解させる。

(2) 主な内容・既習事項とのつながり

既に獲得したコア知識
小学校第5学年『生命のつながり（3）』

〈卵と精子が受精して受精卵ができる〉

- 魚の卵の成長と関係づけながら，人も他の動物と同じように卵から発生すること，命が生まれることなどについて理解させる。
- 母体内での成長については，直接観察することが難しいので，ゲストティーチャーを

招いたり，視聴覚教材や模型などを活用したりして，人は母体内で成長して生まれることなどについて理解させる。

(3) 単元の評価規準の設定例

自然事象への関心・意欲・態度	科学的な思考・表現	観察・実験の技能	自然事象についての知識・理解
・母体内での新しい生命誕生に興味・関心をもち，調べようとする。 ・他の生物と比較しながら，人の成長や誕生について，調べようとする。 ・生物の成長や誕生の神秘さに興味・関心をもち，生命の大切さを考えようとしている。	・母体内で成長していくようすを調べて，自分の考えを表現している。 ・人と他の生物の成長や誕生を比べ，共通点や相違点などを表現している。	・様々な情報を活用して，人の成長や誕生について調べ，記録している。 ・発生模型や映像資料などを活用し，人の成長や誕生について調べている。 ・インタビューを通して，人の誕生や成長について調べている。	・人は，母体内で成長して生まれることを理解している。

獲得すべきコア知識：〈多くのホニュウ類は，母体内でへその緒を通じて子に養分を送っている〉

発展的課題の例：胎児は羊水の中でオシッコをしているのか説明してみよう！
>>胎児は，羊水が皮膚のかけらや髪の毛などで汚れると，羊水を口から飲んで自分の中できれいにして，オシッコとして戻している。羊水のゴミは体の中にためておき，生まれて最初のうんこにして出している。

(4) 留意点

受精に至る過程については，取り扱わないことになっている。

6．生命のつながり（5）「植物の花のつくりと実や種子」9月 8時間

(1) 単元のねらい

・植物の結実が関係していることについて条件を制御して調べる能力を育てる。

・植物を育て，植物の結実のようすを調べ，
　ア　花にはおしべやめしべなどがあり，花粉がめしべの先につくとめしべのもとが実になり，実の中に種子ができること
を理解させる。

(2) 主な内容・既習事項とのつながり

既に獲得したコア知識
小学校第3学年『植物をそだてよう』
〈花が咲くと実ができる〉
第5学年『生命のつながり（3）』
〈卵と精子が受精して受精卵ができる〉

・アサガオなどの花の一部を切り開き，アサガオなどの花のつくりは，外側からがく・花びら・おしべ・めしべとなっていることを見いださせる。

- 花粉の観察については、顕微鏡で50倍や100倍程度の倍率でうまくピントを合わせて観察させる。
- 植物の一生と動物の一生を比較させ、受精し、子どもが生まれ、親となり、また子どもが生まれるといった、生命の連続性を見いださせる。

(3) 単元の評価規準の設定例

自然事象への関心・意欲・態度	科学的な思考・表現	観察・実験の技能	自然事象についての知識・理解
・植物の実や種子のでき方に興味・関心をもち、調べようとする。 ・生命の連続性に関心をもち、生命を尊重しようとする。	・植物の結実について、条件に着目して観察や実験を計画し、表現している。 ・植物の発芽、成長、結実（生命の連続性）と動物の誕生や成長を比べ、共通点や相違点などについて、考えを表現している。	・ピンセットなどを使い、アサガオなどの花のつくりを観察し、記録している。 ・虫眼鏡や双眼実体顕微鏡を適切に使い、花粉などを観察し、その特徴を記録している。 ・顕微鏡を適切に使い、花粉を観察し、その特徴を記録している。	・1つの花におしべとめしべがあるものと、おしべとめしべが別々の花についているものがあることを理解している。 ・花粉がめしべの先につくと子房が実になり、実の中に種子ができることを理解している。 ・風や昆虫などが花粉を運ぶことから、受粉には、風や昆虫も関係していることを理解している。

獲得すべきコア知識：
〈受粉するとめしべのもとがふくらみ、実になる〉

発展的課題の例：果物のへた（がく）の位置について説明してみよう！
>>イチゴやカキなどは、枝の方（花梗）にへた（がく）がついているが、ナシやリンゴは枝と反対側についている（果実の部分が下の方に発達するため）。

(4) 留意点

ホウセンカでも花弁が複数になっている種類のものもあるが、できるだけ単純なつくりの種類を扱うとよい。

7. 流れる水のはたらき　11～12月　14時間

(1) 単元のねらい
- 流水の働きと土地の変化の関係について条件を制御して調べる能力を育てる。
- 地面を流れる水や川のようすを観察し、流れる水の速さや量による働きの違いを調べ、
  - ア　流れる水には、土地を侵食したり、石や土などを運搬したり堆積させたりする働きがあること
  - イ　川の上流と下流によって、川原の石の大きさや形に違いがあること
  - ウ　雨の降り方によって、流れる水の速さや水の量が変わり、増水により土地のようすが大きく変化する場合があること
  を理解させる。

(2) 主な内容・既習事項とのつながり

- 校庭で小さな川の流れをつくり，流れの速さや水の量が変化すると，地面を削ったり土や砂を流したりする働きが変わることを見いださせる。
- 実際の河川や降雨前後の校庭，流水実験の結果から，雨水が地面を流れることで侵食・運搬・堆積の働きをしていることを理解させる。
- 上流では大きく角ばった石が，下流では角が削られて小さく丸みを帯びていることを見いださせる。
- コンピュータシミュレーションや映像なども活用しながら，流れる水の働きによって，土地が変化することと生活とを結びつけ，洪水の被害や土地の形成についても考えさせる。

(3) 単元の評価規準の設定例

自然事象への関心・意欲・態度	科学的な思考・表現	観察・実験の技能	自然事象についての知識・理解
・身近な地域を流れる川のようすに興味・関心をもち，調べようとする。 ・上流・中流・下流の川のようすに興味・関心をもち，モデル実験で調べようとする。 ・モデル実験でわかったことを確かめるために，実際の川を調べようとする。 ・洪水を防ぐ工夫に興味・関心をもち，調べようとする。	・流れる水の力と地形が変化するようすを関係づけながら考え，表現している。 ・流れる水のようすや働きを調べるためのモデル実験結果を考察したりして，表現している。 ・流れる水のようすと自然保全や自然災害を関係づけ，未来の川づくりを考え表現している。	・映像資料などを活用して，上流・中流・下流のようすを調べ，記録している。 ・水の量や速さなどの条件を制御し，モデル実験を計画的に実施している。 ・安全に配慮しながら，川のようすを観察したり，実験をしたりしている。	・流れる水には，侵食・運搬・堆積の働きがあることを理解している。 ・水の量が増え，流れが速くなると，流れる水の働きが大きくなることを理解している。 ・上流と下流で川原の石の大きさや形に違いがあり，流れる水の働きに関係していることを理解している。 ・流れの働きが違うために，川岸が崖になったり，川原ができたりすることを理解している。 ・川の水の量が増えると，流れる水の働きが大きくなり，洪水などの自然災害が引き起こされることを理解している。

獲得すべきコア知識：
〈水は高いところから低いところへ流れる〉
〈下流の石ほど削られて丸くなっている〉
〈川のカーブでは，外側の方の流れが速く，削られて深くなる〉
〈粒の小さいものほど遠くまで運ばれる〉
〈堆積するのは主に水の中〉
〈流れる水は，削って，運んで，積もらせる〉

発展的課題の例：日本の川の特徴について説明してみよう！
>>日本の川は，高いところから低いところへ短い距離で流れ落ちるという特徴がある。

(4) 留意点
- 「侵食」「運搬」「堆積」の意味をしっかり整理させる。

- 身近に適当な河川がない場合は，教科書などの写真や立体地図，川原の石などを用いる。

8．電磁石の性質　11〜12月　11時間
(1) 単元のねらい
- 電流の働きについて条件を制御して調べる能力を育てる。
- 電磁石の導線に電流を流し，電磁石の強さの変化を調べ，
    - ア　電流の流れているコイルは，鉄心を磁化する働きがあり，電流の向きが変わると，電磁石の極が変わること
    - イ　電磁石の強さは，電流の強さや導線の巻数によって変わること

  を理解させる。

(2) 主な内容・既習事項とのつながり

既に獲得したコア知識
小学校第３学年『じしゃくのふしぎをしらべよう』
〈鉄（鉄の仲間のコバルト・ニッケルも）は磁石につく〉
第３学年『豆電球にあかりをつけよう』
〈電気はぐるっとひと回りできる回路（わ）を通る〉 〈金属は電気を通す〉
第４学年『電池のはたらき』
〈乾電池の数やつなぎ方を変えると豆電球の明るさやモーターの回り方が変わる〉 〈乾電池２個を直列につなぐと電流が多く流れ，並列につなぐと乾電池１個の時と変わらない〉

- コイルに鉄心を入れて電流を流すと鉄心が磁石になることから，電流には磁力を発生させる働きがあることを理解させる。
- 乾電池の向きを変えると電磁石のＮ極とＳ極が変わることから，電流の向きを変えると電磁石の極も変わることを理解させる。
- 電磁石が永久磁石と違うのは，電流が関係していることであり，このことから電流には磁力を発生させる働きや，電流の向きを変えると極が変わることを理解させる。
- 乾電池を直列につないで電流の強さを変えると電磁石の強さが変わることや，導線の長さを同じにして巻数の異なる２つの電磁石をつくって一定の電流を流すと，電磁石の強さが違うことから，電磁石の強さは電流の強さや導線の巻数によって変わることを理解させる。

(3) 単元の評価規準の設定例

自然事象への 関心・意欲・態度	科学的な思考・表現	観察・実験の技能	自然事象についての 知識・理解
・電磁石に電流を流した時の現象に興味・関心をもち，電流の働きを調べようとする。 ・電磁石の性質を永久磁石と比べながら，興味・関心をもち，調べようとする。 ・電磁石の性質を利用して，ものづくりに取り組もうとしている。	・電磁石の実験の結果をもとに，電磁石と永久磁石の性質を表現している。 ・電磁石の強さを変える要因（電流の大きさ，コイルの巻数）について予想をもち，条件に着目して実験を計画し，表現している。 ・電磁石の実験結果について考察し，表現している。	・簡易検流計（または電流計）を適切に使用している。 ・電磁石をつくり，スイッチを入れた時，磁力が発生することを実験で調べている。 ・電磁石の性質を永久磁石と比べて，手順を整理しながら，繰り返し実験している。 ・電磁石の条件を整えながら正確に実験を行い，その過程や結果を記録している。 ・電磁石の性質を利用して工夫しながら，ものづくりをしている。	・鉄を入れたコイルに電流を流すと，電磁石になることを理解している。 ・電磁石の強さは，電流の大きさによって変わることを理解している。 ・電磁石の強さは，導線の巻数によって変わることを理解している。

獲得すべきコア知識：
〈導線に電流が流れると磁力が生じる〉
〈電磁石はコイルの巻数を増やしたり，電流を大きくすると強くなる〉

発展的課題の例：鉄心のまわりに，コイルを巻き，通電すると電磁石になりますが，鉄心の代わりにアルミニウムの棒を入れるとどうなるのか説明してみよう！
>>アルミニウムは磁化されないので，電磁石にはならない．

(4) 留意点

単なるおもちゃづくりではなく，例えば「小さいイワシしか釣り上げられない電磁石釣り竿をつくらせた後，何とかして大きなカツオを釣り上げる工夫を児童たちに考えさせる」など，文脈をつけた展開にする。

9. もののとけ方　1～2月 14時間

(1) 単元のねらい
・ものが水に溶ける規則性について条件を制御して調べる能力を育てる。
・ものを水に溶かし，水の温度や量による溶け方の違いを調べ，
　ア　ものが水に溶ける量には限度があること
　イ　ものが水に溶ける量は水の温度や量，溶けるものによって違うこと
　　また，この性質を利用して，溶けているものを取り出すことができること
　ウ　ものが水に溶けても，水とものを合わせた重さは変わらないこと
　を理解させる。

(2) 主な内容・既習事項とのつながり

既に獲得したコア知識
小学校第3学年『ものの重さをしらべよう』
〈ものの出入りがなければ，形が変わっても重さは変わらない〉

- 一定温度で，一定量の水にものを溶かしたり，溶け残りのある水溶液に水を加えたりして，ものが一定量の水に溶ける量には限度があることを見いださせる。
- 水の温度が一定の時には，水の量が増えると溶ける量も増えることや，水溶液の水を蒸発させると溶けていたものが出てくることを扱う。
- 水の温度が上昇すると溶ける量も増えることや，高い温度でものを溶かした水溶液を冷やすと溶けたものが出てくることを見いださせる。
- 溶け残った食塩やホウ酸を溶かす実験を通して，水の量や温度によって，ものが溶ける量に違いがあること，食塩やホウ酸で溶け方に違いがあることを見いださせる。
- 溶かす前のものの重さに水を加えた全体の重さと，溶かした後の水溶液の重さを比較し，ものを溶かす前と後でその重さは変わらないことを見いださせる。

(3) 単元の評価規準の設定例

自然事象への関心・意欲・態度	科学的な思考・表現	観察・実験の技能	自然事象についての知識・理解
・ものが溶ける現象に興味・関心をもち，ものが溶けるということを調べようとする。 ・氷砂糖や食塩が溶ける現象に興味・関心をもち，規則性を調べようとする。 ・ものの溶け方のきまりを使ったものづくりに興味・関心をもち，計画し，作品をつくろうとしている。 ・自然環境の保全や食環境の見直しなどに関心をもつとともに，見いだしたきまりを生活にあてはめてみようとしている。	・ものが溶けるという現象に対して，自分の考えを表現している。 ・ものが溶けることを確かめる実験を計画し，表現している。 ・ものの溶け方のきまりについて，条件に着目して実験の計画を考えたり，結果を考察したりして，表現している。 ・実験の結果を表やグラフに表し，それを用いて，規則性を考え，表現している。	・ろ過や蒸発乾固などを安全に実施している。 ・てんびんなどを適切に操作し，計画的に実験を行い，記録している。	・水に溶けるものを取り出せること，水に溶けたものは見えなくなり，水中に広がっていることを理解している。 ・溶質の保存，溶解限度，温度による溶解度の違いなどを理解している。

獲得すべきコア知識：
〈溶けるとは目に見えないくらい小さくなって水の中に散らばること〉
〈水に溶けると透明になるが，透明には無色透明と有色透明がある〉
〈水の量や水の温度によって溶ける量が違う〉
〈ものが水に溶ける量には限度がある〉
〈ものの出入りがなければ重さは変わらない〉

> 発展的課題の例：砂と食塩とミョウバンが混ざっている水溶液からミョウバンを取り出すにはどうしたらよいのか説明してみよう！
> >>まず，ろ紙を使って砂と食塩・ミョウバンを分ける。溶解度曲線を生かして溶解度の違いから水溶液を冷やしてミョウバンを析出させる。結晶の形からミョウバンであると判断する。

(4) 留意点

実験の際には，ガラス器具などを破損して怪我をしないように留意させる。

10. ふりこの動き　2～3月 10時間

(1) 単元のねらい
- 振り子の運動の規則性について条件を制御して調べる能力を育てる。
- おもりを使い，おもりの重さや糸の長さなどを変えて振り子の動くようすを調べ，
  ア　糸につるしたおもりが1往復する時間は，おもりの重さなどによっては変わらないが，糸の長さによって変わること
  を理解させる。

(2) 主な内容・既習事項とのつながり
- 糸におもりをつるして，おもりの1往復する時間を，おもりの重さ，糸の長さ，振れ幅を変えながら測定し，糸につるしたおもりの1往復する時間はおもりの重さや振れ幅によっては変わらないが，糸の長さによって変わることを理解させる。
- 糸の長さが，おもりが1往復する時間を変化させる要因になるかを調べるためには，おもりの重さや振れ幅を一定にして，糸の長さだけを変えて調べるように，変える条件と変えない条件を制御しながら計画的に実験できるようにさせる。
- 糸の長さを変えた時のおもりの1往復する時間に比べて，重さや振れ幅を変えた時の時間はほとんど変化しないので，まず糸の長さを変えて実験すると，糸の長さによって1往復する時間が変わることを納得させやすい。
- 実験には誤差が生じることを理解させ，実験を複数回行って，誤差をふまえながらデータを処理させ，結果を表に整理するだけではなく，グラフなどを用いて表現させると，誤差と変化の違いに気づかせやすい。
- 1秒振り子づくりなど，振り子の動きで学んだことを生かせるものづくりに取り組ませる。

(3) 単元の評価規準の設定例

自然事象への関心・意欲・態度	科学的な思考・表現	観察・実験の技能	自然事象についての知識・理解
・振り子の振れ方に興味・関心をもち，その振れ方のきまりについて調べようとする。 ・振り子の性質を利用して，1秒振り子などをつくろうとしている。	・振り子の1往復する時間を考える要因について予想をもち，条件に着目して実験を計画し，表現している。 ・振り子の1往復する時間の変化を振れ幅に関係づけて，自分の考えを表現している。 ・振り子の1往復する時間の変化をおもりの重さに関係づけて，自分の考えを表現している。 ・振り子が1往復する時間の変化を振り子の長さに関係づけて，自分の考えを表現している。	・振り子をつくり，その動きの違いを安全に調べている。 ・振り子の振れ幅などの条件を整えながら，実験している。 ・条件を整えながら正確に実験を行い，その過程や結果を記録している。	・振り子が1往復する時間は，振れ幅やおもりの重さに関係なく，振り子の長さによって変わることを理解している。

獲得すべきコア知識：
〈おもりの往復する時間（周期）はひもの長さで決まる〉

発展的課題の例：右の図のような台形のおもりと直方体のおもりの周期について説明してみよう！
>>振り子の長さは糸のつけ根からおもりの重心までなので，台形のおもりの周期の方が長くなる。

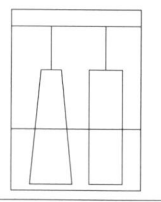

(4) 留意点

・実験の誤差を少なくするために，1往復する時間を10往復する時間から求めることや，複数回実験を行う必要性を実感させる。
・算数で学んだ平均と関連づける。
・伸びの少ない糸を用いて，糸の長さは糸をつるした位置からおもりの重心までであることに留意させる。
・「時間が早い」と「速度が速い」を混同しやすいので，しっかりと識別させる。

〈小6〉

1. ものの燃え方　4～5月 10時間

(1) 単元のねらい

・ものの燃焼と空気の変化とを関係づけて，ものの質的変化について推論する能力を育てる。
・ものを燃やし，ものや空気の変化を調べ，

ア　植物体が燃えるときには，空気中の酸素が使われて二酸化炭素ができることを理解させる。

(2) 主な内容・既習事項とのつながり
- 物の燃焼と空気の変化とを関係づけて，燃焼の仕組みについて説明できるようにさせる。
- 空気の組成は，窒素78%・酸素21%・アルゴン1%・二酸化炭素0.03%程度であることを確認させる。
- 燃焼の三条件（十分な酸素・燃えるもの・温度）から，燃焼について考えさせる。

(3) 単元の評価規準の設定例

自然事象への関心・意欲・態度	科学的な思考・表現	観察・実験の技能	自然事象についての知識・理解
・ものの燃焼の仕組みについて興味・関心をもち，調べようとする。 ・線香の煙を使って，ろうそくが燃えている時の空気の動きに興味・関心をもち，ものの燃焼の仕組みについて調べようとする。	・ものの燃え方と空気の動きを関係づけながら，ものの燃焼の仕組みについて推論し，表現している。 ・ものの燃え方と空気中の気体の変化を関係づけながら，ものの燃焼の仕組みについて推論し，自分の考えを絵や図，文を使って表現している。 ・ものの燃え方と気体の変化を関係づけながら，ものの燃焼の仕組みについて推論している。	・線香の煙を使い，ろうそくが燃えている時の空気の動きを調べ，そのようすを記録している。 ・酸素を集めた瓶の中でろうそくや線香の燃え方を調べ，そのようすを記録している。 ・二酸化炭素を集めた瓶の中でろうそくや線香の燃え方を調べ，そのようすを記録している。 ・気体検知管を使って，燃焼前後の気体の変化を調べ，記録している。	・酸素には，ものを燃やす働きがあることを理解している。 ・ろうそく，紙，木が燃える時，酸素が使われて，二酸化炭素ができることを理解している。

獲得すべきコア知識：
〈熱や光を出して酸素と激しく結びつくのが燃焼〉
〈燃焼の三条件（十分な酸素・燃えるもの・温度）〉

発展的課題の例：太陽は燃焼しているのか説明してみよう！
>>燃焼の三条件（十分な酸素・燃えるもの・温度）から考えると，酸素がないので燃焼ではないと考えられる。太陽は酸化による燃焼とは異なる核融合でエネルギーを生み出している。プロミネンスなどが炎のように見えるのは，高温の水素ガス（電熱線と同じように高温になると明るく輝いて見える）が吹き出しているものを見ている。

(4) 留意点
- 林間学校などの飯盒炊さんやキャンプファイアーなどの経験と結びつけて考えさせるとよい。
- 児童は物が燃えると酸素はすべてなくなり，すべて二酸化炭素になってしまうと考えがちなので，気体検知管を用いて燃焼前後の酸素と二酸化炭素の割合を確かめさせるとよい。
- 燃焼実験の際には，加熱方法や気体検知管の扱い方など，危険がないように留意させる。

2．体のつくりとはたらき　5月中旬～6月上旬 12時間

(1) 単元のねらい

・人や他の動物を観察したり，資料を活用したりして，呼吸・消化・排出・循環の働きを調べ，

　ア　体内に酸素が取り入れられ，体外に二酸化炭素などが出されていること
　イ　食べ物は，口・胃・腸などを通る間に消化，吸収され，吸収されなかったものは排出されること
　ウ　血液は，心臓の働きで体内を巡り，養分・酸素・二酸化炭素などを運んでいること
　エ　体内には，生命活動を維持するために様々な臓器があること

を理解させる。

(2) 主な内容・既習事項とのつながり

・吸った空気（酸素21%・二酸化炭素0.03%）と吐いた空気（酸素17%・二酸化炭素4%）の違いを調べることによって，人は呼吸によって空気中の酸素を取り入れ，二酸化炭素を出していることを見いださせる。
・消化とは，食物をだんだん細かくして吸収しやすくすることであることを見いださせる。
・肺で酸素，小腸で養分を取り入れた血液は，心臓の働きで体中を循環していることを見いださせる。
・呼吸，消化・吸収・排出，血液の循環を関係づけ，生命活動を維持していることを見いださせる。

(3) 単元の評価規準の設定例

自然事象への関心・意欲・態度	科学的な思考・表現	観察・実験の技能	自然事象についての知識・理解
・人や他の動物の呼吸などの働きに興味・関心をもち，自ら体のつくりや働きを調べようとする。 ・人や他の動物の体のつくりや働きに生命のたくみさを感じ，それらの関係を調べようとする。	・個々の人や他の動物の条件から動物が生きるために必要な条件を考え，表現している。 ・人や他の動物の体のつくりや呼吸の働きを多面的に考え，絵や図などで表現している。 ・人や他の動物の体のつくりと消化の働きとのかかわりについて，考えを表現している。 ・人や他の動物の体のつくりと呼吸，消化・吸収・排出，循環などとのかかわりについて考察し，表現している。	・人や他の動物を観察し，呼気と吸気の違いを調べ，記録している。 ・人や他の動物を観察し，消化・吸収・排出などの働きを調べ，記録している。 ・メダカの血管を顕微鏡で観察し，血液の流れを調べ記録している。 ・脈拍と拍動を観察し，1分間あたりの回数を測定し記録している。 ・魚の解剖で呼吸，消化・吸収・排出，循環などの器官について調べ，記録している。	・体内には酸素が取り入れられ，体外に二酸化炭素などが排出されることを理解している。 ・体内には生命活動を維持するために様々な臓器があることを理解している。 ・血液は，心臓の働きで体内を巡り，養分・酸素・二酸化炭素を運んでいることを理解している。

獲得すべきコア知識：
〈空気：酸素21％・二酸化炭素0.03％，吐いた息：酸素17％・二酸化炭素４％〉
〈消化とは食物をだんだん細かくして吸収しやすくすること〉
〈養分の多くは小腸から吸収される〉
〈大腸の主な働きは水分の吸収〉
〈生きるための養分を血液で送っている〉
〈心臓は大静脈からの血液を肺に送って（酸素と二酸化炭素を交換する）大動脈に送り出している〉

発展的課題の例：人工呼吸しても大丈夫な理由を説明してみよう！
＞＞吐いた息（酸素17％・二酸化炭素４％）のすべてが二酸化炭素ではない。

(4) 留意点
- だ液の働きを調べる実験では，だ液が汚いと感じてしまう児童に配慮して，個別に取り組むことができるようにする。
- 燃焼と呼吸による二酸化炭素の発生とを関連づける。
- 観察・実験ができないところは，映像や模型などを活用する。

３．植物の成長と日光や水とのかかわり　６月　10時間

(1) 単元のねらい
- 植物の体内のつくりと働きについて推論する能力を育てる。
- 植物を観察し，植物の体内の水などのゆくえや葉で養分をつくる働きを調べ，
  ア　植物の葉に日光が当たるとでんぷんができること
  イ　根・茎・葉には，水の通り道があり，根から吸い上げられた水は主に葉から蒸散していること
  を理解させる。

(2) 主な内容・既習事項とのつながり

既に獲得したコア知識
小学校第４学年『季節と生き物』
〈生物は呼吸をしている〉 〈植物は日光の獲得競争をしている〉
第５学年『生命のつながり（２）』
〈肥料は成長の手助けをしている〉

- 日光が当たっているジャガイモなどの葉で，アルミニウム箔などを被せて遮光した葉と遮光しない葉の対照実験を行い，ヨウ素でんぷん反応によって日光が当たっている葉の中でのでんぷんの存在を調べ，植物が自らでんぷんをつくり出していることを見いださせる。
- 光合成によってできたでんぷんは子イモに貯蔵され，余った水分は葉から蒸散していることを見いださせる。
- ホウセンカなどに着色した水を吸わせ，葉や茎などを切って，その体内の内部のつくりを観察させ，植物の体内には水の通り道があり，根から葉まで管のようになってつ

ながって，隅々まで水を行きわたらせていることを見いださせる。
- 透明な袋で何枚かの葉に覆いをして袋につく水の量を観察し，根から吸い上げられた水は主に葉から水蒸気として出ていくことを見いださせる。
- 気体検知管を使用し，光が当たると植物が二酸化炭素を取り入れ，酸素を出すことについて調べさせ，植物が呼吸に加えて，光が当たると二酸化炭素を取り入れて，酸素を出していることを見いださせる。

(3) 単元の評価規準の設定例

自然事象への関心・意欲・態度	科学的な思考・表現	観察・実験の技能	自然事象についての知識・理解
・植物の葉に日光が当たることとでんぷんとの関係に興味・関心をもち，調べようとする。 ・植物の水の通り道に興味・関心をもち，調べようとする。 ・植物の葉から水が出ていることに興味・関心をもち，調べようとする。	・日光の当たり方とでんぷんのでき方を関係づけて考え，表現している。 ・実験の結果から，植物には水の通り道があることを推論し，表現している。 ・蒸散が主に葉から行われていることを推論し，表現している。 ・植物の水の通り道と蒸散との関係を絵や図を使って，表現している。	・葉にでんぷんがあるか調べる方法を知り，確かめる実験をしている。 ・ジャガイモの葉からでんぷんを取り出し，調べている。 ・色水を使った実験を行い，植物の水の通り道を調べている。 ・気体検知管を適切に使用し，光が当たると植物が二酸化炭素を取り入れ，酸素を出すことについて調べ，その過程や結果を記録している。	・植物の葉に日光が当たるとでんぷんができることを理解している。 ・根から取り入れられた水は主に葉から蒸散していることを理解している。 ・動物は酸素を吸って二酸化炭素を吐き出し，植物は光が当たると二酸化炭素を取り入れて，酸素を出していることを理解している。

獲得すべきコア知識：
〈養分を緑の部分（葉緑体）でつくる〉
〈光合成では，光エネルギーを使って水と二酸化炭素から養分をつくっている〉
〈でんぷんにして栄養をため込んでいる〉
〈植物は根から水を吸い上げ，茎の中の細い管を通して葉まで送り，水蒸気にして外に出している〉

発展的課題の例：赤じその葉でもでんぷんがつくられているのか説明してみよう！
>>赤じそは，見た目は緑色ではないが，内部には緑色の粒があり，ヨウ素でんぷん反応を示すことからでんぷんをつくっている。

(4) 留意点
- ヨウ素でんぷん反応を見やすくするために葉をアルコールで脱色する場合は，火を使わずに湯せんで行うようにする。
- たたき染め法を行う際には，木槌の扱いを指導し，周囲への安全確認などを意識させる。

4．生物とそのかんきょう　7月 5時間

(1) 単元のねらい
- 生物と環境とのかかわりを<u>推論</u>する能力を育てる。
- 動物や植物の生活を観察したり，資料を活用したりして調べ，

ア　生物は，水および空気を通して周囲の環境とかかわって生きていること
　　イ　生物の間には，食う食われるという関係があること
　　を理解させる。

(2) 主な内容・既習事項とのつながり

既に獲得したコア知識
小学校第4学年『季節と生き物』
〈生物は呼吸をしている〉 〈植物は日光の獲得競争をしている〉
第6学年『人の体のつくりとはたらき』
〈空気：酸素21%・二酸化炭素0.03%，吐いた息：酸素17%・二酸化炭素4%〉 〈消化とは食物をだんだん細かくして吸収しやすくすること〉
第6学年『植物をそだてよう』
〈養分を緑の部分（葉緑体）でつくる〉 〈光合成では，光エネルギーを使って水と二酸化炭素から養分をつくっている〉 〈でんぷんにして栄養をため込んでいる〉 〈植物は根から水を吸い上げ，茎の中の細い管を通して葉まで送り，水蒸気にして外に出している〉

・生物には「食べる・食べられる」という関係があり，一般に食べられるものの方が小さくて多いことを見いださせる。

(3) 単元の評価規準の設定例

自然事象への関心・意欲・態度	科学的な思考・表現	観察・実験の技能	自然事象についての知識・理解
・動物が植物や動物を食べていることに興味・関心をもち，動物の養分のとり方について調べようとする。 ・生物のくらしと空気のかかわりに興味・関心をもち，調べようとする。	・動物の養分のとり方を調べ，生物と食べ物とのかかわりを関係づけて考え，表現している。 ・食べ物による生物どうしの関係をまとめ，表現している。 ・人や他の動物や植物は，それぞれが単独で生きているのではなく，互いにかかわり合って，生きていると考え，表現している。	・ダンゴムシなどが枯れ葉を食べているようすを継続的に観察し，動物が植物体を食べていることを調べている。	・人や他の動物が生きていくためには，植物の養分が欠かせないことを理解している。 ・生物の間には，食べる・食べられるという関係があることを理解している。

獲得すべきコア知識：
〈一般に食べられるものの方が小さくて多い〉

発展的課題の例：二酸化炭素の循環について説明してみよう！
>>植物は二酸化炭素から有機物をつくり，動物は植物から有機物をとり，動物の死骸は分解されて二酸化炭素になる。

(4) 留意点
　　・生物は環境とかかわって生きていることを実感させる。

5. 月と太陽　9月　8時間

(1) 単元のねらい
- 月の位置や形と太陽の位置関係を推論する能力を育てる。
- 月と太陽を観察し，月の位置や形と太陽の位置を調べ，
   - ア　月の輝いている側に太陽があること。また，月の形の見え方は，太陽と月の位置関係によって変わること
   - イ　月の表面のようすは，太陽と違いがあること

   を理解させる。

(2) 主な内容・既習事項とのつながり

既に獲得したコア知識
小学校第3学年『光のはたらきをしらべよう』
〈光はまっすぐ進む〉 〈光を集めると明るくなる〉 〈太陽の光（白色）が吸収されると黒っぽく見える〉
第4学年『星や月』
〈月は太陽の光を反射している〉 〈月は毎日少しずつ見え方が変わり，約30日で元に戻る〉

- 月が日によって形を変えていることと，月の輝いている側に太陽があることを，実際の空で月と太陽が同時に見える時に観察させ，月に見立てたボールに光を当てるなどのモデル実験を通して，太陽と月の位置関係で月の形が変わって見えることを見いださせる。
- 肉眼や双眼鏡，天体望遠鏡での月の観察に加えて，映像や模型などを活用して，月の表面にはクレーターがあることなどを見いださせる。
- 満ち欠けの様子から，月が太陽の光を反射している球体であることを見いださせる。

(3) 単元の評価規準の設定例

自然事象への関心・意欲・態度	科学的な思考・表現	観察・実験の技能	自然事象についての知識・理解
・月や太陽の表面のようすに興味・関心をもち，調べようとする。 ・月の位置や形と太陽の位置の関係に興味・関心をもち，調べようとする。	・月の形が変化して見えることを，月と太陽の位置から，推論している。 ・月の位置や形と太陽の位置について，モデル実験をし，考察したことを表現している。	・月や太陽の表面のようすをインターネットなどを活用して，調べている。 ・双眼鏡などを適切に使って月の表面のようすを観察したり，遮光板を使って安全に太陽の表面を観察したりしている。 ・月の位置や形と太陽の位置関係を調べ，記録している。 ・月と太陽の位置関係による月の形の見え方をモデル実験で調べ，正確に記録している。	・月の表面のようすは，太陽と違いがあることを理解している。 ・月の輝いている側に太陽があることを理解している。 ・月の形の見え方は，太陽と月の位置関係によって変わることを理解している。

獲得すべきコア知識：
〈地球は，太陽の周りを回っている（惑星），月は，地球の周りを回っている（地球の衛星）〉
〈月が光っている方に太陽がある〉
〈月の表面には凹凸があり，凹んだところが暗く見える〉

発展的課題の例：月は地球にいつも同じ面を向けているが，月は自転していないのか説明してみよう！
>>月は地球を1周する（公転）間に，1回自転しているので，地球にいつも同じ面を向け，地球からは月の裏側は見られない。

(4) 留意点
- 地球から見た太陽と月の位置関係を扱い，中学校で扱う地球の外から月や太陽を見る見方は扱わないことになっている。
- 太陽表面の観察にあたっては，絶対に直接太陽を観察しないように留意させる。
- 夜間の月の観察については，保護者の協力を得て安全に留意させる。

6．土地のつくりと変化　10～11月 13時間

(1) 単元のねらい
- 土地のつくりと変化を推論する能力を育てる。
- 土地やその中に含まれるものを観察し，土地のつくりや土地のでき方を調べ，
  - ア　土地は，礫・砂・泥・火山灰・岩石からできており，層をつくって広がっているものがあること
  - イ　地層は，流れる水の働きや火山の噴火によってでき，化石が含まれているものがあること
  - ウ　土地は，火山の噴火や地震によって変化すること
  を理解させる。

(2) 主な内容・既習事項とのつながり

既に獲得したコア知識
小学校第5学年『流れる水のはたらき』
〈水は高いところから低いところへ流れる〉 〈下流の石ほど削られて丸くなっている〉 〈川のカーブでは，外側の方の流れが速く，削られて深くなる〉 〈粒の小さいものほど遠くまで運ばれる〉 〈堆積するのは主に水の中〉 〈流れる水は，削って，運んで，積もらせる〉

・崖や切通しなどの土地の構成物や地質ボーリング資料を観察し，複数地点の地層を関係づけて，地層の広がりを見いださせる。
・堆積実験で砂や粘土が水の中で積もっていることから砂や粘土が含まれている地層は水中で堆積してできたこと，火山灰や多くの穴をもつ石が含まれている地層は火山の噴火によってできたことを理解させる。
・火山の噴火や地震によって土地が大きく変化することを，自然災害と関係づけながら理解させる。

(3) 単元の評価規準の設定例

自然事象への 関心・意欲・態度	科学的な思考・表現	観察・実験の技能	自然事象についての 知識・理解
・地層の構成物に興味・関心をもち，調べようとする。 ・地層のでき方に興味・関心をもち，水の働きによる地層のでき方を調べようとする。 ・火山活動による，土地の変化のようすや災害について調べようとする。 ・地震による，土地の変化のようすや災害について調べようとする。	・モデル実験の結果から，地層のでき方や地下での地層の広がりを推論し，表現している。 ・水の働きで地層ができることを，堆積実験から推論し，表現している。	・地層を観察し，観察した地層の構成物のようすや特徴などを記録している。 ・堆積実験などの結果を記録している。	・地層は，礫・砂・粘土・火山灰・岩石などが層をつくり広がっていることを理解している。 ・地層には，長い間に固まって岩石になったものや，化石を含んでいるものがあることを理解している。 ・地層は，流れる水の働きや火山の噴火によってできることを理解している。 ・火山の噴火や地震によって，土地が変化することがあることを理解している。
獲得すべきコア知識： 〈地層はつながっている〉 〈地層は水の中で堆積してできたものと，火山灰などが積もってできたものがある〉			
発展的課題の例：火山灰による地層の特徴について説明してみよう！ >>地層の大部分は海でつくられるが，火山灰による地層の場合，角が削られていない石や粒が見られる。			

(4) 留意点
- 遠足や移動教室，博物館などの社会教育施設を活用することも考える。
- 火山活動や地震については，コンピュータシミュレーションや映像，模型や標本などの資料を活用する。
- 岩石サンプルを取る際には，保護眼鏡を使用させるなど，安全や事故防止に配慮させる。

7．水よう液の性質　11～12月　14時間
(1) 単元のねらい
- 水溶液の性質について推論する能力を育てる。
- いろいろな水溶液を使い，その性質や金属を変化させるようすを調べ，
  - ア　水溶液には，酸性，アルカリ性および中性のものがあること
  - イ　水溶液には，気体が溶けているものがあること
  - ウ　水溶液には，金属を変化させるものがあること

  を理解させる。

(2) 主な内容・既習事項とのつながり

既に獲得したコア知識
小学校第5学年『もののとけ方』
〈溶けるとは目に見えないくらい小さくなって水の中に散らばること〉 〈水に溶けると透明になるが，透明には無色透明と有色透明がある〉 〈水の量や水の温度によって溶ける量が違う〉 〈物が水に溶ける量には限度がある〉 〈物の出入りがなければ重さは変わらない〉

- いろいろな水溶液をリトマス紙などを用いて調べ，色の変化によって酸性・アルカリ性・中性の3つの性質にまとめられることを見いださせる。
- 身の回りの水溶液をもち寄らせて，リトマス紙・BTB溶液・万能試験紙などで，酸性・中性・アルカリ性を調べさせてもよい。
- ムラサキキャベツやナスなどの身近な素材で指示薬をつくる活動をさせてもよい。
- 気体が溶けている水溶液には，気体を発生するものがあることや，集めた気体を水に入れると再び水に溶けたり，水溶液を加熱すると溶けているものも蒸発して何も残らないものがあったりすることを理解させる。
- 水溶液には，金属を溶かして気体を発生させたり，金属の表面を変化させたりするものがあることや，金属が溶けた水溶液から溶けたものを取り出して調べると，もとの金属とは違うものができていることがあることなどを理解させる。

(3) 単元の評価規準の設定例

自然事象への 関心・意欲・態度	科学的な思考・表現	観察・実験の技能	自然事象についての 知識・理解
・いろいろな水溶液の液性に興味・関心をもち，水溶液の仲間分けをしようとする。 ・水溶液の性質に興味・関心をもち，水溶液と金属との変化を調べようとする。	・水溶液に鉄やアルミニウムを入れると変化が起こることについて，予想と実験結果を照らし合わせて推論し，表現している。 ・水と二酸化炭素の入った容器を振ると，容器がへこむことについて，予想と実験を照らし合わせて考察し，表現している。 ・水溶液の性質や変化とその要因を環境問題と関係づけながら，水溶液の性質や働きを多面的に考え，表現している。	・リトマス紙やムラサキキャベツ液の性質を理解し，適切に使用して水溶液を区別している。 ・炭酸水が二酸化炭素の溶けた水溶液であることを調べている。 ・実験器具を適切に使用して，塩酸が金属を溶かす実験を安全に行い，塩酸の性質を調べている。	・リトマス紙やムラサキキャベツ液の色の変化によって，水溶液は酸性・中性・アルカリ性の3種類に分けられることを理解している。 ・水溶液の中には，気体が溶けている水溶液があることを理解している。 ・水溶液の中には，金属を溶かすものがあることを理解している。
獲得すべきコア知識： 〈リトマス紙　酸性：青→赤，アルカリ性：赤→青〉 〈二酸化炭素は水に少し溶ける〉 〈水溶液には金属を変化させるものがある〉			
発展的課題の例：水酸化ナトリウム水溶液が溶かすものについて説明してみよう！ >>アルミニウムを溶かして水素を発生する。皮膚に付着してぬるぬるするのは，水酸化ナトリウムが皮膚のタンパク質を溶かしているため。			

(4) 留意点
- ここで扱う水溶液としては，薄い塩酸，薄い水酸化ナトリウム水溶液などが考えられるが，これらの使用にあたっては，ゴーグルやグローブを着用させるなど安全に配慮させる。
- ここで扱う金属については，鉄やアルミニウムなど，生活の中でよく見かけるもので，性質や変化が捉えやすいものを使用する。
- 市販の炭酸水から出る泡を集められるように，ゴム栓・ガラス管・ゴム管などを用意しておく。

8. てこのはたらき　1～2月　12時間

(1) 単元のねらい
- てこの規則性について推論する能力を育てる。
- てこを使い，力の加わる位置や大きさを変えて，てこの仕組みや働きを調べ，
  - ア　水平につり合った棒の支点から等距離にものをつるして棒が水平になったとき，ものの重さは等しいこと

イ　力を加える位置や力の大きさを変えると，てこを傾ける働きが変わり，てこがつり合うときにはそれらの間に規則性があること
　　ウ　身の回りには，てこの規則性を利用した道具があること
　を理解させる。

(2) 主な内容・既習事項とのつながり
- 棒を使って重い物を持ち上げる活動を通して，持ち上げた時の手ごたえが，支点からの距離によって違ってくることを体感させるとともに，支点からの距離と手ごたえの大きさとの関係に規則性があることを見いださせる。
- てこを傾ける働きの大きさが，「(力点にかかるおもりの重さ)×(支点から力点までの距離)」で決まり，両側のてこを傾ける働きの大きさが等しい時につり合うという規則を見いださせる。
- 身の回りにある様々な道具で，てこの規則性が利用されていることを理解させる。

(3) 単元の評価規準の設定例

自然事象への関心・意欲・態度	科学的な思考・表現	観察・実験の技能	自然事象についての知識・理解
・重いものを持ち上げる活動の中で，てこの働きに気づき，調べようとする。 ・身の回りにあるてこを利用した道具に興味・関心をもち，てこのきまりがどのように利用されているかを調べようとする。 ・実験用てこの実験に興味をもち，てこのつり合いのきまりについて調べようとする。 ・てこを利用した道具やおもちゃに興味・関心をもち，製作しようとする。	・てこでものを持ち上げる実験から，条件に着目して，てこの働きについて，力の加わる位置と力の大きさを関係づけて考え，表現している。 ・身近な道具の中からてこの働きを生かしたものを探し，それらとてこの仕組みを関係づけて考え，表現している。 ・実験用てこでつり合いを調べる実験から，てこが水平につり合う時の左右のうでの動きを，おもりの重さおよび支点からの距離と関係づけて考え，表現している。	・力の加わる位置や大きさの条件を変えて比較しながら実験し，てこの働きについてのきまりを調べている。 ・実験用てこを適切に使用し，実験を行い，結果を記録している。 ・実験用てこのおもりの位置や数の変える条件・変えない条件に着目しながら，てこの働きについてのきまりを調べている。	・てこには，支点・力点・作用点があることを理解している。 ・てこがものを持ち上げる時の手ごたえは，支点から力点までの距離，支点から作用点までの距離で変わることを理解している。 ・身の回りには，てこの働きを利用した道具が多く使われていることを理解している。 ・てこの働きには，支点からの距離と力の大きさが関係し，てこがつり合う時には，それらの間にきまりがあることを理解している。

獲得すべきコア知識：
〈てこには，支点・力点・作用点がある〉
〈「支点からの距離」×「おもりの重さ」が左右で同じになるとつり合う〉
〈支点からの距離が長いほど，動かすのに必要な力が小さくてすむ〉

発展的課題の例：アルキメデスは，てこの原理を用いてローマ軍に立ち向かったと言われているが，どのようにてこの原理を用いたのか説明してみよう！
>>投石機をつくったり，長いクレーンの先にかぎ爪をつけて，ローマ軍の船を引っかけて転覆させたりしたと言われている。

(4) 留意点
- 「重さと長さをかけたら何か意味あるものになった」という感動を児童と分かち合いたい。
- 算数の反比例と関連づける。

9．電気の性質とはたらき　2月　7時間

(1) 単元のねらい
- 電気の性質や働きについて推論する能力を育てる。
- 手回し発電機などを使い，電気の利用の仕方を調べ，
    - ア　電気は，つくり出したり蓄えたりすることができること
    - イ　電気は，光・音・熱などに変えることができること
    - ウ　電熱線の発熱は，その太さによって変わること
    - エ　身の回りには，電気の性質や働きを利用した道具があること
  を理解させる。

(2) 主な内容・既習事項とのつながり

既に獲得したコア知識
小学校第5学年『電磁石の性質』
〈導線に電流が流れると磁力が生じる〉 〈電磁石はコイルの巻数を増やしたり，電流を大きくすると強くなる〉

- 身近な自転車のライトなどと関連させながら，手回し発電機で電気をつくり出すことができることを実感させる。
- 充電器などと関連させながら電気は蓄えられることを知らせる。
- 豆電球と発光ダイオードの点灯時間の結果から，発光ダイオードが生活の中で多く利用されている理由について，省エネルギーの観点からまとめさせる。
- 太さの違う電熱線の発熱の仕方を調べる実験の結果から，細い電熱線より太い電熱線の方が電流が多く流れて発熱量が多くなることから，電熱線の太さによって発熱の仕方が異なることを認識させる。
- 身近な電気について，発電・蓄電・利用の3つの視点から捉えさせる。

(3) 単元の評価規準の設定例

自然事象への 関心・意欲・態度	科学的な思考・表現	観察・実験の技能	自然事象についての 知識・理解
・電気は，つくり出したり蓄えたりできることに興味・関心をもち，実験しようとする。 ・身の回りの電気の性質や働きを利用した道具に興味・関心をもち，調べようとする。 ・電熱線の発熱が太さによって変わることに興味・関心をもち，実験しようとする。 ・電気の利用の1つとして，電熱線の発熱に興味・関心をもち，調べようとする。	・実験の結果から，豆電球と発光ダイオードの電気の使い方の違いを考察し，表現している。 ・実験の結果から，電熱線による発熱は，その太さによって異なることを表現している。	・電熱線の発熱のようすを調べ，結果を正しく記録している。	・電気は，つくり出すことができ，光や音を出す働きがあることを理解している。 ・電気は，つくり出したり，蓄えたりできることを理解している。 ・電熱線の発熱はその太さに関係していることを理解している。

獲得すべきコア知識：〈電気はつくったり，蓄えたりできる〉〈電気は光・音・熱などに変わる〉

発展的課題の例：2009センター試験問題に挑戦してみよう！
問2　手回し発電機は，ハンドルを回転させることによって起電力を発生させる装置である。リード線に図1に示すa〜cのような接続を行い，いずれの接続の場合でも同じ起電力が発生するように，同じ速さでハンドルを回転させた。a〜cの接続について，ハンドルの手ごたえが軽い方から重い方に並べた順として正しいものを，下の①〜⑥のうちから一つ選べ。　3

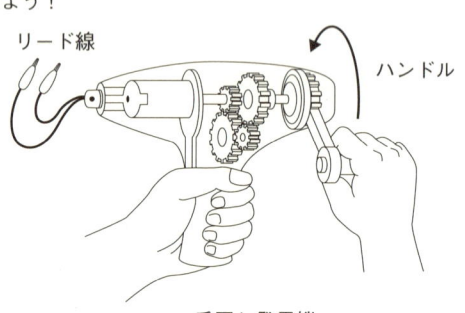

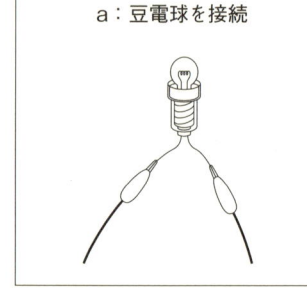

a：豆電球を接続　　b：リード線どうしを接続　　c：不導体の棒を接続

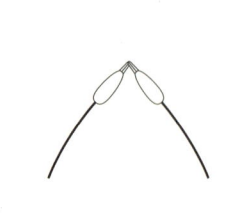

≫正答率7％ほどの超難問であったが，正解はc＜a＜b。
手回し発電機が「電池」だったらどうなるのかを考えさせると，小学生でも正解（電流が多く流れるものほど重くなる）が導ける。

(4) 留意点

・発熱実験の際には，火傷などをしないように留意させる。
・手回し発電機を早く回すと，10Vぐらいまでの電圧が生じるので，1.5Vの豆電球では

なく，高めの耐電圧の豆電球を準備しておく。
・科学館などの施設利用も考えておく。

10. 生物と地球のかんきょう　3月　6時間
(1) 単元のねらい
・生物と環境とのかかわりを<u>推論</u>する能力を育てる。
・動物や植物の生活を観察したり，資料を活用したりして調べ，
　ア　生物は，水および空気を通して周囲の環境とかかわって生きていること
　イ　生物の間には，食う食われるという関係があること
　を理解させる。

(2) 主な内容・既習事項とのつながり

既に獲得したコア知識
小学校第3学年『しぜんのかんさつをしよう』
〈生物は環境とかかわって生きている〉
第6学年『体のつくりとはたらき』
〈空気：酸素21%・二酸化炭素0.03%，はいた息：酸素17%・二酸化炭素4%〉
第6学年『植物の成長と日光や水とのかかわり』
〈養分を緑の部分（葉緑体）でつくる〉 〈光合成では，光エネルギーを使って水と二酸化炭素から養分をつくっている〉 〈でんぷんにして栄養をため込んでいる〉 〈植物は根から水を吸い上げ，茎の中の細い管を通して葉まで送り，水蒸気にして外に出している〉
第6学年『生物とそのかんきょう』
〈一般に食べられるものの方が小さくて多い〉

・第6学年の学習全体にかかわる内容なので，これまでの『体のつくりとはたらき』『植物の成長と日光や水とのかかわり』『生物とそのかんきょう』での学習を振り返り，生物が生きるためには水や空気が必要であること，様々な生物が互いにかかわり合っていることについて見いださせる。

(3) 単元の評価規準の設定例

自然事象への 関心・意欲・態度	科学的な思考・表現	観察・実験の技能	自然事象についての 知識・理解
・生物と水のかかわりに興味・関心をもち，水を通した周囲の環境とのかかわりについて，調べようとする。 ・生物と空気・水・食べ物とのかかわりに興味・関心をもち，自然界のつながりを総合的に調べようとする。	・生物と空気，水，食べ物とのかかわりを関係づけて調べ，自然界とのつながりを総合的に考え，表現している。 ・人の生活と周囲の自然環境とのかかわりについて，多面的に考え，自分の考えを表現している。	・学習や経験をもとに，人の生活と自然環境についてまとめ，自然環境をよりよくするための工夫や努力をする点を調べている。	・生物は水を通して周りの環境とかかわって生きていることを理解している。 ・地球上の水は，海や川などから蒸発し，水蒸気や雲となり雨となるなど，循環していることを理解している。 ・生物は互いにかかわり合って生きており，生物が生きていくための植物や動物および，空気や水を含めた自然環境保全の重要性を理解している。

獲得すべきコア知識：〈生物は環境とかかわって生きている〉

発展的課題の例：世界の人口の推移と地球環境について説明してみよう！
>>1987年に50億人だった世界の人口が，2011年10月31日に70億人に，2050年までに90億人に到達すると見込まれている。この急激な変化を踏まえて，地球環境問題を考える必要がある。

(4) 留意点
・身近な環境問題から地球規模の問題へと視野を広げられるようにする。

III 中学校

中学校理科授業では，これから世界中で活躍する生徒たちの論理的思考・表現を育むことをめざす。

〈中1〉

1．植物の生活と種類（1）「身近な生物の観察」6時間
(1) 単元のねらい
- 校庭や学校周辺の生物の観察を通して，いろいろな生物が様々な場所に生活していることに気づかせ，ルーペや顕微鏡を使っての基本的な観察技能を身につけさせる。
- 顕微鏡観察を通じて，水の中にも様々な小さな生物が生活していることを認識させる。

(2) 主な内容・既習事項とのつながり

既に獲得したコア知識
小学校第3学年『昆虫と植物』
〈昆虫の体は，頭・胸・腹からできていて，胸から足が6本出ている〉 〈植物は自分で栄養がつくれる，動物は動いて栄養をとりにいく〉 〈種の中にはじめから入っている葉が子葉（子葉が1枚：単子葉，2枚：双子葉）〉
第3学年『身近な自然の観察』
〈生物は環境とかかわって生きている〉
第4学年『季節と生物』
〈生物は呼吸をしている〉 〈植物は日光の獲得競争をしている〉
第5学年『植物の発芽，成長，結実』
〈発芽の条件：水・酸素・ちょうどよい温度〉 〈肥料は成長の手助けをしている〉 〈受粉するとめしべのもとがふくらみ，実になる〉
第6学年『植物の養分と水の通り道』
〈養分を緑の部分（葉緑体）でつくる〉 〈光合成では，光エネルギーを使って水と二酸化炭素から養分をつくっている〉 〈でんぷんにして栄養をため込んでいる〉 〈植物は根から水を吸い上げ，茎の中の細い管を通して葉まで送り，水蒸気にして外に出している〉

- 生物の観察については，主に植物について行い，動物も対象とする。
- 動物の体のつくりについては，中学校第2学年『動物の生活と生物の進化』で学習する。
- 生活場所については，光や水の量に注目させ，環境によって生育する植物の種類や生

息状況に違いがあることに気づかせる。
・観察器具としては，ルーペ・双眼実体顕微鏡・顕微鏡などを使用し，スケッチの仕方やレポートの書き方も身につけさせる。

(3) 単元の評価規準の設定例

自然事象への 関心・意欲・態度	科学的な思考・表現	観察・実験の技能	自然事象についての 知識・理解
・身近な植物や動物に関心をもち，調べようとする。 ・いろいろな場所で水を採取し，水中の微生物を観察しようとする。	・観察結果から，環境と生物の関係を推論できる。 ・適切な方法で観察記録をまとめられる。	・ルーペを正しく使用して観察できる。 ・正しくスケッチできる。 ・顕微鏡や双眼実体顕微鏡を正しく操作できる。 ・プレパラートをつくり，適切な方法で観察できる。	・生物を観察するための基本的な方法について説明できる。 ・日なたや日陰など，環境に応じて生息している生物の名前をあげられる。 ・顕微鏡の使い方について説明できる。 ・水中の微生物の名前や特徴について説明できる。

獲得すべきコア知識：
〈花は種子をつくる器官で，中心から，めしべ・おしべ・花弁（花びら）・がくの順になっている〉
〈裸子植物：胚珠がむきだしになっている，被子植物：胚珠が子房につつまれている〉
〈葉には葉脈があり（双子葉類：網状脈，単子葉類：平行脈），一般には裏側の方に多くの気孔がある〉

発展的課題の例：一般的な花にはめしべ，おしべ，花弁（花びら），がくがあるが，これらの中で，花にとってなくてはならないものはどれか説明してみよう！
>>めしべとおしべ。花の役割は種子をつくること（子孫を残すこと）であるが，受粉をしなければ種子はできない。よってめしべとおしべはなくてはならない。

(4) 留意点

・植物の種類や生活についての理解を深めるには，継続的な観察が必要になる。
・小学校で顕微鏡操作をしているので，習熟具合を確認しておく。
・ルーペ，双眼実体顕微鏡，顕微鏡を扱う際には，直射日光の当たらない場所で使用させる。

2．植物の生活と種類（2）「植物の体のつくりとはたらき」14時間

(1) 単元のねらい

・いろいろな花（両性花）の観察を通して，被子植物の花の基本的なつくりを理解させる。
・果実や種子のでき方を花のつくりと関連づけて理解させる。
・マツの花の例などから，子房がなく胚珠がむき出しの花もあることを知り，種子植物が被子植物と裸子植物に分類されることを理解させる。
・根や茎の観察を通して，植物には水や栄養分を運ぶ維管束があること，植物によって維管束の並び方に違いがあることを見いださせる。
・植物の葉は，どれも日光を受けやすくなっていることを見いださせる。

- 光合成が葉緑体で行われることを見いださせる。
- 植物は何を原料にして，光合成を行っているのか実験によって確認させる。
- 植物も呼吸を行っていることを知り，呼吸と光合成の関係を理解させる。

(2) **主な内容・既習事項とのつながり**

既に獲得したコア知識
小学校第5学年『植物の発芽，成長，結実』
〈発芽の条件：水・酸素・ちょうどよい温度〉 〈肥料は成長の手助けをしている〉 〈受粉するとめしべのもとがふくらみ，実になる〉
第6学年『植物の養分と水の通り道』
〈養分を緑の部分（葉緑体）でつくる〉 〈光合成では，光エネルギーを使って水と二酸化炭素から養分をつくっている〉 〈でんぷんにして栄養をため込んでいる〉 〈植物は根から水を吸い上げ，茎の中の細い管を通して葉まで送り，水蒸気にして外に出している〉

- 花のつくりについては，花の中心から，めしべ，おしべ，花弁，がく，という順に構成されていることを扱う。また，めしべが柱頭，花柱，子房の3部分から成り立っていて，子房の中に胚珠があること，おしべのやくの中には花粉が入っていることを扱う。
- 花の働きについては，花粉が柱頭についてはじめて果実ができ，胚珠が種子になることなどから，花は種子をつくる生殖器官であることを理解させる。
- 裸子植物については，マツなどの花を観察させて，被子植物の花のつくりとの違いに気づかせる。
- 葉については，葉の構造を観察し，観察結果と光合成・蒸散とを関連させ，気孔で呼吸により酸素が吸収されて二酸化炭素が放出されることを理解させる。
- 光合成については，細胞中にある葉緑体で行われ，光のエネルギーを利用して，二酸化炭素と水からでんぷんなどの有機物と酸素を生じる反応であることを理解させる。
- 蒸散については，蒸散が行われると，吸水が起こることを実験結果に基づいて理解させる。
- 茎や根の働きについては，水が根で吸収されること，水は根や茎にある維管束の中の道管を上昇することを茎などの断面の観察や実験結果から理解させる。また，光合成によって生じた有機物は師管を通って他の部位に運ばれることを理解させる。

(3) 単元の評価規準の設定例

自然事象への関心・意欲・態度	科学的な思考・表現	観察・実験の技能	自然事象についての知識・理解
・いろいろな花に関心をもち，調べようとする。 ・花のどの部分が果実や種子になるのかについて，関心をもち，調べようとする。 ・これまでとは異なる裸子植物の花に関心をもち，調べようとする。 ・根の様子が植物によって違うことに関心をもち，調べようとする。 ・茎のつくりに関心をもち，調べようとする。 ・葉脈の違いなどに関心をもち，調べようとする。 ・葉の表面や断面の観察を積極的に行おうとする。 ・高い木の最上部まで水や養分が運び上げられていることに関心をもち，調べようとする。 ・植物の葉のつき方について，その共通点や相違点に関心をもち，調べようとする。 ・葉緑体の観察において，積極的に観察を行おうとする。 ・光合成の実験において，積極的に実験を行おうとする。	・観察記録に基づいて，花のつくりの共通点と相違点を見いだせる。 ・果実や種子のでき方を花のつくりと関連づけて考えられる。 ・マツの花のつくりを見いだせる。 ・根が枝分かれし，更に根毛が無数にあることの利点を指摘できる。 ・茎の維管束の並び方には２通りあることを指摘できる。 ・赤く染まった部分の観察結果から，道管や道管の役割を推測できる。 ・葉の断面の観察から，葉のつくりの規則性を見いだせる。 ・葉のつき方について，日光の当たり方と関連づけて考えられる。 ・観察結果から，光合成が葉緑体で行われることを指摘できる。 ・対照実験を設定できる。 ・実験操作の意味を理解し，光合成の原料として二酸化炭素が必要であることを指摘できる。 ・光合成と呼吸の行われる時間や気体の出入りについて考えられる。	・花を順序よく分解し，整理できる。 ・花のめしべの断面をルーペや顕微鏡で観察できる。 ・根や茎の切片をつくり，それらのつくりを観察できる。 ・葉の表皮や断面のプレパラートをつくり，顕微鏡で観察できる。 ・オオカナダモの葉のプレパラートをつくり，顕微鏡で観察できる。	・被子植物の花の基本的なつくりについて説明できる。 ・めしべの子房が果実に，胚珠が種子になること，花が生殖器官であることについて説明できる。 ・被子植物と裸子植物の花のつくりの違いと共通点について説明できる。 ・根の様子が植物の種類によって異なることを，例をあげて説明できる。 ・道管と師管の役割について説明できる。 ・葉の断面や表皮のつくりについて説明できる。 ・蒸散の働きについて説明できる。 ・上から見ると葉が互いに重なり合わないようについていることを理解している。 ・光合成は，細胞の中の葉緑体で行われることについて説明できる。 ・光合成の仕組みについて説明できる。 ・光合成と植物の呼吸の関係について説明できる。 ・水の移動を中心にして，植物のつくりと働きについて総合的に説明できる。

獲得すべきコア知識：
〈花は植物の生殖器官〉
〈受粉すると子房は果実に，子房の中の胚珠が種子になる〉
〈花は種子をつくる器官で，中心から，めしべ・おしべ・花弁（花びら）・がくの順になっている〉
〈裸子植物：胚珠がむきだしになっている，被子植物：胚珠が子房につつまれている〉
〈葉：主な光合成・蒸散の場所〉
〈茎：水（道管）・養分（師管）を通す〉
〈根：水・無機養分（体をつくるために必要な窒素など）を吸収し，体を支えている〉
〈葉には葉脈があり（双子葉類：網状脈，単子葉類：平行脈），一般には裏側の方に多くの気孔がある〉
〈蒸散：大部分は葉の裏側の気孔で行われ，根から水を吸い上げて気孔から出している〉

> 発展的課題の例：高い木は，どのようにして上まで水を吸い上げているのか説明してみよう！
> \>\>蒸散により葉から水分が体外に放出されると，道管内の水はストローで吸い上げられるように上に引っ張られる。

(4) 留意点
- スライドなどの映像を活用し，イメージをもたせる。
- 複数の植物体を用意し，観察・比較させる。
- アレルギーなどをもっている生徒も多いので，試料の扱いには留意する。
- 光合成の実験では，生育環境によりでんぷんの生成量が異なるので，予備実験で確認しておく。
- 蒸散の観察では，顕著な変化が見られるまでに時間がかかるので留意させる。
- 茎の維管束の観察では，双子葉類・単子葉類とも2種類以上用意し，比較させるとよい。
- 光合成とは，「植物が酸素をつくり出す働きである」と認識してしまう生徒が多いので，光合成とは，「植物が光エネルギーを使って，二酸化炭素と水を材料にして養分をつくり出す働きである」と確認しておく。

3．植物の生活と種類（3）「植物のなかま分け」4時間

(1) 単元のねらい
- 花や根・茎・葉の観察記録に基づいて，特徴によって分類できることを見いださせる。
- 被子植物が芽生えや体のつくり，花のつくりなどの特徴から，双子葉類と単子葉類に分けられることを見いださせる。
- 種子をつくらない植物には，シダ植物とコケ植物があることを知り，胞子でふえることを理解させる。
- 植物の特徴に基づいて，分類できるようにする。

(2) 主な内容・既習事項とのつながり
- 植物については，すべてが種子をつくるのでなく，シダ植物やコケ植物のように種子をつくらない仲間があることを理解させる。
- シダ植物やコケ植物については，シダ植物は葉・茎・根の区別があり，維管束があるが，コケ植物には葉・茎・根の区別も維管束もないことを観察させて理解させる。また，シダ植物やコケ植物は種子をつくらず胞子をつくることにも触れる。

(3) 単元の評価規準の設定例

自然事象への 関心・意欲・態度	科学的な思考・表現	観察・実験の技能	自然事象についての 知識・理解
・いろいろな植物のなかま分けを行おうとする。	・被子植物の分類の観点を指摘できる。 ・いろいろな被子植物の体の特徴を調べ，単子葉類か双子葉類かを表にまとめられる。 ・種子をつくらない植物の特徴を見いだし，分類の観点を指摘できる。 ・種類のわからない植物を観察し，その特徴を手がかりに，名前を調べられる。	・シダ植物の体を観察し，その特徴を適切に記録できる。 ・シダ植物の葉についている胞子のうを見つけ，ルーペや顕微鏡を使って観察できる。	・単子葉類・双子葉類について，根・維管束の配列・葉脈・花弁の数の特徴を説明できる。 ・シダ植物の主な特徴について説明できる。 ・コケ植物の主な特徴について説明できる。 ・シダ植物・コケ植物が，胞子によって殖えることについて説明できる。

獲得すべきコア知識：
〈コケ（根・茎・葉の区別がはっきりしない）・シダ（根・茎・葉の区別あり）は種子をつくらず，胞子で殖える〉
〈シダ植物と種子植物の茎には維管束があるが，双子葉類では輪になって並んでいる〉

発展的課題の例：種子植物やシダ植物には維管束があるが，コケ植物に維管束がないのはなぜか説明してみよう！
>>コケ植物は水分の多い場所で生活するため，からだ全体で水分を吸収することができる。一方，種子植物やシダ植物は水分の少ない場所で生活するため，水を比較的水分の多い地中から吸い上げ，乾燥から身を守り，効率よく体全体に送る必要があるため。

(4) 留意点
・種子をつくらない植物については，中学校ではじめて学習する。
・種子と胞子の違いを認識させ，シダ植物とコケ植物の違いについて，体のつくりや生活環境を比較させながら考えさせる。

4．植物の生活と種類（4）「植物検索カードをつくる」2時間

・同じ種類の植物であれば生育する場所などによって形や大きさに違いがあっても，花のつくりや葉脈の形状などは一定していることに気づかせ，それらを基準にした分類をもとに，分類表や検索表などをつくらせる。

具体的な植物名を調べるためには，植物図鑑だけでなく，インターネットなどを活用することも有効である。

例えば，千葉県立中央博物館提供の野草カード（http://www.chiba-muse.jp/yasou/index.html）などを利用するのもよい。

(1) 単元の評価規準の設定例

自然事象への 関心・意欲・態度	科学的な思考・表現	観察・実験の技能	自然事象についての 知識・理解
・いろいろな植物に関心をもち，種子のでき方や体のつくりの特徴をまとめようとする。	・いろいろな植物をなかま分けして，植物の特徴について，表現している。	・植物の検索カードを工夫してつくることができる。	・種子のでき方や体のつくりの特徴など，植物をなかま分けするための知識を身につけている。

(2) 留意点

タンポポ（キク科タンポポ属）と似た別名タンポポモドキというブタナ（キク科エゾコウゾリナ属）を間違えやすいので留意させる。

5．物質のすがた（1）「いろいろな物質」7時間

(1) 単元のねらい
- 物質には密度や加熱したときの変化など，固有の性質があることを見いだし，区別できることに気づかせる。
- ガスバーナー・電子てんびん・上皿てんびんの使い方など，観察・実験の技能を身につけさせる。
- 金属・プラスチックの性質について理解させる。
- 質量の意味について理解させる。

(2) 主な内容・既習事項とのつながり

既に獲得したコア知識
小学校第3学年『物と重さ』
〈ものの出入りがなければ，形が変わっても重さは変わらない〉 〈体積が同じでも重さが違うことがある〉
第3学年『電気の通り道』
〈金属は電気を通す〉
第3学年『磁石の性質』
〈鉄（鉄の仲間のコバルト・ニッケルも）は磁石につく〉

- 物質の分類については，金属やプラスチックなどの様々な固体の物質の体積と質量を測定して，密度から物質を区別したり，食塩や砂糖などの身近な白い粉末を加熱することによって区別したりする。
- 金属については，電気伝導性・金属光沢・展性・延性などの性質があることを扱う。
- 日常生活や社会の中で使用されている代表的なプラスチックについては，ポリエチレン（PE）やポリエチレンテレフタラート（PET）などを例にして，性質・用途などについて触れる。

(3) 単元の評価規準の設定例

自然事象への関心・意欲・態度	科学的な思考・表現	観察・実験の技能	自然事象についての知識・理解
・白い粉末状の物質を調べることに興味をもち，調べようとしている。 ・実験結果をまとめたり，結果をもとに話し合ったりしようとする。 ・プラスチックが身のまわりでどのように用いられているか調べようとする。 ・物質の体積と質量の関係に興味を示し，いろいろな物質について調べようとする。	・白い粉末状の物質を調べる方法を計画できる。 ・実験結果から，調べた物質が何であるかを類推できる。 ・水への浮き沈みや燃え方の違いで，プラスチックを区別できる。 ・密度を求めることによって，物質の種類を類推できる。	・ガスバーナーを正しく使用できる。 ・てんびんやメスシリンダーを用いて質量や体積を正しく測定できる。 ・実験レポートを作成できる。	・物体と物質の違いについて理解している。 ・有機物と無機物の違いについて理解している。 ・金属と非金属の違いについて理解している。 ・プラスチックの性質について理解している。 ・密度の定義と求め方について理解している。

獲得すべきコア知識：
〈物質とはものの素材のことで，物質ごとに特有の性質がある〉
〈燃えて二酸化炭素を出すのが有機物，ただし二酸化炭素は無機物にしている〉
〈金属の性質：磨くと光る・広げたりのばしたりできる・電流が流れやすく熱が伝わりやすい〉
〈密度（g/cm³）は，物質ごとに決まっている〉
〈水に溶けにくい気体は水上置換，空気より重ければ下方置換，空気より軽ければ上方置換で集める〉

発展的課題の例：卵の新鮮さを調べるために，食塩水に入れて比べてみる方法があるが，古い卵ほど食塩水中で浮きやすくなるのはなぜか説明してみよう！
>>卵はカラの表面で呼吸をしているので，古くなると黄身に含まれる水分が蒸発して気室が大きくなるので，全体の密度が小さくなるので。

(4) 留意点

・何のための観察・実験なのかをよく認識させてから取り組ませる。
・観察・実験にあたって，火傷などの事故が起こらないように保護眼鏡や手袋の着用など，事故防止に留意させるとともに，実験の注意事項についてはワークシートなどに明記しておく。
・ガスバーナーの使用状況については，小学校での活用状況が異なるため，生徒の実態を十分に把握しておく。
・密度の測定の際には，メスシリンダーで測る体積の単位は（mL），密度の体積は（cm³）で困惑しやすいので留意させる。体積が正確に測れないと密度からの物質の同定が困難になる。
・廃棄物は適切に処理するなど，環境への影響などにも配慮する。
・プラスチックについては，今後高校化学まで扱わないので，深入りしないように留意する。

物質名	密度（g/cm³）	用途の例
ポリエチレン（PE）	0.91-0.96	バケツ，包装用袋
ポリプロピレン（PP）	0.90-0.91	コップ，洗面器

ポリ塩化ビニル（PVC）	1.16-1.72	水道管，ホース，消しゴム
ポリスチレン（PS）	1.04-1.09	食品のトレイ，CDケース
ポリエチレンテレフタラート（PET）	1.38-1.39	ペットボトル，テープ，繊維

6．物質のすがた（2）「気体の発生と性質」4時間

(1) 単元のねらい
- 気体を発生させる実験を行い，同じ種類の気体は同じ性質を示すことを見いださせる。
- 未知の気体を調べることに興味をもたせ，これまでの気体の学習をふまえて実験方法を計画し，安全に実行できるようにする。

(2) 主な内容・既習事項とのつながり

既に獲得したコア知識
小学校第6学年『燃焼の仕組み』
〈熱や光を出して酸素と激しく結びつくのが燃焼〉 〈燃焼の三条件（十分な酸素・燃えるもの・温度）〉

- 気体の発生や捕集などの実験については，いくつかの気体を発生させて捕集する実験を行い，それぞれの気体の特性を見いだし，気体の発生法や捕集法，気体の性質を調べる方法などを身につけさせる。
- 気体の捕集法については，水に溶けやすいか，密度が空気より小さいか大きいかなどに応じた捕集法があることを理解させる。

(3) 単元の評価規準の設定例

自然事象への 関心・意欲・態度	科学的な思考・表現	観察・実験の技能	自然事象についての 知識・理解
・酸素，二酸化炭素，窒素など，空気にふくまれている身近な気体に興味をもち，それらの気体について調べようとする。 ・水素やアンモニアなどの気体に興味をもち，それらの気体について調べようとする。 ・未知の気体を調べることに関心をもち，調べようとする。	・異なる方法で発生させた気体の性質が，同じ性質か異なる性質かを判断できる。 ・アンモニアの噴水実験結果や原理を，アンモニアの性質と関連づけて説明できる。 ・未知の気体を調べる実験を計画できる。	・酸素や二酸化炭素の発生や捕集の実験を正しく安全に行える。 ・未知の気体を調べる実験を，正しく安全に行える。	・気体の捕集法について理解している。 ・酸素や二酸化炭素の性質について理解している。 ・アンモニア・水素・窒素などの性質や発生方法，捕集方法について理解している。 ・気体の性質を調べて区別できることについて理解している。

獲得すべきコア知識：
〈物質とはものの素材のことで，物質ごとに特有の性質がある〉
〈燃えて二酸化炭素を出すのが有機物，ただし二酸化炭素は無機物である〉
〈金属の性質：磨くと光る・広げたりのばしたりできる・電流が流れやすく熱が伝わりやすい〉
〈密度（g/cm^3）は物質ごとに決まっている〉
〈水に溶けにくい気体は水上置換，空気より重ければ下方置換，空気より軽ければ上方置換で集める〉

発展的課題の例：水素でふくらませたシャボン玉は上に上っていくが，息でふくらませたシャボン玉はなぜ下に落ちていくのか説明してみよう！
>>水素の密度は空気の密度よりも小さいため，水素は空気中では上昇する。一方，吐いた息には二酸化炭素が空気より多く含まれ，密度は空気より大きくなるので息でくふらませたシャボン玉は下降する。

(4) 留意点
- 気体の発生の実験では，換気に気をつけ，適切な器具を用いて正しい方法で行い，容器破裂や火傷などの事故が起こらないように留意させる。
- 特に水素を扱う実験は，できるだけ演示実験で行い，捕集には試験管のように容量が小さく，口が細くなっていない容器を用いる。

7. 物質のすがた（3）「物質の状態変化」7時間

(1) 単元のねらい
- 物質の状態変化についての観察・実験を行い，状態変化によって物質の体積は変化するが質量は変化しないことを見いださせる。
- 粒子のモデルを用いて，固体⇔液体⇔気体の変化が物質そのものの変化ではなく，状態の変化であり，体積は変化するが質量は変化しないことを理解させる。
- 純粋な物質が固体から液体に変化する時や，純粋な液体の物質が沸とうして気体に変化する時，温度が一定であることに気づかせるとともに，沸点や融点について理解させる。
- 混合物の沸点や融点は一定でないことに気づかせ，蒸留の実験を行い，蒸留により混合物からより純粋な物質が分離できることを理解させる。

(2) 主な内容・既習事項とのつながり

既に獲得したコア知識
小学校第4学年『空気と水の性質』
〈粒子の間にはすき間がある〉 〈水よりすき間が大きい空気の方が弾力がある〉
第4学年『金属，水，空気と温度』
〈温度が上がると粒子の動きが激しくなる〉 〈金属の粒子はその場で動きをとなりに伝えていく〉 〈激しく動く水や空気の粒子は上にあがっていく〉 〈氷は0℃くらいでとけはじめて水になり，水は100℃ぐらいで沸騰して水蒸気（目に見えない）になる〉 〈100℃にならなくても蒸発はする〉

- 粒子モデルの使用については，加熱や冷却によって粒子の運動の様子が変化し，物質そのものが変化するのではなく，運動状態が変化することを表現する。
- 融点や沸点については，純粋な物質では決まっていること，状態が変化している間は温度が変化しないことにも触れる。
- 混合物については，沸点の違いを利用して物質を分離できることを見いださせる。

(3) 単元の評価規準の設定例

自然事象への 関心・意欲・態度	科学的な思考・表現	観察・実験の技能	自然事象についての 知識・理解
・身の回りの物質の状態変化に関心をもち，調べようとする。 ・状態変化している間は，温度が一定になっていることに関心をもち，調べようとする。 ・未知の物質を調べることに関心をもち，調べようとする。 ・混合物を加熱したときの温度変化が，純物質の時と異なることに関心をもち，調べようとする。	・状態変化を粒子のモデルで説明できる。 ・エタノールを加熱した時の温度変化をグラフで表し，関係を見いだせる。 ・測定した融点の結果から，その物質が何であるか類推できる。 ・温度変化のグラフより，その物質が純物質かどうか判断できる。 ・蒸留によって得られた液体の主な成分を判断できる。	・沸点の測定の実験を，正しく安全に行える。 ・融点を測定する実験を正しく安全に行える。 ・蒸留装置を正しく組み立て，安全に実験を行える。	・状態変化では，物質そのものは変化しないことについて理解している。 ・状態変化では，体積は変化するが質量は変化しないことについて理解している。 ・融点と沸点について理解している。 ・純物質と混合物の違いについて理解している。 ・蒸留について理解している。

獲得すべきコア知識：
〈状態が変化しても物質そのものは変わらない〉
〈温度によって物質の状態は固体⇔液体⇔気体と変わるが，固体⇔気体と昇華するものもある〉
〈状態を変える時には，熱を吸収したり放出したりするので，その間は温度が変化しなくなる〉
〈物質の状態が変化しても全体の質量は変化しないが，体積や密度は変化する〉
〈ほとんどの物質の体積は，固体＜液体＜気体となるが，水は例外〉
〈融点や沸点は物質によって決まっている〉
〈混合物では融点や沸点がはっきりしなくなる〉

発展的課題の例：肉を焼いたり魚を煮つけたりするとき，酒やワインを加えることがあるが，食べても酔っぱらわない理由を説明してみよう！
>>お酒の中のアルコール（エタノール）は，沸点がおよそ78℃である。調理の際，フライパンなどを十分に加熱していると78℃より高くなり，アルコール分は蒸発してしまうため。

(4) 留意点
・状態変化の様子を観察する際には，体積が変化することによって，容器の破損や破裂などの事故が起こらないように留意させる。
・グラフの書き方，温度計の使い方など，十分に習得させる。
・パルミチン酸の融解では，加熱する水をあらかじめ温めておくと時間が短縮できる。
・蒸留の実験では，突沸が起こらないように必ず沸騰石を入れる。

8. 物質のすがた（4）「水溶液」5時間

(1) 単元のねらい
・水溶液の中では溶質が均一に分散していることを，粒子のモデルで表現し，理解させる。
・水溶液の濃度を表す方法について習熟させる。
・一定量の水に溶ける溶質の量は物質ごとに限度があり，温度によって変化することを理解させる。
・水溶液から溶質を取り出す実験を行い，温度を下げることによって析出する物質があり，それが温度による溶解度の違いに関係していることを理解させる。

(2) 主な内容・既習事項とのつながり

既に獲得したコア知識
小学校第5学年『物の溶け方』
〈溶けるとは目に見えないくらい小さくなって水の中に散らばること〉 〈水に溶けると透明になるが，透明には無色透明と有色透明がある〉 〈水の量や水の温度によって溶ける量が違う〉 〈ものが水に溶ける量には限度がある〉 〈ものの出入りがなければ重さは変わらない〉

・再結晶については，溶解度と関連づけて理解させ，溶解度曲線にも触れ，少量の不純物を含む物質から純粋な物質を得る方法であることを見いださせる。

(3) 単元の評価規準の設定例

自然事象への 関心・意欲・態度	科学的な思考・表現	観察・実験の技能	自然事象についての 知識・理解
・身の回りにある水溶液について興味をもち，物質が水に溶ける様子について調べようとする。 ・一定量の水に溶ける物質の量は何に関係するのかを調べようとする。	・水に物質が溶けている様子を粒子のモデルで表現できる。 ・水溶液の濃さを表す方法について説明できる。 ・溶解度曲線より，水溶液に溶けている物質の析出方法を見いだせる。 ・水溶液から取り出した結晶を識別できる。	・一定量の水に溶ける物質の量が物質によって異なることを実験で見いだせる。 ・水溶液から溶けている物質を取り出す実験を行える。	・水溶液の性質，溶質・溶媒について理解している。 ・溶質を水に溶かしても，全体の質量は変わらないことを理解している。 ・質量パーセント濃度の定義と求め方を理解している。 ・一定量の水に溶ける物質の量は，何によって決まるか説明できる。 ・飽和水溶液・溶解度・再結晶の意味について理解している。

獲得すべきコア知識：
〈水溶液では，水に溶けている物質を溶質，溶質を溶かしている水を溶媒，溶質が溶媒に溶けることを溶解という〉
〈100gの水に溶ける溶質の質量を溶解度という〉
〈質量パーセント濃度（％）＝{溶質の質量（g）／（溶質の質量（g）＋溶媒の質量（g））}×100（％）〉

発展的課題の例：イスラエルには塩分濃度が約25％の「死海」という名の湖があるが，225kgの風呂のお湯に何グラムの食塩を溶かすと同じ濃度になるか説明してみよう！
>>食塩水の濃度＝{溶質の質量／（溶質の質量＋溶媒の質量）}×100 だから
　　　　25　＝{x／225＋x}×100より
　　　　x　＝75kg

(4) 留意点
・質量パーセント濃度の計算練習のみの授業に陥らないように留意させる。
・溶ける（溶解）と融ける（融解）の違いをしっかり認識させ，区別できるようにしておく。

9. 物質のすがた（5）「白い粉末は何だ」2時間

(1) 単元のねらい
- 身のまわりの物質を分類する方法を見いだす。
- 白い粉末を区別する実験を計画して実施する。

自然事象への 関心・意欲・態度	科学的な思考・表現	観察・実験の技能	自然事象についての 知識・理解
・身の回りの物質に関心をもち，性質を利用して区別しようとする。	・物質を性質の違いに着目して区別できる。	・物質を区別するため，予想し，実験を計画できる。 ・ガスバーナー等の基本操作を身につけている。	・物質の性質の違いについての知識を身につけている。 ・薬品や器具の使い方についての知識を身につけている。

(2) 留意点
　観察・実験にあたって，火傷などの事故が起こらないように保護眼鏡や手袋の着用など，事故防止に留意させるとともに，実験の注意事項についてはワークシートなどに明記しておく。

10. 身近な物理現象（1）「光の性質」8時間

(1) 単元のねらい
- 光が反射する時には，入射角と反射角が等しいことを見いださせる。
- 反射する光の進み方を利用して，鏡で像が見えることや，光が乱反射することによって物体が見えることを理解させる。
- 光が水やガラスなどの物質の境界面で屈折することを実験を通して見いださせる。
- 水やガラスから空気に光が進む時，入射角が大きくなると全反射が起こることに気づかせる。
- 凸レンズがつくる像の位置・大きさ・向きが，物体と凸レンズとの距離で決まることを見いださせる。
- 凸レンズで実像と虚像ができる仕組みについて理解させる。

(2) 主な内容・既習事項とのつながり

既に獲得したコア知識
小学校第3学年『光の性質』

〈光はまっすぐ進む〉
〈光を集めると明るくなる〉
〈太陽の光（白色）が吸収されると黒っぽく見える〉

- 反射については，光を鏡で反射させる実験などを行い，光の進む道筋を記録させ，入射角と反射角が等しくなることを見いださせ，鏡に映る像を光の反射と関係づけて理解させる。
- 屈折については，台形ガラス・半円形ガラス・プリズムなどを用いて，光が空気中からガラスや水に進む時は，入射角よりも屈折角が小さくなるように進み，入射角を変

化させるにつれて屈折角が変化することを見いださせる。
- 凸レンズの働きについては，凸レンズに平行光線を当て，焦点は光が集まる点であることを理解させ，物体，凸レンズ，スクリーンの位置を調節して，スクリーンに実像を結ばせ，凸レンズと物体，凸レンズとスクリーンの距離や像の大きさ，像の向きの関係を見いださせる。また，物体を凸レンズと焦点の間に置き，凸レンズを通して物体を見ると拡大した虚像が見えることを見いださせる。
- 眼鏡やカメラなどの身の回りの機器などを取り上げ，日常生活と関連づける。

(3) 単元の評価規準の設定例

自然事象への関心・意欲・態度	科学的な思考・表現	観察・実験の技能	自然事象についての知識・理解
・光の的当てゲームなどに進んで取り組み，光が鏡で反射する時の規則性を調べようとする。 ・底に置いて見えなかったコインが，水を入れることにより見えてきた現象に関心をもち，調べようとする。 ・凸レンズを使ってものを見ると，さかさに見えたり，大きく見えたりする現象に関心をもち，調べようとする。	・実験結果をもとに，入射角と反射角の関係を科学的に考察できる。 ・凸レンズを通る光の進み方をもとに，どの位置にどのような像ができるのかを作図によって求めることができる。 ・実験結果をもとに，実像と虚像のできる条件を見いだせる。	・光源装置，鏡，分度器を使って，入射角を変えた時の反射角を測定できる。 ・光が空気中から水中へと進む時，境界面で屈折する角度を入射角を変えながら測定できる。 ・光が水中から空気中へと進む時，境界面で屈折したり全反射したりする角度を入射角を変えながら測定できる。 ・凸レンズによってできる像を調べる実験の基本操作ができる。	・鏡で光がはね返る時の規則性を理解している。 ・目に入ってくる光の先に物体があるように感じることと物体で反射した光の進み方を関連づけて，ものが見える仕組みを理解している。 ・光が空気中から水中に進む時の規則性を理解している。 ・光が水中から空気中に進む時，ある角度を超えると全反射が起こることを理解している。 ・凸レンズによる像のでき方の規則性を理解している。

獲得すべきコア知識：
〈入射角＝反射角〉
〈光や音は伝えるもの（媒体）により進む速度が異なる〉
〈水と空気の境目などで進む速度が異なるので屈折する〉
〈凸レンズの光軸に平行な光は，屈折した後に焦点を通る〉
〈凸レンズの中心を通る光は，屈折せずにそのまま直進する〉
〈凸レンズの手前側の焦点を通る光は，屈折した後に光軸に平行に進む〉
〈凸レンズを通して反対側のスクリーンに映る上下左右が逆になったものが実像〉
〈凸レンズを通して実物と同じ側に見えるのが虚像〉

発展的課題の例：2枚の凸レンズを使った顕微鏡でミドリムシを見たところ，ミドリムシが右下に見えました。ミドリムシを中心に動かしたい場合に，プレパラートをどの方向に動かしたらよいのか，「実像」と「虚像」という言葉を使って説明してみよう！
＞＞顕微鏡は凸レンズで上下左右が反転した実像をつくり，さらにもう一枚の凸レンズで拡大して見るので，動かす向きも動かしたい方向の上下左右反対になる。

(4)留意点
- 学習の導入にあたっては，身近な自然事象として虹，日常生活で活用されているものとして光ファイバーなどを提示して，生徒の興味・関心を高める。

- レーザー光使用の際には，光源を直接目で見ないよう留意させる。
- 単に作図の手続きを覚え込ませるのではなく，作図の意味も理解させる。

11. 身近な物理現象（2）「音の性質」 4時間

(1) 単元のねらい
- 音はものが振動することによって生じることに気づかせる。
- 音の大きさは振動の振幅に，音の高さは振動数に関係していることを実験を通して理解させる。
- 音は波として空気中などを伝わることを理解させる。
- 音が空気中を伝わるおよその速さを理解させる。

(2) 主な内容・既習事項とのつながり
- 音については，中学校1年ではじめて扱う。
- スピーカー・太鼓・おんさ・真空鈴などの観察・実験を通して，音は物体の振動によって生じ，その振動が空気中などを伝わること，音の大小や高低は，振幅と振動数に関係することを見いださせる。
- 空気中を伝わる音の速さについては，雷鳴や打ち上げ花火などの体験と関連させて考えさせる。
- 音の大小や高低については，弦の振動では弦をはじく強さ，弦の長さや太さなどを変えて音を発生させ，音の大きさや高さを決める条件を見いださせる。

(3) 単元の評価規準の設定例

自然事象への関心・意欲・態度	科学的な思考・表現	観察・実験の技能	自然事象についての知識・理解
・楽器づくりなどを通して，音の大きさや高さに関心をもち，調べようとする。 ・空気を抜いていくと音が聞こえなくなる現象に関心をもち，調べようとする。	・実験結果から，音は物体が振動して発生していることを考察できる。 ・実験結果から，音の大小と振幅，音の高低と振動数が関係していることを考察できる。 ・実験結果から，音は空気を振動させて伝わっていることを考察できる。	・振動の仕方と音の関係を調べる実験を行い，音の大小や高低と振動の仕方とがどのような関係にあるのかを調べられる。	・振幅が大きいほど音は大きくなり，振動数が多いほど音が高くなることを理解している。 ・音は波としてすべての方向に伝わり，空気中ではおよそ340m/秒の速さで伝わることを理解している。

獲得すべきコア知識：
〈音源は振動している〉
〈音を伝えるには，空気などの伝えるもの（媒体）が必要になる〉
〈音は同心円状に伝わる〉
〈音の大きさは振幅で，音の高さは振動数で決まる〉
〈音は伝えるもの（媒体）により進む速度が異なる〉

発展的課題の例：右図の左側のビルのC郎くんが右側のビルのA子さんとB子さんに同時に声をかけました。C郎くんからA子さんまでとB子さんまでの距離は同じです。
A子さんと下にいるB子さんとではどちらがよく聞こえるのか説明してみよう！
>>音は同心円状に伝わるので，（風や反射の影響を考えない場合）A子さんとB子さんは同じように聞こえる。

(4) 留意点

音については，中学校ではじめて学習するので，十分な観察・実験を用意する。

12. 身近な物理現象（3）「力と圧力」13時間

(1) 単元のねらい

- 物体に力が働いていることを，物体の変形や運動の様子などから認識できるようにさせる。
- 力を矢印で表す方法を理解させる。
- 同じ大きさの力でも，力が働く面積の違いにより，その働きは異なることを理解させる。
- 圧力の大きさの求め方を理解させる。
- 水中にある物体にはあらゆる向きから水圧が働き，その結果物体に浮力が働くことを理解させる。
- 空気に重さがあることを確かめ，大気による圧力（大気圧）があることを理解させる。

(2) 主な内容・既習事項とのつながり

既に獲得したコア知識
小学校第3学年『風やゴムの働き』
〈ものに力がかかると，変形したり運動したりする〉 〈ゴムは元に戻ろうとする〉
第4学年『空気と水の性質』
〈粒子の間にはすき間がある〉 〈水よりすき間が大きい空気の方が弾力がある〉
第6学年『てこの規則性』
〈てこには，支点・力点・作用点がある〉 〈「支点からの距離」×「おもりの重さ」が左右で同じになるとつり合う〉 〈支点からの距離が長いほど，動かすのに必要な力が小さくてすむ〉

- 力の働きについては，静止している物体に力を加えると，物体が変形したり，動き出したりすること，動いている物体に力を加えると，速くなったり遅くなったり向きが変わったりすることなどを見いださせる。
- 重さについては，力の一種であることを理解させ，重さと質量の違いにも触れる。
- 力の大きさについては，単位としてニュートン（N）を用いる。1Nの力は，質量が

約100gの物体に働く重力と同じくらいの大きさであることを見いださせる。
- 力については，大きさ，向き，作用点という要素があり，矢印で表すことができることを理解させる。
- 圧力については，単位面積あたりに働く力の大きさとして導入し，水圧や大気圧を水や空気の重さと関連づけて理解させる。

(3) 単元の評価規準の設定例

自然事象への関心・意欲・態度	科学的な思考・表現	観察・実験の技能	自然事象についての知識・理解
・物体に力が働くと物体がどのような状態になるのか，調べようとする。 ・ばねを使って物体に働く重力の大きさをどのようにして測定したらよいのか，調べようとする。 ・月面上では物体の重さが軽くなってしまう現象に関心をもち，調べようとする。 ・複数の紙コップの上に板をのせ，その上に人が乗っても紙コップがつぶれない現象に関心をもち，調べようとする。	・実験結果を誤差を踏まえながら正しくグラフに表し，ばねののびは力の大きさに比例することを見いだせる。 ・実験で作成したグラフを使って，ばねに働く力の大きさを求めることができる。 ・物体に働く力を見つけ，矢印を使って正しく表現できる。 ・同じ力が働いていても，受ける面積によってその働きが異なることを考察できる。 ・水圧は水の重さによって生じていることを考察できる。 ・空気には重さがあり，その重さによって力を受けることを考察できる。	・力の大きさとばねののびとの関係を調べる実験を行い，結果を表にまとめられる。 ・浮力の大きさを調べる実験を行い，結果を表にまとめられる。	・物体に力が働くと，物体を変形させたり，支えたり，動きを変えたりすることを理解している。 ・力には，弾性の力，重力，抗力，磁石の力，摩擦力といったいろいろな種類の力があることを理解している。 ・重さと質量の違いを理解している。 ・力の表し方を理解している。 ・圧力について理解している。 ・水圧は水の重さによって生じ，深さが深いほど大きく，あらゆる向きから働くことを理解している。 ・水中にある物体には，物体に働く水圧の差から浮力が生じることを理解している。 ・大気圧が生じる仕組みを理解している。

獲得すべきコア知識：
〈固体には元に戻ろうとする弾性がある〉
〈力は接触している場合に働くが（電気や磁気による力は除く），離れていても重力はかかる〉
〈押しのけた液体や気体の分だけ浮力を受ける〉
〈力の単位はN（ニュートン）で，1Nは約100gのおもりに働く重力〉
〈圧力の単位はパスカル [Pa]，1 m^2 当たり1Nの力が働く時の圧力が1 [Pa]〉
〈100Paが1ヘクトパスカル [hPa]，1気圧 [atm] は1013 [hPa]〉

発展的課題の例：高層ビルのエレベーターに乗り上昇すると，なぜ耳の中（鼓膜）が詰まった感じになるのか説明してみよう！
>>エレベーターのように高速に上昇すると，周囲の大気圧は急速に小さくなるため，体内の気圧との差ができて鼓膜が押し出されるようになるため。

(4) 留意点
- 重力とは地球の引力であることを認識させる。
- フックの法則を確認する実験では，弾性力の異なるバネを用いて実験を行い，グラフ

- の傾きが何を表しているのか考えさせる。
- 重さと質量の違いを認識させる。
- 力と圧力の違いを十分に認識させるとともに，力や圧力の単位を理解させる。

13. 身近な物理現象（4）「全身がうつる鏡の大きさ」2時間

自然事象への関心・意欲・態度	科学的な思考・表現	観察・実験の技能	自然事象についての知識・理解
・学習したことを活用して，課題に取り組んでいこうとする。	・学習したことをもとに実験結果の予想をたてる。 ・実験結果から全身を映すために必要な鏡の大きさを見いだし，表現している。	・全身が映る鏡の大きさを調べる実験を行える。	
獲得すべきコア知識：〈入射角＝反射角〉			

14. 大地の変化（1）「火山」6時間

(1) 単元のねらい
- 火山噴出物の種類とその特徴を理解させる。
- マグマの性質と火山の形・噴火の様子・噴出物との関係を見いださせる。
- 日本付近に火山が多い理由を，プレートの動きと関連づけて理解させる。
- 火山岩と深成岩の組織の違いを，その成因と関連づけて理解させる。
- 火成岩を観察し，組成の違いから，岩石名が識別できるようにさせる。

(2) 主な内容・既習事項とのつながり

既に獲得したコア知識
小学校第6学年『土地のつくりと変化』
〈地層は水の中で堆積してできたものと，火山灰などが積もってできたものがある〉

- マグマの性質については，粘性の違いにより噴火の様子や・噴出物・災害の様子が異なることを理解させる。
- 火山の形については，溶岩が釣り鐘状に盛り上がっているものと，平らに広がっているものとを比較し，マグマの粘性との関係を認識させる。
- 火山噴出物については，溶岩・軽石・火山灰などの色や形状を比較しながら観察させる。
- 火山灰については，双眼実体顕微鏡などを用いて，火山ガラスや鉱物の色，形などを調べさせ，噴出物の特徴と噴火とのかかわりについて理解させる。
- 火成岩については，火山岩と深成岩があり，火山岩には斑状組織，深成岩には等粒状組織があることや，同じ組織であっても色が白っぽいものから黒っぽいものまであることをマグマの冷え方と関連づけて理解させる。

(3) 単元の評価規準の設定例

自然事象への 関心・意欲・態度	科学的な思考・表現	観察・実験の技能	自然事象についての 知識・理解
・火山噴出物に関心をもち，調べようとする。	・マグマの性質と火山の形・噴火の様子・噴出物との関係を推測できる。 ・火成岩の色の違いが，鉱物の含有率の違いによると考察できる。	・火成岩を観察し，その特徴をスケッチで示すことができる。	・火山噴出物の種類とその特徴を理解している。 ・火山噴出物の色の違いは，噴出物に含まれる鉱物の種類や量の違いによることを理解している。 ・日本付近に火山が多い理由をプレートの動きと関連づけて理解している。 ・火山岩と深成岩の組織の違いを，その成因などと関連づけて理解している。

獲得すべきコア知識：
〈マグマが固まってできるのが火成岩〉
〈火成岩の中でも急に冷えて固まると斑状組織の火山岩，ゆっくり冷えると等粒状組織の深成岩になる〉
〈火山岩：流紋岩・安山岩・玄武岩〉
〈深成岩：花崗岩・閃緑岩・斑レイ岩〉
　　　　　　{白っぽい} ⟷ {黒っぽい}
〈マグマの粘り気は，二酸化ケイ素が多く含まれると強くなり，粘り気が強いと鐘状火山，弱いと盾状火山になる〉

発展的課題の例：溶岩と火成岩を比べると，溶岩はスポンジのように穴があいているのに対し，火成岩は目が詰まっているのはなぜか説明してみよう！
≫マグマにはガスの成分が含まれているが，噴出すると周りの方が圧力が低いので，ガスが抜け出してしまい，急激に冷やされるために溶岩はスポンジ状になる。一方，火成岩は地中で固まるため，ガスの成分は徐々に抜け出しスポンジ状にならない。

(4) 留意点
・映像や画像を用いるとともに，身近な素材を用いて火山活動や現象を説明し，具体的なイメージをもたせる。
・ホームセンター等で販売されている火成岩や園芸用土などを用いて，岩石や鉱物を観察させるとよい。

15. 大地の変化（2）「地震」6時間

(1) 単元のねらい
・地震のゆれの特徴を，地震計の記録から理解させる。
・地震計の記録から，等発震時曲線がかけるようにする。
・初期微動継続時間は震源から離れるほど長くなることを，グラフなどから導かせる。
・地震のゆれの強さや規模は，震度やマグニチュードで表すことを理解させる。
・日本付近の震央・震源の特徴を太平洋側のプレートの沈みこみと関連づけて理解させる。

(2) 主な内容・既習事項とのつながり
- 初期微動継続時間については，長さが震源からの距離に関係していることを見いださせる。
- 地震の規模（マグニチュード）と観測地点の地震の揺れの強さ（震度）の関係について理解させる。
- 地震の原因については，大地の変動や火山活動と関連があり，プレートの動きによって説明できることを理解させる。

(3) 単元の評価規準の設定例

自然事象への関心・意欲・態度	科学的な思考・表現	観察・実験の技能	自然事象についての知識・理解
・地震のゆれに対して関心をもち，震源や震央について調べようとする。 ・地震の災害を，マグニチュードや震源の深さなどと関連づけて，調べようとする。	・グラフや作図から，初期微動継続時間は震源から離れるほど長くなることを見いだせる。	・地震計の記録から，等発震時曲線を描ける。	・地震のゆれの特徴を，地震計の記録と関連づけて理解している。 ・地震のゆれの強さや規模は，それぞれ震度やマグニチュードで表すことを理解している。 ・日本付近の震央・震源の分布の特徴を，太平洋側のプレートの沈みこみと関連づけて理解している。

獲得すべきコア知識：
〈プレート同士のぶつかり合いで，地震のエネルギーが蓄積される〉
〈震度で揺れの強さ，マグニチュード（1上がるごとに32倍）で地震のエネルギーを表す〉
〈はじめにくるP波（縦波）と後からくるS波（横波）の到着時間差（初期微動継続時間）が大きいほど震源までの距離が長い〉

発展的課題の例：日本付近に非常に地震の多い理由を説明してみよう！
>>日本は4つのプレートがぶつかり合った場所にあり，プレート境界では地震が多くなる。また，プレート同士のぶつかり合いで，プレートから離れた場所にも圧力がかかって断層ができ，断層がずれると地震が生じる。

(4) 留意点
- 大地震の際に思い出したくない経験をした生徒もいるので留意する。
- 震度とマグニチュードの違いを確認しておく。

16. 大地の変化（3）「地層」5時間

(1) 単元のねらい
- 地層に含まれる化石から，その地層が堆積した時代や環境を指摘できるようにする。
- 地層に含まれる粒の大きさなどの違いに注目し，地層の広がりを時間的，空間的に理解させる。
- 地層に含まれる堆積物から，地層の同時代性を指摘できるようにする。
- 堆積岩に含まれる粒の大きさや成分をもとに，各堆積岩の特徴について説明できるようにする。

- 堆積岩や地層を適切に観察し，その特徴が記録できるようにする。
- 野外での地層観察の結果から，過去のできごとを科学的に推測できるようにする。
- 大地の動きにより，どのような土地の変化をもたらすか考察させる。
- 地層や地形に見られる土地の変化は，プレートの動きと関係することを理解させる。

(2) 主な内容・既習事項とのつながり

既に獲得したコア知識
小学校第6学年『土地のつくりと変化』
〈地層はつながっている〉 〈地層は水の中で堆積してできたものと，火山灰などが積もってできたものがある〉

- 地層の広がり方の規則性については，離れた地点の地層を対比したり，地域のボーリングについての資料を活用して柱状図を並べて対比したりすることにより見いださせる。
- 地層に見られる断層・褶曲については，大地の変動と関連づけて理解させる。
- 地層の堆積環境の推定については，サンゴ・シジミ・ブナなどの示相化石を用いる。
- 地層の生成年代の推定については，三葉虫・フズリナなどの示準化石を用いる。

(3) 単元の評価規準の設定例

自然事象への関心・意欲・態度	科学的な思考・表現	観察・実験の技能	自然事象についての知識・理解
・化石の写真や標本に関心をもち，調べようとする。 ・プレート境界に火山や震央が集中していることに関心をもち，調べようとする。	・地層に含まれる化石から，地層が堆積した時代や当時の環境を推論できる。 ・地層を構成する砕屑物や化石，火山灰の層などから，地層の同時代性を推測できる。 ・断層や段丘などから，大地が過去に力を受けたことを推測できる。 ・海嶺から海溝までのプレートの動きと地震発生などを関連づけて考えられる。	・堆積岩を観察し，特徴を記録できる。 ・地層の特徴を記録できる。	・風化・侵食・堆積作用について，理解している。 ・堆積岩の特徴を粒の大きさや成分と関連づけて理解している。 ・地層や地形とプレートの動きの関係について理解している。

獲得すべきコア知識：〈示準化石で年代，示相化石で当時の環境がわかる〉

発展的課題の例：鍾乳洞は石灰岩からできた洞窟であるが，鍾乳洞ができるまでの過程を説明してみよう！
>>石灰岩はサンゴなどの海の生き物がつくり出した石灰（炭酸カルシウム）が海で堆積してできる。その後，隆起して石灰岩が雨や地下水などに溶け出して鍾乳洞ができた。

(4) 留意点

- 野外観察にあたっては，事前・事後の指導も含めて，安全に配慮しながら計画的に実施する。
- 岩石などの採取は必要最小限に留める。
- 学校付近に観察に適した場所がない場合は，校外学習や博物館などの施設を利用する。

17. 大地の変化（4）「大地の変動」2時間

(1) 単元のねらい
- 地震や火山の原因を地球内部の働きと関連づけて理解させる。
- 地球内部の働きといろいろな地形のでき方を関連づけて理解させる。

(2) 主な内容・既習事項とのつながり
- 地震と火山はどのような場所に多いか話し合わせる。
- 地層や地形とプレートの動きの関係について説明させる。

(3) 単元の評価規準の設定例

自然事象への関心・意欲・態度	科学的な思考・表現	観察・実験の技能	自然事象についての知識・理解
・火山帯と震央の分布に興味をもち，プレートの動きとのかかわりを調べようとする。 ・地震や火山活動の起こる仕組みに関心をもち，地球内部の働きとのかかわりを調べようとする。 ・プレートの動きに関心をもち，どのような地形ができるかを調べようとする。	・火山帯・震央分布とプレートの動きとの関係を見いだし，表現している。 ・プレートの動きなど地球内部の働きから，地震や火山活動の起こる仕組みを見いだし，表現している。 ・プレートの動きと高い山やしゅう曲などとの関連を見いだし，表現している。	・世界の地形図と火山帯・震央分布図とプレートの動きの関係を読み取れる。 ・モデルでしゅう曲をつくり，層の曲がり方を観察できる。	・世界の火山帯と震央の分布とプレートの動きの関係を理解している。 ・日本付近のプレートの運動と地震や火山との関係を理解している。 ・プレートの動きと高い山やしゅう曲などとの関連を理解している。

獲得すべきコア知識：
〈プレート同士のぶつかり合いで地震のエネルギーが蓄積される〉
〈震度で揺れの強さ，マグニチュード（1上がるごとに32倍）で地震のエネルギーを表す〉
〈はじめにくるP波（縦波）と後からくるS波（横波）の到着時間差（初期微動継続時間）が大きいほど震源までの距離が長い〉

発展的課題の例：2011年3月11日14時46分に宮城県牡鹿半島の東南東沖130kmの海底を震源とする東北地方太平洋沖地震が発生した。この地震のエネルギーは，マグニチュード9.0で日本周辺での観測史上最大の地震であったが，マグニチュード7の地震の何倍になるのか説明してみよう！
>>マグニチュードは，1あがるごとに32倍になるので，マグニチュードが7から9へ2増えるとエネルギーは32×32≒1000倍になる。

(4) 留意点
　地層や地形とプレートの動きの関係については，海嶺・海溝などが示された世界地図を用いたり，映像を活用したりして，プレート境界に注目させる。

18. 大地の変化（5）「震源はどこか」2時間

(1) 単元のねらい
- 学んだことを生かし，複数の地点の情報から震源を見いださせる。

(2) 主な内容・既習事項とのつながり
- 地震が発生した場所（震源）をつきとめさせる。

(3) 単元の評価規準の設定例

自然事象への関心・意欲・態度	科学的な思考・表現	観察・実験の技能	自然事象についての知識・理解
・これまでに学んだP波，S波，初期微動継続時間の特徴について関心をもち，これらをもとに課題を解決しようとする。	・P波，S波，初期微動継続時間の特徴をもとに震源の位置について，表現している。	・P波，S波，初期微動継続時間の特徴をもとに複数の地点での震源までの距離を計算し，作図によって震源の位置を確かめられる。	・P波，S波，初期微動継続時間の特徴をもとに震源までの距離を計算し，作図によって震源の位置を求めることを理解している。

獲得すべきコア知識：
〈プレート同士のぶつかり合いで地震のエネルギーが蓄積される〉
〈はじめにくるP波（縦波）と後からくるS波（横波）の到着時間差（初期微動継続時間）が大きいほど震源までの距離が長い〉

発展的課題の例：初期微動継続時間の長短により，震源について何がわかるのか説明してみよう！
≫初期微動継続時間が長いほど，震源は遠いと考えられる。

〈中2〉

1. つづけてみよう　継続観察　2時間

(1) 単元のねらい
・季節ごとに継続的に気象観測を行い，結果をまとめられる。

(2) 主な内容・既習事項とのつながり
・継続的に気象観測を行って，天気・気温・湿度・気圧・風などの気象要素との関連を見いださせる。

(3) 単元の評価規準の設定例

自然事象への関心・意欲・態度	科学的な思考・表現	観察・実験の技能	自然事象についての知識・理解
・気象現象に関心をもち，観測しようとする。	観測結果から，天気・気温・湿度・気圧・風などの気象要素の関連を見いだし，表現している。		

獲得すべきコア知識：
〈晴れの日：気温は日の出前に最低，昼過ぎに最高，気温と湿度の変化は逆〉
〈雨の日：気温の変化は少ない，湿度は高い〉

(4) 留意点
・適切な時期に実施できるように，地域の実情に応じて年間指導計画を策定する。
・実際に生徒が記録した結果からグラフを作成して検討すると，日常生活との関連が実感できる。

2．化学変化と原子・分子（1）「物質の成り立ち」13時間

(1) 単元のねらい

- 身の回りの物質の分解実験を行い，物質をつくっているものは何かということに興味・関心を喚起させる。
- 原子や分子のモデルを用いて，化学式・化学反応式によって，物質の組成や化学変化が記述できることを理解させる。

(2) 主な内容・既習事項とのつながり

既に獲得したコア知識
中学校第1学年『物質のすがた』
〈物質とはものの素材のことで，物質ごとに特有の性質がある〉 〈燃えて二酸化炭素を出すのが有機物，ただし二酸化炭素は無機物である〉 〈金属の性質：磨くと光る・広げたりのばしたりできる・電流が流れやすく熱が伝わりやすい〉

- 熱によって物質を分解する実験では，変化の様子が明確なものとして酸化銀，日常生活との関連があるものとして炭酸水素ナトリウム，電流によって物質を分解する実験では水などを扱う。
- 原子については，原子は質量をもった非常に小さな粒子として取り扱い，表す記号については，H・C・N・Oなど，世界共通であることを認識させる。

(3) 単元の評価規準の設定例

自然事象への 関心・意欲・態度	科学的な思考・表現	観察・実験の技能	自然事象についての 知識・理解
・ケーキやカルメ焼きがふくらむことに興味を示し，炭酸水素ナトリウムの変化について考えようとする。 ・身の回りの化学変化に興味・関心を示し，炭酸水素ナトリウムの分解の実験を行おうとする。 ・水素の燃焼によって水が生成することから，水を分解するとどうなるのか考えようとする。 ・モデルを用いて，分子がどのようにできているかを考えようとする。 ・分子のモデルを用いて，水の電気分解がどのような変化であるか，考えようとする。	・実験結果から，もとの物質とは異なる性質をもった別の物質に分かれたことについて説明できる。 ・実験結果から，分解して生成した物質の成分を推定できる。 ・化学変化を化学反応式で表すことができる。	・生成した物質の性質を調べるための器具を適切に選択し，操作を行える。 ・発生した物質の性質を調べるための器具等を選択し，操作を行える。 ・分子の様子について，分子モデルをつくることができる。	・化学変化・分解について理解している。 ・電気分解について説明できる。 ・物質は原子からできており，原子は原子の記号で表すことができることを理解している。 ・いくつかの原子が結びついて分子ができていることを理解している。 ・化合物の組成が化学式で表せることを理解している。 ・モデルと関連させて化学式を理解している。 ・化学変化を，モデルや化学反応式で表すことができることを理解している。

> 獲得すべきコア知識：
> 〈原子：それ以上分割できない最小の粒〉
> 〈原子だけでは性質を示せない酸素・水素・窒素などは，いくつかの原子がくっついた分子となって存在している〉

> 発展的課題の例：原子の大きさはどれくらいなのか説明してみよう！
> >>原子の大きさは種類によって異なるが，約 1×10^{-10} (m) になり，原子を目に見えるようにゴルフボールくらいに拡大すると，同じ倍率で拡大したゴルフボールは地球くらいの大きさになってしまう。

(4) 留意点

中学校第1学年では元に戻ることができる状態変化を扱ったが，本単元では元に戻らない（別の物質になる）化学変化を学習する。

3．化学変化と原子・分子（2）「いろいろな化学変化」10時間

(1) 単元のねらい
- 酸素との化合について取り上げ，酸素と化合する化学変化についての理解を深める。
- 還元の実験を通して，還元が酸化と逆の反応であることを理解させ，酸化と還元が同時に起きていることに気づかせる。
- 鉄などの金属のさびや，有機物の燃焼，また鉄の製錬など，身近な酸化還元反応を紹介し，日常生活の中で多くの酸化還元反応が起こり，利用されていることに気づかせる。
- 熱の出入りを伴う実験を行い，化学変化には熱の出入りが伴うことを理解させる。

(2) 主な内容・既習事項とのつながり

既に獲得したコア知識
小学校第6学年『燃焼の仕組み』

〈熱や光を出して酸素と激しく結びつくのが燃焼〉
〈燃焼の三条件（十分な酸素・燃えるもの・温度）〉

- 化合については，2種類の物質を化合させる実験を行い，反応前とは異なる物質が生成することを見いださせる。
- 化学式や化学反応式については，原子の数が少ないものを扱う。
- 酸化・還元については，金属を酸化したり金属の酸化物を還元したりして生成する物質を調べる実験を行い，酸化と還元は酸素をやりとりする逆向きの反応であることを見いださせる。
- 化学変化と熱については，カイロなど化学変化によって熱を取り出す実験を行い，化学変化には熱の出入りが伴うことを見いださせる。

(3) 単元の評価規準の設定例

自然事象への 関心・意欲・態度	科学的な思考・表現	観察・実験の技能	自然事象についての 知識・理解
・鉄と硫黄を加熱した時の変化を調べようとする。 ・鉄が酸化すると何ができるかについて調べようとする。 ・炎の位置によって銅板が酸化したり元の銅に戻ったりすることに関心をもち，調べようとする。 ・身の回りの化学変化による熱の利用に関心をもち，調べようとする。	・燃焼を原子・分子のモデルと関連させながら化学反応式で表すことができる。 ・鉄と硫黄の混合物を加熱すると別の物質ができることについて説明できる。 ・酸化を原子・分子のモデルと関連させながら化学反応式で表すことができる。 ・酸化銅の還元実験結果を，原子のモデルで考察できる。	・鉄と硫黄の化合の実験を安全に行い，生成した物質を調べられる。 ・酸化銅の還元実験を安全に行い，結果を記録できる。 ・熱の発生や吸収を伴う実験を適切に行い，結果を記録できる。	・化合と分解を中心とし，化学変化について原子レベルで説明している。 ・化学変化を化学反応式で表すことができ，それをもとに酸化について説明できる。 ・金属酸化物の還元について理解している。 ・化学変化と熱の出入りの関係について理解している。

獲得すべきコア知識：
〈化学変化では，物質そのものが変化する〉
〈酸素と結びつくのが酸化〉
〈酸素を取り除くのが還元〉
〈酸化と還元は同時に起きる〉
〈化学変化には熱の出入りがある〉

発展的課題の例：
二酸化炭素を満たした集気瓶中で，マグネシウムリボンを燃焼させたら，どうなるのか説明してみよう！
≫炭素よりもマグネシウムの方が酸素と結びつきやすいので，二酸化炭素から酸素を奪って，炭素が残る

(4) 留意点
・硫黄を用いた化合の実験では有害な気体が発生することもあるので，実験室内の換気に十分に注意する。
・化学実験の基本操作を確実に身につけさせる。例えば，還元では空気中の酸素と結びつかないように加熱後にピンチコックでゴム栓を閉じることなどの点にも留意させる。

4．化学変化と原子・分子（3）「化学変化と物質の質量」4時間

(1) 単元のねらい
・原子のモデルを使って，化学変化の前後で全体の質量が変化しないことを理解させる。
・金属と酸素が化合する時の質量の関係を測定する実験を行い，量的関係の規則性に気づかせる。

(2) 主な内容・既習事項とのつながり

既に獲得したコア知識
小学校第3学年『物と重さ』
〈ものの出入りがなければ，形が変わっても重さは変わらない〉

・化学変化と質量の保存については，化学変化の前後における物質の質量を測定する実験を行い，反応の前と後で物質の質量の総和が等しいことを見いださせる。

・取り上げる実験については，反応が起きたことが捉えやすく質量を測定しやすいもの，例えば，沈殿や気体が発生する反応が考えられる。気体が発生する反応では，開いた系と閉じた系における物質の質量を測定し，これらの結果の違いから，生じた気体の質量も合わせて測定しないと質量が保存されないことに気づかせる。
・質量変化の規則性については，化学変化に関係する物質の質量を測定する実験を行い，反応する物質の質量の間には，一定の関係があることを見いださせる。

(3) 単元の評価規準の設定例

自然事象への関心・意欲・態度	科学的な思考・表現	観察・実験の技能	自然事象についての知識・理解
・うすい塩酸と炭酸水素ナトリウムでの気体発生における質量変化について興味を示し，調べようとする。 ・金属の質量と化合する酸素の質量の間に，どのような関係があるか調べようとする。 ・銅またはマグネシウムの質量と化合した酸素の質量を測定する実験を行い，規則性を見いだそうとする。	・実験結果から，化学変化における物質の質量の関係を見いだせる。 ・質量保存の法則を原子・分子のモデルおよび化学反応式と関連させて考えられる。 ・実験結果を分析し，化学変化における物質の質量の関係を見いだせる。	・化学変化に関係する物質の質量を注意深く測定できる。 ・反応前と反応後の質量を注意深く測定できる。	・質量保存の法則について理解している。 ・化合する物質の質量の比が一定になっていることを理解している。

獲得すべきコア知識：
〈化学変化では，物質そのものが変化する〉
〈酸素と結びつくのが酸化〉
〈酸素を取り除くのが還元〉
〈酸化と還元は同時に起きる〉
〈化学変化には熱の出入りがある〉
〈化学変化でも，ものの出入りがなければ質量は保存される〉
〈結びつく物質の質量の比は決まっている〉

発展的課題の例：ポテトチップスの袋の中には，味やにおいを保ったり，ポテトチップスがこわれないようにある気体が詰めてあるが，この気体について説明してみよう！
>>ポテトチップスは酸化すると味や臭いが変化してしまうので，窒素が入っている。窒素は味を保つだけでなく，袋をふくらませてこわれやすいポテトチップスを守っている。

(4) 留意点
・誤差を踏まえた上で実験結果を考察するなど，定量的な実験の方法を習得させる。
・閉じた系で気体を発生させる実験では，保護眼鏡やグローブを着用して安全を確保し，適切な器具と試薬量で実験させる。

5．化学変化と原子・分子（4）「化学変化と熱の出入り」4時間

(1) 単元のねらい
・吸熱を伴う実験を行い，化学変化には熱エネルギーの出入りがともなうことを見いださせる。

(2) 主な内容・既習事項とのつながり
- アンモニアの発生で熱を吸収する化学変化を調べさせる。
- 瞬間冷却剤の温度変化を調べさせる。

(3) 単元の評価規準の設定例

自然事象への関心・意欲・態度	科学的な思考・表現	観察・実験の技能	自然事象についての知識・理解
・化学変化で熱が出入りする現象に関心をもち、調べようとする。	・実験結果から、化学変化にともなう熱の出入りなどについて、自らの考えを表現している。	・実験の基本操作を習得し、記録の仕方を身につけている。	・化学変化には熱の出入りが伴うことを理解している。

獲得すべきコア知識：
〈化学変化では、物質そのものが変化する〉
〈酸素と結びつくのが酸化〉
〈酸素を取り除くのが還元〉
〈酸化と還元は同時に起きる〉
〈化学変化には熱の出入りがある〉
〈化学変化でも、ものの出入りがなければ質量は保存される〉
〈結びつく物質の質量の比は決まっている〉

発展的課題の例：瞬間冷却剤の仕組みを説明してみよう！
>>硝酸アンモニウムの粉末と水が反応すると吸熱反応となる。瞬間冷却剤の中には、破れやすい内袋に水が入っていて、叩くと内袋が破れて水が外袋の中にもれ出し、硝酸アンモニウムと反応して冷える。

6. 化学変化と原子・分子（5）「原子をもとに説明しよう」2時間

(1) 単元のねらい
- 化学変化は、原子や分子のモデルで説明できること、化合物の組成は化学式で表されること、化学反応は化学反応式で表されることを理解させる。

(2) 主な内容・既習事項とのつながり
- マグネシウムの二酸化炭素中での燃え方を調べさせる。

(3) 単元の評価規準の設定例

自然事象への関心・意欲・態度	科学的な思考・表現	観察・実験の技能	自然事象についての知識・理解
・化学変化を原子・分子のモデルや化学反応式で表すことに関心をもち、調べようとする。	・化学変化での物質の変化を原子や分子のモデルで表現できる。 ・化学反応式から、分解や化合など物質の変化や量的な関係を読み取ることができる。	・実験の基本操作を習得し、記録の仕方を身につけている。	・化学変化を原子や分子のモデルを用いて理解し、主な化学変化を化学反応式を用いて説明できる。

> 獲得すべきコア知識：
> 〈化学変化では，物質そのものが変化する〉
> 〈酸素と結びつくのが酸化〉
> 〈酸素を取り除くのが還元〉
> 〈酸化と還元は同時に起きる〉
> 〈化学変化には熱の出入りがある〉
> 〈化学変化でも，ものの出入りがなければ質量は保存される〉
> 〈結びつく物質の質量の比は決まっている〉

> 発展的課題の例：砂鉄（酸化鉄）に炭を混ぜて高温に加熱して鉄を取り出す『たたら製鉄』において，なぜ鉄が取り出せるのか説明してみよう！
> ＞＞酸化銅の還元実験と同じように，鉄より酸素と結びつきやすい炭素が酸素を奪って，あまった鉄が取り出せる。

(4) 留意点

　　酸素との結びつきやすさを把握させてから，発展的課題に取り組ませる。

7．動物の生活と生物の進化（1）「細胞のつくりとはたらき」4時間

(1) 単元のねらい
・観察を通して，生物の体が細胞からできていること，動物と植物の細胞の共通点と相違点を見いださせる。
・生物には，体が1つの細胞からなる単細胞生物と，多数の細胞からなる多細胞生物があることを理解させる。
・多細胞生物は，細胞が集まって組織をつくり，組織が集まって器官を，器官が集まって個体ができていることを理解させる。

(2) 主な内容・既習事項とのつながり

既に獲得したコア知識
中学校第1学年「植物の体のつくりと働き」
〈葉には葉脈があり（双子葉類：網状脈，単子葉類：平行脈），一般には裏側の方に多くの気孔がある〉 〈シダ植物と種子植物の茎には維管束があるが，双子葉類では輪になって並んでいる〉

・生物と細胞については，すべての生物が細胞でできていることを見いださせる。
・細胞の観察にあたっては，植物細胞と動物細胞を比較しながら，共通点と相違点を見いださせる。
・植物細胞と動物細胞に共通するつくりとしては，核・細胞質があること，植物細胞には細胞壁があり，葉緑体や液胞が見られるものがあることを見いださせる。
・生物の体については，同じ形や働きをもった細胞が集まって組織を，何種類かの組織が組み合わさって器官を構成していることにも触れる。

(3) 単元の評価規準の設定例

自然事象への 関心・意欲・態度	科学的な思考・表現	観察・実験の技能	自然事象についての 知識・理解
・細胞の観察に取り組み，それぞれの細胞の特徴や共通点を見いだそうとする。 ・細胞がどのように集まって生物の体がつくられているのかに関心をもち，調べようとする。	・観察した細胞の特徴をもとに，細胞の基本的なつくりを説明できる。 ・単細胞生物と多細胞生物の体の成り立ちを理解し，説明できる。	・最適な細胞像を顕微鏡の視野に出し，スケッチできる。 ・細胞を染色してプレパラートをつくり，顕微鏡で観察できる。 ・多細胞生物のいろいろな細胞のプレパラートをつくり，顕微鏡で観察できる。	・植物の細胞の形やつくりが部分によって違うことを説明できる。 ・植物と動物の細胞のつくりの共通点と相違点を理解し，説明できる。 ・細胞は生物の体をつくる基本単位であり，これが集まって多細胞生物の体ができていることを，組織や器官といった用語を使って説明できる。

獲得すべきコア知識：
〈すべての生物が細胞からできている（人体には約60兆個の細胞がある）〉
〈細胞は細胞膜の中に核と細胞質で満たされている〉
〈植物細胞には細胞壁があり体を支えている〉
〈多くの植物細胞には葉緑体・液胞もある〉

発展的課題の例：植物細胞と動物細胞を比較して，共通点と相違点について説明してみよう！
>>共通するのは核・細胞質があること，植物細胞には細胞壁があり，葉緑体や液胞が見られるものもある

(4) 留意点
　・気孔は葉の表側にもあることに留意させる。

8．動物の生活と生物の進化（2）「生命を維持するはたらき」14時間

(1) 単元のねらい
　・動物には肉食動物と草食動物とがあり，それぞれの特徴を理解させる。
　・唾液による消化の実験などを通して，動物の体には消化液の働きで栄養分を分解する働きがあることを見いださせる。
　・消化器官の働きや消化された栄養分が小腸で吸収される仕組み，栄養分から細胞呼吸によってエネルギーが取り出される仕組み，肺のつくりと働きについて理解させる。
　・血液循環の原動力である心臓と，血液循環の経路，不要な物質を排出する腎臓などの仕組みについて理解させ，動物の体には物質を運搬する仕組みがあることを理解させる。

(2) 主な内容・既習事項とのつながり

既に獲得したコア知識
小学校第6学年『人の体のつくりと働き』
〈空気：酸素21%・二酸化炭素0.03%，吐いた息：酸素17%・二酸化炭素4%〉 〈消化とは食物をだんだん細かくして吸収しやすくすること〉 〈養分の多くは小腸から吸収される〉 〈大腸の主な働きは水分の吸収〉 〈生きるための養分を血液で送っている〉 〈心臓は大静脈からの血液を肺に送って（酸素と二酸化炭素を交換する）大動脈に送り出している〉

・ここでは，動物の消化・吸収，呼吸，血液循環などの働きを物質交換の視点で見いださせる。
・消化については，動物には消化器官が備わっており，食物が消化されて栄養分が吸収される仕組みを理解させる。その際，消化酵素を用いた実験を行い，ペプシン・アミラーゼなど代表的な消化酵素に触れる。また，消化によって食物が小腸の壁から吸収されやすい物質に変化することを理解させる。
・呼吸については，外呼吸を中心に，肺のつくりと肺胞でのガス交換について取り上げる。また，肺への空気の出入りは横隔膜などの働きによって行われていることも扱う。肺で取り入れられた酸素が体の細胞まで運ばれ，使われてエネルギーが取り出され，二酸化炭素などが排出されることにも触れる。
・血液の循環については，心臓を中心とする循環系について，そのつくりと働きを扱う。
・血液については，血しょうが組織液となっていろいろな組織中の細胞と血液との間で物質の出し入れをしていることを扱い，赤血球や白血球などの働きについても触れる。また，血液中の不要となった物質を体外に排出する腎臓の働き，栄養分を貯蔵し有害な物質を無害な物質に変える肝臓の働きについても触れる。

(3) 単元の評価規準の設定例

自然事象への関心・意欲・態度	科学的な思考・表現	観察・実験の技能	自然事象についての知識・理解
・唾液の働きを調べる実験に興味をもち，取り組もうとする。 ・栄養分の消化の仕組みに関心をもち，調べようとする。 ・食物から取り入れた栄養分が，どのようにしてエネルギーとなるのかに関心をもち，調べようとする。 ・血液循環について関心をもち，メダカの血流を調べようとする。 ・ヒトが活動した結果できる不要な物質やそのゆくえに関心をもち，調べようとする。	・唾液の働きを調べる実験結果から，でんぷんの分解について推論できる。 ・小腸の内面に多数の柔毛があることを，栄養分の効率的な吸収と関連づけて考察できる。 ・肺が多数の肺胞からできていることについて説明できる。 ・呼吸の本質が細胞呼吸であることを，考察できる。 ・血流の観察や自分の心臓の鼓動・脈拍などから，ヒトの血液循環やその道すじについて推論できる。 ・ヒトの血液循環の様子を肺循環と体循環を組み合わせた模式図などにまとめられる。	・対照実験を設定して，唾液がでんぷんを分解する働きを調べられる。 ・メダカの尾びれで毛細血管やその中を流れる血球の様子を調べられる。	・肉食動物と草食動物の食物の違いを，歯の特徴から説明できる。 ・唾液には，でんぷんを分解する働きがあることについて説明できる。 ・おもな消化酵素の種類と働きについて説明できる。 ・消化された栄養分が吸収される道すじについて説明できる。 ・細胞が呼吸によりエネルギーをとり出していることを理解している。 ・ヒトの呼吸器官のつくりと働きについて，各部の名称をあげて説明できる。 ・おもな血液の成分と組織液の働きについて説明できる。 ・心臓のつくりと働きや血管の種類について説明できる。 ・血液循環の道すじについて，心臓や流れる血液の特徴と関連づけて説明できる。 ・不要な物質が肺や腎臓などから排出される仕組みについて理解している。

獲得すべきコア知識：
〈炭水化物（でんぷんなど）は，唾液やすい液でブドウ糖に分解されて小腸から吸収される〉
〈タンパク質は，胃液やすい液（胆汁）でアミノ酸に分解されて小腸から吸収される〉
〈脂肪は，すい液で脂肪酸とグリセリンに分解されて小腸から吸収される〉
〈小腸では柔毛で表面積を広げて吸収しやすくしている〉
〈心臓では大静脈からの血液を，右心房→右心室→肺→左心房→左心室から大動脈に送っている〉
〈赤血球：酸素を運ぶ，白血球：体内に侵入した細菌やウイルスなどを排除する，血小板：血を固まらせる，血しょう：二酸化炭素・栄養分を運ぶ〉
〈肺では肺胞で表面積を広げてガス交換（酸素と二酸化炭素）をしやすくしている〉
〈肝臓では，血液中のアンモニアなどの有害なものを害の少ない尿素に変えている〉
〈腎臓では，血液中の尿素などをこし取っている〉

発展的課題の例：食物が口から摂取されて，排出されるまでを説明してみよう！
>>口から摂取された食物は，口でかみ砕かれて唾液（アミラーゼが含まれる）と混ぜられ，でんぷんなどがブドウ糖に分解，
胃で胃液（ペプシンになる）によりタンパク質がアミノ酸に分解，
十二指腸ですい液（胆汁）によりタンパク質がアミノ酸に分解され，脂肪が脂肪酸とグリセリンに分解，
小腸でブドウ糖・アミノ酸・脂肪酸・グリセリンなどが吸収され，
大腸で水分が吸収される。
便として排泄されるまでに24〜72時間くらいかかる。

(4) 留意点
- 小学校での血液の循環や心臓の拍動などの学習経験や，拍動数や呼吸数の変化などについての日常的な体験を生かした授業展開にする。

9．動物の生活と生物の進化（3）「行動のしくみ」8時間

(1) 単元のねらい
- 動物は外界の刺激を受け入れる感覚器官，脳を中心とする神経，筋肉や骨格などが発達していて，外界からの刺激に対して適切に反応できることを理解させる。

(2) 主な内容・既習事項とのつながり

既に獲得したコア知識
小学校第4学年『人の体のつくりと運動』
〈骨は体を支え，筋肉は伸び縮みして体を動かす〉 〈関節があるところが曲がる〉

- 感覚器官については，目・耳などを取り上げ，明所と暗所における瞳の大きさの比較をするなどして，感覚器官が刺激の強さに応じて調節されることを見いださせる。
- 神経系の働きについては，外界からの刺激が，感覚神経・中枢・運動神経を介して反応が起こることを見いださせる。
- 運動器官については，ニワトリの手羽先の観察をしたり，動物の骨格標本や人体模型などを利用したりして，骨格と筋肉の働きによって運動が行われることを扱う。

(3) 単元の評価規準の設定例

自然事象への 関心・意欲・態度	科学的な思考・表現	観察・実験の技能	自然事象についての 知識・理解
・ヒトの目や耳・鼻などの感覚器官に関心をもち，自分の経験をもとに，それらの働きを調べようとする。 ・刺激がどのようにして運動などの反応を起こすのかに関心をもち，調べようとする。 ・筋肉や骨格の働きに関心をもち，調べようとする。 ・動物の動きに関心をもち，調べようとする。	・ヒトの反応時間などを調べる実験結果から，感覚器官が刺激を受け取って反応が起こるまでの経過について考察できる。 ・自身の手足の動きを，骨格と筋肉の学習をもとに考察できる。	・ヒトの反応時間を調べる実験を行い，その結果をわかりやすくまとめられる。 ・手羽先のつくりを調べ，その結果をもとに，骨格と筋肉の関係を見いだせる。	・動物にはどのような感覚器官があり，どのような刺激を受け入れているかについて説明できる。 ・ヒトのおもな感覚器官をあげ，そのつくりと受け入れた刺激を脳に伝える仕組みについて説明できる。 ・脳・脊髄からなる中枢神経と，末梢神経の関係について説明できる。 ・反射の仕組みと特徴について説明できる。 ・感覚器官が受け取った刺激によって，ヒトの体に反応が起こる仕組みについて説明できる。 ・ヒトの体の運動が，骨格と筋肉の協同によって行われていることについて説明できる。

獲得すべきコア知識：
〈刺激は，感覚器官→感覚神経→中枢神経（脳と脊髄）→運動神経→筋肉　という順番で伝わる〉
〈反射は，刺激が脊髄で折り返し，脳を経ないので無意識に反応する〉

発展的課題の例：無条件反射と条件反射の違いについて説明してみよう！
>>熱いものに触れた時に自然に手が引っこむのが無条件反射，梅干を見て（以前に梅干を食べて酸っぱかった経験があるので）自然に唾液が出てくるのが条件反射。

(4) 留意点
・膝蓋腱反射（膝のお皿の下を叩くと自然に足が前に出る）を体験させる時には，足をリラックスさせて膝は90°にして，足が前に出てもぶつからない位置で叩くようにさせる。

10. 動物の生活と生物の進化（4）「動物のなかま」8時間

(1) 単元のねらい
・脊椎動物には，背骨をもつという共通の特徴があり，それぞれの特徴から5つの仲間に分けられることを理解させる。
・動物には背骨をもたない無脊椎動物がいることを理解させる。

(2) 主な内容・既習事項とのつながり

既に獲得したコア知識
小学校第３学年『昆虫と植物』
〈昆虫の体は，頭・胸・腹からできていて，胸からあしが６本出ている〉

- 脊椎動物の仲間については，体のつくりや子の生まれ方，呼吸の仕方，体温などの特徴によって，５つの仲間（魚類，両生類，ハチュウ類，鳥類，ホニュウ類）に分類できることを見いださせる。
- 無脊椎動物の仲間については，節足動物や軟体動物を中心に取り上げる。
- 節足動物については，昆虫類や甲殻類などを例にして，体が外骨格で覆われていて，節のあるあしをもっていることなどを扱う。
- 軟体動物については，貝・イカ・タコなどを例にして，節足動物とは異なってあしには節がないことや，水中生活をしているものが多いことなどを扱う。

(3) 単元の評価規準の設定例

自然事象への関心・意欲・態度	科学的な思考・表現	観察・実験の技能	自然事象についての知識・理解
・いろいろな脊椎動物に興味をもち，その生活の仕方や特徴について調べようとする。 ・魚の呼吸の実験などに参加し，調べようとする。 ・昆虫や軟体動物など，身近な無脊椎動物に興味をもち，特徴や共通点を見いだそうとする。 ・化石の標本に興味をもち，過去の生物について調べようとする。 ・植物の進化について興味をもち，調べてみようとする。	・脊椎動物の体のつくりや殖え方などの特徴が，生活の仕方と深い関係があることに気づける。 ・脊椎動物の特徴を整理して，５つの仲間に分けられる。 ・昆虫の観察結果から，節足動物に共通する特徴を見いだせる。 ・アサリなどの観察結果をもとに，軟体動物の共通の特徴を見いだせる。 ・脊椎動物の５つの仲間の特徴や地球上に出現した年代などから，脊椎動物の進化の仕方を推論できる。 ・水中生活をしていた生物が陸上生活が可能なように進化するには，どのような体の変化が必要か推論できる。	・身近な脊椎動物について，生活の仕方や体の特徴などについて調べられる。 ・魚の呼吸と水温との関係や呼吸による二酸化炭素の排出を調べ，その結果を適切に記録できる。 ・身近な昆虫を調べ，その結果を適切に記録できる。 ・アサリなどを解剖し，その特徴を適切に記録できる。	・動物が脊椎動物と無脊椎動物に分けられることについて説明できる。 ・脊椎動物は，生活する環境や育ち方によって，子や卵の数に違いがあることを説明できる。 ・仲間の殖やし方や呼吸の仕方，体温，体表の様子など，脊椎動物の分類の手がかりをあげ，説明できる。 ・脊椎動物の５つの仲間の特徴について説明し，身近に見られる種類をあげられる。 ・節足動物と軟体動物のそれぞれの特徴と共通の特徴について説明できる。 ・節足動物や軟体動物以外にも様々な無脊椎動物がいることを，例をあげて説明できる。 ・脊椎動物や植物の進化について理解している。

> 獲得すべきコア知識：
> 〈脊椎動物の分類の観点（生殖・子の生まれる場所・呼吸・体温・形態）〉
> 〈陸上に産み落とされるハチュウ類・鳥類の卵は，乾燥に耐えられるように殻をもっている〉
> 〈無脊椎動物には背骨がない（昆虫などの節足動物，イカなどの軟体動物など）〉
> 〈殻（外骨格）と関節をもつ節足動物：昆虫類，甲殻類，クモ類など〉
>
> 発展的課題の例：海ガメやラッコは何類に分類されるのか説明してみよう！
> >>生殖・子の生まれる場所（卵の殻）・呼吸・体温・形態から判断して，海ガメはハチュウ類，ラッコはホニュウ類とされる。

(4) 留意点
・標本や図鑑だけでなく，生きている動物を実際に観察させる。

11．動物の生活と生物の進化（5）「生物の進化」3時間

(1) 単元のねらい
・植物や動物の仲間の特徴を生活の場所や仕方と関連づけて整理し，水中から陸上へという変化の方向を見いださせる。
・2つのグループの中間の特徴をもった生物から，生物が進化してきたことを見いださせる。

(2) 主な内容・既習事項とのつながり
・生物の変遷と進化については，魚類と両生類の幼生はエラ呼吸，魚類・両生類・ハチュウ類は変温動物，魚類・両生類・ハチュウ類・鳥類は卵生（卵の殻の違いに注目させる），魚類・両生類・ハチュウ類・鳥類・ホニュウ類はすべて脊椎をもつという共通点を見いださせる。

(3) 単元の評価規準の設定例

自然事象への関心・意欲・態度	科学的な思考・表現	観察・実験の技能	自然事象についての知識・理解
・脊椎動物の5つのグループや植物の各グループの特徴から，それぞれのグループのつながりを探究しようとする。 ・進化に関することがらに関心をもち，調べようとする。	・今までに学習した動植物の特徴をグループごとに関連づけて整理し，変化の方向性について，表現している。		・生物が陸上生活に適するように体を変化させてきたことを理解している。 ・生物には相同器官があることを理解している。 ・脊椎動物は，魚類から両生類，ハチュウ類，さらに鳥類・ホニュウ類へと進化していったことを理解している。

```
獲得すべきコア知識：
〈生物は，海から陸へ，乾燥や重力に耐えられるように進化した〉
〈植物の進化〉
菌類→藻類→コケ植物→シダ植物→裸子植物→被子植物
    ｛維管束がない｝ → ｛維管束がある｝
                ｛胞子でふえる｝ → ｛種子でふえる｝
〈脊椎動物の進化〉
魚類→両生類    →ハチュウ類→鳥類→ホニュウ類
｛えら呼吸｝ → ｛子・えら呼吸｝
           ｛親・肺呼吸｝ → ｛肺呼吸｝
           ｛水中に卵を生む｝ → ｛陸上に卵を生む｝
                        ｛変温｝ → ｛恒温｝
                             ｛卵生｝ → ｛胎生｝

発展的課題の例：カモノハシは，何類か説明してみよう！
>>哺乳類だが，非常に珍しい卵生で，カモのようなくちばしをもっている。
```

(4) 留意点
・両生類とハチュウ類の分類は難しいので，卵の殻を手がかりにして分類させるとよい。

12. 動物の生活と生物の進化（6）「酵素のはたらきを調べよう」2時間

(1) 単元のねらい
・ヒトの体以外にも，酵素を含むものがあることを見いださせる。

(2) 主な内容・既習事項とのつながり
・酵素の存在を調べる実験を行う。

自然事象への関心・意欲・態度	科学的な思考・表現	観察・実験の技能	自然事象についての知識・理解
・酵素がどのようなものに含まれ，生活にどのように役立っているか調べようとする。	・酵素が含まれているものを予想し，どのような実験を行えば確かめられるのか表現している。	・ダイコンやパイナップルに酵素が含まれていることを実験によって確かめられる。	・酵素の働きを理解し，どのように生活に役立っているか説明できる。

(3) 留意点
・酢豚にパイナップルを入れる理由を考えさせてもよい。

13. 電流とその利用（1）「電流と回路」16時間

(1) 単元のねらい
・回路の様子を回路図を使って表したり，回路図を見て回路を組み立てることができるようにさせる。
・直列回路や並列回路について，実験を通して回路の各部分を流れる電流・電圧の関係を見いださせる。
・実験を通して，電圧と電流との間の規則性を見いださせ，オームの法則について理解させる。
・電気抵抗の概念や，物質による電気抵抗の違いを理解させる。
・2個の抵抗を使った回路について，それぞれの抵抗と回路全体の抵抗との関係を見い

だささせる。
・電流には熱・光・音などを発生させたり物体を動かしたりする能力があり、これを電気エネルギーということを理解させる。
・電力は電流の働きの大きさを表す量で、電圧と電流との積であることを理解させる。
・電力量は電流が消費したエネルギー量であり、電力と時間との積であることを理解させる。
・電流による発熱に基づいて熱の量が定義できることを指摘し、熱量は電力量と同じ単位〔J（ジュール）〕で表されることを理解させる。

(2) 主な内容・既習事項とのつながり

既に獲得したコア知識
小学校第3学年『電気の通り道』
〈電気はぐるっとひと回りできる回路（わ）を通る〉 〈金属は電気を通す〉
第4学年『電池の働き』
〈乾電池の数やつなぎ方を変えると豆電球の明るさやモーターの回り方が変わる〉 〈乾電池2個を直列につなぐと電流が多く流れ、並列につなぐと乾電池1個の時と変わらない〉
第6学年『電池の働き』
〈電気はつくったり、蓄えたりできる〉 〈電気は光・音・熱などに変わる〉

・回路については、直列回路や並列回路における電流や電圧に関する規則性を実験を通して見いださせる。
・電流については、分岐点のない回路では回路のどの部分でも電流の大きさが等しいこと、分岐点のある場合は、流入する電流の和と流出する電流の和が等しいことを見いださせる。
・電圧については、抵抗を直列につないだ回路では各抵抗の両端の電圧の和が回路の両端の電圧に等しいこと、抵抗を並列につないだ回路では、それぞれの抵抗の両端の電圧は等しいことなど、実験を通してその結果を分析して解釈させて、規則性を見いださせる。
・抵抗については、電熱線などの金属線を入れた回路で、金属線に加える電圧と流れる電流の大きさの関係を測定する実験を行い、測定値をグラフ化し、結果を分析して、電圧と電流が比例関係にあることを見いださせる。
・2つの抵抗を直列や並列につないだ場合については、合成抵抗にも触れる。
・電力については、電流と電圧の積であり、単位がワット（記号W）で表され、1Vの電圧を加え1Aの電流を流した時の電力が1Wであることを理解させる。その上で、電熱線に電流を流し、同じ量の水の温度を上昇させる時、温度の上昇は電力や電流を流す時間に関係があることを実験を通して見いださせる。

- 電力量については，水の温度上昇は，電力と時間の積である電力量によることを理解させ，電力量の単位は〔J〕で表されることを確認する。
- 電気エネルギーについては，電流によって熱，光，音などが発生したり，モーターなどで物体の運動状態を変化させたりできることから，電気がエネルギーをもっていることを理解させる。

(3) 単元の評価規準の設定例

自然事象への関心・意欲・態度	科学的な思考・表現	観察・実験の技能	自然事象についての知識・理解
・直列回路と並列回路での豆電球の明るさの違いを調べようとする。 ・電圧と電流との関係を調べようとする。 ・電気器具の働きに興味をもち，調べようとする。 ・電力と発生する熱量との関係に関心をもち，調べようとする。	・実験結果のグラフから，電流と電圧とは比例することを見いだし，表現している。 ・グラフの傾きの違いから，電熱線は種類によって抵抗の大きさにちがいがあることを見いだし，表現している。 ・抵抗器のつなぎ方による全体の電気抵抗の大きさの変化を見いだせる。 ・電流による発熱で，水の温度上昇や発熱量が電圧や電流，時間と関係していることを表現している。 ・電力と発生した熱量との関係を見いだし表現している。	・直列回路と並列回路をつくれる。 ・電流計を正しく使い，電流を測定できる。 ・電流計を正しく使い，回路の各点を流れる電流を測定できる。 ・電圧計を正しく使い，電圧を測定できる。 ・電圧計を正しく使い，回路の各区間に加わる電圧を測定できる。 ・電源装置を正しく使い，電圧と電流を同時に測定できる。 ・電圧と電流との関係をグラフに表すことができる。	・直列回路と並列回路について理解している。 ・直列回路と並列回路での電流の規則性を理解している。 ・直列回路と並列回路での電圧の規則性を理解している。 ・電気抵抗について理解している。 ・回路に成り立つ諸法則を用いて，未知の電流や電圧，電気抵抗を計算できる。 ・電力について理解している。 ・電力と発生する熱量との関係について理解している。

獲得すべきコア知識：
〈電流は水の流れに似ている〉
〈電池はポンプのような働きをする〉
〈電流は分岐するまで一定，電流計は測りたいところに直列につなぐ〉
〈電圧は並列回路内では一定，電圧計は測りたいところに並列につなぐ〉
〈R（Ω）の抵抗にV（V）の電圧をかけたらI（A）の電流が流れた時$V = I \times R$となる（オームの法則）〉
〈抵抗・電圧・電流は相互に（1つ変えると他の2つとも変わる）働く〉
〈合成抵抗R（Ω）：直列$R = R_1 + R_2 + R_3 + \cdots$（長くした時と同じ），並列$1/R = 1/R_1 + 1/R_2 + 1/R_3 + \cdots$（太くした時と同じ）〉
〈電力P（W）＝電圧V（V）×電流I（A），電力量（Wh）＝電力P（W）×時間（h）〉
〈発熱量（J）＝電圧V（V）×電流I（A）×時間t（秒）〉
〈1（cal）＝4.2（J），1（J）＝0.24（cal）〉

発展的課題の例：なぜ家庭の電気のコンセントは，並列つなぎでつながっているのか説明してみよう！
>>並列つなぎなら，電圧がどこでも一定（100V）で，プラグをコンセントから抜いても他のコンセントには電流が流れるので。

(4) 留意点
- 回路の作成の仕方，電流計・電圧計・電源装置などの扱いに習熟させる。

14. 電流とその利用（2）「静電気と電子」4時間

(1) 単元のねらい

- 物質どうしの摩擦で静電気が生じることを理解させる。
- 帯電した物体間で，互いに力が働くことを理解させる。
- 静電気は電流と関係があることを見いださせる。
- 放電は，電気が空間を移動したり，たまっていた電気が流れ出す現象であることを理解させる。
- 真空放電の実験から，電流の正体は電子の流れであることを理解させる。

(2) 主な内容・既習事項とのつながり

- 静電気については，静電気の性質および静電気と電流は関係があることを見いださせ，電流が電子の流れであることを理解させる。
- 帯電した物体間で互いに力が働くことについては，異なる物質同士をこすり合わせると静電気が起こり，それらの帯電した物体間に空間を隔てて力が働き，その力には引力と斥力の2種類があることを見いださせる。
- 真空放電の実験については，雷も静電気の放電現象の一種であることを取り上げ，クルックス管などの真空放電の観察から，電子の流れが電流であることについて理解させる。

(3) 単元の評価規準の設定例

自然事象への 関心・意欲・態度	科学的な思考・表現	観察・実験の技能	自然事象についての 知識・理解
・日常生活で見られる静電気による現象に興味をもち，調べようとする。 ・空気中を電流が流れる現象に興味をもち，調べようとする。	・実験結果から，静電気による力の規則性を見いだせる。 ・実験結果から，電流の進む向きや電気の種類を見いだせる。 ・電流が流れている時と流れていない時の違いをモデルで表現できる。	・静電気を発生させ，働く力の規則性を調べる実験を行える。	・静電気による力の規則性について理解している。 ・静電気と電流の関係について理解している。 ・放電が起こる条件を理解している。 ・電流の正体が何であるかを理解している。

獲得すべきコア知識：
〈物質が擦れ合うと，マイナスに帯電しやすい物質に電子が移動し，電子が出て行った物質はプラスに帯電する〉
〈電子が－極から＋極に移動したことを，電流が＋極から－極に流れたという〉
〈金属には自由に移動できる自由電子があるので，電流が流れやすい〉

発展的課題の例：コピー機は静電気を利用しているが，どのようにコピーできるのか説明してみよう！
>>原稿をセットしてコピーをはじめると，光源が移動して原稿に当たり，反射した光が戻ってくる。黒い文字は光を吸収するので反射光は少なくなり，反射光が当たると静電気がなくなる性質をもつ感光体ドラムで光の明暗を読み取る。感光体ドラムと逆の静電気をもつトナーをふりかけると，反射光が当たらず静電気が残っている部分（黒い文字）にトナーがつく。そこへ，トナーと逆の静電気をもつ紙を通すと，トナーが紙とつき，加熱・加圧して紙に定着させる。

(4) 留意点

- 静電気の性質を利用したコピー機などの例を取り上げて，日常生活とのかかわりを認

識させる。
・電気くらげづくりをさせる場合，湿度が50%以下になる時期や場所を選び，塩ビ管を使用させる場合には，他の生徒とぶつからないように周囲に注意させる（なるべく風船などの柔らかいものを使用させる）。

15. 電流とその利用（3）「電流と磁界」8時間

(1) 単元のねらい
・磁石のまわりの磁界の様子について理解させる。
・電流がつくる磁界の規則性を見いださせる。
・電流が磁界から受ける力を調べることにより，電流と力の間の規則性を見いださせる。
・電磁誘導の実験を通して，誘導電流の向きや強さの規則性について理解させる。
・電流と磁界の相互作用について理解させる。
・直流と交流について理解させる。

(2) 主な内容・既習事項とのつながり

既に獲得したコア知識
小学校第3学年『磁石の性質』
〈鉄（鉄の仲間のコバルト・ニッケルも）は磁石につく〉
第5学年『電流の働き』
〈導線に電流が流れると磁力が生じる〉 〈電磁石はコイルの巻数を増やしたり，電流を大きくすると強くなる〉
第6学年『電気の利用』
〈電気はつくったり，蓄えたりできる〉 〈電気は光・音・熱などに変わる〉

・ここでは，小学校での学習と関連させながら，磁界を磁力線で表すことを理解させるとともに電流がつくる磁界について理解させる。
・磁界については，棒磁石や電流の流れているコイルのまわりに鉄粉を撒き，そこにできる模様を観察させるなどして，コイルのまわりに磁界があることを見いださせる。
・磁界中の電流が受ける力については，電気ブランコなどの実験を行い，電流が磁界から力を受けることを見いださせる。
・電磁誘導と発電については，小学校での手回し発電機操作の経験を生かしながら，磁石またはコイルを動かすことでコイルに誘導電流が流れることを見いださせる。
・直流と交流については，オシロスコープや発光ダイオードなどを用いて，その違いを理解させる。

(3) 単元の評価規準の設定例

自然事象への 関心・意欲・態度	科学的な思考・表現	観察・実験の技能	自然事象についての 知識・理解
・磁石による現象に関心をもち，調べようとする。 ・電流が磁界から力を受けることに関心をもち，調べようとする。 ・コイルに磁石を出し入れした時電流が生じることに関心をもち，調べようとする。 ・直流と交流の違いに関心をもち，調べようとする。	・磁石のまわりの磁界について説明できる。 ・実験結果から，電流が磁界から受ける力の規則性を見いだせる。 ・円形電流やコイルのまわりにできる磁界の規則性を見いだせる。 ・自転車の発電機でつくられる電流の向きの変化を推論できる。	・電流がつくる磁界を調べる実験を行える。 ・電流が磁界から受ける力を調べられる。 ・コイルと棒磁石で電流を発生させる実験を行える。 ・検流計を正しく使い，電流の向きを検出できる。	・モーターが回転する仕組みを理解している。 ・電磁誘導の仕組みを理解している。 ・直流と交流の違いを理解している。

獲得すべきコア知識：
〈磁界の向きはN極の向き，磁界の強さは磁力線の間隔で示す〉
〈導線に電流が右ねじが進む方向に流れると，右ねじの回転方向に磁界が生じる（右ねじの法則）〉
〈右手を握って親指を電流の向きに立てると，4本の指の向きが磁界の向きになる（右手の法則）〉
〈左手の中指と人差し指と親指を互いに直角に立てて，中指：電流の向き，人差し指：磁界の向き　に合わせると親指の向きに力が働く（フレミングの左手の法則）〉
〈誘導電流は，コイル内の磁界の変化を妨げる（磁界を生じさせる）ように流れる〉

発展的課題の例：フレミングの左手の法則を磁石がつくる磁界と電流がつくる磁界（右ねじの法則）で説明してみよう！
>>磁石がつくる磁界は，N極からS極への向きとなり，電流がつくる磁界は，右ねじの法則で向きがわかる。磁石がつくる磁界と電流がつくる磁界の強め合い・弱め合いを考えると，強め合っている方から弱め合っている方に力を受ける。

(4) 留意点
・右ねじの法則をしっかりと理解させ，使いこなせるようにさせる。

16. 電気とその利用（4）「抵抗の大きさを考える」2時間

(1) 単元の評価規準の設定例

自然事象への 関心・意欲・態度	科学的な思考・表現	観察・実験の技能	自然事象についての 知識・理解
学習したことを活用して，課題に取り組んでいこうとする。	・学習したことをもとに実験結果の予想を立てる。 ・実験結果から抵抗を組み合わせた時の全体の抵抗の大きさを見いだし，表現している。	・抵抗を組み合わせた時の全体の抵抗の大きさを調べる実験を行える。	

発展的課題の例：太い電熱線と細い電熱線が並列・直列につながれた場合の発熱量について説明してみよう！
>>並列つなぎなら，電圧が一定なので，太い電熱線の方に電流が多く流れて，太い電熱線の方が発熱量が多くなる。
直列つなぎの場合は，電流が一定になるので，抵抗が大きい細い電熱線の方が発熱量が多くなる（研究13参照）。

(2) 留意点
- 回路の作成の仕方，電流計・電圧計・電源装置などの扱いに習熟させる。

17. 気象のしくみと天気の変化（1）「気象観測」 7時間

(1) 単元のねらい
- 気圧の分布の様子は等圧線で表されること，天気や風の様子は記号を用いて表されることを理解させる。
- 高気圧や低気圧付近の風を大気の動きとして捉え，それらと天気の関係を見いださせる。
- 観測データを適切な方法で整理させて，天気との関係を見いださせる。
- 気象観測を行って集めたデータは，天気を予測する上で役立てられていることを理解させる。
- 気団のでき方と性質，前線の種類と発達について理解させる。
- 寒冷前線や温暖前線の通過に伴う天気の変化を理解させる。
- 日本付近の低気圧や高気圧の移動や高層の大気の動きから，天気の変化の規則性を偏西風と関連づけて理解させる。

(2) 主な内容・既習事項とのつながり

既に獲得したコア知識
小学校第4学年『天気の様子』
〈晴れの日：気温は日の出前に最低，昼過ぎに最高になることが多い〉 〈雨の日：気温の変化は少ない〉 〈100℃にならなくても蒸発はする〉
第4学年『金属，水，空気と温度』
〈温度が上がると粒子の動きが激しくなる〉 〈激しく動く水や空気の粒子は上にあがっていく〉 〈氷は0℃くらいでとけはじめて水になり，水は100℃ぐらいで沸騰して水蒸気（目に見えない）になる〉
第5学年『天気の変化』
〈雲が西から東に移動するので，天気も西から東へと変化する〉

- 天気変化については，天気図や気象観測のデータなどから，高気圧・低気圧のまわりの風の吹き方に触れ，前線の通過によって起こる気温・湿度・気圧・風向・天気の変化などを，暖気や寒気と関連づけて理解させる。

(3) 単元の評価規準の設定例

自然事象への 関心・意欲・態度	科学的な思考・表現	観察・実験の技能	自然事象についての 知識・理解
・日々の気象要素の変化に関心をもち，気象観測しようとする。 ・前線の通過に伴う天気の変化に関心をもち，調べようとする。	・天気と気圧の関係を見いだせる。 ・大気の動きを立体的に捉え，天気との関係を考えられる。 ・天気と気圧・気温・湿度の関係を見いだせる。 ・気温が急に変化する理由をモデル実験結果と関連づけて説明できる。 ・天気図と観測データを関連づけて，前線の通過に伴う天気の変化について説明できる。 ・低気圧や高気圧の移動の規則性を見いだせる。	・天気図から天気や風向・風力を読み取ったり，雲画像から雲の分布の特徴を読み取れる。 ・気象観測の方法を知り，器具を正しく使って観測し，結果を記録できる。 ・気象観測で得られたデータを表やグラフなどに整理できる。 ・温帯低気圧の構造を読み取れる。 ・複数の天気図から気象要素の連続的な変化を読み取れる。	・等圧線，高気圧や低気圧の意味を理解している。 ・様々な所で行った気象観測のデータが天気の予測に役立てられていることを理解している。 ・気団のでき方とその性質を理解している。 ・前線の種類とその付近の大気の動きを理解している。 ・寒冷前線や温暖前線の通過に伴う天気の変化を理解している。 ・偏西風が低気圧や移動性高気圧の移動に影響を及ぼすことを理解している。
獲得すべきコア知識： 〈晴れの日：気温は日の出前に最低，昼過ぎに最高，気温と湿度の変化は逆〉 〈雨の日：気温の変化は少ない，湿度は高い〉			
発展的課題の例：冬によく生じる放射冷却について説明してみよう！ >>昼間は，太陽光が地表にあたって温度が上がるが，夜間は，地表面から宇宙空間に熱が逃げる。夜間に雲があると熱が逃げるのがおさえられるが，冬の時期に乾燥して晴れていると熱が逃げやすく，地表面の温度が下がって霜が降りやすくなる。			

(4) 留意点
- 前線の通過の観測は，前線の通過が予想される2〜3日前からはじめるように計画し，実際に前線が通過する時をうまく捉えて実施する。
- 前線通過の観測ができない場合は，天気図や気象衛星画像に加えて，アメダス（地域気象観測システム）の観測データなどの利用も考えられる。

18. 気象のしくみと天気の変化（2）「大気中の水蒸気の変化」7時間

(1) 単元のねらい
- 霧のでき方を調べ，温度によって空気中の水の状態が変化することを理解させる。
- 空気中の水蒸気の量を考えさせ，露点を調べる実験を通して理解させる。
- 空気中の湿り気の度合いを湿度で表し，温度と水蒸気量によって変化することを理解させる。
- 雲のでき方を，空気の垂直方向の動きや体積の変化に伴う温度変化と関連づけて理解させる。
- 雲の発達が降水の原因になることを理解させる。

- 太陽光のエネルギーによって地表付近の水が状態を変えながら循環していることを認識させる。

(2) 主な内容・既習事項とのつながり

既に獲得したコア知識
小学校第4学年『天気の様子』
〈晴れの日：気温は日の出前に最低，昼過ぎに最高になることが多い〉 〈雨の日：気温の変化は少ない〉 〈100℃にならなくても蒸発はする〉
第4学年『金属，水，空気と温度』
〈温度が上がると粒子の動きが激しくなる〉 〈激しく動く水や空気の粒子は上にあがっていく〉 〈氷は0℃くらいでとけはじめて水になり，水は100℃ぐらいで沸騰して水蒸気（目に見えない）になる〉

- ここでは，冷たい水を入れたコップがくもるなど大気中の水蒸気が水滴に変化する現象から露点の測定を行い，大気中の水蒸気が凝結する現象を気圧・気温および湿度の変化と関連づけて理解させる。
- 霧については，気温が下がると湿度が上がることから理解させる。
- 雲の成因については，密閉された袋が高度変化に伴う気圧の低下によって膨らむ現象などを取り上げ，大気の上昇に伴う気温の低下（断熱膨張）にも触れる。
- 水の循環については，太陽エネルギーによって引き起こされることにも触れる。

(3) 単元の評価規準の設定例

自然事象への 関心・意欲・態度	科学的な思考・表現	観察・実験の技能	自然事象についての 知識・理解
・水蒸気を含んだ空気から水滴が現れる身近な事象を見いだそうとする。 ・雲が発達する時の変化を見いだそうとする。 ・地表の様々な水を関連づけて，水の移動や循環を見いだそうとする。	・露点の測定結果から，空気中の水蒸気量を推定できる。 ・霧が発生する時の気温や湿度の変化の特徴を見いだし，説明できる。 ・雲が発生する条件を見いだし，雲のでき方を考えられる。	・空気中の水蒸気の凝結を調べる実験を見て，結果を記録できる。 ・温度と飽和水蒸気量の関係をグラフに表すことができる。 ・露点を正しく測定できる。 ・雲を発生させる実験を行い，結果を記録できる。	・水蒸気を含んだ空気から水滴ができる仕組みを理解している。 ・空気中に水滴ができる仕組みと関連づけて露点を理解している。 ・湿度の意味を理解している。 ・上昇気流や下降気流の原因を理解している。 ・雲が雨などになる過程を理解している。 ・太陽エネルギーが水の循環を支えていることを理解している。

> 獲得すべきコア知識：
> 〈飽和水蒸気量：1m³中に含むことができる水蒸気の質量〉
> 〈露点：飽和水蒸気量に達した時の温度〉
> 〈1気圧[atm]＝1013[hPa]〉
> 〈空気が上昇すると，気圧が下がって膨張して温度が下がる〉
> 〈凝結の条件（凝結核・露点以下）〉

> 発展的課題の例：寒いところから暖かい部屋に入ると，メガネのレンズはくもるのにコンタクトレンズはくもらないのはなぜか説明してみよう！
> ≫メガネのレンズのくもりは，レンズの表面に細かい水滴がたくさんついて，白っぽく見えるので生じる。寒いところでメガネは冷やされ，暖かい部屋に入るとメガネのまわりの空気が冷やされて，レンズの表面に細かい水滴がたくさんついてしまう。
> 　一方のコンタクトレンズは，くもり止めが濡れている状態をつくってもらわなくしているように，常に濡れているのでくもらない。

(4) 留意点
・湯気と水蒸気は違うことを確認させておく。
・「気圧」について復習し，山の頂上では気圧が低くなることを確認しておく。
・「溶解度」「再結晶」について復習し，これらと飽和水蒸気量や結露とを対比させて考えさせる。

19. 気象のしくみと天気の変化（3）「前線の通過と天気の変化」4時間

(1) 単元のねらい
・低気圧や高気圧のつくりと，前線の通過に伴う天気の変化を暖気，寒気と関連づけて理解できる。

(2) 主な内容・既習事項とのつながり

既に獲得したコア知識
小学校第5学年『天気の変化』
〈雲が西から東に移動するので，天気も西から東へと変化する〉

・前線の構造については，寒冷前線の通過する際の特徴として，短時間の比較的強い降雨・雷・通過後の気温の低下，風向の変化などの現象が観測できることから，寒冷前線に伴う暖気，寒気の入れ替わりについて理解させる。

(3) 単元の評価規準の設定例

自然事象への関心・意欲・態度	科学的な思考・表現	観察・実験の技能	自然事象についての知識・理解
・高気圧・低気圧・等圧線などに関心をもち，調べようとする。 ・前線について関心をもち，調べようとする。 ・前線と天気の変化に関心をもち，観測結果や資料をもとに前線通過時の天気の変化を調べようとする。	・高気圧や低気圧付近の大気の流れと雲の発生・消滅とを関連づけて捉え，表現している。 ・前線のつくりを性質の異なる気団が接し合う現象と関連づけて捉え，表現している。 ・各気象要素の観測データの時間変化を分析し，前線の種類や通過の時間を推定できる。	・各地の気象観測のデータをもとに，天気図記号や等圧線を使って天気図に記入できる。 ・各気象要素の観測データのグラフを読み取ることができる。	・高気圧や低気圧付近での風向・風力や気流の関係について理解している。 ・気団や前線の種類，でき方，つくり，記号について理解している。 ・雲の動きとそれに伴う前線について理解している。 ・温暖前線と寒冷前線のつくりや前線通過前後の気温・湿度・気圧・風向・風力・天気の変化について理解している。

獲得すべきコア知識：
〈北半球では，高気圧：風が時計回りに吹き出す，低気圧：風が反時計回りに吹き込む〉
〈温度の異なる空気は簡単にはまざらない〉
〈寒冷前線：寒気が暖気の下にもぐり込む，北よりの風になり気温が下がる〉
〈温暖前線：暖気が寒気の上にのり込む，南よりの風になり気温が上がる〉

発展的課題の例：関東地方では，右の図（気象庁提供 2011年10月6日9時の天気図）のように温暖前線の後に寒冷前線が通過することが多い理由を説明してみよう！

>>右下のような低気圧があったとして，日本付近だと大概下側（南側）に暖かい空気があり，上側（北側）に冷たい空気がある。低気圧では，風が反時計回りに吹き込むのだから，
［右側］下側の暖かい空気が風に吹かれて上がって，冷たい空気に乗っかって温暖前線
［左側］上側の冷たい空気が風に吹かれて下がって，暖かい空気の下にもぐり込んで寒冷前線　となる。

(4) 留意点
・単に前線の名前や性質を丸暗記させるだけの授業に陥らないように留意する。

20. 気象のしくみと天気の変化（4）「日本の気象」5時間

(1) 単元のねらい
- 偏西風は地球規模の大気の動きの一部であることを認識させる。
- 地球規模の大気の動きは緯度による温度差と関係していることを理解させる。
- 日本が大きな大陸と大きな海洋の境界に位置していることに気づかせるとともに，陸と海の境界では地面と海面の温度差によって生じる風が吹くことを理解させる。
- 日本付近では，シベリア気団，オホーツク海気団，小笠原気団が1年周期で盛衰を繰り返し，日本の四季の天気に影響を与えていることを理解させる。
- 日本の冬・春・梅雨・夏・秋の天気の特徴とそれが生じる仕組みや，台風について理解させる。
- 日本の天気の変化と生活のかかわりを認識させ，自然とうまくつき合って生活するために大切なことについて考えさせる。

(2) 主な内容・既習事項とのつながり

既に獲得したコア知識
小学校第5学年『天気の変化』
〈雲が西から東に移動するので，天気も西から東へと変化する〉

- ここでは，天気図や気象衛星画像などを資料として，日本の天気の特徴を気団と関連づけて理解させ，気圧配置と風の吹き方や天気の特徴との関係を見いださせる。
- 気団の特徴については，発生した場所の気温や大気中に含まれる水蒸気の量によって決まることを理解させる。
- 偏西風については，日本の上空には一年中西から東へ吹いていることに気づかせる。

(3) 単元の評価規準の設定例

自然事象への 関心・意欲・態度	科学的な思考・表現	観察・実験の技能	自然事象についての 知識・理解
・日本付近の大気の動きや地球規模の大気の動きに関心をもち，調べようとする。 ・日本の天気が，大陸や海洋からどのような影響を受けているか関心をもち，調べようとする。 ・日本の四季の天気に関心をもち，調べようとする。 ・わたしたちの生活が気象と深くかかわっていることを認識し，調べようとする。	・地面と海面の温まり方の違いをもとに，風が吹く向きについて説明できる。 ・気団から吹き出す大気の性質が変化する原因を見いだせる。 ・日本付近の台風の進路の特徴を見いだして，その原因を考えられる。	・日本の冬の天気の特徴を天気図などから読み取れる。 ・日本の春の天気の特徴を天気図などから読み取れる。 ・日本の梅雨の天気の特徴を天気図などから読み取れる。 ・日本の夏の天気の特徴を天気図などから読み取れる。 ・日本の秋の天気の特徴を天気図などから読み取れる。	・日本付近の大気の動きを地球規模の大気の動きの中で捉え，地球規模の大気の動きの原因を理解している。 ・海陸風や季節風が吹く仕組みを理解している。 ・日本周辺にできる気団を理解している。 ・日本の冬の天気の特徴とそれが生じる仕組みを理解している。 ・日本の春の天気の特徴とそれが生じる仕組みを理解している。 ・日本の梅雨の天気の特徴とそれが生じる仕組みを理解している。 ・日本の夏の天気の特徴とそれが生じる仕組みを理解している。 ・日本の秋の天気の特徴とそれが生じる仕組みを理解している。

獲得すべきコア知識：
〈日本付近の天気は４つの気団（シベリア気団［冬］小笠原気団［夏］オホーツク海気団［梅雨］揚子江気団［春・秋］）から影響を受ける〉
〈日本の冬は西高東低の気圧配置になりやすい〉

発展的課題の例：冬に日本海側に雷が多い理由を説明してみよう！
>> 夏には，地面付近の暖められた空気が上昇し，積乱雲となって雷を発生させている。冬に日本海側で生じる雷は，シベリア気団による寒気が日本海上で暖められて積乱雲となって雷を発生させる。この時期，雷とともに雪が降ることがあり，冬の雷を「雪おこし」とも呼んでいる。

(4) 留意点

・特に，梅雨時期の梅雨前線の位置を予測することは難しいので留意する。

21．気象のしくみと天気の変化（5）「雨が激しくなるのはいつか」 2時間

(1) 単元のねらい

・学んだことを生かし，気象観測の結果や気象情報をもとに天気の変化を理解する。

(2) 主な内容・既習事項とのつながり

気象情報をもとに，雨が激しくなるのはいつになるのか予想する。

(3) 単元の評価規準の設定例

自然事象への 関心・意欲・態度	科学的な思考・表現	観察・実験の技能	自然事象についての 知識・理解
・これまでに学んだ前線の特徴や低気圧の移動について関心をもち，気象観測や気象情報をもとに，課題を解決しようとする。	・前線の特徴，低気圧の移動，気象観測や気象情報をもとに，天気の変化について，表現している。	・気象観測や気象情報のデータを読み取ることができる。	・前線の特徴，低気圧の移動，気象観測や気象情報をもとに，天気の変化を理解している。

獲得すべきコア知識：
〈飽和水蒸気量：$1m^3$中に含むことができる水蒸気の質量〉
〈露点：飽和水蒸気量に達した時の温度〉
〈空気が上昇すると，気圧が下がって膨張して温度が下がる〉
〈凝結の条件（凝結核・露点以下）〉

発展的課題の例：雨粒の大きさと速さについて説明してみよう！
>>雨粒の大きさは，0.1mm以下だと雲の中の上昇気流で落ちず，3mm以上になると落下の途中で分解してしまうので，0.1mm〜3mm程度になる。
　落下速度は，空気抵抗を受けて下が平らなまんじゅうのような形となり，0.15mmの霧雨で0.5m/s程度，3mmの強い雨で7〜8m/s程度で落下している。

(4) 留意点

・1時間雨量（以上〜未満）と降り方については以下のように表現されている（気象庁）。
　10mm〜20mm：やや強い雨
　20mm〜30mm：強い雨
　30mm〜50mm：激しい雨（バケツをひっくり返したよう）
　50mm〜80mm：非常に激しい雨（滝のよう）
　80mm〜：猛烈な雨

〈中3〉

1．つづけてみよう　継続観察　2時間

(1) 単元のねらい
・天体やその動きについて継続的に観測し，結果をまとめられる。
・年間を通して適切な時期に実施できるように，地域の実情に応じて年間指導計画に位置づけて行う。

(2) 主な内容・既習事項とのつながり
・天体やその動きについて継続的に観測を行う。

(3) 単元の評価規準の設定例

自然事象への 関心・意欲・態度	科学的な思考・表現	観察・実験の技能	自然事象についての 知識・理解
・天体やその動きについて関心をもち，観測しようとする。	・天体やその動きについて継続的に観測し，特徴や規則性を見いだし，表現している。		

発展的課題の例：
誕生日に自分の星座は見えない理由を説明してみよう！
>>自分の星座は，生まれた日に太陽がどの星座の付近にあるかで決まる。そのため，誕生日の星座は誕生日あたりには太陽の近くにあって見えない。

2．運動とエネルギー（1）「力のはたらき」5時間

(1) 単元のねらい
- 2力がつり合うために必要な3条件を実験によって見いださせる。
- つり合っている2力の1つが与えられた時，もう1つの力を発見できるようにさせる。
- 一直線上で働く2力の合力を，向きが同じ場合と反対の場合のそれぞれについて理解させる。
- 角度をもって働く2力の合力について，「力の平行四辺形の法則」を実験によって見いださせるとともに，定規を用いた作図にも習熟させる。
- 作図によって分力を求めることができるようにさせる。

(2) 主な内容・既習事項とのつながり

既に獲得したコア知識
中学校第1学年『力と圧力』

〈固体には元に戻ろうとする弾性がある〉
〈力は接触している場合に働くが（電気や磁気による力は除く），離れていても重力はかかる〉
〈力の単位はN（ニュートン）で，1Nは約100gのおもりに働く重力〉

- ここでは，ばねばかりやつる巻きばね，輪ゴムなどを用いて，1点に働く2力がつり合う時のそれぞれの力の大きさと向きを調べるなどの実験を行い，2力がつり合う条件を見いださせるとともに，力の合成と分解について実験を行い，力の合成と分解の規則性を理解させる。
- 3力のつり合いについては，3力のうちの任意の1つの力に注目させ，1つの力と同じ働きをする2つの力に気づかせる。

(3) 単元の評価規準の設定例

自然事象への 関心・意欲・態度	科学的な思考・表現	観察・実験の技能	自然事象についての 知識・理解
・力のつり合いについて関心をもち,つり合う力の関係について調べようとする。 ・身の回りにある力の合成にかかわる現象について関心をもち,向きの違う2つの力の合力を調べる実験を行おうとする。 ・力の分解に関心をもち,調べようとする。	・物体に働く力について,力のつり合いと関連づけて考察し,表現している。 ・身の回りの事象について,2つの力のつり合いと関連づけて考察し,表現している。 ・同じ向きに働く2つの力の合力に関する規則性を見いだし,表現している。 ・向きが違う2つの力の合力に関する規則性を見いだし,表現している。 ・平行四辺形を用いて1つの力を任意の方向の2つの力に分解できることについて,表現している。	・2つの力のつり合いの実験を行い,力がつり合う時の大きさや向きなどの結果を記録できる。 ・2つの力を合成する実験を行い,合力の大きさや向きの関係を調べられる。 ・合力が2つの力を2辺とする平行四辺形の対角線となることについて作図して示すことができる。 ・1つの力を指示された2つの向きに分解し,分力を作図できる。	・2つの力がつり合うときの条件を理解している。 ・身の回りで力が働いている例について,力のつり合いで説明できる。 ・力の合成や合力について理解している。 ・一直線上に同じ向きに働く2つの力の合力は,それぞれの力の大きさの和になることを理解している。 ・向きの違う2つの力の合力は2つの力を2辺とする平行四辺形を作図して,その対角線で求められることを理解している。 ・力の合成の方法について,平行四辺形の作図を用いて説明できる。 ・1つの力と同じ働きをする2つの力に分けることを,力の分解ということを理解している。 ・平行四辺形の作図を用いて,力の分解について説明できる。

獲得すべきコア知識:
〈2つの力の合力は,2つの力の矢印を2辺とした平行四辺形の対角線になる〉
〈2つの力がつり合っている時は,2つの力が一直線上で大きさが等しく向きが反対〉

発展的課題の例:
水の入ったバケツを2人で持つ場合に,どのように持ったら楽に運べるのか説明してみよう!
>>バケツにぶつからない程度で,できるだけ寄り添って持つと楽に運べる。

(4) 留意点
・合力・分力を求めるための平行四辺形を使った作図に習熟させる。

3. 運動とエネルギー（2）「物体の運動」11時間

(1) 単元のねらい
・速さの求め方と速さの単位を理解させ,速さには平均の速さと瞬間の速さがあることを理解させる。
・記録タイマーの使い方やテープの処理の仕方に習熟させる。
・斜面を下る台車の運動の実験を通して,力と運動の関係を理解させる。
・平面上を動く物体には摩擦力が働くことを理解させる。
・力が働かない時に物体は等速直線運動をすることを理解させる。
・慣性の法則を理解させ,慣性の法則で説明できる身近な現象に対して,興味・関心を

もたせる。

(2) 主な内容・既習事項とのつながり

- 運動の速さと向きについては，振り子や放物運動をする物体をストロボ写真で撮影したりするなどして，物体の運動には速さと向きがあることを理解させる。
- 力は物体同士の相互作用であることについては，ローラースケートをはいた人同士で，1人がもう1人に力を働かせる体験などと関連させて気づかせる。
- 物体に力が働かない場合については，運動している物体は等速直線運動を続け，静止している物体は静止し続けようとする慣性の法則を理解させる。

(3) 単元の評価規準の設定例

自然事象への関心・意欲・態度	科学的な思考・表現	観察・実験の技能	自然事象についての知識・理解
・身の回りの運動について関心をもち，速さや向きが変わらない運動，変わる運動を探しだそうとする。 ・物体の運動のようすに関心をもち，速さの表し方や運動を記録する方法を考えようとする。 ・物体に力が働く運動について関心をもち，力が働く時の運動について探究しようとする。 ・物体に力が働かない運動について関心をもち，水平面上を走る台車の運動のようすを探究しようとする。 ・水ロケットなどの運動や互いに押し合う時の動きに関心をもち，2つの物体の間に力が働く時の運動について考えようとする。	・物体の運動を速さと向きで表せることを見いだせる。 ・記録されたテープの打点間隔から物体の速さが求められることを考えられる。 ・実験結果から，力が働く運動で「速さと時間」「移動距離と時間」の関係を見いだし，表現している。 ・物体に働く力の大きさと速さの変化の仕方の関係を捉えることができる。 ・実験結果から，等速直線運動の「速さと時間」「移動距離と時間」の関係を見いだし，表現している。 ・物体に力が働かない時，物体はどのような運動をするかを考察できる。 ・2つの物体の間で力が働く時，物体の動き方から力の働く向きや大きさを捉えることができる。	・記録タイマーを正しく操作できる。 ・テープの記録から速さを求めることができる。 ・力が働く時の物体の運動のようすを記録タイマーを用いて調べられる。 ・記録されたテープから，運動のようすをグラフに表すことができる。 ・水平面上を走る台車の運動のようすを記録タイマーを用いて調べられる。 ・記録されたテープを利用して，運動のようすをグラフに表すことができる。	・運動には速さと向きがあることを理解している。 ・平均の速さと瞬間の速さを理解している。 ・力が働く運動では速さや運動の向きが変わることを理解している。 ・一定の大きさの力が働く運動では，速さが時間とともに大きくなることを理解している。 ・物体に働く力が大きいほど速さの変化が大きいことを理解している。 ・等速直線運動は，速さが一定で移動距離は時間に比例することを理解している。 ・慣性や慣性の法則を理解している。 ・力がつり合っている時の運動は力が働かない時と同様であることを理解している。 ・力は物体どうしの相互作用であることを理解している。

獲得すべきコア知識：
〈物体が今までの運動状態を続けようとする性質が慣性〉
〈物体に力を加えると運動状態が変化する〉
〈押したら押し返されるように，力は相互に働く（相互作用）〉

発展的課題の例：人工衛星はなぜ地球を回り続けられるのか説明してみよう！
>>人工衛星は高速で移動しながら，地球の引力により地球へ向かって落ち続けているが，地球が球形のため地上に到達できない。

(4) 留意点
・空気抵抗・摩擦抵抗などを無視して考えていることに留意させる。

4．運動とエネルギー（3）「仕事とエネルギー」15時間
(1) 単元のねらい
・仕事の量の求め方と単位J（ジュール）を理解させる。
・道具を使っても使わなくても仕事の量は同じであること（仕事の原理）を見いださせる。
・仕事率の求め方と単位W（ワット）を理解させる。
・他の物体に仕事をする能力としてエネルギーを定義し，エネルギーには，位置エネルギーと運動エネルギーがあることを理解させる。
・位置エネルギーと物体の高さや質量との関係，運動エネルギーと物体の速さや質量との関係を見いださせる。
・位置エネルギーと運動エネルギーが互いに移り変わることに気づかせ，摩擦力や空気の抵抗がなければ力学的エネルギーは保存されることを理解させる。
・エネルギーについては，外部に対して仕事ができるものは，その状態においてエネルギーをもっていることを実験を通して理解させる。

(2) 主な内容・既習事項とのつながり
・仕事とエネルギーについては，仕事に関する実験を行い，単位時間あたりの仕事として仕事率を理解させる。
・仕事の原理については，てこや滑車などの道具を用いて仕事をする時，加えた力より大きい力を外部に出すことはできるが，道具に与えた仕事以上の仕事を外部にすることはできないことにも触れる。
・力学的エネルギーについては，位置エネルギーや運動エネルギーがあり，位置エネルギーについては，物体の高さや質量を変えて，斜面を下る物体の衝突実験を行い，高いところにある物体ほど，質量が大きいほど，大きなエネルギーをもっていることを理解させる。運動エネルギーについては，水平面上を動く物体の衝突実験を行い，物体の質量が大きいほど，速さが速いほど，大きなエネルギーをもっていることを理解させる。

(3) 単元の評価規準の設定例

自然事象への関心・意欲・態度	科学的な思考・表現	観察・実験の技能	自然事象についての知識・理解
・理科で扱う仕事，仕事の原理や仕事率に関心をもち，いろいろな仕事について調べようとする。 ・物体が行う仕事とエネルギーの関係に関心をもち，力学的エネルギーに関して調べようとする。 ・力学的エネルギーに関する規則性に関心をもち，調べようとする。 ・エネルギーには様々なものがあることに関心をもち，身の回りにあるエネルギーについて調べようとする。 ・エネルギーが移り変わる時に保存されていることやその際の効率，熱の効率的な利用について関心をもち，生活の中でエネルギーを効率的に利用していこうとする。	・理科で扱う仕事の例をあげられる。 ・動滑車などの道具を用いた仕事と直接手で行う仕事を調べる実験結果から，様々な道具を用いた仕事の大きさについても同じであることを推測できる。 ・仕事率を求めることで，いろいろな道具の仕事の効率（速さ）を考えられる。 ・実験結果から，位置エネルギーは物体の高さや質量に関係することを見いだし，表現している。 ・実験結果から，運動エネルギーは物体の速さや質量に関係することを見いだすことができ，表現している。 ・斜面の運動や振り子の運動から，位置エネルギーと運動エネルギーが互いに移り変わることを見いだし，表現している。 ・実験結果から，移り変わったエネルギーの種類と特徴について捉え，表現している。 ・エネルギーの効率について，電球形蛍光灯や電球形発光ダイオードの消費電力と関連づけて考察し，有効な利用の仕方について，表現している。 ・エネルギー効率について熱の伝わり方と関連づけ，表現している。	・動滑車を使った仕事を調べる実験を行い，直接手で行う仕事と道具を用いた仕事の大きさを調べられる。 ・力学的エネルギーに関する実験を行い，物体が行う仕事の量と物体の高さ，速さ，質量について記録したり，グラフに表したりできる。 ・エネルギーに関する実験を行い，エネルギーの移り変わりを調べられる。	・仕事は力とその向きに動いた距離の積であることや単位を理解している。 ・動滑車やてこを用いた仕事では，力の大きさを変えることができるが，結果として仕事の大きさは変わらないことを理解している。 ・仕事率が単位時間に行う仕事であることや仕事率の単位を理解している。 ・仕事ができる能力をエネルギーであると理解している。 ・位置エネルギーや運動エネルギーの特徴を理解し，その大きさが物体の質量や高さ，運動の速さに関係することを理解している。 ・力学的エネルギーの保存について理解し，斜面上の運動や振り子の運動におけるエネルギーの移り変わりについて説明できる。 ・エネルギーの移り変わりについて理解している。 ・一般的なエネルギーの保存について理解している。 ・エネルギー効率や効率のよい器具について理解している。 ・熱の伝わり方には伝導や対流，放射などがあることを理解している。

獲得すべきコア知識：
〈仕事（J）＝力の大きさ（N）×力の向きに移動した距離（m）〉
〈仕事の原理：道具を使っても仕事の量は変わらない〉
〈エネルギー（J）：仕事ができる能力〉
〈位置エネルギー（J）＝重力の大きさ（N）×高さ（m）〉
〈運動エネルギー：1/2×質量（kg）×速度（m/s）の2乗〉
〈位置エネルギー＋運動エネルギー＝一定（力学的エネルギー保存）〉

発展的課題の例：「旅客機と綱引き」で，200トン程ある旅客機を人が引くことができるのはなぜか説明してみよう！
>>大きな物でも，水平方向の摩擦力が小さければ，少ない力で引くことができる。

(4) 留意点
- 自動車やトラックなども動かせるが，いったん動き出したら止めるのが難しいので，安全に留意する。

5．運動とエネルギー（4）「ジェットコースター」1時間

(1) 単元のねらい
- 位置エネルギーと運動エネルギーが互いに移り変わることに気づかせ，摩擦力や空気の抵抗がなければ力学的エネルギーは保存されることを理解させる。

(2) 主な内容・既習事項とのつながり
- ループコースターづくりを行う。

(3) 単元の評価規準の設定例

自然事象への関心・意欲・態度	科学的な思考・表現	観察・実験の技能	自然事象についての知識・理解
・学習したことを活用して，課題に取り組んでいこうとする。	・学習したことをもとに実験結果の予想を立てる。 ・実験結果から金属球の運動のようすについて，表現している。	・金属球の運動のようすを調べる実験を行える。	

獲得すべきコア知識：
〈位置エネルギー＋運動エネルギー＝一定（力学的エネルギー保存）〉

発展的課題の例：2つの鉄球をそれぞれレールの最高点から同時に転がす。（A）：一旦下降してから平坦な部分を通過し上昇してから終点に到達する
（B）：平坦な部分を通過し，終点に到達する
どちらが早く終点に到達するのか説明してみよう！

（郡山市ふれあい科学館）
>>Aは坂が1回多く距離が長いので，不利なようにも見えるが，2回目の坂でBよりも速くなって「平坦な部分」を転がるので，その分Bよりも早く終点に到達する。

6. 生命の連続性（1）「生物の成長とふえ方」10時間

(1) 単元のねらい
- 根が伸びる様子の観察結果から，細胞分裂によって細胞の数を殖やし，殖えた細胞が体積をふやすことで，根や茎の先端付近が成長することを理解させる。
- 細胞分裂の観察を通して，細胞分裂時の染色体のふるまいを理解させる。

(2) 主な内容・既習事項とのつながり

既に獲得したコア知識
小学校第5学年『植物の発芽，成長，結実』
〈受粉するとめしべのもとがふくらみ，実になる〉
第5学年『動物の誕生』
〈卵と精子が受精して受精卵ができる〉
中学校第1学年『植物の仲間』
〈花は植物の生殖器官〉 〈受粉すると子房は果実に，子房の中の胚珠が種子になる〉 〈裸子植物：胚珠がむきだしになっている，被子植物：胚珠が子房につつまれている〉 〈コケ（根・茎・葉の区別がはっきりしない）・シダ（根・茎・葉の区別あり）は種子をつくらず，胞子で殖える〉
第2学年『生物と細胞』
〈すべての生物が細胞からできている（人体には約60兆個の細胞がある）〉 〈細胞は細胞膜の中に核と細胞質で満たされている〉 〈植物細胞には細胞壁があり体を支えている〉 〈多くの植物細胞には葉緑体・液胞もある〉

- ここでは，体細胞分裂の過程が植物細胞・動物細胞に共通であり，多細胞生物は細胞の分裂によって成長することを理解させる。
- 体細胞分裂については，染色体が複製されて2つの細胞に等しく分配され，元の細胞と同質の2つの細胞ができることを理解させる。
- 成長については，植物の根端などの観察を行い，細胞の分裂によって成長が起き，細胞自体も伸長・肥大していくことに気づかせる。
- 生物の殖え方については，生物が殖えていく時に親の形質が子に伝わること，有性生殖と無性生殖の違いを理解させる。
- 無性生殖については，単細胞生物の分裂や栄養生殖で殖えるジャガイモに触れる。有性生殖については，受精によって新しい個体が生じ，受精卵の体細胞分裂により複雑な体がつくられることを見いださせる。
- 親の形質が子に伝わることについては，無性生殖では親と同一の形質をもつ子（クローン），有性生殖では減数分裂によって染色体が半数ずつ生殖細胞に分配された後，受精によって両親の染色体が受け継がれることを見いださせる。

(3) 単元の評価規準の設定例

自然事象への 関心・意欲・態度	科学的な思考・表現	観察・実験の技能	自然事象についての 知識・理解
・植物の根の伸び方に関心をもち，その仕組みを探究しようとする。 ・生物の殖え方に関心をもち，いろいろな生物の殖えるようすを探究しようとする。	・体細胞分裂の観察を通して，生物の成長は細胞の分裂・成長によって起こることを見いだし，表現している。 ・観察した染色体などのようすに基づいて，細胞分裂の過程を筋道を立てて考えられる。 ・花粉管が伸長する現象を，精細胞が卵細胞と合体する受精の仕組みと関連づけて捉え，表現している。 ・有性生殖における染色体の数を，減数分裂と関連づけて捉え，表現している。	・細胞の染色など目的に合わせたプレパラートを作成し，顕微鏡を使って観察する方法を身につけている。 ・花粉管が伸長していく経時的な変化のようすを，湿室で培養しながら顕微鏡で観察できる。 ・花粉管が伸長していく経時的な変化のようすを，記録できる。	・生物の成長は，細胞分裂と分かれた細胞が大きくなることによることを理解し，体細胞分裂について理解している。 ・有性生殖の特徴である受精について理解している。 ・受精卵は分裂を繰り返して胚になることを理解している。 ・有性生殖では減数分裂によって，染色体の数を保てることを理解している。

獲得すべきコア知識：
〈細胞分裂の順序：核の中に染色体が2本になった形で中央に並ぶ→2本の染色体が分かれて移動→中央が区切られて2つの細胞になる→それぞれの細胞がもとの大きさになる〉
〈親の体の一部が体細胞分裂して殖えるようなものが無性生殖〉
〈雄の精子と雌の卵が受精して子どもができるようなものが有性生殖〉

発展的課題の例：無性生殖のと有性生殖の違いを説明してみよう！
>>有性生殖の場合，両親とは違う遺伝情報をもつ個体が誕生する。一般的には，無性生殖の方が効率がよいが，有性生殖の方が環境の変化に対応できる個体が出現する可能性を有している。

(4) 留意点
・体細胞分裂の観察では，染色体数が少なくて見やすい植物を選ぶとよい。
・観察の難しい動物細胞の場合，視聴覚教材などを活用する。

7．生命の連続性（2）「遺伝の規則性と遺伝子」5時間
(1) 単元のねらい
・親の体の一部から子ができる無性生殖では，親とまったく同じ形質をもつ子ができることに気づかせる。
・有性生殖では，受精によって新しい個体が生じ，受精卵が体細胞分裂を繰り返して複雑な体をつくっていくことを理解させる。
・有性生殖では，減数分裂によってできる生殖細胞が受精することで，子に両親の形質がいろいろな組み合わせで受けつがれることに気づかせる。
・優性形質を現す親と劣性形質を現す親との間に生まれた子はすべて優性形質を現し，その子の間に生まれた孫は，優性形質を現すものと劣性形質を現すものが3：1の割合で生じることを理解させる。
・遺伝の仕組みは遺伝子が受けつがれることで説明できることを理解させる。

- 遺伝子の本体はDNAであり，遺伝子は不変ではなく変化することがあることを理解させる。

(2) 主な内容・既習事項とのつながり
- 遺伝の規則性については，1つの形質に注目して，子や孫にどのように伝わっていくかについて考察させ，伝わり方に規則性があることを見いださせる。
- 分離の法則については，染色体に関する図やモデルを活用した実験などを行い，その結果から規則性を見いださせる。
- 遺伝子については，遺伝子は不変ではなく変化することにも触れ，遺伝子の本体がDNAという物質であることにも触れる。
- 日常生活にかかわる様々な分野で，遺伝子やDNAに関する研究が進められており，その研究成果が利用されるようになってきていることにも触れる。

(3) 単元の評価規準の設定例

自然事象への関心・意欲・態度	科学的な思考・表現	観察・実験の技能	自然事象についての知識・理解
・両親の特徴が子へ伝えられていくことに関心をもち，調べようとする。 ・遺伝によって親から子，子から孫に形質が伝わっていくことに興味・関心をもち，調べようとする。 ・遺伝子の本体であるDNAに興味・関心をもち，調べようとする。 ・遺伝子やDNAに関する研究の現状，成果などに興味・関心をもち，調べようとする。	・両親の形質が生殖細胞の染色体を通して子に伝えられていくことを，減数分裂，受精などと関連づけて捉え，表現している。 ・孫の代の遺伝子の組み合わせから，子の卵細胞・精細胞や，子の代の遺伝子の組み合わせを推測できる。 ・DNAはわずかな確率ではあるが変化し，遺伝子が変わることがあることを，形質の変化に関連づけ，表現している。	・卵細胞・精細胞の遺伝子を表現できる。	・遺伝子によって親の形質が子に伝えられる仕組みを理解し，その知識を身につけている。 ・有性生殖における遺伝には一定の規則性が見られることや，遺伝子ならびに減数分裂の仕組みから，その規則性を理解している。 ・優性の形質・劣性の形質や分離の法則を理解している。 ・遺伝子の本体はDNAという物質であることを理解している。

獲得すべきコア知識：
〈親の形質が受け継がれる〉
〈核の中には染色体（ヒトの場合は46本）が含まれ，染色体の中には遺伝子（折りたたまれたDNA）がある〉
〈有性生殖では染色体が半分になるような減数分裂により，新たな遺伝子が組み合わされた子どもが生まれる〉

発展的課題の例：人の血液型〔A型・B型・O型・AB型〕はどのように決まるのか説明してみよう！
>>赤血球の表面にA抗原があるとA型，B抗原があるとB型，A抗原とB抗原があるとAB型，両抗原が無いとO型となる。

(4) 留意点
- 輸血に関しては，A型・B型・O型・AB型のみならず，他の因子の検討も必要なので留意する。

8. 生命の連続性（3）「遺伝子技術について調べてみよう」 2時間

(1) 単元のねらい
- 遺伝子やDNAに関する技術について，まとめ，発表できるようにする。

(2) 主な内容・既習事項とのつながり
- 遺伝子技術について調べさせる。

(3) 単元の評価規準の設定例

自然事象への関心・意欲・態度	科学的な思考・表現	観察・実験の技能	自然事象についての知識・理解
・遺伝子やDNA技術が生活に利用されていることを調べようとする。	・遺伝子やDNA技術が生活に利用されている例をもとに，便利な点や課題などについて，表現している。		・遺伝子やDNA技術の知識を身につけ，その利点や課題について理解している。

獲得すべきコア知識：
〈核の中には染色体（ヒトの場合は46本）が含まれ，染色体の中には遺伝子（折りたたまれたDNA）がある〉

発展的課題の例：ヒトは約60兆個の細胞一つひとつに同様の染色体をもっているが，神経・皮膚・内臓・筋肉・骨などに分化しているのはなぜか説明してみよう！
＞＞細胞の分化は，適切な時期に適切な遺伝子のある部分が働くことで起こる。これは逆に解釈すると，分化した細胞の遺伝子は大部分が働かないように制御されている。山中教授らが研究するiPS細胞は，皮膚の細胞を使って働かないように制御されていた遺伝子を働くように戻す（初期化）ことに成功した。

9. 自然界のつり合い　7時間

(1) 単元のねらい
- 自然界の生物の間には，食物連鎖が見られることを理解させる。
- ある地域の生物数は，つり合いが保たれていることを見いださせる。
- 落ち葉の下や土の中でも，食物連鎖があることを理解させる。
- 土の中の微生物は，有機物を無機物に分解して生活していることを見いださせる。
- 炭素などの物質は，食物連鎖でつながっている生物とそれを取り巻く外界との間を循環していることに気づかせる。

(2) 主な内容・既習事項とのつながり

既に獲得したコア知識
小学校第6学年『生物と環境』
〈一般に食べられるものの方が小さくて多い〉
中学校第1学年『植物の体のつくりと働き』
〈葉：主な光合成・蒸散の場所〉 〈茎：水（道管）・養分（師管）を通す〉 〈根：水・無機養分（体をつくるために必要な窒素など）を吸収し，体を支えている〉

- ここでは，自然界では生産者である植物，消費者である動物，分解者である菌類や細菌類などの微生物が生活し，生態系の中でつり合いが保たれていることを見いださせ

る。
- 植物は光合成によって無機物から有機物を合成できるが，動物は植物や他の動物を食べることにより有機物を摂取することが必要で，炭素が自然界を循環していることに気づかせる。
- 菌類や細菌類などの微生物については，生物の遺体や排出物中の有機物を分解して無機物にし，それを植物が利用していることに気づかせる。

(3) 単元の評価規準の設定例

自然事象への 関心・意欲・態度	科学的な思考・表現	観察・実験の技能	自然事象についての 知識・理解
・生物が自然の中で食べる・食べられるという関係の中で生活していることに関心をもち，調べようとする。 ・生産者と消費者の数量の関係やつり合いについて関心をもち，調べようとする。 ・落ち葉や生物の死がいのゆくえに関心をもち，調べようとする。 ・炭素，酸素などが生物を通して自然界を循環していることに関心をもち，調べようとする。 ・物質の循環を通して，すべての生物がつながっていることに気づき，自然を大切に保全しようとする。	・生物は食物連鎖によって網目状につながっていることを見いだすとともに，食物連鎖の上位のものほど個体数が少ないなど，量的な関係について，表現している。 ・生産者と消費者の役割を考え，数量の関係やつり合いについて資料やデータを分析し，生物がつり合いを保って生活していることを見いだせる。 ・落ち葉などの有機物が分解されるのは，土の中の小動物や微生物の働きによることを推察し，表現している。 ・すべての生物が生きていくためのエネルギーは，物質の循環に伴って生産者がとり込んだ太陽のエネルギーがもとになっていることを推察し，表現している。	・土の中の微生物によって有機物が分解されることを，対照実験など科学的な方法によって調べられる。 ・土の中にはたくさんの小動物がいることを調べられる。	・自然界では，生物は食べる・食べられるという関係の中で生活していることを理解し，消費者，生産者などについての知識を身につけている。 ・生産者や消費者の働き，食物連鎖と生物の数量やつり合いについて理解している。 ・土の中の小動物や菌類，細菌類などの分解者などの働きによって有機物が無機物に分解されることを理解している。 ・炭素，酸素などは生産者，消費者，分解者の働きを通して循環していることを理解している。

獲得すべきコア知識：
〈生産者・消費者・分解者が生態系の中でつり合いを保っている〉
〈炭素が自然界を循環している〉

発展的課題の例：自然界の窒素循環について説明してみよう！
>>植物は，土壌の肥料などから窒素を取り入れ，アミノ酸やタンパク質をつくっている。
動物は，タンパク質を食物として取り入れ，尿などにして窒素を排出している。
分解者は，排出物や生物の遺体を分解し，窒素を土壌の肥料などの形にしている。

(4) 留意点
- ここではじめて，分解者としての菌類や細菌類について扱う。

10. 化学変化とイオン（1）「水溶液とイオン」15時間

(1) 単元のねらい

- 電気伝導性の実験により，水溶液には電流を通すものと通さないものがあることを見いださせる。
- 塩化銅水溶液や塩酸の電気分解，塩化銅水溶液の電気泳動の実験結果から，塩酸や塩化銅水溶液の中では水素原子・銅原子・塩素原子は電気を帯びた粒子になっていることを推論させる。
- 原子は原子核と電子からできていること，原子核は陽子と中性子からできていることを知らせる。
- イオンの定義を行い，原子の構造と陽イオン・陰イオンの生成の関係を理解させる。
- 電離の様子をイオン式で表すことができるようにさせる。
- 電池の実験により，電池は化学エネルギーを電気エネルギーに変換していることに気づかせる。
- 電池の電極での様子をイオンモデルを使って説明できるようにさせる。

(2) 主な内容・既習事項とのつながり

既に獲得したコア知識
中学校第1学年『水溶液』
〈水溶液では，水に溶けている物質を溶質，溶質を溶かしている水を溶媒，溶質が溶媒に溶けることを溶解という〉
第2学年『電流』
〈電子が－極から＋極に移動したことを，電流が＋極から－極に流れたという〉

- 水溶液の電気伝導性については，砂糖や食塩など身近な物質の水溶液や，うすい塩酸や水酸化ナトリウム水溶液，塩化銅水溶液などに炭素電極を入れ，適切な電圧をかけて，水溶液には電流が流れるものと流れないものがあることを実験から見いださせる。
- イオンについては，うすい塩酸や塩化銅水溶液などの電解質の水溶液を電気分解する実験から，電解質の水溶液中に電気を帯びた粒子が存在することに気づかせる。
- 原子については，電子と原子核からできていることを扱い，原子核は陽子と中性子からできていることにも触れる。
- 電池については，電解質の水溶液に亜鉛板と銅板を電極として入れるなど，電解質水溶液と2種類の金属などを用いて電池をつくる実験を行い，化学変化によって電気エネルギーが生じていることを理解させる。
- 電極での電子の授受については，イオンモデルで表現させる。
- 日常生活とのかかわりについては，乾電池，鉛蓄電池，燃料電池など，様々な電池が使われていることに触れる。

(3) 単元の評価規準の設定例

自然事象への 関心・意欲・態度	科学的な思考・表現	観察・実験の技能	自然事象についての 知識・理解
・水溶液の電気伝導性について，科学的に探究しようとするとともに，事象を日常生活とのかかわりで見ようとする。 ・原子の成り立ちとイオンについて，科学的に探究しようとするとともに，事象を日常生活とのかかわりで見ようとする。 ・化学変化と電池に関する事物・現象について，科学的に探究しようとするとともに，事象を日常生活とのかかわりで見ようとする。	・水溶液の電気伝導性の有無と電極の変化の有無を関連づけ，表現している。 ・実験結果から，電気分解の時両極で起こっている化学変化について表現している。 ・原子が電気的に中性であることについて，原子の構造をもとに表現している。	・水溶液の電気伝導性を調べる実験の基本操作を習得している。 ・電気分解を調べる実験の基本操作を習得している。 ・いろいろな金属と電解質水溶液で電流をとり出す実験の計画ができる。 ・電池を調べる実験の基本操作を習得している。	・電解質，非電解質について説明できる。 ・イオンについて説明できる。 ・電気分解で両極に生成する物質を指摘できる。 ・電気分解で起こった化学変化を化学反応式で表すことができる。 ・原子の構造について説明できる。 ・主なイオンのイオン式を書くことができる。 ・電離のようすをイオン式を使って表すことができる。 ・化学電池は，化学エネルギーが電気エネルギーに変換されていることについて理解している。

獲得すべきコア知識：
〈電子を出し入れしてイオンになる〉
〈電子をもらうと陰イオン，電子を失うと陽イオンになる〉
〈イオンになりやすさには順番がある〉
〈塩は水に溶けると電気を通すようになる（電解質水溶液）〉
〈電池では，イオンになって電子を出す方がマイナス極になる〉

発展的課題の例：マンガン乾電池の中身がどうなっているのか説明してみよう！
>>右の図のようになっている。

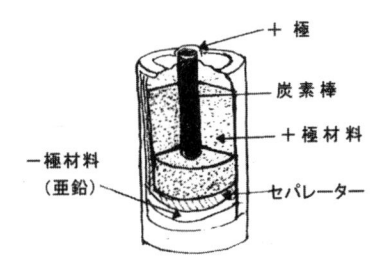

(4) 留意点
・ボルタ電池を作成すると，－極の亜鉛板からの水素発生の勢いが止まらないので留意する（研究15参照）。

11. 化学変化とイオン（2）「酸・アルカリとイオン」7時間

(1) 単元のねらい

- 酸やアルカリの水溶液を用いた実験を行い，酸やアルカリのそれぞれの特性が水素イオンと水酸化物イオンによることを見いださせる。
- 電離の様子をイオンのモデルを使って説明できるようにする。
- 中和反応の実験により，酸とアルカリが反応すると水と塩ができることを見いださせる。
- 中和反応をイオンのモデルを使って説明できるようにする。

(2) 主な内容・既習事項とのつながり

既に獲得したコア知識
小学校第6学年『水溶液の性質』
〈リトマス紙　青→赤：酸性，赤→青：アルカリ性〉 〈二酸化炭素は水に少し溶ける〉 〈水溶液には金属を変化させるものがある〉

- ここでは，酸とアルカリの性質を調べる実験や中和反応の実験を行い，酸とアルカリの特性や中和反応をイオンのモデルと関連づけて理解させる。
- 酸・アルカリについては，酸やアルカリの水溶液を中央部分に染み込ませたろ紙などに電圧をかけ，指示薬の色の変化を観察することなどから，その性質が水素イオンと水酸化物イオンによることを理解させる。
- 酸性やアルカリ性の強さを表す指標としては，pHを取り上げ，pH7が中性であり，7より小さいほど酸性が強く，7より大きくなるほどアルカリ性が強いこと（酸性＜pH7＜アルカリ性）に触れる。
- 中和と塩については，うすい塩酸と水酸化ナトリウム水溶液を中和させる実験などから，中和反応によって水と塩が生成することをイオンモデルを用いて理解させる。
- 日常生活や社会と関連した例としては，強い酸性の河川の中和事業や土壌の改良に中和などが利用されていることを取り上げる。

(3) 単元の評価規準の設定例

自然事象への関心・意欲・態度	科学的な思考・表現	観察・実験の技能	自然事象についての知識・理解
・身の回りの酸性やアルカリ性の水溶液に興味を示し，調べようとする。 ・酸性やアルカリ性の水溶液に共通の性質があることに興味を示し，調べようとしている。 ・酸と金属の反応で水素が発生することに興味を示し，その理由を考えようとする。 ・酸とアルカリの反応に興味を示し，調べようとする。 ・酸とアルカリの反応をイオンのモデルで表すことができることに興味を示し，調べようとする。 ・中和による水溶液のpHの変化に興味を示し，調べようとする。	・実験結果から，酸性やアルカリ性の水溶液の共通な性質を判断し，説明している。 ・実験結果から，酸性の水溶液の共通した性質のもとは水素イオンで，アルカリ性の水溶液の共通した性質のもとは水酸化物イオンであることを見いだせる。 ・実験結果より，中和によってできた塩の種類を，その形から類推し，説明できる。 ・中和の様子を，イオンのモデルを使って考察し，説明している。	・酸性やアルカリ性の水溶液に共通した性質を調べる実験を行える。 ・酸性やアルカリ性の水溶液に共通した性質のもとを調べる実験を行える。 ・こまごめピペットの使い方に慣れ，中和によって塩ができることを調べる実験を行える。	・酸性やアルカリ性の水溶液に共通した性質を理解している。 ・酸性やアルカリ性の水溶液の共通した性質のもとが，水素イオンと水酸化物イオンであることについて理解している。 ・pH 7が中性で，7より小さいほど酸性が強く，7より大きいほどアルカリ性が強いことを理解している。 ・酸と金属の反応で水素が発生する理由を理解している。 ・中和により塩と水ができることについて理解している。 ・中和と中性の違いについて理解している。 ・中和が身の回りの生活に使われていることを知っている。

獲得すべきコア知識：
〈水素イオン（H^+）と水酸化物イオン（OH^-）の割合で酸・アルカリが決まる〉
〈BTB溶液黄色：酸性，緑：中性，青：アルカリ性〉
〈フェノールフタレイン溶液赤：アルカリ性〉
〈酸とアルカリが中和すると水と塩ができる〉

発展的課題の例：2012年10月に，東京メトロ丸ノ内線で，乗客が業務用洗剤をアルミ缶に入れて自宅に持ち帰ろうとしたところ，車内で爆発してしまった理由を説明してみよう！
>>業務用洗剤の主成分が水酸化ナトリウムで，アルミ缶をとかして水素が発生したために（$2Al+2NaOH+6H_2O \rightarrow 2Na[Al(OH)_4]+3H_2$），密閉した缶内の圧力が高まって爆発した。

(4) 留意点
・酸やアルカリを用いる実験では，保護眼鏡やグローブの着用により安全を確保させる。
・中和反応では，中性にならなくても中和反応が起きていることに留意させる。

12. 化学変化とイオン（3）「水溶液を区別する」2時間

(1) 単元のねらい
・電解質と非電解質の6種類の水溶液を区別する実験を行い，総合的に分析する態度を身につけさせる。

(2) 主な内容・既習事項とのつながり
・電解質と非電解質の6種類の水溶液を区別する実験を計画し実施させる。

Ⅲ．中学校　271

(3) 単元の評価規準の設定例

自然事象への 関心・意欲・態度	科学的な思考・表現	観察・実験の技能	自然事象についての 知識・理解
・水溶液を調べる実験に進んでかかわり，科学的に探究するとともに，事象を日常生活とのかかわりで見ようとする。	・水溶液に関する事物・現象の中に問題を見いだし，目的意識をもって実験を行い，水溶液の種類について表現している。	・水溶液を調べる実験の基本操作を習得するとともに，実験の計画的な実施，結果の記録や整理の仕方を身につけている。	・水溶液の性質の違いについて，基本的な概念を理解している。 ・薬品や器具の使い方についての知識を身につけている。

獲得すべきコア知識：
〈BTB溶液黄色：酸性，緑：中性，青：アルカリ性〉
〈フェノールフタレイン溶液赤：アルカリ性〉

(4) 留意点
- 観察・実験にあたっては，保護眼鏡やグローブの着用により安全を確保させ，試薬や廃棄物の適切な取り扱いにも留意させる。

13. 地球と宇宙（1）「天体の1日の動き」6時間

(1) 単元のねらい
- 太陽の1日の動きの観察を行い，観察記録から太陽の1日の動きの規則性を見いだす。
- 星の1日の動きについて調べ，星空全体の動きの規則性を見いだす。
- 天体の日周運動を地球の自転と関連づけて理解できる。

(2) 主な内容・既習事項とのつながり

既に獲得したコア知識
小学校第3学年『太陽と地面の様子』
〈地球が東に向かって回っているから，太陽は東からのぼってくるように見える〉
第4学年『月と星』
〈月は太陽の光を反射している〉 〈月は毎日少しずつ見え方が変わり，約30日で元に戻る〉
第6学年『月と太陽』
〈地球は，太陽の周りを回っている（惑星），月は，地球の周りを回っている（地球の衛星）〉

- ここでは，観察した太陽や星の日周運動が，地球の自転によって起こる相対的な動きによるものであることを理解させる。
- 観察者の視点（位置）を，自転する地球の外に移動させる場合もあり，観察者の視点がどこにあるか，しっかり認識させて観測させる。

(3) 単元の評価規準の設定例

自然事象への関心・意欲・態度	科学的な思考・表現	観察・実験の技能	自然事象についての知識・理解
・太陽の1日の動きについて関心をもち、調べようとする。 ・星の1日の動きについて関心をもち、調べようとする。 ・太陽や夜空の星の1日の動きと地球の自転の関係に関心をもち、探究しようとする。	・透明半球上の太陽の動きから、南中高度、南中時刻、日の出、日の入りの方位を指摘したり、一定の速さで太陽が動いていることを見いだし、表現している。 ・東西南北のそれぞれの方位の星の動きの記録から、星空は全体として東から西に動いていることを見いだし、表現している。 ・天体の日周運動を地球の自転と関連づけて考え、太陽や星の日周運動は見かけの運動であることを見いだし、表現している。	・透明半球を使って太陽の1日の動きを調べ記録できる。 ・夜空の星の動きを定点観察して記録をまとめられる。 ・天球儀を使って、太陽や星の日周運動と地球の自転の関係を確かめられる。	・地球は太陽の光を受けることによって昼と夜が存在すること、地球の自転によって昼と夜の部分は移っていくことを理解している。 ・星の位置は天球上の位置と距離で表されること、地面側の天球は見えないことを理解している。 ・星の日周運動を、太陽の日周運動と同じ地球の自転による見かけの運動として理解している。 ・同じ時刻に観測すると、星座の星は毎日約1°東から西に移動し、太陽は逆に星座の星の間を西から東に移動していることを理解している。 ・季節による気温の変化を、太陽高度や昼間の長さの変化と関連づけて理解している。

獲得すべきコア知識:
〈地球が反時計回りに一日一回回るのが自転、一年かけて太陽の周りを反時計回りに回るのが公転〉

発展的課題の例:地球を北極の上から見てみると「反時計回り」に自転しているが、太陽の自転の方向はどうなっているのか説明してみよう!
>>太陽系ができる時に、全体として「反時計回り」に回転してできたので、回転方向が保存されて太陽の自転の方向も、地球以外の惑星の公転も(金星と天王星の自転の向きは「時計回り」)、月の自転・公転も「反時計回り」になっている。

(4) 留意点
・暗くなってからの観察については、保護者の同意・協力を得るようにする。

14. 地球と宇宙(2)「天体の1年の動き」5時間

(1) 単元のねらい
・四季の星座の移り変わりや太陽の1年の動きを調べ、それらを地球の公転と関連づけて理解できる
・季節による太陽高度や昼夜の長さの変化について調べ、それらを地軸の傾きと関連づけて理解できる

(2) 主な内容・既習事項とのつながり
- 太陽の南中高度や，日の出・日の入りの時刻などが季節によって変化することを，地球の公転や地軸の傾きと関連づけて見いださせる。
- 同じ時刻に見える星座の位置を一定期間ごとに観察させ，星座の位置が東から西へ少しずつ移動することに気づかせる。
- 同じ時刻に見える星座の位置が変わるのは，地球の公転による見かけの動きであることを見いださせる。
- 太陽を中心に公転する地球のモデルをつくり，年周運動と地球の公転の関連を理解させる。

(3) 単元の評価規準の設定例

自然事象への関心・意欲・態度	科学的な思考・表現	観察・実験の技能	自然事象についての知識・理解
・四季の星座の変化や太陽の1年間の動きに関心をもち，探究しようとする。 ・季節によって太陽の南中高度や昼夜の長さ，光の強さが変化することに関心をもち，調べようとする。	・季節によって見える星座が変わることを地球の公転と関連づけてまとめられる。 ・太陽が1年間に天球上の星座の間を西から東に動くことを見いだし，表現している。 ・季節による太陽の南中高度や昼夜の長さの変化は，地球の公転と地軸の傾きが原因であることを見いだせる。	・四季の星座の移り変わりを地球儀などをモデルとして調べられる。 ・太陽の光の当たる角度の違いと温度変化の関係を調べられる。	・四季による星座の変化が地球の公転によることを理解している。 ・太陽は天球上を西から東に1年で1周することを理解している。 ・季節による太陽の南中高度や昼夜の長さの変化は，地球の公転と地軸の傾きが原因であることを理解している。

獲得すべきコア知識：
〈地軸は公転面の垂線から23.4°傾いている〉
〈観測地点の北緯が北極星の高度となる〉
〈太陽系の惑星：水星，金星，地球，火星，木星，土星，天王星，海王星〉
〈金星は，地球より太陽の近くを回っているので（水星は太陽に近すぎて見えにくい），太陽を追っかけて夕方に西の空（よいの明星），太陽の前に出て明け方に東の空（明けの明星）に見える〉
〈太陽系の惑星で最大のものは：木星〉

発展的課題の例：日本には四季がある理由を説明してみよう！
>>例えば，北緯35.5°の東京では，地軸が23.4°傾いているので，太陽の高度は真夏で78°（90−その場所の緯度＋23.4＝90−35.5＋23.4≒78）近くに，真冬で31°（90−その場所の緯度−23.4＝90−35.5−23.4≒31）近くになり，太陽光から受けるエネルギーが季節によって異なるため。

(4) 留意点
- 北極星の高度が緯度と同じになることを確認しておく。

15. 地球と宇宙（3）「太陽と月」 5時間

(1) 単元のねらい
- 太陽の特徴を知るとともに，太陽系は銀河系に属すること，銀河系の外には別の銀河が多数存在することを理解させる。
- 太陽の観察や写真を通して，太陽の特徴を理解させる。

・月の見え方の変化は，太陽・月・地球の位置関係の変化によって起こることを理解させる。
・太陽・月・地球が一直線上に位置すると日食や月食が起こることを理解させる。

(2) 主な内容・既習事項とのつながり

既に獲得したコア知識
小学校第3学年『太陽と地面の様子』
〈日の当たり方で暖かさが違う〉 〈影は太陽と反対向きにでき，太陽の高さで長さが変わる〉 〈地球が東に向かって回っているから，太陽は東からのぼってくるように見える〉
小学校第4学年『月と星』
〈月は太陽の光を反射している〉 〈月は毎日少しずつ見え方が変わり，約30日で元に戻る〉
小学校第6学年『月と太陽』
〈地球は，太陽の周りを回っている（惑星），月は，地球の周りを回っている（地球の衛星）〉 〈月が光っている方に太陽がある〉 〈月の表面には凹凸があり，凹んだところが暗く見える〉

・太陽の様子については，観察記録や映像などの資料をもとに，黒点の形状や動きなどから，太陽は球形で自転していることを見いださせる。
・月の運動と見え方については，観察記録や映像などの資料をもとに，月が約1ヶ月周期で満ち欠けし，同じ時刻に見える位置が毎日移り変わっていくことを見いださせる。そして，太陽・月・地球のモデルを用いて，天体の位置と地球から見える月の形との関係を見いだせる。

(3) 単元の評価規準の設定例

自然事象への 関心・意欲・態度	科学的な思考・表現	観察・実験の技能	自然事象についての 知識・理解
・太陽の表面のようすについて関心をもち，探究しようとする。 ・月の満ち欠け，日食・月食などについて関心をもち，探究しようとする。	・黒点の継続観察記録と太陽が球形で，自転していることとを関連づけ，表現している。 ・月の動きや満ち欠けについて月の公転と関連づけて説明できる。 ・日食・月食の起こる原因について，太陽・地球・月の位置関係と関連づけ，表現している。	・天体望遠鏡を適切・安全に操作して太陽黒点の観察を行い，結果を記録できる。 ・月の見える位置や満ち欠けのようすを観察し，その結果を記録できる。	・太陽の表面のようすや特徴，太陽の自転について理解している。 ・月の見える位置の変化や満ち欠けが月の公転によって起こることを理解している。 ・日食・月食について，その原因を理解している。

> 獲得すべきコア知識：
> 〈太陽の表面（約6000℃）にはまわりより温度が低く（約4000℃）暗く見える黒点がある〉
> 〈大きさ（直径）：月（3500km）・地球（1万3000km）・太陽（140万km）　約　1/4：1：109〉
> 〈距離：月←38万km←地球←1億5000万km→太陽　　約　1：400〉
> 〈地球から見ると，太陽は月の約400倍の大きさだが，400倍遠いのでほぼ同じ大きさ（腕を伸ばして持った五円玉の穴の大きさぐらい）に見える〉
> 〈地球の公転面に対して月の公転が約5度傾いているので，たまにしか日食や月食が生じない〉
> 〈月の見え方は，回転している地球から見た見え方，満月を過ぎると左右が反対になるように見える〉
> 〈上弦の月：西に沈む時に，弦が上〉
>
> 発展的課題の例：日食や月食がたまにしか生じないのはなぜか説明してみよう！
> >>地球から見ると，太陽は月の約400倍の大きさだが，400倍遠いのでほぼ月と同じ大きさ（腕を伸ばして持った五円玉の穴のくらいの大きさ）に見える。これがちょうど一直線上に重なると日食や月食となる。
>   日食や月食がたまにしか生じないのは，地球の公転面に対して月の公転面が約5度傾いていて，立体交差のようになっているためである。

(4) 留意点

・月の見え方は，回転している地球から見た見え方なので留意させる。観測者が地球に乗って回転するので，満月を過ぎると左右が逆転して見えることを見いださせる。

16. 地球と宇宙（4）「太陽系と銀河系」6時間

(1) 単元のねらい

・観測資料などをもとに，惑星と恒星などの特徴を理解するとともに，太陽系の構造を理解できる。

(2) 主な内容・既習事項とのつながり

・惑星の特徴については，大きさ・密度・大気組成・表面温度・衛星の存在を取り上げる。惑星は大きさによって，地球を代表とするグループと木星を代表とするグループに分けられることを見いださせる。

・金星の観察については，月の満ち欠けの学習を踏まえて，金星の形と見かけの大きさの変化などに基づいて，金星と地球の位置関係を見いださせる。

・太陽系には惑星以外にも，彗星や冥王星などの天体が存在することにも触れる。

・恒星については，自ら光を放つこと，太陽も恒星の一つであることを理解させる。

(3) 単元の評価規準の設定例

自然事象への関心・意欲・態度	科学的な思考・表現	観察・実験の技能	自然事象についての知識・理解
・太陽系について関心をもち，探究しようとする。 ・金星の見え方に関心をもち，見える位置や時刻，満ち欠けについて探究しようとする。 ・恒星や銀河系など，太陽系の外の宇宙について関心をもち，調べようとする。	・太陽系の広がりや惑星の位置関係を見いだせる。 ・太陽系の恒星・惑星・衛星・彗星などの天体の特徴を見いだし，表現している。 ・地球と金星の位置関係によって，金星の見える位置や時刻，形の変化を見いだせる。 ・星座をつくる恒星のように相互に位置を変えないものと，惑星のように位置を変えるものとがあることを見いだし，表現している。 ・恒星や銀河系など，宇宙の構造の特徴を見いだせる。	・学校周辺の地図などを使って，縮尺モデルで太陽から惑星までの距離を表すことができる。 ・月日の経過に伴う金星の見える位置や時刻を観測し，その結果を記録できる。 ・天体望遠鏡を適切に操作して金星の観察を行い，満ち欠けのようすを記録できる。	・太陽系の広がりや惑星の位置関係を理解している。 ・太陽系の恒星・惑星・衛星・彗星などの天体の特徴について理解している。 ・地球と金星の位置の関係から金星の見える位置や時刻，形の変化について理解している。 ・夜空に見える恒星や惑星の位置関係について理解している。 ・恒星の性質や銀河系の構造などの知識を身につけている。

獲得すべきコア知識：
〈観測地点の北緯が北極星の高度となる〉
〈太陽系の惑星：水星・金星・地球・火星・木星・土星・天王星・海王星〉
〈金星は，地球より太陽の近くを回っているので（水星は太陽に近すぎて見えにくい），太陽を追っかけて夕方に西の空（よいの明星），太陽の前に出て明け方に東の空（明けの明星）に見える〉
〈太陽系の惑星で最大のものは：木星〉

発展的課題の例：10億分の1模型をつくり，太陽から最も近い恒星（ケンタウルス座のα星4.3光年）までは模型でどこまで離れているのか，国際宇宙ステーションは地球からどのくらい離れているのか説明してみよう！
>>1光年を9兆5千億kmとすると，4.3光年は約40兆kmとなる。10億分の1模型では約4万kmとなり地球1周とほぼ等しい。国際宇宙ステーションは400km上空をまわっているので，0.4mmとなり地球の模型からほとんど離れていない。

(4) 留意点
　・太陽や各惑星の位置，大きさをモデルで表して，全体構造を把握させる。

17. 地球と宇宙（5）「太陽の位置から方角を知る」2時間

(1) 単元のねらい
　・1日の太陽の動きについて学んだことを生かし，アナログ時計と太陽の位置から方角を見いだす。

(2) 主な内容・既習事項とのつながり
　・アナログ時計を使って太陽の位置から南の方角を確かめる。

(3) 単元の評価規準の設定例

自然事象への 関心・意欲・態度	科学的な思考・表現	観察・実験の技能	自然事象についての 知識・理解
・これまでに学んだ1日の太陽の動きと方角について関心をもち、調べようとする。	・アナログ時計と太陽の位置から南の方角を考察できる。	・アナログ時計と太陽の位置から、南の方角を確かめられる。	・アナログ時計と太陽の位置から、南の方角を確かめることを理解している。

18. 地球の明るい未来のために（1）「身近な自然環境を調査しよう」2時間

(1) 単元のねらい
・身近な自然環境について調べ、自然環境を保全することの重要性を認識する。

(2) 主な内容・既習事項とのつながり
・身近な自然環境について調べ、考察させる。

(3) 単元の評価規準の設定例

自然事象への 関心・意欲・態度	科学的な思考・表現	観察・実験の技能	自然事象についての 知識・理解
・身近な自然環境に関心をもち、調べようとする。	・環境調査の結果から、身近な自然環境について科学的に考察できる。	・いろいろな方法によって、身近な自然環境を調べ、結果を分析できる。	・人間の生活と自然環境とのかかわりについて理解している。

19. 地球の明るい未来のために（2）「自然環境と人間のかかわり」3時間

(1) 単元のねらい
・人間は自然界の中の1つの生物であり、自然環境と様々なかかわりをもちながら生活していることを理解させる。
・学校周辺の水や空気などの自然環境を調べ、人間の生活が自然環境に影響を及ぼしていることを理解させる。
・人間の活動が原因となっている環境問題について、科学的に考察させるとともに、自然環境を保全することの重要性を理解させる。

(2) 主な内容・既習事項とのつながり

既に獲得したコア知識
中学校第3学年『自然界のつり合い』
〈生産者・消費者・分解者が生態系の中でつり合いを保っている〉 〈炭素が自然界を循環している〉

・『自然界のつり合い』での学習を踏まえて、生物が光・温度・水・大気・土壌などに依存していることを確認しておく。

(3) 単元の評価規準の設定例

自然事象への 関心・意欲・態度	科学的な思考・表現	観察・実験の技能	自然事象についての 知識・理解
・人間の生活が自然環境に及ぼす影響について考え，調べようとする。 ・自然の恵みと災害に関する具体的な事例を科学的に探究しようとするとともに，生命を尊重し，自然環境の保全に寄与しようとする。	・自然の恵みと災害について調べ，自然を多面的，総合的に捉えて，自然と人間のかかわり方について，表現している。	・自然の恵みと災害に関する具体的な事例の調査などを行い，結果の記録や整理，資料の活用の仕方などを身につけている。	・自然の恵みと災害について理解し，自然と人間のかかわり方について認識している。

20. 地球の明るい未来のために（3）「くらしを支える科学技術」3時間

(1) **単元のねらい**
  ・科学技術の発展の過程を理解させる。
  ・新しい科学技術や素材の例を知らせ，それらにより人間の生活が豊かで便利になったことを認識させる。

(2) **主な内容・既習事項とのつながり**
  ・エネルギーとその変換については，中学校までに運動エネルギー・位置エネルギー・光エネルギー・電気エネルギー・熱エネルギー・化学エネルギーなどを学習をしている。
  ・ここでは，模型用のモーターを発電機とする実験などを行い，エネルギーが相互に変換されることや，変換の前後でエネルギーの総量は保存されることを理解させる。
  ・熱の伝わり方については，伝導や対流，放射があることを理解させる。放射については，熱い物体に手を近づけると触らなくても熱く感じることから理解させる。
  ・エネルギー資源については，日本はエネルギー資源が乏しくその安定確保が大きな課題であること，水力・火力・原子力など多様な方法でエネルギーを得ていること，太陽光・風力・地熱・バイオマスなどのエネルギー資源の利用や燃料電池などの新たなエネルギー源の開発を進めていることなどを認識させる。
  ・原子力発電については，ウランなどの核燃料からエネルギーを取り出していること，核燃料は放射線を出していること，放射線は自然界にも存在すること，放射線は透過性などをもつことなどにも触れる。

(3) 単元の評価規準の設定例

自然事象への関心・意欲・態度	科学的な思考・表現	観察・実験の技能	自然事象についての知識・理解
・科学技術の発展に関する具体的な事例を科学的に探究しようとするとともに，事象を日常生活とのかかわりでみようとする。	・科学技術の発展に関する具体的な事例の調査などを行い，表現している。	・科学技術の発展に関する具体的な事例の調査などを行い，結果のまとめ方などを身につけている。	・科学技術の発展の過程を理解し，科学技術の発展や科学技術が人間生活を豊かで便利にしてきたことについて認識している。

獲得すべきコア知識：
〈力学的エネルギー・光エネルギー・電気エネルギー・熱エネルギー・化学エネルギーなどがある〉
〈エネルギーを変換する場合にはロスが生じる（100％変換されない）〉

21. 地球の明るい未来のために（4）「たいせつなエネルギー資源」6時間

(1) 単元のねらい
・人間は，水力，火力，原子力などからエネルギーを得ていることを知るとともに，エネルギーの有効な利用が大切であることを認識させる。

(2) 主な内容・既習事項とのつながり
・家や学校で使っているエネルギーの総量を計算させる。
・化石燃料の利用と課題について調べさせる。
・放射線量を調べさせる。
・再生可能エネルギーについて調べさせる。

(3) 単元の評価規準の設定例

自然事象への関心・意欲・態度	科学的な思考・表現	観察・実験の技能	自然事象についての知識・理解
・日常生活におけるエネルギーの消費に関心をもち，調べようとする。 ・電気エネルギーのつくり方に関心をもち，人間が利用しているエネルギーについて調べようとする。 ・エネルギーの有効利用に関心をもち，調べようとする。	・資料から，エネルギーの消費量や使われているエネルギーの種類を捉えることができる。 ・発電方法や利用しているエネルギーの種類，火力発電や水力発電がもともとは太陽エネルギーを利用していると考えられる。 ・エネルギーを利用する時の問題点を見いだし，有効利用，解決すべき方法について，表現している。 ・放射線の利用や課題について，放射線の性質に関連づけて表現している。	・研究テーマについて，調査方法，まとめ方などを身につけている。	・日常生活では，大量のエネルギーを消費していることを理解している。 ・発電に利用しているエネルギーには水力・火力・原子力など様々なものがあることを理解している。 ・エネルギー資源を利用する時の課題，エネルギーの有効な利用が大切であることを理解している。 ・原子力の利用と関連して，放射線の性質や種類，人体への影響などを理解している。

> 獲得すべきコア知識：
> 〈力学的エネルギー・光エネルギー・電気エネルギー・熱エネルギー・化学エネルギーなどがある〉
> 〈エネルギーを変換する場合にはロスが生じる（100％変換されない）〉

22. 地球の明るい未来のために（5）「明るい未来のために」4時間

(1) 単元のねらい
- 自然環境の保全と科学技術の利用のあり方について，科学的に考察できるようにし，持続可能な社会をつくることが重要であることを認識させる。

(2) 主な内容・既習事項とのつながり
- 持続可能な社会にする方法を調べ，考察させる。

(3) 単元の評価規準の設定例

自然事象への関心・意欲・態度	科学的な思考・表現	観察・実験の技能	自然事象についての知識・理解
・自然環境の保全と科学技術の利用について探究しようとするとともに，科学的な根拠に基づいて意思決定しようとする。	・自然環境の保全と科学技術の利用に関する事物・現象の中に問題を見いだし，テーマを設定して調査を行い，自然環境の保全と科学技術の利用のあり方について，科学的な根拠に基づいて表現している。	・自然環境の保全と科学技術の利用に関する事物・現象について，調査方法，まとめ方などを身につけている。	・自然環境の保全と科学技術の利用について理解し，持続可能な社会をつくることの重要性を認識している。

注

「1　単元のねらい」については，本来例えば，「1　しぜんのかんさつをしよう」では，

> ここでは，身の回りの生物のようすやその周辺の環境について興味・関心をもって追究する活動を通して，身の回りの生物のようすやその周辺の環境とのかかわりを比較する能力を育てるとともに，それらについての理解を図り，生物を愛護する態度を育て，身の回りの生物のようすやその周辺の環境との関係についての見方や考え方をもつことができるようにすることがねらいである。

と記述すべきだが，ねらいを明確にさせるために，「ここでは，…活動を通して，」「それらについての理解を図り，…見方や考え方をもつことができるようにすることがねらいである。」の部分を省略し，「それらについての理解」の部分を具体的に記述した。

文献

「小学校　たのしい理科　教師用指導書」3年～6年，大日本図書．
「中学校　理科の世界　教師用指導書」1年～3年，大日本図書．

おわりに

　日本の理科授業は，大変優れた側面を多くもっているが，課題をあげるとすれば，グループでのコミュニケーション活動の改善であった。しかし，コミュニケーション活動の方法や効果についての知見はばらついており，実践の中で試行しながら知見を積み重ねるところから始めなければならなかった。コミュニケーション研究は条件統制が困難で，メンバーが1人でも替わったり欠席したりすると，コミュニケーションに影響が出るので，被験者数を減らしてもメンバー全員がすべてのコミュニケーション活動に参加したグループのみのデータを取り上げ，知見の信頼性を高めた。

　実践の中で試行しながら，よりよいコミュニケーション活動をめざして改善を重ねて開発した「コア知識を用いた一貫説明を促すコミュニケーション活動」は，導入が難しいとされる中学校理科授業でも，コミュニケーションの質を改善し，発展的課題や未習課題にも学んだ知識を用いて説明するようになり，遅延調査の段階でも学習内容理解を保持するという効果があることを実証した。コミュニケーション活動が学習内容理解を促すことを実証するのは困難であると言われ，2000年のPISA調査以降，発展的課題に対応するために課題解決型のコミュニケーション活動を導入しようとしてきたが，なかなか実現しなかった状況で，今まであまり注目されなかった一貫した説明の重要性に目を向け，新たなコミュニケーション活動を開発し，学習内容理解を促すことを実証した点については，理科教育におけるコミュニケーション活動研究の進展に貢献したと願いたい。

付記

　本研究の一部は，以下の科学研究費補助金を受けて実施した。
　（1）平成12～13年度科学研究費補助金（奨励研究（A）代表者:山下修一課題番号12780111：研究課題「理科教育におけるコミュニケーション活動の実態・意義・改善に関する実証的研究」)
　（2）平成15～17年度科学研究費補助金（若手研究（B）代表者:山下修一　課題番号15700493：研究課題「メタ認知開発に焦点を当てたコミュニケーション活動の改善に関する実証的研究」)
　（3）平成18～20年度科学研究費補助金（基盤研究（C）代表者:山下修一　課題番号18500653：研究課題「中学校におけるコミュニケーション活動を中心にした科学教育に関する実証的研究」)
　（4）平成21～23年度科学研究費補助金（基盤研究（C）代表者:山下修一　課題番号21500827：研究課題「新学習指導要領に対応した小・中学校理科全単元をつなぐコア知識関連図の開発と評価」)
　（5）平成24～26年度科学研究費補助金（基盤研究（C）代表者:山下修一　課題番号24501039：研究課題「優れた理科授業を次世代に継承するためのデータベース構築と授業づくり支援」)
　平成14年度には，文部科学省在外研究員としてMonash University（Australia）にて，Prof. Gunstoneの研究グループとコミュニケーション活動開発について検討する機会を与えていただいた。また，Breathing Earth利用については，元東北芸術工科大学・現京都造形芸術大学　竹村真一教授より配慮いただいた。
　以下の先生方には，共同研究者として授業を展開していただいた。
　　　研究3：茂原市立茂原中学校　　　川野治一教諭
　　　研究5：船橋市立法田中学校　　　日根野達也教諭
　　　研究8：杉並区立和泉小学校　　　小野寺千恵教諭
　　　研究10：市川市立第八中学校　　　杉山哲教諭
　　　研究11：千葉県立上総高等学校　　西山宜孝教諭
　　　研究12：八千代市教育委員会　　　平山昌広教諭

研究13：浦安市立入船中学校　　勝田紀仁教諭
　　研究14・15：南房総市立丸山中学校　鈴木康代教諭
　また，千葉大学教育学部・附属学校理科連携研究会のメンバーの方々には，試行授業やコア知識一覧表作成などに協力していただいた。第3章のガイド編作成にあたっては，
千葉大学附属小学校：前川良平教諭・長島弘樹教諭・田中秀明教諭・鶴島規晃教諭，
勝田紀仁教諭・鈴木康代教諭・西山宜孝教諭
に協力していただいた。
　そして，千葉大学教育学部　鶴岡義彦教授・伏見陽児教授，筑波大学人間系　大高泉教授には，本研究を進める上で貴重なアドバイスをいただいた。東洋館出版社編集部　上野絵美様には，原稿を丁寧に見て校正していただいた。記して感謝の意を示す。

原論文一覧

〈先行研究の検討〉山下修一（2007）中等学校理科教育における構成されたグループコミュニケーション活動の課題，理科教育学研究，Vol.48, No.2, pp.1-11.

研究1　山下修一（2002）等質グループと異質グループのコミュニケーションの差異，科学教育研究,Vol.26, No.1, pp.3-11.

研究2　Yamashita, S.（2003）Difficulties in Students' Judgements When Working in Pairs, Journal of Science Education in Japan, Vol.27, No.4, pp.292-307.

研究3　山下修一・川野治一（2003）エキスパートの経験がその後のコミュニケーションに及ぼす影響，科学教育研究，Vol.27, No.2, pp.101-110.

研究4　山下修一（2005）メタ認知開発に焦点を当てたコミュニケーション活動の改善，科学教育研究，Vol.29, No.1, pp.66-77.

研究5　Yamashita, S. and Hineno, T.（2006）Improvement of Students' Communication in Secondary Level Science by means of Worksheets and Role Exchanges, Journal of Science Education in Japan, Vol.30, No.4, pp.229-240.

研究6　山下修一（2013）理科の課題に対する大学生の一貫した説明の状況，千葉大学教育学部研究紀要，第61巻, pp.211-217.

研究7　山下修一（2011）小・中学校理科全単元をつなぐコア知識一覧表の利用意識と

研究9　試行授業の影響，理科教育学研究，Vol.52, No.2, pp.143-153.

研究8　山下修一・小野寺千恵（2009）小学校5・6年の溶解の学習に一貫して粒子モデルを用いた効果，理科教育学研究，Vol.50, No.1, pp.85-92.

研究10　山下修一（2011）凸レンズが作る実像・虚像に関する作図能力と理解状況，
理科教育学研究，Vol.51, No.3, pp.145-157.
山下修一・杉山哲（2012）発展的課題に取り組むための凸レンズの働きの授業開発と評価，千葉大学教育学部研究紀要，第60巻, pp.1-8.

研究11　山下修一・西山宜孝（2006）化合力を導入して一貫した説明を促すコミュニケーション活動の効果，理科教育学研究，Vol.47, No.2, pp.65-74.

研究12　山下修一著者代表（2007）深い理解をめざした理科授業づくりと評価，大日本図書。

研究13　山下修一・勝田紀仁（投稿中）モデルとコア知識を用いて2つの電熱線の並列・直列つなぎの発熱量を考えさせる授業の開発と効果．

研究14　鈴木康代・山下修一（2011）中学校3年『水溶液とイオン』で「対話法」を用いた説明活動の改善，理科教育学研究，Vol.51, No.3, pp.217-225.

研究15　山下修一・鈴木康代（2010）中学校3年「水溶液とイオン」に手づくり乾電池を取り入れた授業の試行と効果，日本教育大学協会研究年報，第28集, pp.3-17。

〈コミュニケーション活動の評価〉山下修一（2007）科学教育におけるグループコミュニケーションの評価，科学教育研究，Vol.31, No.1, pp.56-57.

〈巻末付録〉コア知識一覧表　2010.7 version

小・中学校理科－A区分・第1分野(物理領域)の内容について

学年	エネルギー	
	力	波
小学校3年	風やゴムの働き ・風の働き ・ゴムの働き 〈ものに力がかかると，変形したり運動したりする〉 〈ゴムは元に戻ろうとする〉	光の性質 ・光の反射・集光 ・光の当て方と明るさや暖かさ 〈光はまっすぐ進む〉 〈光を集めると明るくなる〉 〈太陽の光(白色)が吸収されると黒っぽく見える〉
小学校4年		
小学校5年	振り子の運動 ・振り子の運動 〈おもりの往復する時間(周期)はひもの長さで決まる〉	
小学校6年	てこの規則性(現行小5から) ・てこの仕組み ・てこのつり合い ・てこの利用(身の回りにあるてこを利用した道具) 〈てこには，支点・力点・作用点がある〉 〈「支点からの距離」×「おもりの重さ」が左右で同じになるとつり合う〉 〈支点からの距離が長いほど，動かすのに必要な力が小さくてすむ〉	
中学校1年	力と圧力 ・力の働き(力とばねの伸び， 　質量と重さの違いを含む) ・圧力(水圧，浮力を含む) 〈固体には元に戻ろうとする弾性がある〉 〈力は接触している場合に働く(電気や磁気による力は除く)，離れていても重力はかかる〉 〈押しのけた液体や気体の分だけ浮力を受ける〉 〈力の単位はN(ニュートン)で，1Nは約100gのおもりに働く重力〉 〈圧力の単位はパスカル[Pa]，1m²当たり1Nの力が働くときの圧力が1Pa〉 〈100Paが1ヘクトパスカル[hPa]，1気圧[atm]は1013[hPa]〉	光と音 ・光の反射・屈折 ・凸レンズの働き ・音の性質 〈入射角＝反射角〉 〈光や音は伝えるもの(媒体)により進む速度が異なる〉 〈水と空気の境目などで進む速度が異なるので屈折する〉 〈凸レンズの光軸に平行な光は，屈折した後に焦点を通る〉 〈凸レンズの中心を通る光は，屈折せずにそのまま直進する〉 〈凸レンズの手前側の焦点を通る光は，屈折した後に光軸に平行に進む〉 〈凸レンズを通して反対側のスクリーンに映る上下・左右が逆になったものが実像〉 〈凸レンズを通して実物と同じ側に見えるのが虚像〉 〈音源は振動している〉 〈音を伝えるには，空気などの伝えるもの(媒体)が必要になる〉 〈音は同心円状に伝わる〉 〈音の大きさは振幅で，音の高さは振動数で決まる〉
中学校2年		
中学校3年	運動の規則性 ・力のつり合い(力の合成・分解を含む) ・運動の速さと向き ・力と運動 〈2つの力の合力は，2つの力の矢印を2辺とした平行四辺形の対角線になる〉 〈2つの力がつり合っている時は，2つの力が一直線上で大きさが等しく向きが反対〉 〈物体が今までの運動状態を続けようとする性質が慣性〉 〈物体に力を加えると運動状態が変化する〉 〈押したら押し返すように，力は相互に働く(相互作用)〉 力学的エネルギー ・仕事とエネルギー (衝突(現行小5から)，仕事率を含む) ・力学的エネルギーの保存 〈仕事(J)＝力の大きさ(N)×力の向きに移動した距離(m)〉 〈仕事の原理：道具を使っても仕事の量は変わらない〉 〈エネルギー(J)：仕事ができる能力〉 〈位置エネルギー(J)＝重力の大きさ(N)×高さ(m)〉 〈運動エネルギー：1/2×質量(kg)×速度(m/s)の2乗〉 〈位置エネルギー＋運動エネルギー＝一定(力学的エネルギー保存)〉	科学技術と人間 ・科学技術の発展(科学技術の発展の過程，科学技術と人間生活とのかかわり) ・自然環境の保全と科学技術の利用(第2分野と共通)

	電磁気	
	電気の通り道 ・電気を通すつなぎ方 ・電気を通すもの 〈電気はぐるっとひと回りできる回路(わ)を通る〉 〈金属は電気を通す〉	磁石の性質 ・磁石に引きつけられるもの ・異極と同極 〈鉄(鉄の仲間のコバルト・ニッケルも)は磁石につく〉
	電池の働き ・乾電池の数とつなぎ方 ・光電池の働き 〈乾電池の数やつなぎ方を変えると豆電球の明るさやモーターの回り方が変わる〉 〈乾電池2個を直列につなぐと電流が多く流れ,並列につなぐと乾電池1個の時と変わらない〉	
	電流の働き(現行小6から) ・鉄心の磁化,極の変化 ・電磁石の強さ 〈導線に電流が流れると磁力が生じる〉 〈電磁石はコイルの巻数を増やしたり,電流を大きくすると強くなる〉	
	電気の利用 ・発電・蓄電 ・電気の変換(光,音,熱などへの変換) ・電気による発熱 ・電気の利用(身の回りにある電気を利用した道具) 〈電気はつくったり,蓄えたりできる〉 〈電気は光・音・熱などに変わる〉	
エネルギー保存	電流 ・回路と電流・電圧 ・電流・電圧と抵抗 ・電気とそのエネルギー(電力量,熱量を含む) ・静電気と電流(電子を含む) 〈電流は水の流れに似ている〉 〈電池はポンプのような働きをする〉 〈電流は分岐するまで一定,電流計は測りたいところに直列につなぐ〉 〈電圧は並列回路内では一定,電圧計は測りたいところに並列につなぐ〉 〈R(Ω)の抵抗にV(V)の電圧をかけたらI(A)の電流が流れた時V=I×Rとなる(オームの法則)〉 〈抵抗・電圧・電流は相互に(1つ変えると他の2つとも変わる)働く〉 〈合成抵抗R(Ω):直列R=R₁+R₂+R₃+…(長くした時と同じ),並列1/R=1/R₁+1/R₂+1/R₃+…(太くした時と同じ)〉 〈電力P(W)=電圧V(V)×電流I(A),電力量(Wh)=電力P(W)×時間(h)〉 〈発熱量(J)=電圧V(V)×電流I(A)×時間t(秒)〉 〈1(cal)=4.2(J),1(J)=0.24(cal)〉 〈物質が擦れ合うと,マイナスに帯電しやすい物質に電子が移動し,電子が出ていった物質がプラスに帯電する〉 〈電子が-極から+極に移動したことを,電流が+極から-極に流れたという〉 〈金属には自由に移動できる自由電子があるので,電気が流れやすい〉	
	電流と磁界 ・電流がつくる磁界 ・磁界中の電流が受ける力 ・電磁誘導と発電(交流を含む) 〈磁界の向きはN極の向き,磁界の強さは磁力線の間隔で示す〉 〈導線に電流が右むきに流れると,右ねじの回転方向に磁界が生じる(右ねじの法則)〉 〈右手を握って親指を電流の向きに立てると,4本の指の向きが磁界の向きになる(右手の法則)〉 〈左手の中指と人差し指と親指を互いに直角に立てて,中指:電流の向き,人差し指:磁界の向きに合わせると親指の向きに力が働く(フレミングの左手の法則)〉 〈誘導電流は,コイル内の磁界の変化を妨げる(磁界を生じさせる)ように流れる〉	
	エネルギー ・様々なエネルギーとその変換(熱の伝わり方,エネルギー,変換の効率を含む) ・エネルギー資源(放射線を含む) 〈力学的エネルギー・光エネルギー・電気エネルギー・熱エネルギー・化学エネルギーなどがある〉 〈エネルギーを変換する場合にはロスが生じる(100%変換されない)〉 〈エネルギーの総量は一定に保たれる〉	

小・中学校理科－A区分・第1分野（化学領域）の内容について

学年	粒子 〈すべての物質は，これ以上細かくできない粒子からできている〉 〈粒子には重さがある〉 原子・分子
小学校3年	物と重さ ・形と重さ ・体積と重さ 〈ものの出入りがなければ，形が変わっても重さは変わらない〉 〈体積が同じでも重さが違うことがある〉
小学校4年	空気と水の性質 ・空気の圧縮 ・水の圧縮 〈粒子の間にはすき間がある〉 〈水よりすき間が大きい空気の方が弾力がある〉 金属，水，空気と温度 ・金属，水，空気の温度と体積の変化 ・金属，水，空気の温まり方の違い ・水の三態変化 〈温度が上がると粒子の動きが激しくなる〉 〈金属の粒子はその場で動きをとなりに伝えていく〉 〈激しく動く水や空気の粒子は上にあがっていく〉 〈氷は0℃くらいでとけはじめて水になり，水は100℃ぐらいで沸騰して水蒸気（目に見えない）になる〉 〈100℃にならなくても蒸発はする〉 〈水蒸気が冷やされると水に戻って見えるようになる〉 〈温度によって，ものは固体⇔液体⇔気体とすがたを変える〉 〈ほとんどのものの体積は，固体〈液体〈気体になるにしたがって大きくなるが，水は例外で水より氷の方が大きくなる〉
小学校5年	
小学校6年	
中学校1年	物質のすがた ・身の回りの物質とその性質 （プラスチックを含む） ・気体の発生と性質 〈物質とはものの素材のことで，物質ごとに特有の性質がある〉 〈燃えて二酸化炭素を出すのが有機物，ただし二酸化炭素は無機物にしている〉 〈金属の性質：磨くと光る・広げたりのばしたりできる・電流が流れやすく熱が伝わりやすい〉 〈密度（g/cm³）は物質ごとに決まっている〉 〈水に溶けにくい気体は水上置換，空気より重ければ下方置換，空気より軽ければ上方置換で集める〉 状態変化 ・状態変化と熱 ・物質の沸点と融点 〈状態が変化しても物質そのものは変わらない〉 〈温度によって物質の状態は固体⇔液体⇔気体と変わるが，固体⇔気体と昇華するものもある〉 〈状態を変える時には，熱を吸収したり放出したりするので，その間は温度が変化しなくなる〉 〈物質の状態が変化しても全体の質量は変化しないが，体積や密度は変化する〉 〈ほとんどの物質の体積は，固体〈液体〈気体となるが，水は例外〉 〈融点や沸点は物質によって決まっている〉 〈混合物では融点や沸点がはっきりしなくなる〉
中学校2年	物質の成り立ち ・物質の分解 ・原子・分子（周期表を含む） 〈原子：それ以上分割できない最小の粒〉 〈原子だけでは性質を示さない酸素・水素・窒素などは，いくつかの原子がくっついた分子となって存在している〉
中学校3年	科学技術と人間 ・科学技術の発展（科学技術の発展の過程，科学技術と人間生活とのかかわり） ・自然環境の保全と科学技術の利用（第2分野と共通）

©千葉大学教育学部山下研究室

	イオン	化学変化	
	物の溶け方 ・物が水に溶ける量の限度 ・物が水に溶ける量の変化 ・重さの保存 〈溶けるとは目に見えないくらい小さくなって水の中に散らばること〉 〈水に溶けると透明になるが、透明には無色透明と有色透明がある〉 〈水の量や水の温度によって溶ける量が違う〉 〈ものが水に溶ける量には限度がある〉 〈ものの出入りがなければ重さは変わらない〉		
	水溶液の性質 ・酸性、アルカリ性、中性 ・気体が溶けている水溶液 ・金属を変化させる水溶液 〈リトマス紙　青→赤：酸性、赤→青：アルカリ性〉 〈二酸化炭素は水に少し溶ける〉 〈水溶液には金属を変化させるものがある〉	燃焼の仕組み ・燃焼の仕組み 〈熱や光を出して酸素と激しく結びつくのが燃焼〉 〈燃焼の三条件（十分な酸素・燃えるもの・温度）〉	質量保存
	水溶液 ・物質の溶解 ・溶解度と再結晶 〈水溶液では、水に溶けている物質を溶質、溶質を溶かしている水を溶媒、溶質が溶媒に溶けることを溶解という〉 〈100gの水に溶ける溶質の質量を溶解度という〉 〈質量パーセント濃度(%)=|溶質の質量(g)/(溶質の質量(g)＋溶媒の質量(g))|×100(%)〉		
		化学変化 ・化合 ・酸化と還元（現行中3から） ・化学変化と熱（現行中3から） 〈化学変化では、物質そのものが変化する〉 〈酸素と結びつくのが酸化〉 〈酸素を取り除くのが還元〉 〈酸化と還元は同時に起きる〉 〈化学変化には熱の出入りがある〉	
		化学変化と物質の質量 ・化学変化と質量の保存 ・質量変化の規則性 〈化学変化でも、ものの出入りがなければ質量は保存される〉 〈結びつく物質の質量の比は決まっている〉	
	水溶液とイオン ・水溶液の電気伝導性 ・原子の成り立ちとイオン（電子、原子核を含む） ・化学変化と電池 〈電子を出し入れしてイオンになる〉 〈電子をもらうと陰イオン、電子を失うと陽イオンになる〉 〈イオンになりやすさには順番がある〉 〈塩は水に溶けると電気を通すようになる（電解質水溶液）〉 〈電池では、イオンになって電子を出す方がマイナス極になる〉	エネルギー ・様々なエネルギーとその変換（熱の伝わり方、エネルギー、変換の効率を含む） ・エネルギー資源（放射線を含む） 〈エネルギーは形を変えて存在し続ける〉	
	酸・アルカリとイオン ・酸・アルカリ（現行中1から） ・中和と塩（現行中1から） 〈水素イオン(H^+)と水酸化物イオン(OH^-)の割合で酸・アルカリが決まる〉 〈BTB溶液　黄色：酸性、緑：中性、青：アルカリ性〉 〈フェノールフタレイン溶液　赤：アルカリ性〉 〈酸とアルカリが中和すると水と塩ができる〉		

小・中学校理科－B区分・第2分野(生物領域)の内容について

学年	生命	
	生殖・進化	植物
小学校3年		
小学校4年		季節と生物 ・動物の活動と季節とのかかわり ・植物の成長と季節とのかかわり 〈生物は呼吸をしている〉 〈植物は日光の獲得競争をしている〉
小学校5年	植物の発芽，成長，結実 ・種子の中の養分 ・発芽の条件 ・成長の条件 ・植物の受粉，結実 〈発芽の条件：水・酸素・ちょうどよい温度〉 〈種子が発芽するのに，種子の中のでんぷんが使われている〉 〈肥料は成長の手助けをしている〉 〈受粉するとめしべのもとがふくらみ，実になる〉 動物の誕生 ・卵の中の成長 ・水中の小さな生物 ・母体内の成長 〈卵と精子が受精して受精卵ができる〉 〈多くの哺乳類は，母体内でへその緒を通じて子に養分を送っている〉	
小学校6年		植物の養分と水の通り道 ・でんぷんのでき方 ・水の通り道 〈養分を緑の部分(葉緑体)でつくる〉 〈光合成では，光エネルギーを使って水と二酸化炭素から養分をつくっている〉 〈デンプンにして栄養をため込んでいる〉 〈植物は根から水を吸い上げ，茎の中の細い管を通して葉まで送り，水蒸気にして外に出している〉
中学校1年	植物の仲間 ・種子植物の仲間 ・種子をつくらない植物の仲間 〈花は植物の生殖器官〉 〈受粉すると子房が果実に，子房の中の胚珠が種子になる〉 〈裸子植物：胚珠がむきだしになっている，被子植物：胚珠が子房につつまれている〉 〈コケ(根・茎・葉の区別がはっきりしない)・シダ(根・茎・葉の区別あり)は種子をつくらず，胞子で殖える〉	生物の観察 ・生物の観察 植物の体のつくりと働き ・花のつくりと働き ・葉・茎・根のつくりと働き 〈花は種子をつくる器官で，中心から，めしべ・おしべ・花弁(花びら)・がくの順になっている〉 〈葉：主な光合成・蒸散の場所〉 〈茎：水(道管)・養分(師管)を通す〉 〈根：水・無機養分(体をつくるために必要な窒素など)を吸収し，体を支えている〉 〈葉には葉脈があり(双子葉類：網状脈，単子葉類：平行脈)，一般には裏側の方に多くの気孔がある〉 〈蒸散：大部分は葉の裏側の気孔で行われ，根から水を吸い上げて気孔から出している〉 〈シダ植物と種子植物の茎には維管束があるが，双子葉類では輪になって並んでいる〉
中学校2年	生物の変遷と進化 ・生物の変遷と進化 〈生物は，海から陸へ，乾燥や重力に耐えられるように進化した〉 〈植物の進化〉 菌類→藻類→コケ植物→シダ植物→裸子植物→被子植物 　　　　　|維管束がない|　|維管束がある| 　　　　　　　　　|胞子でふえる|　|種子でふえる| 〈セキツイ動物の進化〉 魚類＝両生類　　→ハチュウ類→鳥類→ホニュウ類 |えら呼吸|→|子・えら呼吸|→|肺呼吸| 　　|親：肺呼吸|→|肺呼吸| 　　|水中に卵を生む|→|陸上に卵を生む| 　　　　　　　　|変温|→|恒温| 　　　　　　　　|卵生|→|胎生|	生物と細胞 ・生物と細胞(現行中3から) 〈すべての生物が細胞からできている(人体には約60兆個の細胞がある)〉 〈細胞は細胞膜の中に核と細胞質で満たされている〉 〈植物細胞には細胞壁があり体を支えている〉 〈多くの植物細胞には葉緑体・液胞もある〉
中学校3年	生物の成長と殖え方 ・細胞分裂と生物の成長 ・生物の殖え方 〈細胞分裂の順序：核の中に染色体が2本になった形で中央に並ぶ)2本の染色体が分かれて移動)中央が区切られて2つの細胞になる)それぞれの細胞が元の大きさになる〉 〈親の体の一部が体細胞分裂して殖えるようなものが無性生殖〉 〈雄の精子と雌の卵が受精して子どもができるようなものが有性生殖〉 遺伝の規則性と遺伝子 ・遺伝の規則性と遺伝子(DNAを含む) 〈親の形質が受け継がれる〉 〈核の中には染色体(ヒトの場合は46本)が含まれ，染色体の中には遺伝子(折りたたまれたDNA)がある〉 〈有性生殖では染色体が半分になるような減数分裂により，新たな遺伝子が組み合わされた子どもが生まれる〉	

	動物	環境	
	昆虫と植物 ・昆虫の育ち方と体のつくり ・植物の育ち方と体のつくり 〈昆虫の体は，頭・胸・腹からできていて，胸からあしが6本出ている〉 〈植物は自分で栄養をつくる，動物は動いて栄養をとりにいく〉 〈種の中にはじめから入っている葉が子葉（子葉が1枚：単子葉，2枚：双子葉）〉	身近な自然の観察 ・身の回りの生物の様子 ・身の回りの生物と周辺の環境とのかかわり 〈生物は環境とかかわって生きている〉 〈花が咲くと実ができる〉	
	人の体のつくりと運動 ・骨と筋肉 ・骨と筋肉の働き（関節の働きを含む） 〈骨は体を支え，筋肉は伸び縮みして体を動かす〉 〈関節があるところが曲がる〉		
	人の体のつくりと働き ・人の呼吸 ・人の消化・吸収 ・人の血液循環 ・主な臓器の存在 （肺，胃，小腸，大腸，肝臓，腎臓，心臓） 〈空気：酸素21％・二酸化炭素0.03％，吐いた息：酸素17％・二酸化炭素4％〉 〈消化とは食物をだんだん細かくして吸収しやすくすること〉 〈養分の多くは小腸から吸収される〉 〈大腸の主な働きは水分の吸収〉 〈生きるための養分を血液で送っている〉 〈心臓は大静脈からの血液を肺に送って（酸素と二酸化炭素を交換する）大動脈に送り出している〉	生物と環境 ・生物と水，空気とのかかわり ・食べ物による生物の関係（食物連鎖） 〈一般に食べられるものの方が小さくて多い〉	炭素の循環
	動物の体のつくりと働き ・生命を維持する働き（消化，呼吸，血液の循環，排出） ・刺激と反応 〈炭水化物（でんぷんなど）は，唾液やすい液でブドウ糖に分解されて小腸から吸収される〉 〈タンパク質は，胃液やすい液（胆汁）でアミノ酸に分解されて小腸から吸収される〉 〈脂肪は，すい液で脂肪酸とグリセリンに分解されて小腸から吸収される〉 〈小腸では柔毛で表面積を広げて吸収しやすくしている〉 〈心臓では大静脈からの血液を，右心房)右心室〉肺〉左心室で大動脈に送っている〉 〈赤血球：酸素を運ぶ，白血球：体内に侵入した細菌やウイルスなどを排除する，血小板：血を固まらせる，血しょう：二酸化炭素・栄養分を運ぶ〉 〈肺では肺胞で表面積を広げてガス交換（酸素と二酸化炭素）をしやすくしている〉 〈肝臓では，血液中のアンモニアなどの有害なものを害の少ない尿素に変えている〉 〈腎臓では，血液中の尿素などをこし取っている〉 〈刺激は，感覚器官→感覚神経→中枢神経（脳と脊髄）→運動神経→筋肉という順番で伝わる〉 〈反射は，刺激が脊髄で折り返し，脳を経ないので無意識に反応する〉		
	動物の仲間 ・脊椎動物の仲間 ・無脊椎動物の仲間 〈脊椎動物の分類の観点（生殖・子の生まれる場所・呼吸・体温・形態）〉 〈陸上に産み落とされるハチュウ類の卵は，乾燥に耐えられるように殻をもっている〉 〈無脊椎動物には背骨がない（昆虫などの節足動物，イカなどの軟体動物など）〉 〈殻（外骨格）と関節をもつ節足動物：昆虫類，甲殻類，クモ類など〉		
		生物と環境 ・自然界のつり合い ・自然環境の調査と環境保全（地球温暖化，外来種を含む） 〈生産者・消費者・分解者が生態系の中でつり合いを保っている〉 〈炭素が自然界を循環している〉	
		自然と人間 ・自然の恵みと災害 ・自然環境の保全と科学技術の利用（第1分野と共通）	

小・中学校理科－B区分・第2分野(地学領域)の内容について

学年	地球	
	地層・岩石	天気
小学校3年		太陽と地面の様子 ・日陰の位置と太陽の動き ・日なたと日陰の地面の暖かさや湿り気の違い 〈日の当たり方で暖かさが違う〉 〈影は太陽と反対向きにでき，太陽の高さで長さが変わる〉 〈地球が東に向かって回っているから，太陽は東からのぼってくるように見える〉
小学校4年		天気の様子 ・天気による1日の気温の変化(現行小5から) ・水の自然蒸発と結露 〈晴れの日：気温は日の出前に最低，昼過ぎに最高になることが多い〉 〈雨の日：気温の変化は少ない〉 〈100℃にならなくても蒸発はする〉
小学校5年	流水の働き ・流れる水の働き(侵食，堆積) ・川の上流・下流と川原の石の大きさや形 ・雨の降り方と増水 〈水は高いところから低いところへ流れる〉 〈下流の石ほど削られて丸くなっている〉 〈川のカーブでは，外側の方の流れが速く，削られて深くなる〉 〈粒の小さいものほど遠くまで運ばれる〉 〈堆積するのは主に水の中〉 〈流れる水は，削って，運んで，積もらせる〉	天気の変化 ・雲と天気の変化の関係 ・天気の変化の予想 〈雲が西から東に移動するので，天気も西から東へと変化する(台風の場合には当てはまらない)〉
小学校6年	土地のつくりと変化 ・土地の構成物と地層の広がり ・流れる水と火山の噴火による地層のでき方と化石 ・火山の噴火や地震による土地の変化 〈地層はつながっている〉 〈地層は水の中で堆積してできたものと，火山灰などが積もってできたものがある〉	
中学校1年	火山と地震 ・火山活動と火成岩 ・地震の伝わり方と地球内部の働き 〈マグマが固まってできるのが火成岩〉 〈火成岩の中でも急に冷えて固まると斑状組織の火山岩，ゆっくり冷えると等粒状組織の深成岩になる〉 〈火山岩：流紋岩・安山岩・玄武岩〉 〈深成岩：花崗岩・閃緑岩・斑レイ岩〉 〔白っぽい ⟷ 黒っぽい〕 〈マグマの粘り気は，二酸化ケイ素が多く含まれると強くなり，粘り気が強いと鐘状火山，弱いと盾状火山になる〉 〈プレート同士のぶつかり合いで地震のエネルギーが蓄積される〉 〈震度で揺れの強さ，マグニチュード(1あがるごとに32倍)で地震のエネルギーを表す〉 〈はじめにくるP波(縦波)と後からくるS波(横波)の到着時間差(初期微動継続時間)が大きいほど震源までの距離が長い〉 地層の重なりと過去の様子 ・地層の重なりと過去の様子 〈示準化石で年代，示相化石で当時の環境がわかる〉	
中学校2年		気象観測 ・気象観測 〈晴れの日：気温は日の出前に最低，昼過ぎに最高，気温と湿度の変化は逆〉 〈雨の日：気温の変化は少ない，湿度は高い〉 天気の変化 ・霧や雲の発生 ・前線の通過と天気の変化 ・日本の天気の特徴 ・大気の動きと海洋の影響 〈飽和水蒸気量：1m³中に含むことができる水蒸気の質量〉 〈露点：飽和水蒸気量に達した時の温度〉 〈1気圧[atm]＝1013[hPa]〉 〈空気が上昇すると，気圧が下がって膨張して温度が下がる〉 〈凝結の条件(凝結核・露点以下)〉 〈北半球では，高気圧：風が時計回りに吹き出す，低気圧：風が反時計回りに吹き込む〉 〈温度の異なる空気は簡単にはまざらない〉 〈寒冷前線：寒気が暖気の下にもぐり込み，北よりの風になり気温が下がる〉 〈温暖前線：暖気が寒気の上にのり込み，南よりの風になり気温が上がる〉 〈日本付近の天気は4つの気団(シベリア気団[冬]小笠原気団[夏]オホーツク海気団[梅雨]揚子江気団[春，秋])から影響を受ける〉 〈日本の冬は西高東低の気圧配置になりやすい〉
中学校3年	自然と人間 ・自然の恵みと災害 ・自然環境の保全と科学技術の利用(第1分野と共通)	

	天体
	月と星 ・月の動き ・星の明るさ，色 ・星の動き 〈月は太陽の光を反射している〉 〈月は毎日少しずつ見え方が変わり，約30日で元に戻る〉 〈星の並び方は変わらないが，位置は変わる〉 〈星の明るさや色は違うことがある〉
	月と太陽 ・月の位置や形と太陽の位置 ・月の表面の様子 〈地球は，太陽の周りを回っている(惑星)，月は，地球の周りを回っている(地球の衛星)〉 〈月が光っている方に太陽がある〉 〈月の表面には凹凸があり，凹んだところが暗く見える〉
	天体の動きと地球の自転・公転 ・日周運動と自転 ・年周運動と公転 〈地球が反時計回りに一日一回回るのが自転，一年かけて太陽の周りを反時計回りに回るのが公転〉 〈地軸は公転面の垂線から23.4°傾いている〉
	太陽系と恒星 ・太陽の様子 ・月の運動と見え方(日食，月食を含む) ・惑星と恒星(銀河系を含む) 〈太陽の表面(約6000℃)にはまわりより温度が低く(約4000℃)暗く見える黒点がある〉 〈大きさ(直径)：月(3500km)・地球(1万3000km)・太陽(140万km) 約 1/4：1：109〉 〈距離： 月←38万km→地球←1億5000万km→太陽 約 1：400〉 〈地球から見ると，太陽は月の約400倍の大きさだが，400倍遠いのでほぼ同じ大きさ(腕を伸ばして持った五円玉の穴の大きさぐらい)に見える〉 〈地球の公転面に対して月の公転面が約5度傾いているので，たまにしか日食や月食が生じない〉 〈月の見え方は，公転している地球から見た見え方，満月を過ぎると左右が反対になるように見える〉 〈上弦の月：西に沈む時に，弦が上〉 〈観測地点の北緯が北極星の高度となる〉 〈太陽系の惑星：水星，金星，地球，火星，木星，土星，天王星，海王星〉 〈金星は，地球より太陽の近くを回っているので(水星は太陽に近すぎて見えにくい)，太陽を追いかけて夕方に西の空(よいの明星)，太陽の前に出て明け方に東の空(明けの明星)に見える〉 〈太陽系の惑星で最大のものは：木星〉

大きなスケール／長い時間での変化

著者紹介

山下　修一（やました　しゅういち）

平成元年3月	東京理科大学理学部第1部応用物理学科卒業
平成元年4月から4年間	東京都私立中学高等学校物理科教諭
平成7年3月	筑波大学大学院教育研究科教科教育専攻修了
平成7年4月	千葉大学教育学部附属教育実践研究指導センター教務職員
平成8年5月	千葉大学教育学部附属教育実践総合センター助手・講師・助教授
平成14年3月から1年間	Monash University, Faculty of Education（Australia）在外研究員
平成17年4月	千葉大学教育学部理科教育教室助教授
平成19年4月	千葉大学教育学部理科教育教室准教授

一貫した説明を引き出す
理科のコミュニケーション活動

2013（平成25）年3月27日　初版第1刷発行

著　　　　者：山下修一
発　行　　者：錦織圭之介
発　行　　所：株式会社　東洋館出版社
　　　　　　　〒113-0021　東京都文京区本駒込5丁目16番7号
　　　　　　　営業部　電話 03-3823-9206　FAX 03-3823-9208
　　　　　　　編集部　電話 03-3823-9207　FAX 03-3823-9209
　　　　　　　振替　00180-7-96823
　　　　　　　URL　http://www.toyokan.co.jp

デザイン・DTP：明昌堂
印　刷・製　本：藤原印刷株式会社

ISBN978-4-491-02907-8　　　　　　　　　　Printed in Japan